本书由中南民族大学南方少数民族研究中心资助出版

Nomadic Herders in Altai Mountains
Ecological Environment and Indigenous Knowledge

民族与社会丛书
MINZU YU SHEHUI CONGSHU
麻国庆 主编

阿尔泰山游牧者
生态环境与本土知识

陈祥军 著

社会科学文献出版社
SOCIAL SCIENCES ACADEMIC PRESS (CHINA)

《民族与社会丛书》总序

麻国庆

记得20世纪80年代我读大学时,常常在西北大学的文科阅览室看一些非考古专业的著作,偶然中读到费孝通先生的《民族与社会》,书很薄,但里面所涉及的关于民族及其发展的思考,引发了我这个来自内蒙古的青年学生的浓厚兴趣。接着我以此书为契机,开始接触人类学、民族学的相关研究和介绍,并决定考这一领域的研究生。通过在中山大学跟我的硕士导师容观琼先生以及人类学其他老师三年的学习,我算是初步进入了人类学、民族学的学科领域。

之后我又很荣幸地成为了费先生的博士研究生。跟先生学习以后,我进一步理解了他的《民族与社会》的整体思考。我印象最深的是1991年我刚入北京大学一周后,先生就带我和泽奇兄到武陵山区考察。一上火车,他说给我们上第一课,当时正好是美国出现了黑人和白人的冲突,他说民族和宗教的问题将会成为20世纪末到21世纪相当一段时间内,国际问题的焦点之一。人类学在这一背景下如何面对这些问题,需要做很深入的调查和研究。通过近一个月的对土家族、苗族以及地方发展的考察,加上来自于先生对田野的真知灼见,使我对人类学的学科意识有了更加深刻的体验和领会。武陵山区的考察一直到今仍是我的一个学术情结。

非常巧的是当出版社同仁催我交这一序时,我正好从广西龙胜各族自治县的红瑶寨子里出来(1951年,费先生曾代表中央到该县宣布成立中国第一个少数民族自治县),来到武陵山区的酉阳土家族苗族自治县做关于土家族的调查。两地虽然相隔千里,但都留下了费先生的调查足迹。此次来到酉阳,时隔近二十年沿着当时先生的足迹调查之余,来撰写本丛书的序,坐在电脑旁,当年先生的音容笑貌不时地浮现在我的眼前……好像先生在他的那个世界里告诉我辈,要把"民族与社会"的研究不断地推动,进入更高的层次。由此我更加坚信该丛书以此命名,于情、于理、于学、于实都有其特殊的学术和社会意义。同时这也是把先生的"文化自觉"与"从实求知"思想,延续、深化的阶段性成果。

费先生的学术遗产可以概括为"三篇文章",即汉民族社会、少数民族社会、全球化与地方化。在费先生的研究和思考中,社会、民族与国家、全球被置于相互联系、互为因果、部分与整体的方法论框架中进行研究,超越了西方人类学固有的学科分类,形成了自己的人类学方法论,扩展了人类学的学术视野。他是一位非常智慧的把学术研究和国家的整体发展、多民族共同繁荣的理念有机地结合起来,达到对中国社会认识的学者。面对当前复杂的国际问题国内化、国内问题国际化的现状,费先生留下的学术遗产还需要我们不断地继承和发扬。而"民族与社会"可以涵盖先生的思想,我们以此来纪念费先生诞辰百年。

针对一套可以长久出版下去的丛书,我想从如下几方面来展开对于"民族与社会"的理解和认识。

一 民族的国家话语

"民族"与"族群"最基本的含义都是指人们的共同体,是对不同人群的分类。但是,当学者将"民族"与"族群"这两个词纳入历史经验与社会现实中加以研究时,它们随着时空的变化而有不同的表述和意义。在学科史上,"民族"作为人类认识自我的关键概念之一见诸各门社会科学,被赋予了多重涵义,尤其是"民族—国家(nation-state)""民族主义(nationalism)"这些概念,将民族学、历史学、人类学、政治学、社会学、社会心理学、语言学、国际关系学甚至文学等学科牵连在一起,形成了一个庞大的跨学科研究领域。

近代以来,随着西学东渐,当基于西方社会经验建构的"民族"概念及相关理论与中国的历史及现实发生冲突时,中国人对"民族"及其相关理论涵义的理解、诠释与实践又形成了一套与国际背景、国内政治、社会文化的特点等相联系的社会思潮和历史事实。概括起来,"民族"概念的发展变化其实是一个历史过程,也是一适应的过程。

在现代人类学研究中,"民族"有着相对明确的定义,指具有相同文化属性的人们的共同体(ethnos),文化是界定"民族"的重要标准之一。人类学对人们的共同体本质及关系的理解是一个逐步深入的过程。古典人类学将非西方社会的整体作为"他者",以"异文化"为研究旨趣,热衷于跨文化比较研究,并没有将某个具体的人群作为研究对象。现代人类学建立之后,虽然马林诺斯基式的科学民族志将某个具体的民族体作为描述对象,但是学术研究的问题意识在于探寻社会或文化的运行机制，而对"民族"本身的概念并没有加以讨论。

直到20世纪50年代，在美国诞生了"族群"（ethnic group）概念，人类学开始将不同群体的关系等问题作为研究专题进行讨论，并形成了人类学研究的一个新的理论范式。一般来说，族群（ethnic group）指说同一语言，具有共同的风俗习惯，对于其他的人们具有称为"我们"意识的单位。不过，这个族群单位中的所有的人们并非都拥有共同的社会组织和政治组织。而"认同"是存在于个人与某特定族群间的一种关系，它属于某特定的族群，虽然族群中的成员可能散居在世界各地，但在认同上，他们却彼此分享着类似的文化与价值观。民族或族群认同是认同的典型表现。

中国的民族问题到今天为止变成了国际话语，可以从两个方面来解释国际话语。

一种方法是纯粹从人类学学理层面解释民族的特殊属性，如林耀华先生提出的经济文化类型，虽然他受到苏联民族学的影响，强调经济决定意识，但是这套思想划分了中国的民族经济文化生态，这一点是有很大贡献的。另一个思路是费先生提出的中华民族多元一体格局。面对西方民族国家的理论，中国这么多民族要放在国家框架下，用什么来解释它存在的合法性与合理性？多元一体就提供了解释框架。多元一体理论并非单纯是关于中华民族形成和发展的理论，也非单纯是费先生关于民族研究的理论总结，而是费先生对中国社会研究的集大成。正如费先生所说："我想利用这个机会，把一生中的一些学术成果提到国际上去讨论。这时又想到中华民族形成的问题。我自思年近80，来日无几，如果错失时机，不能把这个课题向国际学术界提出来，对人对己都将造成不可补偿的遗憾。"① 因此，费先生事实上是从作为民族的社会来探讨它与国家整体的关系，这是他对社会和国家观的新的发展。中华民族的概念本身就是国家民族的概念，而56个民族及其所属的集团是社会构成的基本单位。这从另一个方面勾画出多元社会的结合和国家整合的关系，即多元和一体的关系。

这两大理论是中国民族研究的两大基础。

其实，费孝通先生对"民族"的理解随着其学术思想的变化有一个演变的过程。20世纪30年代，费先生在清华研究院师从史禄国时主要接受欧洲大

---

① 费孝通：《中华民族研究的新探索》，中国社会科学出版社，1991，第27页。

陆人类学研究传统的学科训练，首先研习体质人类学。因而费先生在这一时期对民族问题的讨论集中在对中国人体质特征的讨论上，发表于1934年的《分析中华民族人种成分的方法和尝试》就是这一时期费先生讨论民族问题的代表作。在这篇文章中，费先生指出"中华民族，若是指现在版图之内的人民而言，是由各种体质上、文化上不同的成分所构成的"，而"要研究这巨流中各种成分的分合、盛衰、兴替、代谢、突变等作用，势必先明了各成分的情形"①。

20世纪50年代，费先生参与了中国的民族识别工作，积累了大量的研究经验。费先生回顾20世纪50年代民族识别时曾说，"民族这种人们共同体是历史的产物。虽然有它的稳定性，但也在历史过程中不断发展变化；有些互相融合了，有些又发生了分化。所以民族这张名单不可能永远固定不变，民族识别工作也将继续下去。"②在此基础上，20世纪80年代初期，费先生又提出了"民族走廊"说，将历史、区域、群体作为整体，对专门研究单一民族的中国民族研究传统具有极大的启发意义。中国民族识别工作完成后，中国56个民族的格局最终确立，费先生也以《中华民族多元一体格局》一文系统总结了自己的民族学思想。

国外对中国民族的研究有几种观点。

第一种观点需要回顾1986年底《美国人类学家》杂志发表的澳大利亚学者巴博德与费先生的对话，对话的核心是讨论受意识形态影响的中国民族识别。巴博德批判受意识形态影响的民族学忽视了当地的文化体系，民族识别的国家主义色彩非常浓厚。但费先生的回答非常有意思。费先生说他们在做民族识别的时候并不是完全死板地套用斯大林的概念，而是进行了修正，有自己的特色。③在民族识别时期形成了中国民族学研究在特殊时期的特殊取向，这个遗产就是我们的研究如何结合中国特点和学理特点，不完全受意识形态制约。

与此相关的第二种质问是很多国外学者的核心观点，他们认为中国的民族都是在国家意识形态中"被创造的民族"。实际上，中国所有民族的构成与中国的历史和文明过程是有机地结合在一起的，这些民族不是分离的，而是有互

---

① 费孝通：《分析中华民族人种成分的方法和尝试》，载《费孝通全集》第1卷，内蒙古人民出版社，2009，第287页。
② 费孝通：《关于我国民族的识别问题》，载《费孝通文集》第七卷，群言出版社，1999，第202~203页。
③ 费孝通：《经历见解反思——费孝通教授答客问》，载《费孝通文集》第十一卷，群言出版社，1999，第143~205页。

动的关系。简单地以"创造""虚构"或"建构"的概念来讨论中国的民族问题是非常危险的。这里就回应了关于实体论和建构论的讨论如何在民族研究中进行分类并处理理论思考的问题。这可能会构成中国民族研究在国际对话中一个很重要的基础。

到今天为止，针对族群边界也好，针对民族问题也好，建构论和实体论是两个主要的方向。在中国的民族研究中，实体论和建构论会找到它们的结合点：实体中的建构与建构中的实体，有很多关系可以结合起来思考。在民族研究中，国家人类学（national anthro-pology）与自身社会人类学（native anthropology）在国际话语中完全有对话点。

1982 年，吉尔赫穆（Gerholm）和汉纳兹（Hannerz）发表了一篇名为《国家人类学的形成》的文章。作者在文中直言不讳地指出国家的国际处境与本国人类学的发展有莫大关系。在"宗主与附属""中心与边缘"的格局下，附属国家或者说边缘地区的人类学研究只不过是殖民主义的产物。以强权为前提，中心地区的出版物、语言乃至文化生活方式都在世界格局里占据主导地位，并大力侵入边缘地区。在这样的形势下，边缘地区人类学学科的发展、机构的设置、学员的训练等，都会带有中心的色彩，从而抹煞了本土文化研究的本真性[1]。

不过，在中国的情况却有所不同。特别是关于多民族社会的研究，体现出了自身的研究特点，在某种意义上恰恰反映了国家人类学所扮演的角色。而国家人类学是和全球不同国家处理多民族社会问题连在一起的，包括由此带来的福利主义、定居化、民族文化的再构等问题，这构成了中国人类学的一大特点。针对目前出现的民族问题，人类学需要重新反思国家话语与全球体系的关系。相信本套丛书会为此提供有力的实证研究实例。

二　民族存在于社会之中

我们知道，民族这个单位的存在尽管看上去很明显，然而，未必所有民族都拥有共同的社会组织和政治组织。而且，分散在不同地域上的族群甚至都不知道和自身同一的民族所居住的地理范围。另外，由于长期和相邻异民族的密切接触，某些民族中的一部分人采用了另一民族的风俗习惯，甚至连语言也随之发生了变化，但其社会组织常常不会发生很大的变化。与社会组织相比，语

---

[1] Gerholm, Tomas and Ulf Hannerz. Introduction: The Shaping of National An-thropologies. *Ethnos* 47, 1982: 1 (2).

言、风俗习惯的文化容易变化。因此，把文化作为研究单位，也未必是有效的手段。社会人类学之所以关注社会，是因为对于比较研究来说，希望以最难变化的社会组织为研究对象。客观上，作为民族是一个单位，然而作为社会它就未必是一个单位。因此，以民族为单位作为研究对象，如果离开对其所处社会的研究，并不能达到整体上的认识。

在多元一体格局中，汉族是一个凝聚的核心。在探讨汉族与少数民族的关系中，从历史、语言、文化等视角有了很多的研究积累。不过，以社会人类学的核心概念——社会结构为嵌入点来进行的研究，还不是很多。在中国多民族社会的研究中，正是由于这种多元一体格局的特点，作为多民族社会中的汉族社会的人类学研究，单单研究汉族是远远不够的，还必须要考虑汉族与周边的少数民族社会以及与受汉文化影响的东亚社会之间的互动关系。已故社会人类学家王崧兴教授将其升华为中华文明的周边与中心的理论，即"你看我"与"我看你"的问题。他的一个主题就是如何从周边来看汉族的社会与文化，这一周边的概念并不限于中国的少数民族地区，它事实上涵盖了中国的台湾、香港，以及日本、韩国、越南、冲绳等周边国家和地区。与此同时，少数民族的研究，离开汉族的参照体系，也很难达到研究的完整性。

在这一视角下，"中心"与"周边"在不同的历史和空间的背景下有着不同的含义。华南汉族聚居区相对于中原而言是周边，但却是华南这一区域内部的中心，特别是相对于周边山地少数民族时，又表现出华南区域内部的"中心"与"周边"的对应关系。此外，即使汉族内部，因为分属不同的民系，他们之间也存在着"周边"和"中心"的对应。这一点可以非常有效地衍生出在不同时空背景下"中心"和"周边"的转化。华南及其周边区域的族群分布和文化特征与秦汉以来汉人的不断南迁有着密切的联系，在某种程度上甚至可以说，华南地区的族群分布和文化特征是汉人和其他各个族群互动而导致的结果。

华南在历史上即为多族群活动的地域，瑶族、畲族、苗族等少数民族及汉族的各大民系（广府人、客家人、潮州人、水上居民）都在此繁衍生息，加上近代以来遍布于东南亚以及世界各国的华侨大多来自于这一地域，所以在对华南与东南亚社会及周边族群的研究中，应把从"中心"看"周边"的文化中心主义视角，依照上述个案中的表述那样，转为"你看我、我看你"的互动视角，同时强调从"周边"看"中心"的内在意义，即从汉人社会周边、与汉民族相接触和互动的"他者"观点，来审视汉民族的社会与文化。例如笔者通过在华北、华南的汉族、瑶族和蒙古族的研究以及对日本的家与社会结构的讨论，揭示了从周边的视角重新认识汉人社会的结构和文化的意义。这一研究在经验研究基础上，将历时性与共时性有机地结合起来，在社会、文化、民族、国家与世界体系的概念背景下，讨论了社会结构比较研究的可能性及其方法论意义。

关于民族问题，大多数国外学者没有抓到国家人类学的本质与根本问题。中国多民族社会应回应什么问题？我觉得有几个方面的问题值得关注。第一，中国民族的丰富多样性，涵盖了不同类型社会，这是静态的；第二，从动态的角度看，在民族流动性方面可以和西方人类学进行有效的对话；第三，关于文化取向，学者们常用文化类型来讨论"小民族"，却从作为问题域的民族来讨论"大民族"，这存在一定的问题。

从这个角度来看，海外的中国研究里面对于中国民族研究有两种取向。一种是偏文化取向，例如对西南民族的文化类型进行讨论。而另一种取向将藏族等大的民族放到作为问题域中的民族来讨论。这反映了人类学和民族学的两大取向：文化取向和政治取向。

但不论采取什么取向，我们首先要强调：任何民族研究应当是在民族的历史认同的基础上来展开讨论，不能先入为主地认为某个民族是作为政治的民族，而另一个民族则是作为文化的民族。相当多的研究者在讨论中国民族的时候，是站在一种疏离的倾向中来讨论问题，忽视了民族之间的互动性、有机联系性和共生性。也就是说，他们将每个民族作为单体来研究，而忘记了民族之间形成的关系体，即所有民族形成了互联网似的互动中的共生关系。这恰恰就是"多元一体"概念为什么重要的原因。多元不是强调分离，多元只是表述现象，其核心是强调多元中的有机联系体，是有机联系中的多元，是一种共生中的多元，而不是分离中的多元。

我以为，"多元一体"概念的核心事实上是同时强调民族文化的多元和共有的公民意识，这应当是多民族中国社会的主题。这也是本丛书着重强调"民族是在社会之中"的道理所在。因此，本丛书的"民族"并非仅仅是少数民族的"民族"，而是把汉族也纳入民族范畴来展开讨论。

三　民族的全球话语与世界单位

在全球化过程中，不同的文明之间如何共生，特别是作为世界体系中的中心和边缘，以及边缘中的中心与边缘的对话（如相对于世界体系西方中心的观点，中国这样的非西方社会处于边缘的位置。而在中国从历史上就存在着"华夷秩序"，形成了超越于现代国家意义上的"中心"和"边缘"），周边民族如何才能不成为"永远的边缘民族"的话题，越来越为人类学所关注。20世纪可以说是文化自觉被传承、被发现、被创造的世纪。这一文化也是近代以来"民族—国家"认同的一个重要源泉。在中国这样一个多民族社会中，不同文化之间的共生显得非常重要，事实上，在我们的理念中，又存在着一种有形无形的超越单一民族认同的家观念——中华民族大家庭，这个家乃是民族之间和睦相处的一种文化认同。

我记得2000年夏北京召开"国际人类学与民族学联合会（IU-AES）"中期会议前，费先生把我叫到家里，说他要在会上发言，他来口述，我来整理。在他的书房里，我备好了录音机，先生用了一个多小时，讲了他的发言内容。我回去整理完后发现，需要润色的地方很少，思路非常清晰。我拿去让先生再看一遍，当时还没有题目。先生看过稿后，用笔加上了题目，即《创造"和而不同"的全球社会》。由于当时先生年事已高，不能读完他的主题演讲的长文，他开了头，让我代他发言。

先生在主题发言中所强调的，正是多民族之间和平共处、继续发展的问题。如果不能和平共处，就会出现很多问题，甚至出现纷争。实际上这个问题已经发生过了。他指出，过去占主要地位的西方文明即欧美文明没有解决好的问题，就在于人类文化寻求取得共识的同时，大量的核武器出现、人口爆炸、粮食短缺、资源匮乏、民族纷争、地区冲突等一系列问题威胁着人类的生存。特别是冷战结束后，原有的但一直隐蔽起来的来自民族、宗教等文化的冲突愈演愈烈。从这个意义上说，人类社会正面临着一场社会的"危机"、文明的"危机"。这类全球性问题所隐含的危机，引起了人们的警觉。这个问题，原有的西方的学术思想还不能解决，而中国的传统经验以及当代的民族政策，都符合和平共处的逻辑，可以为解决这一问题提供有益的思路。

费先生在那次发言中还进一步指出，不同国家、不同民族、不同宗教、不同文化的人们，如何才能和平相处，共创人类的未来，这是摆在我们面前的课题。对于中国人来说，追求"天人合一"为一种理想的境界，而在"天人"之间的社会规范就是"和"。这一"和"的观念成为中国社会内部结构各种社会关系的基本出发点。在与异民族相处时，中国人把这种"和"的理念置于具体的民族关系之中，出现了"和而不同"的理念。这一点与西方的民族观念很不相同。这是历史发展的过程不同，历史的经验不一样。所以中国历史上所讲的"和而不同",也是费先生的多元一体理论的另外一种思想源流。承认不同,但是要"和",这是世界多元文化必走的一条道路,否则就要出现纷争。只强调"同"而不能"和",那只能是毁灭。"和而不同"就是人类共同生存的基本条件。

费先生把"和而不同"这一来源于中国先秦思想中的文化精神,从人类学的视角,理解全球化过程中的文明之间的对话和多元文化的共生,可以说是在建立全球社会的共同的理念。这一"和而不同"的理念也可以成为"文明间对话"以及处理不同文化之间关系的一条原则。

与这相关的研究是日本京都大学东南亚研究中心在20世纪90年代初就提出的"世界单位"的概念。所谓世界单位,就是跨越国家、跨越民族、跨越地域所形成的新的共同的认识体系。比如中山大学毕业的马强博士,研究哲玛提——流动的精神社区。来自非洲、阿拉伯、东南亚和广州本地的伊斯兰信徒在广州如何进行他们的宗教活动?他通过田野调查得出不同民族、不同语言、不同国家的人在广州形成了新的共同体和精神社区的结论。① 在全球化背景下跨界(跨越国家边界、跨越民族边界和跨越文化边界)的群体,当他们相遇的时候在某些方面有了认同,就结合成世界单位。项飚最近讨论近代中国人对世界认识的变化以及中国普通人的世界观等,都涉及中国人的世界认识体系的变化,不仅仅是精英层面的变化,事实上连老百姓都发生了变化。② 这就需要人类学进行田野调查,讲出这个特点。

流动、移民和世界单位这几个概念将会构成中国人类学走向世界的重要基础。这些年我一直在思考,到底中国人类学有什么东西可以出来?因为早期的人类学界,比方说非洲研究出了那么多大家,拉美研究有雷德菲尔德、列维-斯特劳斯,东南亚研究有格尔茨,印度研究有杜蒙,而中国研究在现代到底有何领域可进入国际人类学的叙述范畴?我们虽然说有很多中国研究的东西,但即使是弗里德曼的研究也还不能构成人类学的普适化理论。

我觉得这套理论有可能会出自中国研究与东南亚研究的过渡地带。在类似于云南这样的有跨界民族和民族结合的地带,很可能出经典。为什么?不要忽视社会主义意识形态。跨界民族在不同意识形态中的生存状态,回应了"冷

---

① 马强:《流动的精神社区——人类学视野下的广州穆斯林哲玛提研究》,中国社会科学出版社,2006。
② 项飚:《寻找一个新世界:中国近现代对"世界"的理解及其变化》,《开放时代》2009年第9期。

战"以后的人类学与意识形态的关联。许多人认为"冷战"结束后意识形态就会消失,但现实的结果却是意识形态反而会强化,这种强化的过程中造成同一个民族的分离,回应了"二战"后对全球体系的认知理论。同时,不同民族的结合地带,在中国国内也会成为人类学、民族学研究出新思想的地方。其实费孝通先生很早就注意到多民族结合地带的问题,倡导对民族走廊的研究。我们今天不仅仅要会用民族边界来讨论,也需要注意民族结合地带,例如中国的蒙汉结合地带、汉藏结合地带,挖掘其特殊的历史文化内涵。

此外,与中国的崛起和经济发展紧密相连,本丛书还会关注中国人类学如何进入海外研究的问题。

第一,海外研究本身应该放到中国对世界的理解体系当中,它是通过对世界现实的关心和第一手资料来认识世界的一种表述方式。第二,强调中国与世界整体的关系,这种关系是直接的。比如中国企业进入非洲,如何回应西方提出的中国在非洲的新殖民主义的问题?人类学如何来表达特殊的声音?第三,在对异文化的认识方面,如何从中国人的角度来认识世界?近代以来有这么多聪明的中国人,他们对世界的看法已经积累了一套经验。这套对海外的认知体系与我们今天人类学的海外社会研究如何来对接,也就是说,中国人固有的对海外的认知体系如何转化成人类学的学术话语体系。还有就是外交家的努力和判断如何转化成人类学的命题。第四,海外研究还要强调海外与中国的有机联系性,比如"文化中国"的概念,如何从人类学的角度来理解?5000多万华人在海外,华人世界的儒家传统落地生根之后的本地化过程,以及它与中国本土社会的联系,恰恰构成了中国经济腾飞的重要基础。我们可以设问,如果没有文化中国,中国经济能有今天吗?

在东南亚各国,华人通常借助各类组织从事经济活动。各国华人企业之间以及它们与华南社会、港台之间存在着一定的社会经济关系网络。共同的语言、共同的文化传统以及血缘、地缘关系的纽带,使得移居海外的人们很自然地与他们的同胞及中国本土保持联系。同时,他们在其社会内部保持和延续了祖居地的部分社会组织和文化传统。进入20世纪80年代后,人类学对于这一领域的研究兴趣聚焦于"传统的创造"。

对于"传统"的延续、复兴和创造以及文化生产的研究,是人类学以及相关社会科学的一个重要领域。这里的传统主要指与过去历史上静态的时间概念相比,更为关注动态的变化过程中所创造出来的"集团的记忆"。其他方面的研究还有海外华人的双重认同——既是中国人,也是东南亚人;城市中华人社区的资源、职业与经济活动、族群关系、华人社区结构与组织、领导与权威、学校与教育、宗教和巫术、家庭与亲属关系，进而提出关于社会与文化变迁的理论。

海外研究一定要重视跨界民族。这一部分研究的贡献在于与中国的互动性形成对接。此外，现在很大的问题就是中国人在海外，不同国家的新移民的问题，如贸易、市场体系的问题，新的海外移民在当地的生活状况亦值得关注。同时，不同国家的人在中国其实也是海外民族志研究的一部分。我觉得海外民族志应当是双向的。中国国内的朝鲜人、越南人、非洲人等，还有在中国的不具有公民身份的难民，也都应该构成海外民族志的一部分。这方面的研究一方面是海外的，另一方面又是国内的。海外是双向的，不局限于国家边界，海外民族志研究应该具有多样性。

四　民族的研究方法：社区调查与比较研究相结合

传统人类学的研究方法，是在一个村庄或一个社区通过参与观察，获得研究社区的详细材料，并对这一社区进行精致的雕琢，从中获得一个完整的社区报告。这样，人类学的发展本身为地方性的资料细节所困扰，忽视了一种整体的概览和思考。很多人类学者毕生的创造和智慧就在于描述一两个社区。这种研究招来了诸多的批判，但这些批判有的走得很远，甚至完全脱离人类学的田野来构筑自己的大厦。在笔者看来，人类学的研究并不仅仅是描述所调查对象的社会和文化生活，更应关注的是这一社区的社会和文化生活相关的思想，以及这一社会和文化在整体社会中的位置。同时，还要进入与不同社会文化的比较研究中去。因此，人类学者应该超越社区研究的界限，进入更广阔的视野。

笔者在研究方法上，是把汉族社会作为研究的一个参照系，从而认识受汉族文化影响的少数民族，从中也能窥得文化的分化和整合，这种研究方法最终是为了更好地反映包括少数民族在内的中国社会的结构特点。关于汉族的家观念与社会结构，可参看笔者的《家与中国社会结构》①一书，在此不另赘述。

在中国的这样一个统一的多民族国家体制下，人们生活在这一国土上的多民族社会中，相当多的民族都在不同程度上接受了汉族的儒学规范，那么，其社会结构与汉族社会相比表现出那些异同？如我所调查的蒙古族，受到了汉族文化的强烈影响，这种影响导致他们的经济、社会、文化等发生了重大的变

---

① 麻国庆：《家与中国社会结构》，文物出版社，1999。

迁。因此，仅研究单一民族的问题，已显得远远不够，且不能反映社会的事实基础，需要我们从民族间关系、互动的角度来展开研究。

我写《作为方法的华南》时，很多人觉得这个标题有点怪，其实我有我的说理方式。一是区域的研究要有所关照，比如弗里德曼对宗族的研究成为东南汉人社会研究的范式①，他在后记里提到一个很重要的命题，就是中国社会的研究如何能超越社区，进入区域研究。有很多不同国别的学者来研究华南社会，华南研究在某种程度上形成了中国社会研究的方法论的基础，是很重要的基础，我是在这个意义上来讨论问题。并且，它又能把静态的、动态的不同范畴包含进来。在一定意义上，人类学传统的社区研究如何进入区域是一个方法论的扩展，用费先生的话来说就是扩展社会学的传统界限。人类学发展到一定程度后，如何来扩展研究视角，如何进入区域，是一个重要的问题。

与方法论相关的另一个问题是，作为民俗的概念如何转化成学术概念。在20世纪80年代，杨国枢和乔健先生就讨论中国人类学、心理学、行为科学的本土化，而本土化命题在今天还有意义。当时只是讨论到"关系""面子""人情"等概念，但在中国社会里还有很多人们离不开的民间概念，例如分家、娘家与婆家。还有像我们很常用的概念，说这人"懂礼"。那么，懂礼表现在哪些方面？背后的观念是什么？还比如说这人很"仁义"，又"义"在何处？这些都是中国研究中很重要的方面。藏族的房名与亲属关系相关，还通过骨系来反映亲属关系的远近。这些民俗概念还应该不断发掘。又比如日本社会强调"义理"，义理如何转换成学术概念？义理与我们的人情、关系、情面一样重要，但它体现了纵式社会的特点，本尼迪克特在她的书中也提到这一点。② 民俗概念和当地社会的概念完全可以上升为学理概念。

这也涉及跨文化研究的方法论的问题。就像费先生说的要"进得去"，还得"出得来"。一进一出如何理解？为什么跨文化研究和对他者的研究视角有它的道理，其实就是相当于井底之蛙的概念，在井里面就只能看到里面。还有"不识庐山真面目"的说法，都反映了这些问题。中国人这些传统智慧恰恰是和我们讨论的他者的眼光或跨文化研究是一体的，判断方式是一样的。

要达到对中国社会的认识，就要扩大田野。田野经验应该是多位的、多点的，这很重要。部分民族志之所以被人质疑，是因为民族志的个人色彩浓，无法被验证。但是如果回到刚才所讨论的人类学学理框架里面，回到人与问题域

---

① Freedman Maurice. *Lineage Organization in Southeastern China*. The Athlone Press，1958.
② 本尼迪克特：《菊与刀》，商务印书馆，1990。

的关系的状态里面，这些问题比较好解决。

　　本套丛书的意义，就是将民族研究在上述几个方面的取向以经验研究加以表现。行文至此，恩师费孝通先生在2000年夏天接受日本《东京新闻》记者采访时提到的"知识分子历史使命"的话语，又回响在我耳畔。费先生强调，"知识分子的本钱就是有知识，它的特点长处就是有知识，有了知识就要用出来，知识是由社会造出来的，不是由自己想出来的。从社会中得到的知识要回报于社会，帮助社会进步，这就是'学以致用'，这是中国的传统。"这也正是先生所倡导的"阅读无字社会之书"、行行重行行、从实求知、和而不同与文化自觉的人类学的真谛所在。在这条路上，我们任重而道远。

序　言
游牧的知识体系与可持续发展

麻国庆

我对于游牧社会历史与现实的研究，兴趣源于大学本科。在学考古学的过程中，当时西北大学为我们开设了很多民族历史和世界历史的课程。硕士论文又回到内蒙古主要研究土默特蒙古族从游牧到农耕的转变过程。来北京大学读博士期间，最先的研究就是"草原生态与人文因素"。尽管后来由于出国，博士论文换了题目，但对于游牧社会的研究兴趣一直没减。我指导的博士和硕士论文，有相当一部分是围绕着游牧和生态等展开田野调查和研究的。区域涉及内蒙古从东部到西部、四川和西藏以及新疆。陈祥军的博士论文就是游牧社会人类学研究中的重要代表之作。游牧社会的人类学研究，是研究中华文明历史进程和现实关怀的重要组成部分。

在我的认识中，中华文明是中华民族多元一体格局下多民族文明的总和，其中有两条文明主线一直贯穿着中华文明的整个发展历程。其一是在农业生态背景下建构发展起来的，以儒家文化为主体的中原农耕文明，其二则是北方各游牧民族基于草原生态所形成的游牧文明。农耕文明对于中国传统文化之意义毋庸多议，但有关游牧文明的探讨则多限于将其理解为中国传统文化的边缘，甚至将其与农耕文明对立。这种观点有悖于多元一体理论所展现的中华文明多样性的实质。

游牧文化作为一种依托于草原生态系统所形成的独特的、适应这一自然生态系统的文化模式，它与中原农耕文化的结构性差异，使得我们不能简单地以农耕文化的视角和观念去评判其文化优劣和价值。游牧文化所依托的"生态"和所建构的"人文"，两者间有其内在的逻辑联系，需要综合二者进行系统考量才能真正理解游牧文化。出于对当前草原生态问题的理解和应对，草原生态保护的热议也就自然而然了。但由于对草原人文生态及其价值的忽视和不理解，在具体的保护实践中出现了诸多问题，如借生态保护之名进行的集中化安置、围封转移、大规模禁牧等措施对牧业民族的影响，不仅仅是单纯的迫于压力的生计转型。与传统牧业生计的脱离和集中化居住（进城）使得他们离开了"有根的"草原，进入到一种新的"无根的"社会生态之中。由此引发的一系列文化社会失衡案例，其背后包含着传统草原人文价值的缺失。失去草原的牧民不仅失去了他们的生计家园，其对草原的认知变迁和人文精神变迁，也昭示着他们对自身精神家园的远离。

建国后至20世纪末，是草原生态失衡出现并不断恶化的40年。我在20多年前调查锡林郭勒盟的草原生态时就发现，很多自然科学的研究主要关注畜—草矛盾，草原载畜量过大成为草原生态被破坏的主要原因。我经过调查发现，草畜矛盾仅仅是一部分因素，很重要的因素来自政策和人的行为。我在当时的"草原生态与人文因素"论文的结尾，提出草原生态的保护和可持续发展，要关注"人—畜—草"三者之间的平衡。并结合费孝通先生的研究，又提出草原生态的平衡，是建立在自然生态、人文生态、人类心态三态统一的基础之上的。在今天快速集约化的过程中，牧区在社会各个层面都显现出很多问题，尤其是生态环境问题。因此，重新思考草原人文—生态平衡性原理，重新认知人—畜—草这一传统生态格局的价值，应当成为我们当前牧区和游牧文化研究的重点。

文化发展和经济发展、社会发展必须保持同步。文化发展的重要内容便是草原人文精神的重建，而对游牧文化价值的认识和肯定则是这一重建的基础。但在今天草原人文精神的重建却面临着很大挑战。

一

我在我的硕士论文中就讨论到游牧是人类对自身生存环境的一种精巧利用与适应，因此在世界范围内，处于各种不同纬度、地形与植被环境的游牧各有其特点。也因此，这种游牧文化的多样性是民族学人类学游牧研究的重点之一。在广阔的欧亚大草原上，历史上游牧一直主导着这一区域在社会、经济、文化、宗教等方面的发展进程。因此，游牧社会的人类学研究，是生态人类学研究的重中之重。

生态人类学的研究最早可以追溯到20世纪初法国人类学家马塞尔·莫斯对生活在北极地区因纽特人的研究。根据民族志的调查资料，莫斯认为，因纽特人受环境因素的制约，他们的社会生活可以分为冬季社会集中期和夏季社会分散期。[①]莫斯指出，因纽特人的宗教、道德的表现形式及其需求的不同层次

---

① 〔法〕马塞尔·莫斯：《人类学与社会学五讲》，林宗锦译，广西师范大学出版社，2008。

等，与这种分散和集中的社会集团原理相对应。普里查德在尼罗河流域对努尔人进行研究。① 他在调查中发现尼罗河流域农牧兼营的努尔人，在雨季时他们分散在一定的区域里，而到旱季就集中到河流附近，而这样的活动方式与他们的政治制度、社会结构（宗族组织）有着密切的关系。马塞尔·莫斯对因纽特人的研究和普理查德对努尔人的研究被视为人类学早期对生态和人类学文化之间的互动关系的研究典型。

20世纪90年代以后，生态人类学呈现两种理论倾向：一是反对极端的文化相对论；二是批判现代主义割裂自然与文化的二分法。生态人类学的发展态势是由环境向文化发展，由主要以生计方式为研究对象向综合研究发展。

詹姆斯·斯科特从政治人类学的角度，在《国家的视角：那些试图改善人类状况的项目是如何失败的》一书中提出，游牧民和放牧人（如柏柏尔人和贝都因人）、狩猎者和采集者、吉普赛人、流浪汉、无家可归者、逃跑的奴隶、农奴往往被国家看作眼中钉。② 将这些流动的人口定居下来（定居化）往往成为长期的国家项目——之所以是长期的，部分原因也在于这些项目很少成功。

在生态人类学看来，生态环境的问题，并非某个民族自身的社会文化变迁使然，而是现代全球体系中政治、经济、社会、文化、历史等多种因素共同作用的表现。在此背景下，如何讨论中国的游牧社会的人类学问题呢？祥军博士的研究，就是在此基础上，通过长时间的田野调查，结合新疆的整体的人类学的调查和研究，来进入自己的学术之路的。

二

在对新疆的研究方面，游牧社会是很重要的内容，但长期以来较为忽视。新疆游牧社会的研究具有历史复杂、地理多样与文化多元的特点。历史上，新疆草原地处欧亚大陆腹地，是我国很多北方游牧民族你来我往、我来你去的地方，也是民族交融、多样性的民族文化的交汇之地。从地理上，新疆的游牧区域呈典型的垂直地貌特征：雪山、森林、河谷、草原、荒漠、戈壁、沙漠。游牧民以阿尔泰山为基点，向东可以进入蒙古高原，向西进入哈萨克大草原可直达里海，向南穿越准噶尔盆地可到达天山山脉，向北经过南西伯利亚便是南俄草原。文化上更是多元，历史上草原上的游牧民信仰过不同的宗教，至今还留

---

① 〔英〕埃文思-普理查德：《努尔人》，褚建芳等译，华夏出版社，2002。
② 〔美〕詹姆斯·斯科特：《国家的视角：那些试图改善人类状况的项目是如何失败的》，王晓毅译，社会科学文献出版社，2004。

有很多文化遗存。

　　国内有关游牧的人类学研究起步较晚。如解放初期的中国少数民族社会历史调查，所积累的材料，为后来研究者积累了丰富的民族志资料基础。新中国成立之初，就有谷苞、杨廷瑞等一批随军进疆的学者开始关注和研究新疆牧区社会。谷苞先生建国后历任中国科学院新疆分院副院长、新疆民族研究所所长、新疆社会科学院院长，足迹走遍天山南北、塔里木河两岸，主持编写了《新疆牧区社会》。杨廷瑞先生（陈祥军博士编《杨廷瑞"游牧论"文集》）常年扎根于牧区，每年几乎都在草原上待半年之久。在今天看来，那一代牧区研究者的调查开创了新疆人类学、民族学调查的先河。这些研究是建立在数十年基层深入调查的基础之上，并为后来研究者留下了一批珍贵的资料和丰富的新疆牧区社会研究经验。尤其是完成于1991年的杨廷瑞《游牧论》一书更是预见性地回答了："游牧经济为什么能够一直延续、保存到现代社会呢？这主要决定于游牧地区的自然条件和经济条件。当然传统的游牧生活习俗也是一个重要因素。"他较早意识到牧民定居、草畜承包将会给牧区社会及草原生态带来不利后果，呼吁善待游牧，善待游牧民。

　　20世纪80年代自中国人类学学科恢复后，有关游牧社会的研究才又逐渐开展起来。有关新疆游牧社会的研究主要集中在阿尔泰山和天山一带，尤以阿尔泰山游牧社会的研究较多，研究对象主要是哈萨克族。其中有代表性的是新疆师范大学崔延虎教授持续多年在新疆阿勒泰汗德尕特乡的研究个案。1992年至1994年，崔延虎还参与了由剑桥大学蒙古与内亚研究中心凯若琳·汉弗瑞（Caroline Humphery）和戴维·斯尼斯（David Sneath）组织的"内亚环境与文化保护"的国际合作研究课题。他长期关注哈萨克牧区社会的草原生态、本土知识、生计方式、牧区政策及文化变迁等，近年来，他又从政治生态学视角探讨在干旱草原区的外来生计系统（近代工业生计系统和农耕生计系统）对传统游牧生计系统的冲击，试图用生态扩张主义的概念来解释游牧生计与草原生态变化的原因。

　　近年来，在"一带一路"背景下，作为曾经草原丝绸之路必经之地的阿尔泰山日益受到国内外人类学学界的关注。历史上草原丝绸之路在沟通中外文化交流的过程中也曾起到了很特殊的作用。由于阿尔泰山自然生态和游牧生产方式之间天然的相适性，阿尔泰山成为古代欧亚草原大通道的重要一环，也是沟通漠南漠北草原与西域绿洲、中亚草原之间的枢纽。然而，近代以来，牧区社会不断受到工业化、现代化及城市化的冲击，游牧文化与草原生态都在不断发生巨变。费孝通先生很早就敏锐地意识到这一点，并率先提出"边区开发"思路，同时指出边区开发一定要保持自然生态和人文生态的平衡。不能只盯着自然资源，还要兼顾开发智力资源、地方族群的参与及利润的回馈。近年来，崔延虎在对阿尔泰草原地区长期调查和研究的基础上提出，无序的自然资源开发对当地牧民、生态环境造成了巨大的影响。改革开放以来，尤其是进入21世纪以来，中国牧区也经历了"高铁"般的发展速度，但在这高速发展的背后，牧区社会积累了很多亟待解决或不得不面对的深层次问题，尤其是草原生态环境的变化最为明显。但关于这一区域的近年生态人类学方面的民族志作品，并不多见。

祥军的博士论文《阿尔泰山游牧者：生态环境与本土知识》，正是在新疆阿尔泰山牧区近10年田野调查基础上完成的一部游牧民族志。祥军博士从小在新疆一个多民族社区长大，有着丰富的地方经验知识。他在新疆师范大学跟随崔延虎教授攻读民族学专业硕士学位期间（2004至2007年），就在该区域做了长时间有关野马的生态人类学研究，从跨学科视角探讨了濒危物种恢复和保护的问题。这项研究为中国其他濒危物种的恢复和保护提供了个案基础，揭示了其中不可避免地出现的社会文化与生态环境相互胶着的事实。他来中山大学人类学系攻读博士学位期间，又认真接受了人类学的学科训练，并就这一方面的国际国内的人类学文献，做了很好的梳理。当时，我就希望他能从游牧的知识体系出发来讨论问题。我对游牧文化的传统生态观的关注，理由有三。第一，一个民族的生态观直接反映了这一民族对于其所处自然生态环境的认识和理解，并体现其建构和管理人与自然关系格局的方式和内容。第二，它是草原生态变迁的一个重要观察点。游牧民族的生态观受到了外在的生态环境变化的影响，一旦生态观发生变化，也会对外在的生态环境产生影响。研究和观察游牧民族生态观的发展与变化，不但可以了解当代的草原生态变迁，也会对现实存在的生态环境变迁产生影响。第三，生态观的变迁背后除了自然生态变迁的因素，还包括了社会生态环境的变化和民族间互动关系的影响。

游牧民族的生活方式与生态环境有着直接的关系，因而其生态环境保护意识与其生存的环境有着密切的关系，可以说是生存的环境需要造就了他们的环境保护意识。与此同时，因为草原公有的特性，使得"约法"成为必要的举措，这不仅对于牧民生活有利，也对整个游牧集团的生存有着基础性的作用。

游牧民族的环境保护意识，体现于在前文讨论的游牧民族生态观之中。游牧民族在长期的游牧生产和生活中，形成了符合游牧文明的生态环保思想意识，如人与自然协调平衡的发展观、对动植物有恻隐之心的生态伦理观、认为自然资源或自然要素是无比珍贵的价值观。① 而这些观念则在其宗教信仰、法律制度、生产生活方式等多方面体现出来的，具有独特的地域色彩和民族特色，是游牧文明的重要内容。② 这些在漫长的生产、生活实践中所形成的生态环境保护思想和实践，尽管还不够系统规范，但足以说明他们并不是北方草原环境恶化的责任者，而是自己祖祖辈辈生存的生态环境的保护者。③ 如何充分借鉴和利用这些环境保护意识，服务于当前的草原生态保护实践之中，乃是我们需要进一步关注的课题。

对于草原游牧文化和生态的可持续协调发展，每一个方面都不可或缺。因此相关政策措施的制定，都应依托于对游牧文化本质深刻理解的基础之上，才不至于不断产生本末倒置或是适得其反的改革效果。

祥军的博士论文，也是在呼应游牧知识体系的特质和知识的生产过程。现在给读者呈现的著作，就是在博士论文的基础上，又经过后续的调查和文献的梳理得以完成的。本书立足于新疆阿尔泰山哈萨克牧区社会，以草原生态和牧区发展为背景，围绕着"游牧民、草原、牲畜"系统性地研究了游牧知识，主要探讨了这套游牧知识体系在生成、变化过程中与草原生态的互动关系。

三

当前国内有关哈萨克族的研究，以人类学长期田野为基础的个案还比较少，尤其对其游牧知识进行系统研究的个案就更为鲜见。从"本土知识"的视角研究一个游牧族群的社会、生态、发展及他们的观念世界，在这方面的研究也尚不多见，特别是在汉语言文献中，这样系统而专门的研究具有一定的创新意义。在研究方法上，除了传统的人类学方法外，祥军博士还采取了以"本地人访谈本地人"的方法获取访谈资料。通过这种方法，既能更为准确了解把握本地人的真实想法，又可增强论文中材料的可信度。理论上，以哈萨克游牧社会为例，把"知识、生态、发展"结合起来进行研究，为知识的人类学理论提供了一个民族志个案。

全书以整个草原生态环境及其变化为背景展开论述，较为全面地探讨了哈萨克游牧知识，探讨了游牧知识与草原生态的关系。祥军博士认为，哈萨克族

---

① 王孔敬、佟宝山：《论古代蒙古族的生态环境保护》，《贵州民族研究》2006年第1期。
② 宝贵贞：《蒙古族传统环保习俗与生态意识》，《黑龙江民族丛刊》2002年第1期。
③ 许宪隆：《北方草原民族传统文化与生态环境保护》，《中南民族大学学报》1997年第2期。

在长期的生产实践中，在与草原和牲畜的互动中，形成了一套调节三者关系的平衡机制，产生了一套放牧牲畜、利用草原、规约和管理游牧社会的知识，以及对待草原的态度与规范。正是以这种大范围有规律的移动，牧民才得以适应"脆弱的"、"多变的"和"不确定的"干旱区环境。这种适应机制是牧民基于数千年对草原环境的经验观察和积累。由此，哈萨克游牧社会以草原环境为基础形成了一整套文化知识体系，游牧民对草原生态环境有着高度的依赖性。所以，这套本土知识体系对于维持草原生态系统的平衡起着重要作用。

祥军博士还告诉我们，游牧并不是漫无目的的游荡，它有自己的一套缜密的组织管理知识。游牧的组织管理知识是以游牧民对草原和牲畜的认识为基础，并运用一套规则来进行水草资源的分配、个体劳动的分工以及组织游牧生产的全过程。整个游牧过程包括很多复杂烦琐的工作。游牧的时空变化特点又要求游牧的管理者具有灵活性处理各种事件的权力和能力。基于当地干旱区草原环境的多变性特点，为了减少来自外部各种不确定性事件的威胁，能否组织管理好游牧生产尤为重要。游牧社会组织担负了此重任并发挥了重要作用。游牧知识正是通过游牧社会组织进行传承与创造，维系游牧社会发展至今。但传统游牧知识在强大外力作用下，传承机制出现了断裂，而新建立的生产组织及其背后的知识体系或文化与原有的游牧生态环境是背离的。所以这种脱离了当地草原环境、游牧生产及游牧知识等实践基础的管理理念成为如今引起草原生态和人文生态失衡的一个重要因素。本书还初步讨论了在市场经济背景下，这种追求"开发牧草资源"的经济发展理念，引起了原有牧区社会生态系统中"人—草—畜"关系的分离，同时其在开发过程中忽视了当地自然环境特点及其与本土知识的互动关系，而且牧区社会的自然生态和本土知识体系非但没有接受这种"发展"理念的能力，更失去了制衡或约束破坏草原生态行为的力量。

本书在游牧知识研究方面已达到国内外领先水平，在哈萨克游牧民研究方面取得了突破性成果，因而具有很高的学术价值。祥军博士的研究最为重要的创新之处在于能够从一种极为地方性的游牧知识与生态环境的关系之中寻找到一种解释，这种解释为游牧社会的研究提出了一个新的有待于挖掘的知识空间。在这个意义上，文化不仅是"物"的遗存还是各种知识，人们通过掌握和实践这些知识才得以把文化代代传递下去。所以，草原生态的本质特征决定了区域文化发展的基点，游牧生计作为草原环境的最佳适应方式，需要重新挖掘其生态适应价值。在现代条件下辅以必需的技术和制度改良，建构新的草原文化—生态协调发展格局。这实际上回应了一个人类学上的基本概念，就是在我们今天所强调的人、社会、经济、文化、自然这样一个复合体的系统里，如何来重新思考生态人类学中的一个基本理论：人与环境的关系。今天的牧区社会中的人与环境都发生了变化，不管用何种方式来重新协调这种关系，都要建立在本民族文化根基的基础上。

然而很多学者在描述环境变化时，常常忽略文化传统的因素。特别是对于在公有资源的利用中所出现的生态问题，如草原退化的问题，常常用"公有地悲剧"理论进行解释。1968年，美国经济学家G.哈丁（G. Hardin）提出"公有地悲剧"（The Tragedy of the Commons），即"公用权悲剧"概念，地球资源被看作是公共财产。这里的公共拥有，实际上不存在任何所有权，而只表现为公用权，所有社会公民都可以随意利用它。哈丁把这种公共财产比作公有草地，谁都可以在草地上放牧，每一位牧民为了从放牧中取得更多的好处，按照费用最少、效益最大的原则，总是力图增加畜群的数量，但是谁也不进行草地建设的投资。这样，随着畜群增加，草原的质量急剧下降，最后草场完全退化，不能再放牧牛羊。这就是草地公用权的悲剧。[①] 在此，每个人追求自己最大的个人利益，但是最后的结果，是不可避免地导致所有人的利益的毁灭。这一解释事实上是纯粹的经济学中的利益最大化的观点，而忽略了不同的民族、社会、文化对公有资源的利用之不同。不过，G.哈丁提出"公有地悲剧"理论，不用说在一定的范围和时间中，是非常有效的。如即使在完全是少数民族生存的地方，由于货币经济的刺激，也带来了对资源的破坏和掠夺。特别是一些从不同生态文化区迁入的移民等，对于资源的利用与当地的社会文化传统有着本质上的不同，加之一些移民对当地资源缺乏"家园"的概念，以及经济利益的驱动，导致了"公有地的悲剧"。

本书的很多研究既有现实意义，又有学术意义。目前学者们从人类学视角，对生态环境与本土知识的关系进行系统研究和深入分析的还不是很多。祥军博士以中国整体发展的时空为背景，结合发展的人类学理论对游牧社会的生态环境和游牧知识体系的变化过程及原因进行个案研究。祥军博士认为，一直以来涉及生态环境和本土知识的人类学理论，主要建构在西方学者对非西方国家或发展中国家研究的个案基础之上，而本书以一个人类学者的眼光反思"发展"，为发展的人类学提供了一个新视角。本书从跨学科视角，以人类学田野

---

① G. Hardin, The Tragedy of the Commons, *Science* 162: 1243-1248, 1968.

实践为基础，沿着草原生态、游牧知识体系到发展的思路，对于草原生态退化的深层次原因进行了有意义的探讨。并厘清了草原生态、游牧知识体系与发展之间的关系，为政策制定者分析草原生态退化原因及治理草原退化提供了理论依据。

我一直告诉同学们，田野调查是一个真正的人类学、民族学工作者必须要经历的成年仪式。祥军博士的研究成果就是建立在长时间扎实的田野调查基础上。祥军背着睡袋帐篷，骑着马与哈萨克牧民在各牧场之间迁徙。其经历一直在我头脑里萦绕。以这种科学扎实的田野精神，来从事今后的新的研究领域，一定会取得更优秀的成果。

2017 年 8 月 26 日
于中央民族大学

目 录

第一章　导论 ··· 001
　第一节　为何研究游牧的哈萨克 ······························· 001
　第二节　游牧与生态：知识与发展 ····························· 006
　第三节　研究思路与主要内容 ·································· 019
　第四节　走进草原：田野与方法 ······························· 021

第二章　游牧环境与部落历史 ······························· 032
　第一节　多样性的地貌与草原 ·································· 033
　第二节　游牧民部落历史演变 ·································· 041
　第三节　当前牧区的社会生态 ·································· 044
　小　结 ··· 050

第三章　游牧生态-环境知识 ································· 051
　第一节　动植物知识 ··· 052
　第二节　气象物候知识 ·· 067
　第三节　生态观与环境行为 ······································ 082
　小　结 ··· 097

第四章　季节放牧与草原利用 ······························· 099
　第一节　放牧畜群 ·· 100

第二节　季节放牧 ·· 110
　　第三节　草原利用 ·· 120
　　小　结 ·· 127

第五章　游牧的传统组织管理 ·· 129
　　第一节　组织管理 ·· 130
　　第二节　四季转场 ·· 142
　　小　结 ·· 151

第六章　游牧知识的传承机制 ·· 154
　　第一节　传承载体：游牧社会组织 ································ 154
　　第二节　传承核心：阿吾勒 ······································ 161
　　第三节　传承方式：老人权威 ···································· 170
　　小　结 ·· 180

第七章　游牧知识体系的瓦解 ·· 181
　　第一节　传承机制的瓦解 ·· 182
　　第二节　传统管理的质变 ·· 196
　　第三节　放牧畜群与草原利用的变化 ······························ 211
　　第四节　游牧生态观与环境行为的变化 ···························· 224
　　小　结 ·· 235

第八章　游牧知识、现代化与草原生态 ································ 237
　　第一节　现代化进程中草原生态的失衡 ···························· 237
　　第二节　生态失衡源于牲畜超载和气候变化吗？ ···················· 256
　　第三节　脱离草原和牧区社会的发展逻辑 ·························· 264
　　小　结 ·· 284

第九章　结论 …………………………………………………… 286

参考文献 ………………………………………………………… 292

附录一　主要报道人信息 ……………………………………… 303

附录二　哈萨克社会反映"人、草、畜"关系的谚语 ………… 307

后　记 …………………………………………………………… 309

第一章

导论

第一节 为何研究游牧的哈萨克

一 我的哈萨克情怀

为什么选择要研究哈萨克族,这与我的自身经历有密切的关系。我父母是20世纪50年代末从内地被派遣到新疆的支边青年,被安排到距离现在乌鲁木齐市区约40千米的地方。那里是一个以汉族、哈萨克族、回族为主,还有少部分维吾尔族及蒙古族的多民族聚居区。哈萨克族和蒙古族大都生活在山里,以放牧为主,汉族和回族生活在河谷地带,以农业为主,兼营牧业。小时候每年初春和深秋都可以看到哈萨克牧民转场的驼队与络绎不绝的畜群,从村子里唯一的小路进出天山深处。偶尔在放学的路上还能遇见万马奔腾、尘土飞扬的赛马、叼羊场景。每逢此时,我和伙伴们会爬到山顶上观看比赛,这也是记忆中最开心的一件事。还记得当时跟着年龄大一些的伙伴去偷哈萨克人家的酸奶疙瘩,被发现后不顾一切逃命的场景。如今这些记忆早已远去,但那些场景却更加清晰。

我没有想到后来会结识那么多哈萨克朋友,还经常深入阿勒泰牧区进行长时间的田野调查,并深陷其中。我对哈萨克社会的接触、了解乃至研究,除了生长环境外,还源于20多年前相识并交往至今的一个哈萨克好朋友——何兰。"何兰"在哈萨克语里是"雄鹰"的意思。我至今记得我们相识的那一幕。我家住在天山脚下的一个小村庄,距离县城约30千米。从初中二年级开始,我就去县里最好的一所中学读书。1991年秋季的一个周日,我和往常一样乘坐班车去学校。那天车上人比较多,始发站就已坐满了人。途中上来一位老奶奶,我起身把座位让了出来。这时身后有人拍我的肩膀,是一位哈萨克小伙子。他抱起身边的小孩,示意让我坐下。当时快要会考了,坐下后我随手就拿出复习资料翻看。他看到我的会考资料就攀谈起来,在交流中得知原来我们是同一届的高中生(他在哈萨克族中学),就这样我们相识了,聊了一路。

后来,我们成了好朋友。何兰邀请我去他家里做客,我至今仍记得何兰的妈妈做的那些好吃的:熏牛肉抓饭、清炖羊肉、纳仁、拌面、糕点等,好吃极了。我清楚地记得,上高中时第一次参加哈萨克牧民的婚礼。我们坐着老式的解放牌汽车去山里迎新娘,汽车在颠簸的山路上行驶了很长时间才到达新娘家。婚礼的仪式很多,临走时新娘还唱了很长时间的哭嫁歌。那是我第一次亲历一个完全不同于汉族婚礼仪式的场面。在天山夏牧场的经历更是令人难以忘怀,白天学习骑马、穿越森林、攀登山峰,晚上睡在山谷里的毡房里,吃着香喷喷的羊肉,倾听冬不拉伴奏下的哈萨克民歌。

后来,我们都上了大学,但每年寒暑假我都会去何兰家的夏牧场。参加工作后,我们依旧生活在同一个城市。我们之间的交流从未中断过,友谊随着岁月也不断加深。从认识何兰,到和他及其家人的相处过程中,我有机会更多地了解哈萨克族及其游牧文化。可以说,我的好朋友何兰给我提供了一个学习和了解哈萨克族基本生活常识的机会。经过长时间的接触和交流,我已经非常熟悉牧区哈萨克人的日常生产生活。

没想到这段经历竟成为我以后研究哈萨克族社会的前期基础。在硕士学习阶段(2004~2007年),我才真正开始对哈萨克族社会进行研究。我在硕士学位论文中主要运用生态人类学理论,探讨了在保护濒危物种(普氏野马)的过程中游牧社会本土知识的重要性,并认为忽视本土知识有可能引发新的社会和生态问题。在攻读硕士学位期间,草原生态问题已经引起了我的关注。当时牧民给我讲得最多的就是往昔草原"风吹草低见牛羊"的景象,而我在田野中多次碰到的却是"风吹草低飞沙起"的景象,并逐渐真切感受到草原生态退化给游牧民带来的伤痛与忧患。心中不禁在问,游牧民及游牧社会与草原生态之间到底发生了什么?这些田野经历和思考也成为我最初的一个问题意识。

从世界范围来看,近几十年来游牧民族赖以生存的草原大都出现了不同程度的退化,中国的大部分草原也不例外。资料显示,中国90%的可利用天然草地都发生了不同程度的退化,而且退化面积每年以200万公顷的速度递增。[①]近30年来新疆草原生态环境也日益恶化,草原单位面积的产草量、高度、盖度、载畜量日益下降。新疆的天然草场有效利用面积从新中国成立初期的

---

① 第二十三届国际保护生物学大会,兰州大学杜国祯教授发言记录,北京,2009年7月。

4800万公顷缩小到2700万公顷，产草量下降60%，人均占有草地面积从539公顷降至现在的150公顷，同时沙漠面积扩大了37.89万公顷。[①] 2000年4月5日，一场来自内蒙古大草原的沙尘暴席卷了北京，那一年北京的沙尘总天数是13天。此后，政府、学者和公众开始关注沙尘暴的发源地——草原。国家也在2002年迅速制定了保护草原生态的退牧还草工程。在新疆，政府为尽快使传统畜牧业向现代畜牧业转变，同时出于保护草原生态的角度考虑，开始加大牧民定居工程。一些非政府组织（如阿拉善生态协会）也加入保护草原生态的行列。

国内外学者也纷纷在牧区展开各种调查研究，其中尤以自然学科的研究起步较早，研究成果也最多。我梳理了20世纪90年代以来有关草原生态研究的文献，发现较多学者认为过度放牧是造成草原退化的主要原因。如朱震达[②]认为人为因素（过度放牧及土地开垦等）占了草原退化的94.5%；还有学者认为，长久以来依靠移动放牧牲畜的牧民是导致草原超载和草原退化的主要原因；[③]有的认为气候干旱（即自然因素）是草原沙漠化的主要原因；[④]等等。由此可以发现，自然学科学者们较多关注草畜平衡的关系，而忽视游牧主体——人的文化、知识和行为因素。

在前期的田野中我也发现，大部分政府官员也基本接受上述学者观点。此时我有一个疑问：千百年来不管是非洲大草原、中亚干旱草原还是西藏的高海拔草原，游牧民在自然环境多变、生态脆弱及无法耕作的草原上，以移动来充分利用分散的牧草资源。难道游牧民不知道过度放牧会对草原造成危害吗？难道游牧民几千年来积累的文化知识已经失去维系牧区社会生态平衡的作用了吗？

带着这些问题我又继续查阅文献，发现其实早在20世纪90年代中期已有学者从人类学、民族学视角对草原生态问题提出了不同的观点。如麻国庆[⑤]在研究内蒙古锡林郭勒盟白音锡勒牧场后认为，草原生态的退化与人文生态和文

[①] 赵英宗主编《建言献策录：现代畜牧业与新疆发展专辑（内部资料）》，2008，第87页。
[②] 朱震达：《中国土地荒漠化的概念、成因与防治》，《第四纪研究》1989年第2期。
[③] M. Bolligl and A. Schulte, "Environmental Change and Pastoral Perceptions: Degradation and Indigenous Knowledge in Two African Pastoral Communities," *Human Ecology*, 27 (3), 1999.
[④] 董光荣等：《晚更新世以来我国陆生生态系统的沙漠化过程及其成因》，载刘东生主编《黄土、第四纪地质、全球变化》（第2集兼1988~1989年报），科学出版社，1990。
[⑤] 潘乃谷、周星主编《多民族地区：资源贫困与发展》，天津人民出版社，1995，第31~53页。

化生态的失衡有着密切关系；崔延虎①通过对新疆北部哈萨克社会的长期研究后认为，游牧社会组织变化与草原生态存在一定关联。可见，草原生态问题不仅仅是一个简单的环境问题，还牵连到很多社会人文因素。

基于已有的研究，我认为，首先要明确草原和游牧的主体是牧民。以此为基点，我开始从哈萨克游牧的自然环境特点及社会组织入手，思考游牧社会组织对草原生态起着什么样的作用？紧接着，我逐渐意识到游牧社会与农业社会一样存在着一套复杂的"本土知识体系"，而游牧社会组织是这一本土知识体系中最为重要的一环。因为它是形成、传承与发展游牧知识的载体。此时，我又提出新的问题：这套游牧知识体系与草原生态之间的关系是什么？它又是如何发生变化的，变化的原因是什么，其变化又会对草原生态产生什么影响？

基于这些问题及困惑，我试图进一步探究在整个哈萨克社会中，这套游牧知识体系的变化是否对草原生态形成了压力，以及这套游牧知识体系对草原可持续发展起着什么作用。这也是本书期望达到的目标和研究的意义所在。

二 游牧的核心概念

在以往研究中，有关游牧（nomadism）的定义很多。在《人类学词典》中，游牧是指一个群体为获得生活资料而进行季节性或周期性的迁移所过的生活。其食物来源依地形和气候而定，不尽相同。②他们往往以小的亲属群体出现。不管是哪种定义，"移动性"是所有游牧定义的基础。

本书中的"游牧"强调在干旱半干旱草原，游牧民以数户的联合劳动为基本协作组织，以饲养牲畜（马、驼、牛、绵羊、山羊）为主，以一年为周期随季节规律按一定方向循环移动的一种生计模式。移动的时空规律性是游牧的最大特点。如拉帕波特（Amos Rapoport）③在研究游牧民定居问题时提出，移动是游牧民的最重要特点，游牧民正是在移动中形成了一整套游牧文化知识体系。

转场，是游牧民有效利用牧场的一种移动方式。转场主要有两种：水平移动（horizontal migration）和季节性移动。水平移动是指在广阔地域上慢慢地、不间断地移动。非洲饲养牛羊的民族，中亚沙漠和草原、中东地区以及南北美

---

① 崔延虎、海鹰：《生态人类学与新疆文化再认识》，《新疆师范大学学报》1996 年第 1 期。
② 吴泽霖总纂《人类学词典》，上海辞书出版社，1991，第 494 页。
③ Amos Rapoport, "Nomadism As A Man-Environment System," *Environment And Behavior*, 10 (2), 1978.

洲部分平原上的牧民都以这类移动方式为主。季节性移动主要指游牧民和畜群随季节变化在低地和高地之间往返移动。这类移动方式的区域主要分布在中东山区、东欧山区、瑞士、中亚、中国新疆和内蒙古，以及南美洲部分地区。①在《人类学词典》中，转场是指一种季节性迁徙放牧，即把牲畜从一处赶到气候条件更好的另一处放牧的季节性迁移。一般指山区，因那里小区域性气候的不同性是普遍存在的。②在本书中，转场特指阿勒泰地区哈萨克游牧民每年在阿尔泰山（夏牧场）与准噶尔盆地荒漠草原（冬牧场）之间，随季节进行有规律的南北往返迁移方式。

草原，英文中有"range, rangeland, steppe"等词。"range"为"天然放牧地"，是指"以本土原生植被为主，作为天然生态系统管理，主要用来放牧或具有潜在放牧能力的土地"；"rangeland"意为"天然草地或草原"，是指"植被包括灌木地、草地和稀疏的森林。这些地方干燥、多沙、含盐，或为潮湿的土壤；地形峻峭；有许多岩石，不能种植商品化的农作物和树木"③；"steppe"尤指"欧亚大草原"，即生长着低矮的丛生禾草及其他草本植物，很少有树木的半干旱草原。④ 在本书中，草原是指以本土原生植被为主，介于湿润的森林与干旱的荒漠之间，即处于半干旱半湿润区的特定地理位置。⑤ 同时重在强调一种天然的自然生态系统。

草场（牧场）概念。草场是从使用和管理角度提出的概念，即能够为家畜提供饲草的地方都可称为草场；⑥ 牧场主要从当地游牧民的角度出发，专指用来放牧的土地；当地牧民一般把自己的放牧区域称为"牧场"，如春秋牧场、夏牧场等。在田野中我发现，"草场"和"牧场"在当地牧民及干部中经常同时使用。为了保留访谈人的原话，草场和牧场概念在本文中也经常同时使用。

游牧知识，是指干旱半干旱地区内的哈萨克游牧民，在长期与草原、牲畜的互动中共同构建的动态平衡的草原生态系统；对牲畜和草原的认识经过世代传承与累积最终形成了一套放牧牲畜、利用草原、规约和管理游牧社会的知

---

① 庄孔韶主编《人类学概论》，中国人民大学出版社，2006，第213页。
② 吴泽霖总纂《人类学词典》，上海辞书出版社，1990，第701页。
③ 〔美〕哈罗德·F. 黑迪：《草原管理》，章景瑞译，中国农业出版社，1982，第3页。
④ 2008世界草地与草原大会翻译小组译《草原牧区管理：核心概念注释》，科学出版社，2008，第23页。
⑤ 我的田野点富蕴县所在的区域就处于半湿润的阿尔泰山脉与半干旱的准噶尔盆地荒漠草原之间。
⑥ 李文军、张倩：《解读草原困境——对干旱半干旱草原利用和管理若干问题的认识》，经济科学出版社，2009，第3页。

识，以及对待其所处生存环境的态度。尤其强调草原是产生游牧知识的根源。这如同北极的冰雪世界是因纽特人发明雪屋的前提一样。此外，还强调游牧知识是哈萨克游牧民的一种"传统"，即"无论实质内容和制度背景是什么，传统就是历经延传而持久存在或一再出现的东西"①。所以这种传统知识还包含着信仰、惯例和制度。本书的游牧知识仅仅是哈萨克"游牧知识体系"的一部分，其概念除强调"地域性"、"实践性"和"人与自然的互动性"外，重在强调游牧民与草原生态的"动态性"关系和知识生态的"整体性"概念。

第二节 游牧与生态：知识与发展

一 游牧与生态

1. 国外研究

有关游牧社会的民族学人类学研究，国外学者的研究著作较为丰富。如人类学家巴斯（Fredrik Barth）的《南波斯的游牧人群》，②该书对游牧民族的社会组织、民族认同上的分歧与多样性、语言等方面进行了研究；苏联蒙古学专家符拉基米尔佐夫③从历史角度，对蒙古社会制度及组织的发展演变进行了研究；江上波夫④以史料为基础研究了古代游牧部族，其中也涉及游牧社会组织与草原环境的研究。

在游牧与生态关系的研究中，普理查德（Evans Pritchard）的《努尔人》最具代表性。他认为，在努尔人中"政治分裂的谱线主要是由生态特点与文化所决定的。恶劣的环境与对游牧生活的主导兴趣一起导致了地方性社区分布的低密度与大间距。生态的与文化的关系常常合在一起引起分裂。在努尔本土地区中，文化是同质的，因而对裂变支的大小与分布起决定作用的因素就是生态的关系"⑤。这种裂变世系系统与哈萨克人的氏族部落社会组织极为相似。努尔人中最小单

---

① 这里"传统"的含义是世代相传的东西（traditum），包括物质实体，包括人们对各种事物的信仰，关于人和事物的形象，也包括惯例和制度。参见〔美〕爱德华·希尔斯《论传统》，傅铿、吕乐译，上海人民出版社，2009，第12～17页。
② Fredrik Barth, *Nomads of South Persia*: *The Basseri Tribe of the Khamsh Confederacy*, Prospect Heights, Illinois: Waveland Press, 1961.
③ 〔苏〕符拉基米尔佐夫：《蒙古制度史》，刘荣焌译，中国社会科学出版社，1980。
④ 〔日〕江上波夫：《骑马民族》，张承志译，光明日报出版社，1988。
⑤ 〔美〕埃文斯·普理查德：《努尔人》，褚建芳等译，华夏出版社，2002，第306页。

位相当于哈萨克人的基层游牧社会组织（阿吾勒）。通过对努尔人的研究，普理查德虽然主要强调努尔人的政治制度与其生态环境的一致性，但实质上论述了承载政治制度的游牧部落组织与生态环境的一致性特点。

内亭（Robert M. Netting）[①] 运用文化生态学理论对东非游牧民的自然环境与社会进行研究后认为，部落分支世系群结构反映了不同游牧群体迁徙时的空间位置。这种结构与当地的自然生态环境密切联系，进而又影响各部落分支的物理分布格局。莫兰（Emillo F. Moran）[②] 也对东非游牧民进行了研究，他认为，干旱区的周期性变化导致了游牧社会和组织的灵活形式、随季节变化而分散或集中的居住形式，以及允许互惠分享和联合开发关键性资源的一套规则与操作方式。这些特点同样存在于游牧的哈萨克社会中。

如果说普理查德是研究相对封闭简单（努尔人）社会的一个典范，那么人类学家卡罗琳（Caroline Humphery）[③] 就是研究（受全球化影响）游牧社会变迁的代表。在其《游牧的终结?》一书中，通过对中亚三个国家（俄罗斯、蒙古和中国）游牧社会的比较研究后认为，虽然这几个游牧地区在经济、文化、生计等方面正经历着变化，但对游牧民来说，逐水草而居仍是对当地自然环境最成功和最适宜的生计模式；在这些国家和地区，尽管政府都实施了牧民定居、经济开发等政策，但游牧生计存在至今仍然有其合理性的基础；草原退化与游牧民流动性的丧失密切相关；在这些游牧地区，文化传统对游牧社会的影响远比现代政治和经济管理的影响要深远得多。卡罗琳充分利用比较研究的优势，发现游牧在特定环境区域内存在的合理性基础，以及游牧文化也随着时空环境的变化而不断进行着再创造。

舒尔茨（F. Scholz）[④] 在研究了非洲北部、西亚及中亚等地区的游牧民后提出：游牧是一种文化的社会生态模式，是作为与定居的农业生计方式共存的一种生存选择。因此游牧生计方式的变化会影响生态环境。反过来，生态环境

[①] Robert M. Netting, *Cultural Ecology*, Illinois: Waveland Press, Inc., 1988.

[②] Emillo F. Moran, *Human Adaptability: An Introduction to Ecological Anthropology* (second edition). Boulder, Colorado: Westview Press, 2000.

[③] 卡罗琳及其研究小组在俄罗斯、蒙古和中国，分别对蒙古族、哈萨克族、图瓦族等游牧民进行了四年（1991～1995 年）的田野调查，完成了两部专著：C. Humphrey & D. Sneath (ed.), *Culture and Environment in Inner Asia: The Pastoral Economy and the Environment*, Cambridge: The White Horse Press, 1996. Caroline Humphrey and David Sneath, *The End of Nomadism?* Durham: Duke University Press, 1999.

[④] F. Scholz, *Nomadism: Theory and Change of a Socio-ecological Mode of Culture*, Franz Steiner Verlag, Stuttgart, Germany, 1995.

的变化也会影响社会环境。哈德桑（Alfred E. Hudson）较早从人类学视角，研究了哈萨克族的历史、社会组织、家庭和婚姻、阶级分层、政治集团、氏族部落间的关系及经济生活等方面。而且他还对19世纪后期沙俄帝国的草原行政划分进行了研究，并认为，"由同一个家庭和部落成员所具有的氏族情感正在转变成同一个小行政区域和地区的那种情感"①，即地缘关系在逐渐替代血缘关系。这也是本书在讨论游牧民定居时的一个重点内容。克瑞德（Lawrence Krader）② 在其《蒙古-突厥草原游牧民的社会组织》一书中，对苏联哈萨克游牧民社会组织的规模大小、聚散变化与自然环境的关系有所涉及。而且还提到哈萨克基层游牧社会组织——阿吾勒（aul）或牧庄（nomadic village）在其社会中的基础作用。

20世纪90年代，国外学者们对中国境内哈萨克族游牧民的研究逐渐升温。美国学者白胡纳（Don Behunah）等对新疆富蕴和甘肃阿克塞两地的哈萨克族社会进行了比较研究，并认为传统游牧文化正在面临来自生态环境和国家政策的双重威胁；③ 新西兰学者托尼·班克（Tony Bank）博士于1996~1998年在新疆阿勒泰地区，对1984年人民公社解体以来哈萨克族社会的土地政策、经济状况、草原生态的变化进行了研究，并认为新疆所有的发展策略都是在鼓励开垦、工业化、矿业和能源的开采，这是造成草原资源退化和缩小的原因。④ 同时期来自美国的艾瑞克博士（Kagan Arik）对哈萨克族传统医疗知识的研究有所涉及。⑤

2004~2005年，人类学博士迈克尔·祖科斯基（M. L. Zukosky）在新疆阿勒泰地区青河县对中国草原政策制定过程及实施情况研究后认为，在官方草原政策中地方游牧民的意愿和建议基本上被社会地位较高、收入较高，且居住在都市的"专家"们代表了。⑥ 2006~2007年，阿斯特丽德·塞尼（Astrid Cerny）在新

---

① Alfred E. Hudson, *Kazak Social Structure*, London: Oxford University Press, 1938.
② Lawrence Krader, *Social Organization of the Mongol-Turkic Pastoral Nomads*, Indiana University Publications, 1963.
③ Don Behunah and Richard Harris, "Observation on Changes in Kazak Pastoral Use in Township in Western China: A Loss of Traditions," *Nomadic Peoples*, Vol. 9, 2005.
④ Tony Banks, "State, Community and Common Property in Xinjiang: Synergy or Strife?," *Development Policy Riview*, Vol. 17, No. 3, 1999.
⑤ Kagan Arik, Shamanism, Culture and the Xinjiang Kazak: A Narrative of Inentity, Dissertation, University of Washington, 1999.
⑥ M. L. Zukosky, Grassland Policy and Politics in China's Altai Mountains, Dissertation, Temple University, 2006.

疆富蕴县的人类学调查，主要从可持续发展角度，对政府在既想保护草原生态又要发展地方经济的情况下所实施的围栏工程和牧民定居政策进行了分析，并提出了一些批判性建议。①

近半个世纪以来，随着经济的快速发展，来自美国、英国、德国及日本的人类学者们在中亚及内亚地区对游牧社会展开全方位的调查，出版了很多有影响力的研究著作。例如，德国学者赫尔曼·克若茨曼（Hermann Kreutzmann）对帕米尔高原塔吉克游牧民的研究最具影响力。他从人类学视角重点对除中国以外的帕米尔高原地区进行了长达 30 年的调查，从中发现历史上帕米尔高原作为各国交汇点的重要性，并分析国家设计、边界制定、政治干预和行政改革对生活在山区环境中的牧民的不同影响。同时，他对高山塔吉克族的游牧社会变迁，未来发展趋势及气候变化下的游牧社会都有一定的研究。②

上述研究在游牧的社会组织、生计特点、文化与生态环境关系方面，给了我很多启发。但同时也发现，很少有学者对游牧社会自身的一套知识体系进行系统的研究。对哈萨克的研究，前期主要集中于历史、社会结构、社会组织等方面的宏观叙述，后期主要从国家政策、政治制度、经济发展等方面与草原生态关系进行研究。由于哈萨克牧民大都生活于中国新疆的边境地区，很多区域并没有对外国研究者开放。其研究领域及调查区域都受到限制，更无法长时间深入牧区进行调查。

2. 国内研究

国内有关游牧的人类学研究起步较晚。最早有关游牧人类学的研究，可以追溯到新中国成立初期的中国少数民族社会历史调查。虽然当时的研究带有浓厚的意识形态色彩，但为后来研究者积累了丰富的民族志资料，如《哈萨克族社会历史调查》一书详细记录了新中国成立前及 1952~1953 年阿尔泰牧区哈萨克游牧民的历史、生产生活、氏族部落组织、宗教等内容；③《新疆牧区社会》更是汇集了新中国成立初期新疆的哈萨克、蒙古、柯尔克孜、塔吉克等游

---

① Astrid Cerny, In Search of Greener Pastures: Sustainable Development for Kazak Pastoralists in Xinjiang, China, Dissertation, University of Washington, 2008.
② Hermann Kreutzmann, (ed.), *Pastoral practices in High Asia*, Dordrecht: Springer, 2012; Hermann Kreutzmann and Teiji Watanabe, (ed), *Mapping Transition in the Pamirs: Changing Human-Environmental Landscapes*, Cham: Springer, 2016. 有关山地游牧的研究可参见王晓毅主编《游牧社会的转型与现代性（山地卷）》，中国社会科学出版社，2015。
③ 新疆维吾尔自治区丛刊编辑组编《哈萨克族社会历史调查》，新疆人民出版社，1986。

牧民族的田野调查资料，① 此外还有杨廷瑞②对哈萨克基层游牧社会组织（阿吾勒）的研究。20世纪80年代初，对游牧社会的研究受益于人类学学科的恢复。麻国庆③较早运用人类学理论与方法，以内蒙古土默特蒙古族的工业化、都市化为背景，通过文化核心的价值观的变化，揭示出从游牧到定居经历了由物质层次、制度层次到精神层次的变化过程。从某个层面上该文已触及了游牧文化体系，但未涉及游牧与生态关系层面的讨论。

从20世纪90年代中期开始，由于商品经济向市场经济的转变，游牧社会的变化速度不断加快。人类学对游牧社会的研究从单纯的社会变迁，开始转向人文因素和自然生态关系的人类学整体观研究。麻国庆在对内蒙古锡林郭勒盟白音锡勒牧场进行研究后认为，草原生态的退化与人文生态和文化生态的失衡有着密切关系，④ 之后他又以草原生态和蒙古族的民间环境知识为基础，从游牧技术传统、居住格局、轮牧的方式以及宗教价值与环境伦理等方面，较为全面地揭示了这些民间环境知识，直接或间接地对草原生态的保护发挥了积极的作用，同时提出民间环境知识体系的概念。⑤ 进入21世纪，麻国庆继续关注草原牧区，围绕着生态保护、不同群体间迥异的利益诉求、工业资本的进入与多种经营的变化，分析产生各种诉求背后的社会运行机制。⑥

与此同时，崔延虎在对哈萨克族社会进行多年研究后认为，哈萨克族的自然观和环境态度对于保护草原生态环境起着重要作用，游牧社会组织与草原生态也存在一定关联。他还对哈萨克族的资源利用方式与自然生态环境变化之间的互动关系进行了研究。⑦ 后来他又从政治生态学视角，探讨在干旱草原区的外来生计系统（工业生计系统和农耕生计系统）对传统游牧生计系统的冲击，试图用生态扩张主义的概念来解释游牧生计与草原生态变化的深层次原因。⑧ 近年来，崔延虎也开始关注到牧区政策、国家权力以及资源开发对牧区社会及环境的影

---

① 新疆维吾尔自治区委员会政策研究室等编《新疆牧区社会》，农村读物出版社，1988。
② 杨廷瑞：《哈萨克游牧区的"阿乌尔"》，新疆人民出版社，1959。
③ 麻国庆：《从价值观看土默特蒙族的文化变迁》，硕士学位论文，中山大学，1989。
④ 潘乃谷、周星主编《多民族地区：资源贫困与发展》，天津人民出版社，1995。
⑤ 麻国庆：《草原生态与蒙古族的民间环境知识》，《内蒙古社会科学》2001年第1期，第52页。
⑥ 麻国庆：《进步与发展的当代表述：内蒙古阿拉善的草原生态与社会发展》，《开放时代》2012年第6期，第147页。
⑦ 崔延虎："人口、资源、生计系统与草原环境变迁：阿勒泰市罕德尕特蒙古民族乡调查"，国家哲学社会科学基金项目，1998BMZ006，2000。
⑧ 崔延虎：《绿洲生态人类学：学科地方性的尝试与生态环境史的关联》，生态人类学的理论与实践学术研讨圆桌会议，北京，2009年6月。

响，并从制度层面进行反思。他认为，解决草原牧区目前的危机问题应该考虑制度问题，对草原产权制度的反思与改革是今后牧区发展的一个必然趋势。[1]

两位学者以民族志为基础，初步探讨了游牧知识与草原生态的关系，肯定了游牧民自身的一套民间知识体系对保护草原生态的重要作用，但并未进一步系统地讨论这套游牧知识与草原生态二者之间的互动关系。刘源[2]对藏族游牧民的研究也属于这一范畴，她认为从本土人群出发的传统文化对于保护生态环境具有重要作用，并反思国家建构和经济发展过程中本土民族文化生存的重要性与主体性地位被忽略的后果。

近年来有一些学者从牧区制度（包括政策）变化、技术变化、草原话语权等视角对游牧与草原关系进行了研究。如阿拉腾[3]认为草原环境恶化是过度放牧和过度农耕共同的作用，也有国家政策的原因；王晓毅[4]认为，草原生态与农牧民生活所面临的困境与国家在牧区实行的政策和管理制度有一定关系；李文军、张倩[5]认为草畜双承包的国家牧区政策是引起草原生态退化的一个因素；荀丽丽[6]主要从草原话语权的角度探讨了现代国家权力的建构与成长过程中，在国家主义、科学主义和市场主义影响下的草原生态危机问题。罗意[7]对60多年来新疆阿勒泰地区一个草原社区的发展、资源与生态之复杂动态过程进行了系统研究。

由上述研究发现，近30年来对游牧社会的研究虽趋于多元，但很少有学者系统地讨论游牧知识体系与草原生态的关系。我认为，对游牧知识体系的研究是深入了解游牧社会的关键。因为"只有通过探索和分析他们（游牧人）的社会内部的知识体系，才有可能探明游牧民族所走过的历史行程"[8]。尤其

---

[1] 崔延虎：《困境下的深层制度原因与制度改革：新疆草原牧区社会经济与环境问题的个案分析》，中国草原牧区的环境变化与社会经济问题研讨会，北京，2008年10月。
[2] 刘源：《文化生存与生态保护：以长江源头唐乡为例》，博士学位论文，中央民族大学，2004。
[3] 阿拉腾：《半农半牧的蒙古人：阿拉日嘎嘎查的故事》，博士后研究报告，北京大学，2003。
[4] 王晓毅：《环境压力下的草原社区：内蒙古六个嘎查村的调查》，社会科学文献出版社，2009。
[5] 李文军、张倩：《解读草原困境——对干旱半干旱草原利用和管理若干问题的认识》，经济科学出版社，2009。
[6] 荀丽丽：《"失序"的自然：一个草原社区的生态、权力与道德》，博士学位论文，中央民族大学，2009。
[7] 罗意：《消逝的草原：一个哈萨克族村落的发展与生态环境的关系》，博士学位论文，厦门大学，2014。
[8] 1982年，松原正毅虽短暂访问了乌鲁木齐南山的哈萨克牧民，但他结合以往自己对同属突厥语族的土耳其"尤尔克"（Yörük）游牧民的研究后，提出这个观点。〔日〕松原正毅：《游牧世界》，赛音朝格图译，民族出版社，2002，第227页。

对"盆地草原游牧型"① 哈萨克游牧社会的本土知识体系进行研究的个案就更少,所以这也是本研究的意义所在。

二 本土知识与发展

(一) 本土知识与生态

人类学对"本土知识"的定义有很多,但内容主要以地方的(local)、整体的(holistic)、口传的(oral)为特征。人类学的本土知识概念主要是区别于以西方为代表的科学知识体系,同时还有别于暗含落后和保守之意的传统知识概念。本书重点探讨在发展背景下本土知识本身及其与生态环境的互动关系。在人类学研究本土知识的脉络中,列维-斯特劳斯在讨论"进步"概念时说道:"就世界许多其他地方未被利用的植物而言,必要时美洲土著人的科学知识仍然能够为世界做出重要贡献。"② 他已意识到本土知识的重要性,并将其看作科学知识体系中的一部分。

吉尔兹通过对爪哇、巴厘岛和摩洛哥等本土文化的研究发现,在西方式的知识体系之外,还存在着各种各样从未走上过课本和词典的本土文化知识,并承认在各民族背后有其各自一套完备的知识体系。③ 萨林斯对非洲狩猎采集经济的研究认为,这种狩猎采集的生计模式只有通过移动才能维持有利于自身的生产。如果停止移动将自己束缚于一个固定区域内,那么很快会导致自然资源的枯竭。所以他总结了这种周期性的游居是狩猎采集民族对其生存环境的创造性适应。④ 在《石器时代经济学》中,他以乔治·格雷爵士(Sir George Grey)⑤ 的例子来批判现代人对澳大利亚原住民本土知识的无知,并认为原住民所居住的生态环境的恶化与代表西方科学知识的入侵有直接关系。他已经把本土知识引入对生态环境变化的分析之中。

---

① 林耀华主编《民族学通论》(第 2 版),中央民族大学出版社,1997。
② 〔法〕克洛德·列维-斯特劳斯:《结构人类学》,张祖建译,中国人民大学出版社,2006,第 839 页。
③ 〔美〕克利福德·吉尔兹:《地方性知识:阐释人类学论文集》,王海龙、张家瑄译,中央编译出版社,2000。
④ 〔美〕马歇尔·萨林斯:《石器时代经济学》,张经纬等译,三联书店,2009,第 42 页。
⑤ 乔治·格雷爵士讲述了发生在其下属斯德特船长身上的事情:斯德特船长偶遇一群土著,他们正忙着采集含羞草树脂,于是他推论"这群不幸的生灵,已经陷入命运的深渊,无法获得其他滋养,只有被迫收集这些黏液",这个例子表现出,"对原住民在原生态环境中习惯与习俗普遍的无知"。后经格雷爵士考察发现,这种可疑的树脂竟是当地偏爱的食物,每当采集季节,众多群体齐集一地,扎营相聚,给他们提供了一个难得的社交机会。

继萨林斯之后，马格林（Stephen A. Marglin）和斯科特（James C. Scott）把本土知识作为一种与科学知识并驾齐驱的知识体系进行了系统研究和个案分析。马格林在研究工业化过程对本土农业体系及生态环境造成的影响时，提出"本土农业"知识体系概念，之后从知识角度反思和批判了工业化背景下的高科技农业。面对全球性环境危机，他认为无论怎样计划、无论什么妙方，也无法应付未来发生的变化。人们通过几百年甚至几千年发展出来的知识是抗灾的最重要保障，是使农业具备康复和适应能力的最稳妥基础。基于此，文化多元化对于我们人类的发展，和对于维持生态平衡，都是同样必要的。① 这表明本土知识植根于某个民族的知识文化里，所以忽视本土知识体系及其主体会使生态失衡。

斯科特以现代化进程为背景把对本土知识的研究又向更深层面推进了一步。他借用古希腊米提斯（mētis）这个概念来替代"过于受限制和静态，不能把握米提斯的持续变化、动态的特征"②的本土知识。他以美洲土著人种植玉米的例子来说明，本土知识是一种只有通过实践才能获得的基本知识，不可能脱离实践而通过书写和口头形式进行交流。美洲土著通过细致入微的观察，了解到各种自然现象交替的知识，如他们知道要在橡树叶子长到松鼠耳朵大小的时候种植玉米。可见，这种本土知识与地方生态系统的共同特征相协调。同时，斯科特似乎把本土知识与科学知识放在一个对立的关系之中，并进一步解释了本土知识受科学知识贬低的原因："只要不是使用正规科学实验室过程的技术和方法，以任何形式形成的知识都不值得认真重视。科学现代主义承认的知识只是那些从实验方法建构的通道中来的知识"③。因此他认为正是在科学知识体系的指导下，当地的土壤、景观和天气等自然环境特点似乎都受控于科学知识，这也是致使当地生态环境最终发生变化的原因。

康克林（H. C. Conklin）对菲律宾哈努诺人（Hanunǒo）的植物及颜色分类体系的研究使很多学者认识到本土知识完全可以和科学知识平起平坐。哈努诺人有近2000个植物名词，每一种植物都有专门的全名。当地语言中用于描述植物各种部位和特性的词语多达150种，植物分类的单位有1800种之多，而植物学家把同一群植物只分为不足1300种。④ 哈努诺人对植物的分类知识与

---

① 许宝强、汪晖选编《发展的幻象》，中央编译出版社，2001，第323页。
② 〔美〕詹姆斯·C. 斯科特：《国家的视角：那些试图改善人类状况的项目是如何失败的》，王晓毅译，社会科学文献出版社，2004，第429页。
③ 同上书，第419页。
④ 黄淑娉、龚佩华：《文化人类学理论方法研究》，广东高等教育出版社，2004，第377页。

哈萨克人对动物（家畜）的分类知识，都是一种特定环境下的本土知识。与此相关还有北极萨阿米人对驯鹿、雪和冰的分类知识。① 可见，这种本土分类知识体现了一个民族对其所生存的自然环境的一套认知系统（包括知识体系）。

尹绍亭②运用生态人类学理论，通过对云南刀耕火种的山地民族的研究后认为，刀耕火种是山地民族的一种生计方式，是他们对山地森林环境的适应方式，也是一个山地人类生态系统。这套以刀耕火种为核心的"文化生态体系"③是山地民族经过几千年不断实践代代累积而形成的，它对于维持山地民族与森林生态系统的平衡起着重要作用。

综上所述，在全球经济快速发展与生态环境危机并行的大背景下，人类学者通过田野调查认识到"本土知识、文化与世界观"以及"本土知识是来自于当地人对环境极其细致和敏锐的观察基础之上"，并通过精密的本土知识体系抗衡于西方的科学知识体系。受此启发，本书沿着人类学研究本土知识的理论脉络，探究在经济发展背景下本土知识变化与生态环境的关系，但我并不排斥科学知识，而是寻求本土知识与现代科学知识的结合点。

（二）本土知识与发展

1. 生态环境、本土知识与发展

自20世纪30年代以来的工业化、现代化进程最终导致了举世震惊的世界环境八大公害事件。此后社会各界开始关注"发展与环境"这一问题。蕾切尔·卡逊（Rachel Carson）④首次把国家和公众对社会的关注重点引入环境保护与经济发展的讨论中。1972年罗马俱乐部的《增长的极限》在全球范围内敲响了人与自然关系危机的警钟，使西方社会长期以来流行的"自然资源是无限的、科技进步和物质财富增长是无止境的"盲目乐观主义思潮受到强烈震撼。⑤ 二战后，亚非拉很多国家虽然脱离了殖民统治，但人们认为，而且他们也认为自己是"不发展"的国家，"要发展"（To development）成为他们的一

---

① 奥勒·亨里·克马加：《萨阿米语中对驯鹿、雪和冰的不同表述》，项龙译，《国际社会科学杂志》（中文版）2007年第1期。
② 尹绍亭：《人与森林——生态人类视野中的刀耕火种》，云南教育出版社，2000。
③ 尹绍亭：《一个充满争议的文化生态体系》，云南人民出版社，1991。
④ 〔美〕雷切尔·卡逊：《寂静的春天》，吕瑞兰等译，吉林人民出版社，1997。
⑤ 肖显静：《环境与社会：人文视野中的环境问题》，高等教育出版社，2006，第22页。

个基本问题。①

在此背景下，发达资本主义国家纷纷在第三世界国家开展各种援助、开发与规划等发展项目，然而很多项目收效甚微或彻底失败。麦克尔·瑟尼（Michael Cernea）从发展人类学角度对世界银行所承担的发展项目进行调查后认为，以经济和科技为出发点所设计的发展规划不仅在观念上带有偏见，它所带来的后果也是"彻底毁灭性"的。② 由于发展项目策划者对地方生态状况、获得特定资源的机会、自然气候等许多因素缺乏了解，规划者又采取了不适当的干预行为，最后甚至造成了灾难。③ 人类学家在批判发展项目的同时，也开始积极参与其中。在人类学家的参与下，很多发展项目必须与当地社会紧密联系并要符合当地的文化习俗，而且要求受援助地区贫困居民积极参与，地方性知识也得到了尊重。这些直接参与发展项目的人类学者们正在从事的研究，往往被称为"发展人类学"（development anthropology）。他们希望通过人类学的理论与方法能够影响到人们对发展的认识，进而影响发展的行为活动与政策。

一部分人类学家仍然保持着学术研究的独立性，并没有直接参与到各种发展项目中，而是从本土知识的角度对发展进行反思。格尔茨在回顾印度尼西亚的研究时指出，本土文化传统被少数经济学家和大部分的人类学家认为是对社会变迁的一个小障碍，如传统家庭、宗教、威望、政治治理都被认为是对工作理性态度及技术变迁接受程度的阻碍。④ 萨林斯对一直处于西方社会统治地位的经济学的进化理论进行了批评。他以"石器时代的狩猎者"为例，认为在经济发展理论中，狩猎被称为"户口经济"（subsistence economy）的观点是错误的，其根源是对其生存环境及文化习俗的无知，实质上石器时代是一个"原初的丰裕社会"（the original affluent soceity）。⑤ 这是对传统经济学中以无穷欲望和物质资财匮乏程度来衡量贫穷与否的现代文明标准的批判。

---

① A. Escobar, "Anthropology and the Development Encounter: The Making and Marketing of Development Anthropology", *American Ethnologist*, Vol. 18, No. 4, 1991.
② 〔美〕麦克尔·赫兹菲尔德：《什么是人类学常识：社会文化领域中的人类学理论实践》，刘珩等译，华夏出版社，2005，第177页。
③ 〔英〕凯蒂·加德纳、大卫·刘易斯：《人类学、发展与后现代挑战》，张有春译，中国人民大学出版社，2008，第62页。
④ Marc Edelman and Angelique Haugerud, (eds.) *The Anthropology of Development and Globalization: from Classical Political Economy to Contemporary Neoliberalism*, Oxford: Blackwell Publishing, 2005.
⑤ Marshall Sahlins, *Stone Age Economics*, New York: Aldine Publishing Company, 1972.

斯科特①以坦桑尼亚全国性大规模的永久性定居工程（1973～1976年）为例，分析当时政策实施定居工程的前提是：非洲农牧民的实践都是落后的、非科学的、低效和生态上不负责任的。只有农业专家的管理才能将农牧民以及他们的生产带入现代的坦桑尼亚。在中央政府官员的计划下，农牧民的定居村庄沿着公路摆放得像"火车的车厢一样"，其背后的逻辑是国家只有达到"清晰化和简单化"的管理目的才能建立现代化的行政村庄。所以那些被官员们认为复杂的、不清晰的地方知识逐渐被现代科学知识替代。

由于受福柯话语分析理论的影响，人类学家也开始运用话语分析理论对发展进行认识论层面的反思。埃斯科巴（A. Escobar）认为，通过把发展作为一种"话语"来分析，从而产生了一门新的人类学分支学科——发展的人类学②（the anthropology of development）。③ 针对发展实践中出现的权力与知识的关系，他认为发展实践使用了独特技术以组织一种类型的知识与权力。发展专家的技术超越了被发展者的社会现实，使被发展者被贴上标签并以特定方式结构化。通过这种方式，发展者控制了被发展者，使他们只能在发展者所设定的范围内活动。④ 人类学从对本土知识与发展的研究中，又发现其与权力的关系。这将是今后本项研究的延续。

20世纪90年代，世界各国在经历了一个快速现代化发展过程后，逐渐发现在世界大部分地区，经济增长、技术变迁和科学理性所带来的好处并没有在物质层面上实现。⑤ 这种情况在游牧社会中表现得更为明显。自20世纪70年代以来，为了解决非洲干旱地区牧区的干旱和贫困问题，国际组织及各国已向非洲投入了数以万计的资金、技术、设备来救助和发展游牧经济，但并没有解决非洲游牧民的生活困境和环境问题。对此，赛德·海瑟（Ced Hesse）认为，干旱地区的各种不合理政策限制了牲畜的迁移。因为人们一直认为游牧方式是一种落后、经济效益低下、破坏环境的土地利用方式。受此观点影响，非洲大

---

① 〔美〕詹姆斯·C. 斯科特：《国家的视角：那些试图改善人类状况的项目是如何失败的》，王晓毅译，社会科学文献出版社，2004。
② 也有学者认为"发展的人类学"只是"浓厚学术氛围和后现代烙印"的发展人类学，参见潘天舒《发展人类学概论》，华东理工大学出版社，2009。
③ 〔美〕麦克尔·赫兹菲尔德：《什么是人类学常识：社会文化领域中的人类学理论实践》，刘珩等译，华夏出版社，2005，第182页。
④ 〔英〕凯蒂·加德纳、大卫·刘易斯：《人类学、发展与后现代挑战》，张有春译，中国人民大学出版社，2008，第67页。
⑤ A. Escobar, "Power and Visibility: Development and the Intervention and Management of the Third World," *Cultural Anthropology*, Vol. 3, No. 4., 1988.

部分地区针对牧场和牲畜制定了相应的政策。但它们既没有以事实或曾经的失败经验为依据，也没有反映当前所掌握的干旱地区环境和生计系统内的动态学知识。①

上述研究中，人类学者已经把生态环境、本土知识与发展紧密地联系在一起，并试图探究本土知识的瓦解与生态环境危机之间的联系。但这些研究虽日益关注本土知识对于维持当地自然环境的重要性，但对科学知识的批判有失偏颇，科学知识本身并不会直接对自然环境造成破坏。

2. 中国的生态环境、本土知识与发展研究

中国自改革开放以来，在经济快速发展的同时，环境也为之付出了惨重代价。2002年中国环境科学院对我国118个大中城市地下水的监测资料进行分析，发现这些城市地下水已普遍受到污染，其中重污染城市占64%，轻度污染的城市占33%。② 2005年的第三次全国荒漠化和沙化监测结果显示，截至2004年底，中国沙漠化土地为263.62万平方千米，占国土面积的27.46%，沙化土地面积为173.97万平方千米，占国土面积的18.12%。③ 此外还有空气污染，土壤污染，生物多样性减少，森林、草原、耕地面积减少等问题。可见中国在经济快速发展下的生态危机日益凸显。

早在20世纪30年代潘光旦就对发展的核心观点——进化论在中国的影响进行过研究。他对当时流行的单线进化论思想持反对态度，认为"这种进化观念要再持续下去，迟早会像命运主义一样，教人类努力与努力的意志，由麻痹而瘫痪，由瘫痪而消灭"。④ 因此，他借用《中庸》里的"天地位焉，万物育焉"，来说明不能用进化论思想去解释任何社会现象，而要遵循"位育"的协调，即一切生命体与环境的协调。潘光旦已意识到这种简单追求发展的观念将影响人与环境的关系。

面对中国经济快速发展的背景，一些在生计、文化及自然环境等方面存在明显特征的少数民族，其本土知识和生态环境所面临的困境已引起学者关注。费孝通就曾多次强调，在发展过程中要承认各个民族的个性和特殊情况，继承传统文化和本土知识，反对"千篇一律地使用在某些个民族中行之有效的办法

---

① Ced Hesse, *Modern and Mobile: The Future of Livestock Production in Africa's Drylands*, IIED, 2010.
② 中国社会科学院环境与发展研究中心编《中国环境与发展评论（第三卷）》，中国社会科学出版社，2007，第40页。
③ 肖显静：《环境与社会：人文视野中的环境问题》，高等教育出版社，2006，第337页。
④ 潘光旦：《潘光旦文集》（第五卷），北京大学出版社，1993，第35页。

作为公式，别处硬套，强加于其他各族人民"。① 他从一些西方国家的现代化进程中，看到某些民族利用其在国内的先进地位，进入其他民族地区发展经济。虽然发展了这些民族地区的工业和农业，但原住民却被排除在经济活动之外，结果民族间在经济收益上的差距更大，从而会引发新的民族问题，甚至生态问题。

为此，自20世纪80年代初开始，费孝通先后考察了内蒙古、甘肃、青海、宁夏等省，在此基础上指出边区开发一定要保持自然生态和人文生态的平衡。他还以西部大开发为例，提醒人们不能只看到物质经济的发展，也要重新认识人文资源。因为人文资源与自然资源一样，有很多属于不可再生的，一旦破坏掉，就永远无可挽回。② 我研究的游牧知识，就属于哈萨克族社会人文资源的一部分。实践中，费孝通一直强调在边区民族经济发展中，要因地制宜，注意民族特点，循序渐进地向前发展，并最终形成"内发型发展论"③。内发型发展论要求与自然生态的平衡与协调，而现代化理论缺乏环境考虑；现代化理论为了实现现代化，必须尽快替代前工业社会的传统。与此相反，内发型发展论认为，"前工业社会在社会结构、文化和精神传统放牧的遗产及各种技术要由人民来使它们复兴，以纠正或防止现代化的弊端"。④ 内发型发展论最终把发展、本土知识、生态环境结合为一个有机整体来进行研究。

麻国庆沿着边区民族研究和内发型发展论，先后对蒙古游牧民和鄂伦春狩猎民进行了研究。⑤ 他把蒙古游牧民对生态适应的民间环境知识作为一种知识体系，并认为在社会经济发展过程中，"民间知识体系仍然有其合理的部分，而寻求民间知识体系与现代知识体系的最佳结合点是今后研究的重点"。⑥ 他在对鄂伦春狩猎民进行研究后认为，政策层面的农耕优于采集狩猎的潜意识也

---

① 费孝通：《费孝通民族研究文集新编（上卷）》，中央民族大学出版社，2006，第38页。
② 费孝通：《费孝通民族研究文集新编（下卷）》，中央民族大学出版社，2006，第544页。
③ 鹤见和子把费孝通的研究总结为"中国的内发型发展论"（费孝通、鹤见和子等：《农村振兴与小城镇问题：中日学者共同研究》，江苏人民出版社，1991，第42页）。但宇野重昭认为费孝通尽管在理论上是"内发型发展"论的支持者，但在实践上他趋向于支持"本土型发展"论（北京大学社会人类学研究所编《东亚社会研究》，北京大学出版社，1993，第85页）。
④ 北京大学社会人类学研究所编《东亚社会研究》，北京大学出版社，1993，第79页。
⑤ 麻国庆：《走进他者的世界》，学苑出版社，2001，第207页。
⑥ 同上书，第190页。

会影响民族地区的开发行为。因此，在少数民族地区的经济发展政策一定要把文化因素（包括本土知识）与环境变化放在一起考虑。

21世纪以来，中国人类学者对经济发展背景下的环境和本土知识日益关注。李亦园认为，受工业化和西方文化理念影响，整个中国社会表现为发展与破坏并存。当前只有用中华文明的"致中和"理念才能弥补由西方文明所主导的"制天"理念所造成的危机。[①] 刘源通过对藏族牧民的研究指出，在发展过程中由于本土文化理念与环境行为受到外来文化的冲击，而变得岌岌可危，这必然会对生态环境形成压力。[②] 可见，人类学者们通过把生态环境、本土知识与发展相结合，试图探究本土知识体系瓦解与生态环境危机的关系。

综上，一个地方的发展首先要尊重当地人的一套知识生态体系和其固有的文化传统，否则会出现当地社会生态的失衡。目前在经济快速发展的背景下，哈萨克族社会出现的草原生态问题，实际上是因为在发展过程中忽视了本土知识生态体系和固有的文化传统。基于此，本书系统性地讨论了游牧知识体系，并探究哈萨克族社会与草原生态可持续发展的基础。所以本研究在"内发型发展论"里也有其一定的位置，这也是本书的另一个研究意义所在。

第三节 研究思路与主要内容

一 研究思路

本书立足于新疆阿勒泰地区富蕴县哈萨克游牧社会，以草原生态和牧区发展为背景，围绕着"游牧民、草原、牲畜"系统性地研究了游牧知识，主要探讨了这套游牧知识体系在生成、变化过程中与草原生态的互动关系。目前有关哈萨克族的研究，以人类学长期田野为基础的个案还比较少，尤其对其游牧知识进行系统研究的个案较为鲜见。通过研究，我发现游牧知识体系在维持游牧社会生态的稳定性和文化传统延续性中起着重要作用。

世界上有很多种游牧社会形态，如非洲、阿拉伯、南美安第斯山、蒙古等地的游牧社会，他们都有各自的游牧特点。本书中的哈萨克游牧民，从畜牧经济文化类型上来划分基本属于盆地草原游牧型，但阿勒泰地区富蕴县的游牧环

---

① 李亦园：《生态环境、文化理念与人类永续发展》，《广西民族学院学报》2007年第4期。
② 刘源：《文化生存与生态保护：以长江源头唐乡为例》，《广西民族学院学报》2007年第4期。

境则更为复杂一些，有森林、盆地、戈壁、沙漠。所以从游牧社会形态上来讲，本研究的游牧类型比较具有典型性。

在此背景下，本书系统地讨论了游牧知识体系（包括传承机制），尤其侧重与草原生态密切相关的生态知识，以此希望发现其在哈萨克游牧社会规范、文化传统，甚至经济发展等方面所起的作用，然后通过游牧知识体系的瓦解过程，发现其与草原生态的密切互动关系。最后以游牧知识及其传承机制弱化为背景，通过草原生态的危机试图进一步阐述游牧知识体系在维持游牧社会生态稳定性和文化传统延续性中的地位。

二 主要内容

本书核心内容是哈萨克游牧民的一套游牧知识体系。草原是游牧民、游牧社会及其一整套文化知识体系存在的基础，所以本书以整个草原生态环境为背景展开论述。首先，通过研究哈萨克族的游牧环境与部落历史发现：游牧是适应当地草原环境最有效的生计方式。哈萨克人正是通过四季游牧与草原经过千百年相互适应后，生成了一套适应草原生态的游牧文化知识，尤其强调草原是产生游牧知识的基础。

其次，通过游牧知识体系研究发现，它是哈萨克游牧民在与草原和牲畜的互动中形成的一套调节三者关系的平衡机制。对牲畜和草原的认识经过世代传承与累积，最终形成了一套放牧牲畜、利用草原、规约游牧社会的知识，以及对待草原的态度和行为规范。游牧知识通过游牧社会组织进行传承与创造，维系游牧社会发展至今。由此，这套游牧知识体系对于维持游牧民及其文化传统与草原生态系统的平衡起着重要的作用。

最后，通过梳理游牧知识与草原生态的变化过程发现：游牧知识体系逐渐发生变化的公社化时期，也是草原局部环境的变化期；草原生态日益危机时，也是游牧知识体系变化最为剧烈的时期。在此过程中，草畜双承包制对传统游牧管理知识的冲击最大，甚至使游牧知识及其传承机制发生了根本变化，而且它还以一系列专业机构和现代科学技术知识在游牧生产中树立了自身的绝对权威，抛弃了公社化以来在传统游牧知识基础上积累的实践经验。伴随游牧知识体系的瓦解，现代草原管理模式经历了从套用农区（成功的）经验到建立牧业现代化的过程，最终借助科学知识的力量在哈萨克牧区进行推广，但它忽视了对维持当地生态平衡起着重要作用的传统游牧知识。

第四节 走进草原：田野与方法

　　我的田野是一个没有"围墙"的草原，这是我进入田野之初最直接的感触。我在田野中不断地移动，自由穿梭于草原的各个角落，倾听哈萨克族老人的故事。在草原上，我也成了一个游牧者，跟随牧民和畜群不断移动。每天都在经历着一种时空转换：白天在游牧的世界里穿行，晚上面对笔记本时又把我拉回现实世界。

　　在与哈萨克牧民长时间的相处中，让我感触最深的是他们对待水草的珍爱态度和行为。我曾经多次参加牧民的婚礼、割礼、走路礼、各种生产生活及宗教节日等活动，他们纯朴善良、热情奔放的性格以及对待生活积极乐观的态度深深地感染着我。至今，那些田野中的画面经常在我脑海中一次次浮现：在毡房里倾听老人们弹奏着冬不拉、在草地上观看年轻人跳着黑骏马舞及天鹅舞（舞蹈）、在婚礼上倾听美少女吹奏的"胡布斯"（口弦琴）……

　　很多次我与他们一起大块吃肉，大口喝酒，体验和经历着他们的生活。由于长时间不用筷子，我逐渐也习惯于用手吃饭、用刀剔肉。牧区饮食单一，早晚都是奶茶和馕，晚饭偶尔会煮羊肉。很少能吃到蔬菜，我的手开始蜕皮，即使吃维生素也不起任何作用。他们看到后，会笑我适应力太差。

　　在田野中，我住过毡房、阔斯（转场途中临时搭建的简易小毡房）、定居点的平房、自己的帐篷，也在县城的哈萨克族朋友家住过，其中我尤其喜欢睡在毡房里。由于疲惫，每次我都是最后一个起床。女主人一般挤完牛奶，烧好了奶茶后才会叫醒我。牧区夜晚非常寂静，我每天都是深度睡眠，回到广州后再也找不到那种香甜的感觉。

　　随着时间的持续，我越发能理解牲畜移动和毡房之间要保持距离的重要性。草原上水草长势的优劣、地貌与气候的多样性，决定了游牧生产与生活的流动性。流动是为了后代子孙能够永续利用草原，而距离是为了减少彼此间因争夺牧草而发生的纠纷。我还感受到老人在哈萨克族社会里的权威和影响力，因为老人身上累积了太多的游牧知识和实践经验。我还体察到哈萨克人一套复杂的符号语言，如帽子、头巾、马鞍子及身上的饰物等，在不同时空环境下的象征意义，以及毡房里绚丽多彩的手工装饰以衬托色调单一的戈壁荒漠。在他们的诗歌、谚语、音乐、舞蹈、禁忌、宗教、民间故事里，都渗透着对水草、森林、牲畜、野生动物、土地等大自然中各种元素的珍爱和歌颂，也反映着他们对待生活积极乐观的态度。

一 我的田野：阿勒泰富蕴

富蕴①是新疆伊犁哈萨克自治州阿勒泰地区管辖的六县之一（见图1-1），位于准噶尔盆地东北部，阿尔泰山中段南麓，东界青海县，西邻福海县，南面伸入准噶尔盆地与昌吉回族自治州毗邻，北部以阿尔泰山与蒙古国为界，边境线长约205千米，境内南北最长处约413千米（这也是牧民冬、夏牧场移动的直线距离），东西最宽处约180千米，总面积为3.24万平方千米。

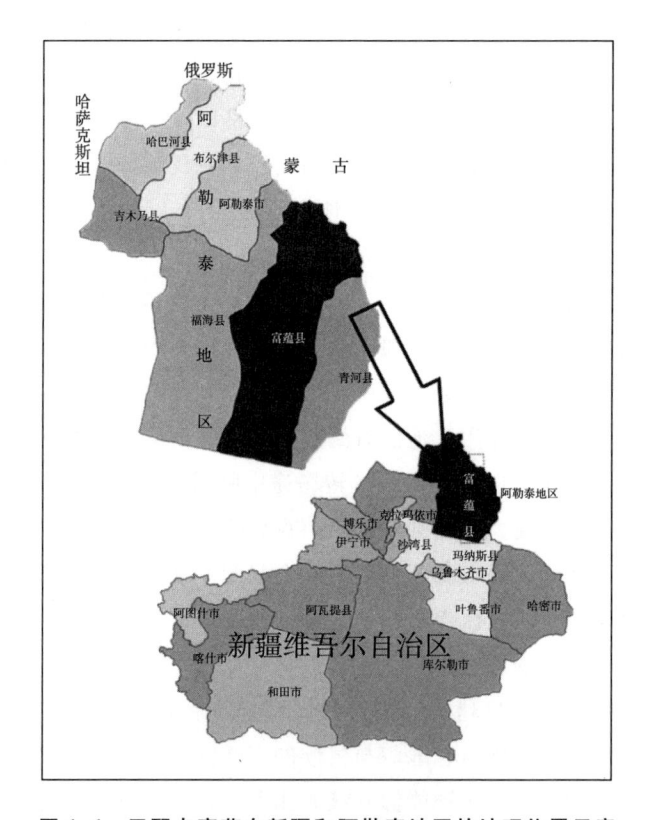

图1-1 田野点富蕴在新疆和阿勒泰地区的地理位置示意

---

① 富蕴是一个双语地名（指一个地方有两种不同语言的地名并行使用的现象）。20世纪30年代，有一个年轻的哈萨克族牧民在额尔齐斯河源头的阿米尔萨纳山（神钟山）拣到了一块宝石。消息传开后，引来国内外的探宝人，证明这里蕴藏着丰富的地下矿产。1941年，当时的新疆省政府便把可可托海设治局改为富蕴县。哈萨克人称富蕴为"可可托海"，意为"绿色的灌木林"。"可可托海"系古突厥语。

自2006年开始，富蕴一直是我持续调查的田野点，其中2006年至2009年期间在那里居住的时间总计有近两年。早在2000年7月，我大学本科刚毕业时就曾跟随著名野生动物摄影师冯刚去过富蕴境内的准噶尔盆地。我没想到，当时我们一起拍摄蒙古野驴的卡拉麦里荒漠草原竟成了我后来的田野点。那次经历使我对荒漠、戈壁、草原产生了很深的情感。6年后，我来到富蕴开始第一次人类学田野调查。读博士期间，在2008年8月又一次来到了富蕴。此后，我在富蕴的人类学田野调查延续至今。

　　每次下田野，我只能从乌鲁木齐乘快客沿着216国道①北上，经过古尔班通古特沙漠东缘，横穿准噶尔盆地荒漠草原之后，跨过乌伦古河的恰库尔图大桥进入阿克达拉戈壁②，最后到达坐落于阿尔泰山脚下额尔齐斯河河畔的富蕴县城。快客上午从乌鲁木齐出发，行驶7个多小时，行程约490千米，于晚上到达县城。此时去往各乡镇的末班车已经没有了，只有在县城休息一晚，等第二天早晨再乘坐小中巴或私人面的前往各乡镇。最远的杜热乡距县城136千米，最近的吐尔洪乡距县城也有24千米。从乡政府到各个牧民定居点一般没有固定的班车，只有搭乘各种便车或步行到达。牧民定居点大都远离乡政府所在地，如从铁买克乡政府到其所辖最远的牧业村需要转两次车，距离约200千米。

　　历史上，富蕴汉代为匈奴地，隋唐属西突厥，元代为蒙古诸王封地。清代民间曾统称此地为后营，归科布多参赞大臣管辖。当时也没有正式行政组织，各游牧民归其部落头目管辖。光绪三十一年（1905年）阿尔泰与科布多分治后直属中央，设阿尔泰办事大臣，富蕴归属办事大臣管辖。1919年阿尔泰划归新疆，设立阿山道，富蕴属布伦托海县佐（现福海县）管辖。1941年富蕴县正式设立，政府设在额尔齐斯河上游的可可托海，县以下无区乡划分，仍以部落头目分管各部落。1950年，富蕴县人民政府在可可托海成立，但基层政权仍以部落形式维持原状。③

　　富蕴下辖6乡3镇，73个行政村，此外还有1个国营铜矿，1个国营林场。2008年全县总人口9.24万，由哈萨克族、汉族、回族、维吾尔族、蒙古族等24个民族组成，其中哈萨克族6.7万人，占总人口的72.51%，汉族2.08

---

① 216国道始建于1990年，是乌鲁木齐通往阿勒泰地区的一条重要交通干线，全长826千米。216国道的修建对于改变当地社会经济与外界的联系起了很重要作用。
② 汉语称阿魏戈壁，因戈壁北半部春季多生阿魏菇而得名。
③ 富蕴县地名委员会编《富蕴县地名图志》，内部资料，1991。

万人，占总人口的 22.51%；农牧业人口 5.45 万，占总人口的 58.98%，① 其中，牧民总户数为 4485 户，牧民总人数 23038 人。② 富蕴是阿勒泰地区的畜牧大县，从事牧业或农牧兼营的哈萨克人占绝大多数，同时也是一个少数民族边境县。虽然我的调查点以县为范围，但主要还是集中在吐尔洪乡（原吐尔洪国营牧场）。吐尔洪乡有 5 个牧业村：克孜勒塔斯村（牧业 1 队）、喀拉吉拉村（牧业 2 队）、阔协萨伊村（牧业 3 队）、乔山拜村（牧业 4 队）、阔斯阿热勒村（牧业 5 队），总共有 1277 户牧民，人口为 5633 人③，平均每户 4.4 人。由于特殊的地理气候及土壤条件，县域内农业可开垦的面积非常有限，农作物和经济作物产量也普遍不高。农业在富蕴国民经济中所占比重很小。富蕴是传统放牧区域，牧业一直是哈萨克族农牧民主要的生计模式和经济生活来源。

牧区虽然有政府支持建立的定居点，但绝大多数牧民仍然携带家眷，驮着毡房和生活用品，随畜群四季游牧。定居点主要留守的是学龄儿童及老人。在农区，由于干旱区气候多变及生态脆弱性的特点，农业收入往往无法得到稳定保证。农区也仍然要依靠畜牧业才得以维持生计。因此，农牧区的关系极为密切，牧民为农民放牧牲畜，并收取一定的代牧费或以实物（粮食或饲草料）来交换。同时，农区每年的麦秆、玉米秆及苜蓿，基本上都卖给牧民或顶替代牧的费用。大部分情况下，牧民用自己的牛羊交换农民的饲草。物物交换方式在农牧民之间仍然存在。

农牧区的哈萨克人在生活方式上几乎没有什么区别。饮食结构仍旧单一，基本还是以肉食、奶茶、馕、酥油、酸奶疙瘩等为主。做饭用的燃料主要是牛粪和柴薪，部分家庭以煤炭为主。各种大型宴请活动时间也基本一致，如婚礼、割礼、走路礼等，大都集中在秋季。此时，牧民大都从夏牧场来到秋季牧场。这是一年中牧民比较集中的一段时期，同时农民也刚刚收割完毕。

从居住模式上，对牧民来说有定居、半定居、纯游牧三种形式。完全定居的牧民很少，大多是冬季在定居点，其他季节还是逐水草而居。纯游牧的牧户没有固定的房子，全年住在毡房里随畜群移动。定居点除了政府修建抗震安居和定居工程的房子是砖木结构外，大部分牧民的房子还是土木结构（见图 1-2）。那些纯游牧的牧户居住的还是传统的自制毡房。冬牧场只有部分牧户

---

① 数据来源：富蕴统计局，2009。2015 年数据，富蕴总人口是 9.71 万，哈萨克族 7.14 万人，占总人口的 73.51%。
② 数据来源：《新疆阿勒泰地区游牧民定居可行性报告》，阿勒泰地区两河源保护区提供，2008。
③ 数据来源：富蕴县吐尔洪乡统计所，2009。

图 1-2　牧民定居点　2008 年 11 月 2 日 吐尔洪乡阔斯阿热勒村

居住在政府资助修建的小砖房子①里。定居牧民在河谷地带都有少量的耕地和天然草场。

　　牧民与外界的商业活动主要通过个体牲畜贩子。每年初秋,当牧民驱赶着牲畜从夏牧场向秋牧场转移时,很多来自乌鲁木齐、吐鲁番、哈密甚至南疆喀什地区的维吾尔族和回族大小商贩们,开着装有双层铁架的大卡车,跟随转场畜群收购各类牲畜。有些急等用钱的牧民会以比较便宜的价格卖掉大量牲畜以获取现金。这些现金大量用在婚礼、割礼、看病及子女上大学等方面。还有一些商贩,春季骑着摩托车或开着小型皮卡车收购羊绒、羊毛、羊皮及其他一些牧区副产品。每年春季也是牧民最艰苦和最难熬的时间。有些已经和牧民建立信任关系的商贩会赊账或借钱给牧民,等到秋天用羊羔来顶债。

　　县域内的各类商铺主要分布在定居点及乡镇周围。定居点的小商店里,商品种类少且质量很差（近年来有所改善）,主要是些砖茶、方块糖、散装的糖果、烟酒等。人口比较多的定居点,商店里的东西会丰富一些。一年中牧民去商店买东西的次数屈指可数,但随着道路的改善及摩托车的普及,年轻人购买商品的次数不断增加。他们会在秋季把牲畜卖了后,一次性购买很多日常生活用品,如面粉、砖茶、方块糖、衣服鞋帽、家电等,然后度过漫长的冬季。春

---

① 这种小砖房子相当于地窝子,就是向底下挖出一个深一米的土坑,地面用砖块垒砌大约一米高的墙,然后盖上土,就成了最简易的房子。这种房子冬天比较暖和,可以帮助牧民抵御寒冷。

季，当转场牧民到达县城后，又会一次性买够整个夏季的生活用品。牧民转场的沿途也有一些小商店，但货物又少又贵。过去这些开商店的人一般都是外地来的汉族人。直到近十年，开商店或饭馆的本地哈萨克人才多起来。但相对于汉族人的商铺，无论其规模还是盈利情况都不理想。现在由于交通的改善，对于有些比较贵重物品，有条件的哈萨克人会去 200 多千米外的生产建设兵团重镇北屯购买，甚至去近 500 千米之外的乌鲁木齐购买。当地大部分商品基本来自乌鲁木齐，由于高昂的交通费用，物价远高于乌鲁木齐。

信用社是另一个和牧民发生密切联系的场所或实体。牧民初春去信用社贷款，秋末去还款。这已经成为一个不变的规律。牧民戏称自己是"银行流动的雇工"。他们认为，忙碌了一年，如果贷款还不了就等于给银行放牧。一年中牧民手中很少有宽裕的现金，也很少持有存折。即使有，全年四季移动，也不可能随时随地取出来。春天是牧民最难熬的日子，类似于农区青黄不接的时节。牧民急需从银行贷来的资金，给牲畜买饲草料以及准备去夏牧场的生活用品。等到秋季卖了牲畜再还贷。如果不能按期还贷，次年银行就不会再给他贷款。

田野中，交通是最令我头痛的一件事。从县城有到各乡镇的班车，但大都承包给了个体，所以无法保证每天都有。有时因司机个人私事会随时停运。各乡镇到牧民定居点根本没有固定的班车，只有一些个体小面包车。这些面包车也是季节性的，到了夏季，牧民大都去了夏牧场，几乎没什么生意，这些面包车也随即停运。从深秋开始，牧民陆续返回定居点，面包车才又忙碌起来。因此，在田野里我经常要花很多时间去找车，去和车主讨价还价。如果实在没有车，只有靠两条腿。运气好会在半路碰到一辆拖拉机或摩托车。除了车的问题外，就是花在路途上的时间比较长。从县城到各乡镇一般都是比较简易的乡村公路，道路崎岖不平。有时要翻越大阪（山口之意），有时要穿越戈壁。有一次我乘车去最远的一个乡用了 5 个小时。每次去一个新的牧民定居点基本都需要大半天甚至一天的时间。对于牧民来说，现在有了班车相对于过去来说已经快多了。

除了班车，我有时会租用一辆摩托车。现在牧区摩托车几乎取代了马，成为中青年人的主要交通工具。一般每家有几个儿子就会有几辆摩托车。但因摩托车事故而死亡的事件频频发生，因此当地哈萨克人给摩托车起了个名字叫"死得快"。在我调查期间，仅两个月内因摩托车事故而死亡的人数达 5 个。老人的交通工具仍然是马。每年牧民转场时，在准噶尔荒漠草原上你还会发现一道新的风景线——牧民骑着摩托车驱赶着畜群。有条件的家庭会买皮卡车或租用别人家的皮卡车搬运毡房。

当地哈萨克牧民非常重视子女的教育问题。新中国成立前主要通过经堂学校接受教育。1870年，在阿勒泰沙尔铁勒出现了哈萨克族的第一所经文学堂。① 教师一般都是阿訇，主要教授伊斯兰教规及《古兰经》。辛亥革命后，又陆续建立了一些新式经文学校，除教授经文外，还有自然。1934年之后，又陆续建立了一些哈萨克族新式小学。大致每百户左右设置一所学校。实际上，经文学校一直承担着广大牧民子女的教育问题。在富蕴的经文学校里就曾经培养出一位哈萨克族历史上著名的诗人、教育家、社会活动家——阿合特·乌鲁木吉（1868～1940年）。他自幼师从毛拉学习阿拉伯语、波斯语和伊斯兰经典教义。后赴麦加朝觐，回国后在富蕴的萨尔托海创办经文学校。

1956年后，经文学校陆续被国家建立的新式学校所取代。从20世纪50年代中后期至80年代初，牧区几乎所有的学校都是随畜群而不断移动的，因此被称为"马背上的学校"。20世纪80年代后，政府陆续在一些人口相对集中的农牧民聚集点建立了固定的小学。现在每个乡镇都有一所牧业寄宿学校。由于牧民定居点居住非常分散，有些学生甚至从小学一年级就开始住校。牧区的大部分学生中学毕业后回家继续放牧。少部分学生可以读完高中。只有很少一部分能够继续上大学。近年来，由于高昂的学费以及就业压力等问题，对牧区的冲击很大，一些牧民认为孩子读到中学就足矣。有条件的家庭会送自己的孩子去哈萨克斯坦上大学或高中，因为那里大学不交学费。这几年阿勒泰地区去哈萨克斯坦读大学的人数越来越多。

在宗教信仰方面，哈萨克人最早一直信仰萨满教。中世纪，祆教、佛教、景教也对哈萨克人产生过影响。公元8世纪伊斯兰教传入哈萨克草原，直到16世纪哈萨克人才普遍接受伊斯兰教。这些宗教都是先在哈萨克氏族部落的上层社会得到传播。而在民间哈萨克人对萨满教的信仰一直占据着优势。在阿勒泰地区，近年来出现了几个非常有名的萨满。每逢哈萨克大型传统活动时，这些萨满很受当地哈萨克人的欢迎。而伊斯兰教虽然占统治地位，但游牧民特有的生计模式，决定了牧民宗教信仰和宗教气氛比较淡薄。

富蕴城区内只有一座哈萨克清真寺。全县总共有18个哈萨克清真寺，且大都集中在定居较早的农业人口集中的地方。对于牧民来讲，一年中最重要的

---

① 贾合甫·米尔扎汗主编《哈萨克族文化大观》，新疆人民出版社，2001，第174页。

宗教节日就是肉孜节和古尔邦节。肉孜节时牧民大都在秋季草场或转场过程中，一般只进行一天。各家准备一些油炸的馓子、包尔萨克（油炸面食）等，晚上亲友们聚在一起举行宴会。古尔邦节比较隆重，一般要过七天。节日那天早上，男人们集体到氏族公共墓地去扫墓，之后去清真寺做礼拜。仪式结束后，男人们回家宰牲，准备过节。老年人一般都会去清真寺或聚集在某户人家一起举行宗教仪式。平时老人们就在自己家里做礼拜。转场过程中，在草地上铺一张毯子面向西方做礼拜。年轻人平时很少去清真寺做礼拜，只有古尔邦节会有部分年轻人去。

二 选点依据

为什么选择一个县域范围作为研究区域，主要基于以下两点考虑：部落传统游牧区域的连续性和游牧业生产的整体性特点。

首先是遵循部落传统游牧区域的连续性特点。哈萨克克烈部落在阿勒泰地区游牧的历史已有三百多年。在富蕴游牧的主要是以克烈部落下的"哈拉哈斯"和"萨尔巴斯"两个小部落的人居多。社会主义改造前草场都归氏族部落所共有，各氏族部落都有自己的传统放牧范围和迁徙路线。之后，县域之间划分了行政边界，但地方政府仍旧承认牧民的传统习惯放牧边界。现在牧民放牧的草场仍存在两种边界：传统习惯放牧边界与行政边界①。同样县域内各乡之间在地图上的行政边界也非常清楚，而现实中各乡牧民的放牧范围却纵横交错在一起。

从新中国成立之初到现在，县域之间的行政边界相对稳定，但县域内各乡的行政边界却经历了多次重组或合并。从公私合营牧场、公社、国营牧场、生产大队直到乡政府建立后才稳定下来。村级的行政边界变化更大，如人民公社时期，随着农业人口增加以及外来人口的迁入，县政府陆续在一些自然村建立了农牧业生产队，后来又进一步细分为农业队和牧业队。这期间，各农牧业队的隶属关系、人口数量，甚至面积大小常有变动。所以当时对人口、土地及牲畜的统计都是以生产大队为单位。直到 20 世纪 80 年代末，随着乡镇行政体系的建立，各级基层组织才基本稳定。如果以村、乡为研究范围，在人口和牲畜数量、草场面积、耕地面积等方面不具有连续性，也很难对草原生态环境变化趋势进行历时性比较研究。而县域行政区域和当地两个主要部落的传统游牧范

---

① 富蕴行政总面积为 3.24 万平方千米，但按历史上形成的习惯放牧范围计算总面积为 5.43 平方千米。由富蕴县畜牧局提供，2008 年。

围具有比较稳定的历史连续性。基于此，我以县域为单位打破乡、村行政边界，以部落历史以来的传统放牧区域为研究范围。

其次，是基于遵循游牧业生产的整体性特点。由于传统习惯放牧范围与行政边界的交叉相错、新中国成立以来行政边界的多变性，以及自然环境的多样性等特点，当地各乡村牧道、牧场及农牧民居住格局呈现交叉或叠加情况。

从地理环境方面来看，一个牧业村就相当于一个县。即使一个牧业村，其行政区域遵循四季游牧的放牧范围而定。每个牧业村、乡的行政边界，从北部的阿尔泰山夏牧场一直到南部的古尔班通古特沙漠边缘冬牧场，并依据畜群移动方向，呈现一个东西短南北宽的狭长地带。牧业村、乡及县从纵向来看，具有完全同样的地形地貌特征，都呈南北纵向的垂直自然带分布。这些特点，使得县域内各乡、村的牧道相互交叉或重叠共用一条牧道，部分春秋草场也有重叠，只是利用时间有先后之分。

从行政边界来看，农业村都被牧业村包围着。农业村一般集中在水源充足的河谷和山间盆地中。实际上，这些地方最早都是牧民的冬季或春秋牧场。农业村是新中国成立后陆续建立的定居型村庄。它们占用了水土最好的河谷及山间盆地。牧业定居点建立较晚，过程缓慢。直到20世纪90年代中期，牧民的定居人口才逐渐增加。然而，后定居的牧民几乎再也找不到像先前定居农业村那么好的地方，牧民只好紧挨着农业村或穿插在其中。农业村住户之间居住比较集中，牧民居住非常分散。即使同一个村子常常也是绵延几千米，甚至十几千米，不了解的人很难分清楚，哪是农民，哪是牧民。农牧民之间在日常生产生活上的交往也非常密切。

以血缘为基础的氏族部落在县域内具有稳定的连续性。自20世纪60年代初开始，很多部落头目及牧主（富有牧户）陆续被送到河谷和山间盆地开垦农田，进行劳动改造。他们后来成为农业生产队的基础，而原来给牧主放牧的穷苦牧工及其他手工业者则成了牧业生产队的基础。"文革"后，部落头目及牧主得到了平反，纷纷想回到原来自己所属的氏族部落区域内。但当时他们的草场都已收归国有，牧业生产队所能吸纳的人员有限。当地政府做出决定，要求每个家庭必须有人去农业队。这样在一个家庭（尤其是大家庭）中，有的成员在牧业队，有的在农业队。短短几十年里，除了农牧民身份反复转换外，原来以血缘关系为基础的氏族部落成员已被分散到各乡镇，但其依旧保持着密切联系，并具有稳定的连续性特点，这也是选择县域范围作为研究点的原因之一。

三 研究方法

本书理论上主要以"知识与生态"的人类学研究为分析视角，以人类学的田野调查为基础，以阿勒泰富蕴哈萨克游牧民为研究对象，聚焦于游牧知识体系的研究。本研究的田野调查主要分为四个时间段：2006 年 7~12 月、2008 年 8~11 月、2009 年 2~7 月、2010~2014 年的寒暑假。

2006 年 7~12 月，我对哈萨克社会的研究主要集中在游牧生产过程和生活现状，同时关注草原生态退化问题。此期间我跟随牧民一起转场（从夏牧场向秋牧场），实地考察了春秋牧场和冬牧场。此阶段的调查主要集中在 3 个牧业村，访谈牧民 75 户，还有一些村、乡级以及畜牧部门的干部。因此，这个阶段的田野调查为我积累了丰富的前期资料。

2008 年 8~11 月，主要围绕游牧社会组织、游牧管理知识与草原生态问题展开调查。基于前期调查基础，我很快发现不能把研究范围局限于几个牧业村，也不能把访谈对象仅限于牧民。因为牧民的放牧草场存在两种边界：传统习惯放牧边界与现代行政边界。习惯放牧范围往往是跨越村级、乡级行政边界。加之经历了一系列的政治运动后，原有的氏族部落组织也经历了不断的分裂与重组，如今同一氏族部落的人散落到不同的行政村或乡里。还有一种情况，原来的一个大家庭在草畜双承包后，部分成员进入牧业村或农业村。因此本研究从地域上打破村、乡级行政边界，以当地牧民中人口最多的哈拉哈斯部落为主要调查对象。从农牧民之间的社会、环境、经济关系角度出发，打破农民、牧民的身份，把他们都纳入原有部落生活的县域范围之内。在此期间，访谈的人数达 32 人次，主要有农牧民、退休基层干部和技术人员等。

2009 年 2~7 月，主要围绕本土游牧知识体系及其变化过程、国家不同时期的发展政策与实践、草原生态变迁等内容进行调查。在此期间我参加了牧民转场、接羔、剪毛、割草以及婚礼、割礼等日常活动。访谈人数达 55 人次，其中除了农牧民外，还访谈了 10 位在乡镇、县及阿勒泰地区政府工作的干部，9 位退休的基层干部，此外还有地方学者、兽医、医生、教师等。由于长时间居住于各乡、村之间，我结交了一些直到现在还保持联系的好朋友。通过他们的帮助，每到一处总能很快找到当地有威望且游牧知识丰富的老人。

2008~2009 年间，我又先后前往县畜牧、农业、水利、气象、林业、环保、档案馆、史志办等部门，以及阿勒泰地区畜牧、林业部门、新疆维吾尔自治区畜牧厅等相关政府部门进行调查，由此获知了国家权力机构是如何管理游牧业生产和牧民草场、如何保护草原生态以及相关研究数据等。因此，本书中县域内人口与牲畜数量（1949~2008年）、草场面积、耕地面积（1949~2008年）、矿产资料、气象水文（1962~2007年）等数据均来自当地政府相关部门。涉及个体牧民人口、牲畜数量、草场和耕地面积的数据来自访谈。

由于我只会用哈萨克语进行简单的日常交流，因此整个调查期间先后找了三位翻译。他们都是大学毕业，在本地出生长大，既熟悉地方情况又会讲流利的汉语。调查之前，我都对他们进行了简单培训。县里乡里的干部，一般可以直接用汉语交流。因此，我的访谈对象绝大多数为哈萨克人。访谈的汉族人主要是在当地已工作多年的基层退休干部和乡村教师等。

影像记录是人类学田野调查方法的一种。田野中有很多游牧生产过程、生活场景、生态环境、生产工具、居住格局以及各种仪式性活动，只有通过影像记录才能够保证资料的准确性，也会为今后的写作复原现场。我主要采取拍照、录音和摄像三种方法。所以我经常是一只手拿着摄像机，脖子上挂着照相机，难免顾此失彼，除非有翻译或临时的哈萨克朋友帮忙。整个田野期间，我收集到的影像资料达50G。这些影像资料对我后期的写作起了很大作用。

我在调查资料整理及写作过程中，始终与田野点几个重要的报道人保持着密切联系。对于一些比较模糊的资料或新发现的问题，我以电话访谈形式，与几个关系密切的报道人不间断地保持联系，或通过我的翻译与他们间接保持联系。这样既可以确认一些资料，又可以不断补充新材料。因此，我并没有一进入写作状态就忘记田野，而始终把研究与田野作为一个连续的整体。即使到武汉工作后，我在2010~2014年间，利用寒暑假又先后多次前往阿勒泰地区各县进行调研，不断补充资料和修正先前的一些看法。至今为止，我还通过微信与哈萨克牧民朋友们保持着密切联系。为了保护部分被调查者的隐私，人名均已遵照学术惯例进行了化名处理。

第二章

游牧环境与部落历史

2008年8月18日上午,我从乌鲁木齐市出发再次前往阔别一年多的阿勒泰富蕴县。当时,恰逢奥运期间,长途汽车站是重点检查的地方,路途中又先后停车检查了6次。从乌鲁木齐到富蕴县,汽车沿着216国道要行驶将近7个小时。当汽车接近216国道卡马斯特时,我看见距离公路约200米的地方有上百只野驴和黄羊。由于天气干旱,荒漠深处的水源越来越少,野生动物只好冒险接近公路,因为沿公路有很多推土机推过之后留下的土坑里还有积水。令人痛心的是,畜牧部门的铁丝网(围栏工程)沿着国道两边并行延伸,所以野生动物还要跨越铁丝网才能到达水源地。后来我从牧民那里了解到,铁丝网刚刚树立在草原上时,受到惊吓的野生动物会直接冲到铁丝网上受伤甚至死亡。随着近几年的观察,牧民发现野生动物似乎已经熟悉了,受到惊吓后,他们会沿着铁丝网跑到有缺口的地方逃出去。虽然现在有这些人为的障碍物,但对野生动物来说,这片荒漠草原却是它们的天堂,也是阿勒泰富蕴哈萨克游牧民的冬季牧场。

阿勒泰①地区在1954年之前称"阿尔泰山专区",简称阿山专区,之后改为"阿勒泰专区",1971年,又改为"阿勒泰地区"。当地哈萨克人把阿勒泰地区分为:上阿勒泰和下阿勒泰。我的调查点富蕴县位于上阿勒泰。上阿勒泰包括青河县、富蕴县和福海县。

阿尔泰(Altai)是中亚古代游牧民的故乡,也是我国北方游牧民族的发祥地。地理上,阿尔泰所包含的区域是以阿尔泰山为核心地带的欧亚大陆中部,

---

① 阿勒泰是蒙古语"Altayn Nuruu"的另一种音译。国际上通用为"Altai"(阿尔泰)。此名主要源于阿尔泰山(the Altai Mountains)。蒙古语阿尔泰为"金"之意,又写作金山。跨中、哈、俄、蒙四国,呈西北东南走向,长2000余千米,仅中段500多千米位于中国阿勒泰地区境内(钟兴麒编《西域地名考录》,国家图书馆出版社,2008,第11页)。本文阿勒泰地区指现在的行政区域,阿尔泰地区特指以阿尔泰山为核心的地理区域。

也是欧亚草原的核心地带。江上波夫把阿尔泰山划入欧亚内大陆①的中央部位。在欧亚草原上，阿尔泰地区既是东西方文化的汇聚地以及东西交通枢纽之一，也是游牧民族南北东西迁徙的必经之地。阿尔泰山是古代"草原丝绸之路"的必经之地。中国内地的丝织品就是从公元前6世纪前后开始，沿着《穆天子传》所描述的道路运往中亚地区，首先是到达阿尔泰山区和额尔齐斯河上游的居民手中。②前苏联境内阿尔泰边区巴泽雷克公元前5世纪墓葬中出土的中国丝织品和印有汉字的纹青铜镜就是有力的证明。③

草原丝绸之路曾经在沟通中外文化交流的过程中起到了很特殊的作用。它除了传输丝绸外，还更广泛、更快捷地传播了文化、宗教、各类发明创造和技术等。这恰恰显示了草原游牧民族的游牧经济能够快速传递文明的信息，也反映了草原游牧民族宽广豁达而兼容并蓄的民族性格。④ 阿尔泰山处于这条通道的中心位置，且享有"黄金之路"的美誉。所以中国国家主席习近平于2013年首先选择在哈萨克斯坦纳扎尔巴耶夫大学发表重要演讲，呼吁共建"丝绸之路经济带"。因为千百年来，"和平合作、开放包容、互学互鉴、互利互赢"的丝绸之路精神薪火相传，推进了人类文明进步，是促进沿线各国繁荣发展的重要纽带。⑤

历史上的游牧民以阿尔泰山为基点，向东可以进入蒙古高原，向西进入哈萨克大草原可直达里海，向南穿越准噶尔盆地可到达天山山脉，向北经过南西伯利亚便是南俄草原。可见，游牧民族的移动范围非常广袤，实际上这关键还是取决于阿勒泰地区的自然环境特点。

第一节　多样性的地貌与草原

"阿尔泰的夏牧场是奶，冬窝子是油；阿尔泰的洼处有鱼，高处有野羊"。
——当地哈萨克谚语

---

① 欧亚内大陆所指的区域，东以兴安岭、阴山山脉、南山山脉为界，南以喜马拉雅、喀喇昆仑山等山为界向西延伸至里海、黑海北岸。其中包括有蒙古、青海、西藏诸高原，一直到塔尔巴哈台高地、塔里木盆地、土拉平原、吉尔吉斯草原和南俄罗斯草原（〔日〕江上波夫：《骑马民族》，张承志译，光明日报出版社，1988，第3~4页）。
② 马雍、王炳华：《阿尔泰与欧亚草原丝绸之路》，载张志尧主编《草原丝绸之路与中亚文明》，新疆美术摄影出版社，1994，第4页。
③ 鲁金科：《论中国与阿尔泰部落的古代关系》，潘孟陶译，《考古学报》1957年第2期。
④ 王大方：《论草原丝绸之路》，《前沿》2005年第9期，第17页。
⑤ 财新传媒编辑部编《"一带一路"引领中国》，中国文史出版社，2015，第1页。

这是当地哈萨克牧民妇孺皆知的一句话。在这个区域内，为什么至今为止游牧仍然是主要的生计模式？多样的自然地貌与随季节变化的草原环境特点起着决定性作用。阿勒泰富蕴处于亚洲北部的干旱半干旱区，在这样的区域里，游牧民依靠移动，在不同季节利用不同海拔高度的草场。最典型的游牧是山区牧民从冬季所在的山脚或河谷盆地移向夏季所在的山顶。在北纬度地区的平原上，这种迁徙一般采取从南向北的循环移动方式。

一 气候地貌与草原生态

（一）气候多变地貌多样

多变的气候与多样性的地貌是当地游牧环境的特点之一。牧区多变的气候经常令我措手不及，有时甚至一天之内不同的区域天气相差都很大。2009 年 5 月 14 日，我随牧民来到阿尔泰山中山牧场。没想到，几天后电脑突然出了问题，怎么也开不了机。5 月 19 日，我决定去县城修理电脑。出发前的晚上，中山牧场下了一晚上的大雨。令人欣慰的是第二天早晨出发时，天空已放晴。可离开中山牧场行至大约 15 千米处的海子口时，又突然下起了大雨。随着海拔高度的下降，当我们行至距离县城 20 千米的乌恰沟时，雨小了很多。等到了县城时，雨已经停了。从地面可以明显看出，县城的雨不是很大。这里的降水量随海拔高度及地形地貌的不同而差异很大，即使同一区域的不同年份的差异性也很大。

富蕴位于阿尔泰山中段南麓，气候特点是春旱多风，夏秋短暂，冬季漫长而严寒。富蕴降水量少，蒸发量大，气候干燥，是全国高寒地区之一。当地牧民的冬季牧场在准噶尔盆地中部，这里是四季牧场中气温最高的地方，年平均气温 8℃左右。夏牧场位于阿尔泰山，年平均气温低于零度。降水量随海拔高度的升高而增加。从气候区划上来看，富蕴属温带大陆性气候（温带干旱、半干旱气候）。降水量随海拔高度的升高而增加。据气温及降水量依次形成的自然景观是：森林、森林草原、草原、半荒漠及荒漠带。① 所以，该区域内即使同一行政区划内不同地方的气候差异性也很大，这主要和其多样性的地形地貌密切相关。富蕴的地貌自北向南（由高到低）依次为阿尔泰山、山前冲积平原、额尔齐斯河河谷、乌伦古河河谷、乌伦古河以南平原、古尔班通古特沙漠。根据气候区划与地貌类型，自北而南大致可分为三个气候区和五个地貌类型（见图

---

① 新疆地理学会编《新疆地理》，新疆人民出版社，1993，第 14 页。

2-1)。

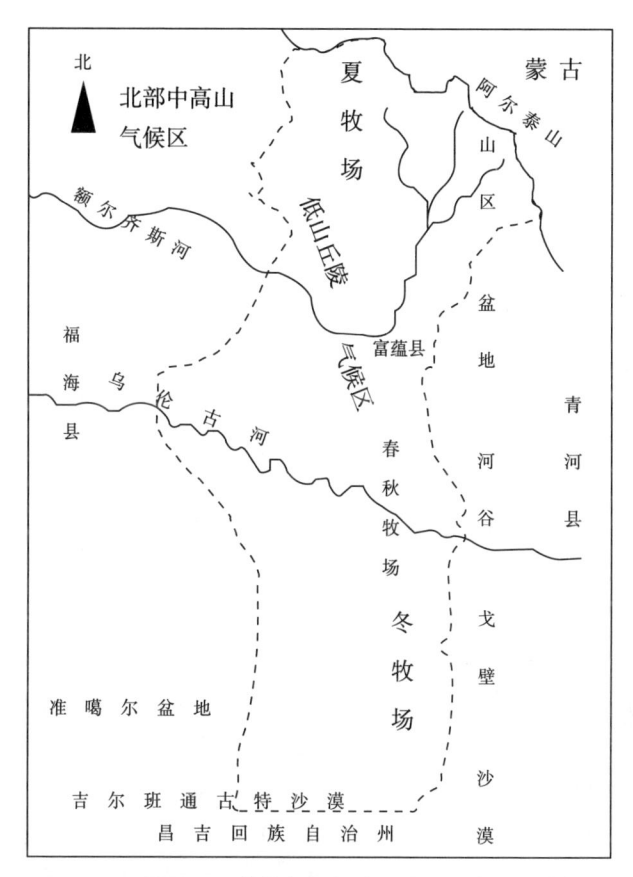

图 2-1 富蕴气候与地形地貌示意

北部中高山气候区。海拔在1500米以上，降水充沛。6月至8月冷凉湿润的气候促使林草生长茂盛，是牲畜抓膘育肥的好季节。9月至次年5月，气候寒冷，积雪厚，不能放牧，有些地方冬天积雪可达到几米厚，有长达半年的时间都被积雪覆盖。再往南是低山丘陵气候区。海拔900~1500米，降水较多，牧草生长较好，为春秋转移草场。冬季寒冷，积雪较厚，牲畜主要靠饲养过冬。这里是阿尔泰前山地带，也包括一部分中山牧场。最南端是河谷盆地，即平原气候区。这里海拔在400~900米，4月至10月气候温凉，降水较少，蒸发量大。河谷流域水源充足。11月至次年3月气候严寒，多寒流大风。这里是牧民定居点比较集中的地方，也是农业、旅游及各种工业开发最为集中的地方,还是牧民每年集中办理各种婚礼、割礼及喜庆活动的地方。

五种地貌类型由北向南依次是山区、盆地、河谷、戈壁及沙漠。山区又包括冰雪作用带、高山带、中山带及低山带,其中高山带和中山带都是优良的夏牧场,低山带一般作为春秋牧场或冬牧场;河谷地带主要分布在额尔齐斯河与乌伦古河流域。这两条河流之间的古冲积平原是全县主要的春秋转移牧场;戈壁、沙漠主要分布在乌伦古河以南60千米以外地区,地面覆盖稀疏的荒漠植被,属于无径流区,是哈萨克牧民的主要冬牧场。

这种多样性的垂直地貌,在不同的季节呈现出不同的自然景观(草原类型),在同一时期内又呈现出不同的气候特征。所以水草随海拔高度以及季节年份呈现出不确定性、多变性及不稳定性的生长或分布方式。也因此,在气候如此多变的干旱半干旱区域内,哈萨克人为了利用地面上有限的牧草资源只有通过移动才能适应这里的自然环境。由于受大西洋湿气流的影响,富蕴县这里降雨相对较多,也是全疆较湿润的区域之一。其水资源主要依赖山区的自然降雪、降雨所形成的三大水系,即额尔齐斯河、乌伦古河及吉木乃山溪三大水系。当地水资源主要来自额尔齐斯河和乌伦古河(以下简称两河)。这两条河流是区域内城镇居民、农牧民以及工矿企业用水的主要来源。

额尔齐斯河发源于中蒙边境的阿尔泰山东段南麓,处于富蕴县境内东北部,途径福海县、阿勒泰市、布尔津县,在哈巴河县北湾地区流出国界后,经哈萨克斯坦斋桑泊,在俄罗斯汉特-曼西斯克附近汇入鄂毕河,最终流入北冰洋。在中国阿勒泰境内干流总长593千米,干流面积5万平方千米,贯通地区4县1市。[1] 额尔齐斯河在富蕴境内长达230千米,河谷流域为夏牧场的人畜提供优良场所。额尔齐斯河上游落差较大,在上游富蕴境内建有一座水力发电站,中下游河谷较为地势平坦,近十几年来成为新的农业开垦区域。

乌伦古河是新疆北部准噶尔盆地最大的内陆河流,也是发源于中蒙边境的阿尔泰山东段南麓,经青河县塔克什肯口岸流入中国,然后至富蕴和福海,全长821千米。富蕴流域属于中端,长约210千米。[2] 乌伦古河上游雨量充沛,中下游为戈壁荒漠地带。由于乌伦古河流域地势较为平坦,加之利用该河水灌溉,整个河谷形成了不少绿洲。流域内生物物种丰富,号称是我国柳树的天然基因库,上游还有我国唯一的河狸自然保护区——布尔根河狸自然保护区。

这两条河流主要靠季节性融水和降水补给,所以季节性变化大,年际变化

---

[1] 阿勒泰地区地方志编纂委员会编《阿勒泰地区志》,新疆人民出版社,2004,第110页。
[2] 数据来源:富蕴地方志办公室提供,2008年。

也较大。牧民每年转场都要经过这两条河流。过去，这两条河流上没有修建桥梁时，河流的冰冻与消融就是当地牧民转场的命令。

（二）灾害频发草原脆弱

阿勒泰地区地处欧亚大陆腹地，远离海洋，水汽来源甚少，属干旱、半干旱地区，生态环境十分脆弱。富蕴处于中亚北部，地理环境是典型的高日照、干燥和明显干旱的地区，属具有季节性差异、长期气候多变、周期性干旱、水资源匮乏的大陆性气候，这种气候导致了植物的季节性生长，而且稀疏，发育不良，营养价值极低。因此，该地带形成了极其脆弱的生态系统，容易受到侵蚀和沙漠化，特别容易因人类活动而导致退化。① 这也是整个北亚草原的共同特点。

这种脆弱性特点主要表现为自然灾害的频繁发生。有关阿勒泰地区自然灾害的文字记录自民国时才逐渐增多。如民国时期的新疆论丛（创刊号）记载，"（民国）22年，阿山（今阿勒泰地区）变乱的区域极广，冬季又将大雪，牲畜倒毙极多，人民受祸特惨"。② 1949年之后，各种自然灾害的记录日益详细。我查阅档案发现，有明确记录的自然灾害达25次，主要是大雪、干旱、因干旱引起的蝗灾、寒潮、低温等。以下是富蕴近60年来比较大的几次自然灾害记录：

> 1966年3月4日至17日，两次强寒潮天气袭击富蕴，牲畜死亡达19万头（只），冻死3人。时值牲畜转场体弱，临产在即，遂死亡成灾。
>
> 1976年11月至1977年3月，先后共有12次寒流，全县共死亡牲畜9.47万头，其中因受寒流袭击，冻饿死的就占90.8%。
>
> 1978年县境内鼠灾使50.13万公顷草原被破坏，平均每平方公里有鼠洞150~600个。
>
> 1996年12月，富蕴遭到了30年不遇的特大灾害，10天连续降雪，沿山区和山沟地带积雪达1.5~2米，阻塞牧道达380千米，县乡道路189千米，国道55千米，埋压棚圈431座，牧民房屋352间，因雪崩死亡10

---

① 〔伊朗〕恰赫里亚尔·阿德尔·哈比卜主编《中亚文明史（第5卷）》，兰琪译，中国对外翻译出版公司，2006，第229页。
② 新疆维吾尔自治区气象局科研室编《新疆维吾尔自治区气候历史史料》，内部资料，1981，第139页。

多人，数百人被困受伤，死亡牲畜达28.1万头。

2000年入冬以来，阿勒泰地区遭受50年不遇的特大雪灾，其中富蕴是全地区受灾最为严重的地区之一。整个冬季，从2000年10月到2001年4月，降雪就达92天，降水量达210毫米，县城平均积雪深度为81厘米，沿山一带积雪厚度达150厘米，后山超过200厘米。积雪深度和降雪量均突破1954年以来的最大值。全县受灾牧民962户，受灾牲畜52.3万头，死亡0.35万头，受灾草场213.56万亩，棚圈毁坏和损坏2774处，冻伤1750人。[1]

后来，我从哈萨克老人那里也得到了印证，尤其是比较大的几次自然灾害。富蕴县吐尔洪乡的努赛[2]讲，1977年，他们家被安排去放牧5队的羊群，大概有300多只。当年2月17日，天气突变，刮起大风下起大雪，气温骤降，一天之内冻死了17只羊，3只山羊。他和他父亲硬撑着进行各种救援，到第二天又死了30多只羊。当时交通不便，也没有什么通信设备，与政府根本无法联系。通过十几天的抗雪救灾之后，3月9日他们终于等到了由队长带领的有一辆拖拉机、一辆推土机的救灾团队。在拖拉机和推土机的开路下，他们驱赶着羊群开始搬迁，但天气骤然变暖，气温上升太快，积雪迅速融化，遍地沼泽，出现沼泽吞羊现象。到4月28日，只剩下100多只羊。

在牧区基层工作多年的穆老人[3]说，1959年的暴风雪使整个县的牲畜损失达35%，1966年有33%的牲畜损失，1977年有23%的牲畜损失。那时遇到自然灾害基本上没有办法，最多也只能给牲畜拉一些草料。年长的牧民对这些自然灾害现象很淡定，他们认为这是草原上的常态或规律性的现象。有些懂得物候或天象知识的老人认为，这些大的自然灾害一般是12年轮一回。尤其是马年、鸡年、猪年，每12年，这三个属相的年份会出现大的自然灾害。

在富蕴县工作多年的汉族干部孙汇[4]告诉我，牧区就害怕"白灾"（雪灾）和"黑灾"（旱灾）。白灾时，牧民背着麦子，给那些膘情瘦弱的牲畜一个一个喂，主要给大牲畜喂，也会给羊喂，但那些瘦弱的羊走不了多远就摇摇晃晃

---

[1] 资料来源：富蕴档案馆提供，2008年。
[2] 努赛，男，1955年出生，吐尔洪乡牧民，2016年1月22日。
[3] 穆老人，男，1938年出生，曾经在县、乡都工作过，当过兽医站站长，2008年8月26日在他家里。
[4] 孙汇，男，1939年出生，他于1964年毕业于新疆工学院，之后分配到富蕴县兽医站工作，退休时是科技副县长，2008年10月30日在他乌鲁木齐的家里。

倒地死了。所以牧区往往一场大雪就会死很多牲畜。1960年,全县损失了50%以上,接着是1965年和1970年,这三次雪灾致使富蕴县的牲畜数量多年一直上不去。遇到"黑灾",当时的县政府派人到乌伦古河砸开冰块,用车装运到牧民家里,甚至动用小飞机运送冰块,只要见到毡房就扔下去。冬季牧场的积雪很薄,这些冰块主要是解决人的吃水问题。

由此可见,游牧的气候和地理地貌特点决定了游牧自然环境条件存在着诸多不确定性、多变性、降水的分散性和不均匀性。在如此脆弱的草原生态系统中,自然灾害频繁发生。因此,历史时期的游牧民都是以季节南北移动来规避风险。如今,由于牧区道路与通信设施都得到了极大的改善,一旦遇到"白灾"与"黑灾",牧民和地方政府会很快做出应急反应,已经不再会遭受到像过去那么大的损失了。

二 垂直分布的草场类型

富蕴多变的气候与多样化的地貌也决定了当地草场类型的多样化,并随海拔高度呈现垂直分布。早在1956~1964年,中国科学院新疆综合考察队先后进入新疆,在野外进行了长达四年的科学考察。初步查明在新疆的天然草场中,阿勒泰地区的草场面积最大,占到全疆的20.06%,是全疆草场资源最丰富的地区。[①] 阿勒泰地区历史以来就是一个纯牧业区,也是我国草原面积最大、分布集中的地区之一。而富蕴又是该地区最大的牧业县。

牧民根据季节一般把牧场分为春、夏、秋、冬四季牧场。富蕴草场类型的垂直分布比较完整。学者们依据草场植被分了九大类:高寒草甸、山地草甸、草甸草原、山地草原、荒漠化草原、草原化荒漠、荒漠草原、低湿地草甸草场及沼泽草场。各类草场的自然特点如下:

> 高寒草甸位于植被垂直带的最上部,分布于海拔2300~3000米,共有13个植被类型,一般用于夏季牧场。
>
> 山地草甸位于高寒草甸之下,森林带以内,海拔1500~2600米之间,植被主要分布在阳坡及阴坡林间空地,有20个植被类型。该类草场牧草生长茂盛,产草量高,一般用作中山牧场。
>
> 草甸草原位于山地草甸之下,一般分布在中山带,大沟谷的阳坡及

---

① 中国科学院新疆综合考察队主编《新疆畜牧业》,科学出版社,1964,第169页。

低山带的阴坡，海拔变化幅度较大，为1350~2600米，有12个植被类型，多作春秋牧场。

山地草原为山地垂直带谱中最下一级，分布在海拔400~800米低山带的阳坡上，有18个植被类型，一般用作春牧场。

荒漠化草原位于低山丘陵及洪积冲积扇的上部，海拔600~1200米。荒漠化草原根据地理位置和地形条件又可分山地和平原沙丘两个亚类。此类有5个植被类型。

草原化荒漠的分布区基本和荒漠化草原相同，只是荒漠化程度比荒漠化草原更为强烈，有10个植被类型。此类草场主要用作春秋牧场，少部分为冬牧场。

荒漠草原主要分布在额尔齐斯河与乌伦古河之间以及乌伦古河以南的广大平原丘陵区，海拔500~1270米，有25个植被类型。此类草原干旱缺水，植被稀疏，是典型荒漠景观。

低温地草甸草场主要分布在低山谷地、盆地低洼区及两河漫滩等地，海拔高度变化大，650~1900米均有分布。这类草场有9个植被类型，总面积543150亩，可利用面积414640亩，利用率为76.34%，可载畜300316羊单位，平均每只羊需1.38亩。

沼泽草场主要分布在可可托海海子口以及乌伦古河河谷漫滩的低洼地，植被单纯，以芦苇、香蒲和莎草科植物为主，主要用作打草场。①

各类草场的牧草资源主要以植被盖度、草层高度、产草量、载畜量以及每标准羊单位所需草原面积等来衡量。当地牧民针对不同的草场类型有他们自己的"专业术语"，不同草场都有反应其水草情况或地貌特征的哈萨克语名称。在民间有放牧经验的老人一般都知道不同草场的载畜量及放牧时间。上面提到的九种草场类型中，荒漠草原的面积最大，理论载畜量也最高，但每个标准单位羊所需的草场面积也最大。这说明荒漠草原单位面积的产草量较低，牲畜需要有广阔的活动范围，才能摄取到足够的能量。山地草甸一般是夏季牧场，那里植被非常好，其面积虽小，但理论载畜量却很高，每标准单位羊所需的草场面积也最小，所以夏季是哈萨克牧民相对集中和举行各种活动的季节。

到了20世纪80年代初（1982至1983年），县政府历时一年多野外调查，

---

① 富蕴县农业区划办公室编《富蕴县农业区划（内部材料）》，1988，第77~80页。

根据《重点牧区草场资源调查大纲》中所制定的标准，把县域内的草场分为五等八级，这是为日后进行草场承包做准备工作。这些级别都是按照哈萨克族牧民传统习惯放牧路线制定出的。"等"是根据草场植被的适口性、利用程度、营养价值的标准，分优、良、中、低、劣五等。"级"是依据草场地上部分的产草量来划分级别。这种划分以科学数据和实践调查为基础，同时也兼顾了当地哈萨克族牧民传统放牧区域和迁徙路线的习俗。因为世代生活在这里的哈萨克族牧民对当地自然地貌及水草分布规律的认识更加精细，有更为细微的划分标准，知道如何更有效地利用好草原，例如他们知道在哪个时节，要把牲畜赶到哪类草场上去放牧。

第二节　游牧民部落历史演变

阿尔泰山脉及以其为发源地的额尔齐斯河为游牧民提供了绝好的放牧环境。额尔齐斯河流域历来就是游牧人的天堂。历史上每有草原霸主崛起，都要先抢占额尔齐斯河及阿尔泰山作为依靠，然后再向四周扩张。历史上在这里曾经生活过的游牧民有古代塞人、乌孙人、匈奴人、葛逻禄人、突厥人等。他们也是形成今天哈萨克族的族源之一。哈萨克族的主要族源还有古代的月氏、康居（康里）、阿兰（奄蔡）、咄陆（杜拉特）、突骑施（撒里乌孙）、铁勒、钦察（克普恰克）、乃蛮、克烈、阿尔根、瓦克、弘吉剌、扎剌亦儿、阿里钦等。[①] 这些古代民族在阿勒泰地区生活的时间非常久远，而且其生计以游牧为主。

根据考古资料，早在铁器时代（约从公元前19世纪开始），新疆北部大部分墓葬遗址或墓葬中所见到的多是马、牛、羊骨和与畜牧经济有关的小工具，却很少或不见农业的踪迹，可见北疆区的经济形态主要是畜牧业。[②] 吉谢列夫通过研究苏联及中国阿尔泰地区的考古资料认为，在6~8世纪阿尔泰的物质文化中，出土最多的是马具，其次还有绵羊、牛、家养牦牛、山羊和骆驼的遗骨。[③] 哈扎诺夫（Anatoly M. Khazanov）也认为，公元前2000年被人们称为"草原青铜文化"（Steppe-bronze culture）的时代就存在于欧亚草原。大概从公

---

① 《哈萨克族简史》编写组编写《哈萨克族简史》，新疆人民出版社，1987，第2页。
② 余太山主编《西域通史（第1版）》，中州古籍出版社，1996，第30页。
③ 吉谢列夫：《南西伯利亚古代史（下册）》，新疆社会科学院民族研究所，1985，第94页。

元前 1000 年开始，游牧逐渐成为欧亚草原的主要经济形式；① 新疆考古所吕恩国长期在阿勒泰地区进行考古发掘工作，在其挖掘的墓葬中也都发现了大量马、牛、羊的骨头，而且这些墓葬都分布在不同的季节牧场上。墓葬中还有彩陶，其图案都是马、牛、羊等动物形象。

历史上不同时期生活在这里的游牧民族还留下了大量的岩画，内容主要是狩猎活动、动物（大角羊、马、鹿等）、群体祭祖、放牧等。这些岩画主要分布在营地、牧道与冬、夏、秋牧场的岩壁上，尤以冬牧场最多。苏北海发现在阿勒泰山区冬季草场越好，岩画的分布也越多，草场较差的冬牧场岩画就少。② 还有游牧人春夏秋冬一年四季如何放牧畜群、配种、接羔以及牧民搬家等图案。③

哈萨克人的古代先民们经过 1000 多年的发展，到 15 世纪初叶逐渐形成了一个比较稳定的民族。明景泰七年（1456 年），哈萨克人在楚河流域和塔拉斯河流域建立了一个独立的哈萨克汗国。1730 年，哈萨克汗国分裂为 3 个地域性的集团。这种按地理和行政区分的集团，被称为"Orda"，即庐帐之意。哈萨克人自己把它称为玉兹（"帐"的意思）。小玉兹在哈萨克草原的最西部；中玉兹占据着哈萨克草原的中北部；大玉兹占据着哈萨克草原的最东部。④ "三玉兹"又称"三帐"：大帐、中帐和小帐，其实就是三个大的部落。哈萨克汗国的这种分裂，正是游牧经济的需要。哈萨克汗国地区被自然地分成了三个草原区，每个地区都具备提供养育三个玉兹的人口和牲畜所需的冬夏季草场。⑤ 今天新疆境内阿勒泰地区的哈萨克人主要属于中玉兹。

17 世纪前后，准噶尔人与哈萨克人彼此间由于居地相邻，境域相接，经常为争夺牧地、控制贸易通道彼此间互相杀掠，各有胜负。⑥ 18 世纪初，准噶尔汗国侵占了哈萨克汗国驻地。1755 年，清政府平定了准噶尔部并继续了其统治。到清乾隆年间，阿尔泰地区主要居住着哈萨克人、卫拉特蒙古人、阿尔泰乌梁海蒙古人及阿尔泰淖尔乌梁海蒙古人。在清朝平定准噶尔部的叛乱后，

---

① Anatoly M. Khazanov, *Nomads and the Outside World*, Cambridge：Cambridge University Press, 1984, pp. 92-94.
② 苏北海：《新疆岩画》，新疆美术摄影出版社，1994，第 10 页。
③ 新疆少数民族古籍办公室编《新疆少数民族古籍论文选编》，新疆人民出版社，2005，第 523 页。
④ 〔日〕佐口透：《18~19 世纪新疆社会史研究（上）》，凌颂纯译，新疆人民出版社，1983，第 328 页。
⑤ Alfred E. Hudson, *Kazak Social Structure*, London：Oxford University Press, 1938.
⑥ 蔡家艺：《清代新疆社会经济史纲》，人民出版社，2006，第 20 页。.

哈萨克人从乾隆三十年（1765年）起陆续进入今天的伊犁、塔城、阿勒泰地区游牧，乾隆四十二年（1777年）编设为投诚哈萨克一佐领。①

自19世纪中叶起，沙俄政府强迫清政府签订了一系列不平等边界条约，尤以1864年的《塔城条约》与哈萨克族的关系最大。这一条约规定了以后哈萨克族要遵循"人随地归"的原则。1864年，哈萨克公（公，官职名）库库岱（中玉兹）的儿子阿吉不愿意随地归帝俄，率领阿巴克克烈部的12个氏族迁入阿尔泰山以南的萨坞尔山（今吉木乃）一带游牧。② 克烈部落下面又分了两大支：阿巴克克烈部和阿夏玛依勒克烈部，其中阿巴克克烈部在中国境内，阿夏玛依勒克烈部主要在今天的哈萨克斯坦及中亚境内。阿巴克克烈部后来又分出了12个大的分支。今天阿勒泰地区的哈萨克族大都属于阿巴克克烈部落下的12个大氏族。

富蕴的哈萨克人几乎全都属于阿巴克克烈部落。历史上克烈部落居住在蒙古高原至哈萨克草原广大地区。公元前2、3世纪到公元5、6世纪，他们居住在乌拉尔东段到阿尔泰山以北、蒙古高原一带，过着战乱频繁的游牧生活。1150~1180年间，克烈部落又迁徙到阿尔泰山东部和天山的博格达地区。1203年，克烈王汗吐合热勒之子桑坤遭成吉思汗的突袭身亡后，克烈部四分五裂，于是投靠阿尔泰山以南的乃蛮部落。在18世纪以前的500年间，克烈部落居住在哈萨克斯坦东部的斋桑、塞米、额尔齐斯河到奥木布河流域。③

今天生活在富蕴的哈萨克人要数阿巴克克烈部下的哈拉哈斯部落的人最多，萨尔巴斯部落的人次之。哈拉哈斯部落台吉的后代"王"（1932年出生）告诉我，其部落在阿勒泰游牧的历史至今已有300多年。2009年3月，我找到了哈拉哈斯部落里的一位老人马太比（1916年出生，当时93岁）。老人告诉我，哈拉哈斯最早是克烈部落里的一个"乌鲁"（即氏族）。传说哈拉哈斯是一个"眉毛又黑又浓"的人，而这个人的原名叫"斯易达勒"，哈拉哈斯只是这个人的一个绰号。哈拉哈斯最早主要由纳扎尔、拜亦木和霍斯木三个氏族组成，因此又称"三个哈拉哈斯"。哈拉哈斯部落发展到今天，其下又形成了15个氏族。老人清楚地背诵出从哈拉哈斯一直到他这一代的系谱：

---

① 余太山主编《西域通史（第1版）》，中州古籍出版社，1996，第442页。
② 中国科学院民族研究所图书资料室编《新疆大事记》，油印本，1964，第72页。
③ 哈德斯：《哈萨克克烈部落及其王汗吐哈热勒》，《新疆大学学报》1997年第4期，第21页。

第一代：哈拉哈斯

第二代：纳扎尔、拜亦木、霍斯木

第三代：吐格拜亦

第四代：加德克

第五代：江拜

第六代：克乃

第七代：塔孙

第八代：叶斯根、哈德格汗

第九代：马太比老人

马太比老人已有重孙，也就是说到重孙这一代已经是哈拉哈斯部落的第12代。何星亮在新疆阿勒泰地区的调查中也发现，哈拉哈斯部落中"马尔哈"一支，其后代共有13代，"肯杰"一支的后代有12代。① 按照一代人25年左右，到今天为止，哈拉哈斯部落在整个阿勒泰地区的游牧历史也有300多年了。马太比老人讲，他从上一代老人那里了解到，阿巴克克烈部，包括哈拉哈斯部落很早以来一直都在哈萨克草原和阿尔泰山之间游牧。我有幸在富蕴见到了哈拉哈斯部落最后一个台吉（官职）的侄子阿巴海老人。他讲到，现在富蕴的杜热乡、喀拉布勒根乡和吐尔洪乡在新中国成立前都是哈拉哈斯部落的草场。当时的人口大约有1000顶毡房（游牧人口习惯上都是以毡房数量来计算）。

第三节 当前牧区的社会生态

游牧的根本是逐水草而居，随季节变化不断迁徙，常年无固定住所的一种生计方式。我们从当地气候地貌、草场类型特点以及游牧部落历史演变的过程中，可以清晰地意识到随季节及水草移动放牧是哈萨克人适应自然环境的最佳选择。但同时也可发现，游牧社会又受自然环境和社会环境变化的双重影响。游牧经济结构单一，生产资料种类较少。这种薄弱的经济基础决定了其承受来自外界（自然环境和社会环境）压力的能力很弱。游牧经济的脆弱性和不稳定性，决定了游牧民族对自然环境有着高度的依赖性。鉴于此，任何影响到牧

---

① 何星亮："哈萨克族氏族部落资料集：阿巴克克烈部落"，国家社会科学基金项目，1998BMZ016，2004。

民赖以生存的草场的因素都会给脆弱的游牧经济带来不利影响。①

一 游牧生计依旧在延续

在当地，牧民根据自然环境特点，传统上自然形成了春、夏、秋、冬四季牧场。牧民放牧的直线距离南北长 400 多千米。从靠近中蒙边境的阿尔泰山脉，穿过额尔齐斯河、乌伦古河，到达准噶尔盆地的卡拉麦里荒漠草原。在一年四季一个完整的周期内，实际搬迁的距离达上千千米（见图 2-2）。

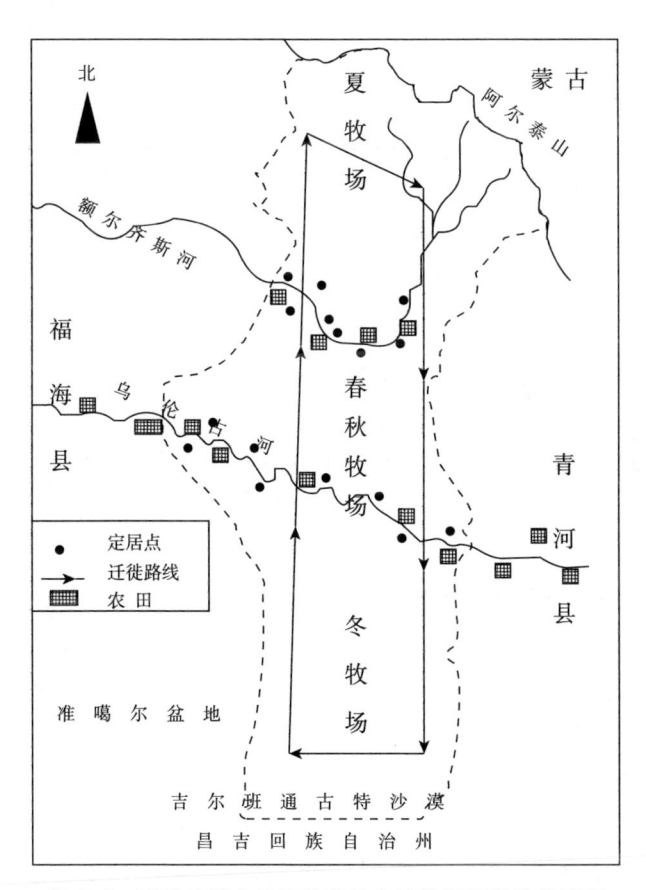

图 2-2 富蕴哈萨克牧民牧场分布及转场迁徙路线示意

---

① 陈祥军：《传统游牧与乌伦古河可持续发展——以恰库尔图河段阔斯阿热勒村为例》，《新疆大学学报》（哲学人文社会科学版）2007 年第 4 期。

每年春天，按正常年景一般是3月20日前后，天气转暖，气温逐渐回升，牧民开始驱赶着牲畜，驮着毡房及生活用品，离开准噶尔盆地及古尔班通古特沙漠南缘的荒漠草原缓缓北移。4月初，牧民陆续到达阿尔泰山的前山带低山丘陵及两河间平原荒漠草原，这是每年牲畜接羔的地点。牧民在各自的接羔点停留1个月左右，等所有的羊羔生产完之后，开始向夏牧场移动。4月底至5月中旬，转场牧民从各自的接羔地点出发，部分牧民跨过乌伦古河到达阿克达拉戈壁，部分牧民跨过额尔齐斯河到达阿尔泰山前山地带。

随着气温的持续回升，牧民一般在5月底至6月初到达阿尔泰山中山牧场（山地草甸）。6月20日前后到达水草丰盛的阿尔泰山高山夏牧场（高寒草甸），在此停留两个半月左右。入秋，高山牧场气温开始下降，海拔较高的地方已经下雪，8月底或9月初牧民陆续从高山牧场向山下迁徙，在中山牧场做短暂停留后开始南下。9月10日左右跨过额尔齐斯河，到达两河间的阿克达拉戈壁，即秋季草场。牧民在此停留1个多月，其停留时间的长短还要依据当年的降雪情况。如果降雪早就会提前跨过乌伦古河，正常年景一般是11月初跨过乌伦古河慢慢进入卡拉麦里荒漠草原。12月初进入各自的冬牧场，一直停留到来年的3月中下旬。这是牧民每年转场的游牧路线。

牧民每年在四季牧场之间移动的路线基本没有多大变化，这些牧道都是经过多少代游牧民的积累才最终选择出的最佳移动路线。在四季草场上停留的时间并不是每年都一样，还要依据当年的气候及水草情况而定，但停留的时间不会有太大差别。

夏牧场主要分布在阿尔泰山的冰雪作用带、高山带和中山带。牧民的放牧范围在海拔1400~3800米之间。一般情况下，在夏牧场停留3个月左右，从6月初到9月初，约90天；夏牧场分两个时间段，中山牧场利用约1个月，高山牧场利用约2个月。

春秋牧场为同一个区域，主要分布在额尔齐斯河与乌伦古河流域之间的低山、丘陵、河谷及平原地带，只是利用的时间不一样。春季牧场从3月20日前后至6月10日前后，利用约75天。秋季牧场从9月10日前至12月5日前后，利用时间约85天，春秋利用时间合计约160天。

冬牧场位于准噶尔盆地属于古尔班通古特沙漠的一部分，为固定及半固定沙丘，极少流动。沙丘高度从5米到30米不等。还有少部分在河谷地带。冬牧场从12月5日前后到来年的3月25日前后，利用约110天。牧民在冬牧场停留的时间相比其他牧场时间最长。人畜的饮用水主要依靠冬季积雪。牧民生活用的燃料主要依靠牛羊粪、柴薪或煤炭。

可见，自然环境条件决定了牧民仍旧坚持四季移动的游牧生计方式，这也说明游牧是牧民在长期适应环境基础上的一种自然选择。如牧民主要利用牲畜粪作燃料，一般把牲畜粪堆积后储藏在毡房旁边。每天喝茶次数频繁，烧茶主要用牲畜粪。所以牧民依靠天然草场，根据草场情况增减牲畜数量，随季节及水草情况不断迁移，使不同区域的牧草得到生长和恢复，以此得以永续利用牧草资源。

二 草原与牧区社会面貌

2006年7月至2009年7月，我在富蕴做田野的时间断断续续跨越了四个年头。短短三年多的时间里，我可以感受到当地局部地区草原生态环境的变化情况。三年来，我访谈了很多哈萨克族牧民、政府官员以及1949年后来这里的汉族干部和农民，他们对往昔富蕴草原生态环境的叙述几乎一致是——"风吹草低见牛羊"。但如今我穿行于富蕴的四季草场之间，很难想象，也很难再找到原来的那种"风吹草低见牛羊"的场景。

（一） 草原环境

草原生态退化不仅仅是富蕴一个地方所遭遇的情况，整个阿勒泰地区的草原生态退化都比较普遍。阿勒泰地区是全新疆最好的天然草场，但近几十年来受人类各种行为活动的影响，草场退化也很严重。据畜牧部门统计，阿勒泰地区65%的天然草场处在退化之中，其中严重退化的草地面积占45%。不仅如此，目前草场覆盖度减少，草层低矮，根据1990年的调查资料，与20世纪60年代相比，山地草甸及山地草原植被总覆盖度平均减少5%~10%，荒漠草地植被总覆盖度减少10%~20%。阿勒泰地区天然草场理论载畜量由1991年的506万标畜减少到300万标畜。①

富蕴草场总面积7226.7万亩，占全县土地面积的70.44%，有效利用的草场面积有5090.55万亩。近几十年来，草场的植被退化、沙化及盐渍化非常严重。以全县最大的吐尔洪乡为例，全乡草场面积为97.19万亩，其中：夏牧场19.4万亩、春秋牧场35.83万亩、冬牧场41.95万亩，退化面积为77.75万亩。退化草场面积占总草场面积达80%。可见，草场的退化非常严重，尤其是

---

① 资料来源：阿尔泰山国有林管理局两河源保护中心提供，2009年。

春秋牧场的退化更严重。① 县域内重度退化的草场面积达 1806.65 万亩，中度退化草场面积 2167.98 万亩，沙化草场面积达 1083.88 万亩，盐碱化草场面积 1445.32 万亩，退化草场面积总计 6503.94 万亩，占全县草场面积的 90%。② 从这些数据中可以看出，阿勒泰地区的草原退化状况已十分普遍和严重。游牧民赖以生存的基础是牲畜和草原。牲畜作为媒介把不能直接提供给人类需要的水草转化为肉和奶制品。因此草原的退化直接危及当地哈萨克人的游牧生计。

为了遏制草原生态的恶化趋势，政府施以牧民定居和退牧还草（围栏工程）的政策力图恢复草原生态。但结果并不理想，在执行和落实不到位的情况下，退牧还草工程虽然保护了一部分草场，但又使未被保护的草场退化更加严重。围栏不仅阻止了野生动物的迁徙通道，还给牧民转场带来不便。牧民定居工程又造成新定居点生态环境的恶化。因此在制定各项政策时，一定要考虑干旱区自然生态环境的脆弱性特点。

（二）社会环境

富蕴今天的游牧社会环境日益复杂，有来自游牧社会内外，诸如生产工具变化、资本市场经济、政府发展导向、游牧主导地位的下降、工矿业的迅速发展、外来人口以及社会内部等诸多因素的影响。

富蕴不仅是阿勒泰地区的畜牧大县，也是新疆的畜牧大县。畜牧业曾经一直是当地国民经济的基础产业和支柱产业，也是农牧民的主要经济收入来源。但 2000 年以后，当地政府开始转向以发展矿业为主，大力开发各种不可再生资源，由此与矿业开发和生产相关的工厂纷纷建立。目前，富蕴已建立的工矿企业涉及采矿、选矿、冶炼、烧锻等领域，涉及金属、非金属、稀有金属、煤矿开采、水泥生产等行业。

工矿企业快速发展，外来人口也在迅速增加。2008 年，来自疆内外登记在册的外来人口达 10561 人（实际数量可能还要多），占本地人口的 11.43%，其中汉族是 9512 人，疆内汉族 3418 人，疆外汉族 6094 人。③ 还有很多季节性流动人口（开地、偷挖草药及捡石头的人）以及常年偷挖宝石及各种矿石的人没有统计在内。外来人口的增加伴随迅速发展的工矿企业，这带动了县域内

---

① 资料来源：富蕴畜牧局提供，2008 年。
② 资料来源：《阿勒泰地区游牧民定居工程总体规划》（2008 年 12 月），阿尔泰山国有林管理局两河源保护中心提供，2009 年 5 月。
③ 数据来源：富蕴流动人口办公室，2009 年。

的商业、房地产业、交通、餐饮业及服务等行业的发展。当地牧民普遍认为这正是引起物价上涨的主要原因。

对本就没有什么现金收入的牧民来说，物价上涨直接影响到牧民的日常生产生活。当地绝大部分商品都比乌鲁木齐要贵。蔬菜水果的价格高，我能理解，但牛羊肉的价格高于乌鲁木齐却让我无法理解。在2006~2007年间，牛羊肉的价格很高，但商人们收购哈萨克牧民活畜的价格却很低。当然这可能涉及地域或行业垄断等原因。但这也反映了工矿企业的发展虽然加快了城市化过程，但对当地的农牧区尤其是牧区并没有带来多大益处。

富蕴境内额尔齐斯河与乌伦古河的原生态风景为旅游业的开发提供了良好自然环境。2000年以来，沿着额尔齐斯河流域的旅游开发尤其迅猛。旅游业虽然为地方政府财政提供了税收，但旅游开发过程中占用牧民草场和阻断转场通道的行为，又引发了牧民频频上访及各种纠纷不断。与此同时，市场经济的影响力日益增强，其对牧区社会的渗透力也在不断冲击脆弱的游牧经济、传统文化和草原生态环境。

1988年后，畜产品的经营和价格全面放开，畜牧生产与市场经济逐渐接轨。随之农牧区生活的改善产生了对各类消费品的需求，市场需求过旺而供给严重不足，从而导致畜产品价格逐渐上涨，主要是牛羊肉和羊绒价格上涨。仅1988年与1987年相比，牛羊肉提价88.4%，羊绒提价30.88%。[①] 畜产品价格的上涨给牧民带来了超过生产发展的实惠，即使牧民的牲畜数量在减少，畜产品价格上涨仍能给牧民带来收益。

特别是20世纪90年代中期以来，在商品经济向社会主义市场经济的转变下，畜产品价格与市场接轨的速度及变化的波动性更加快速。市场影响着牲畜数量、结构比例以及牧民的消费能力。2000年以来，牧民购买大型电器及机电产品的比例呈上升趋势。牲畜价格由于受市场经济影响存在不确定性，而与牧民生产、生活紧密联系的各种商品的价格却在逐年上涨。2003年以来，作为牧民唯一收入来源的牲畜价格在连年走低。2006年一只当年的小羊羔最高才可以卖到220元左右，甚至150元，而20世纪80至90年代羊价最好的年份每只羊羔可以卖到400元左右。[②] 2015年，当地活畜的价格依旧很低。牧民为了维持基本生计和增加收入，唯一的办法就是增加牲畜数量。所以自20世纪

---

① 新疆维吾尔自治区委员会农村工作部编《新疆农牧区改革发展典型调查》，新疆人民出版社，1990，第32页。
② 陈祥军：《回归荒野：野马的生态人类学研究》，知识产权出版社，2014，第140页。

90年代中期开始，牧民牲畜数量的增长速度逐渐加快（见图2-3）。

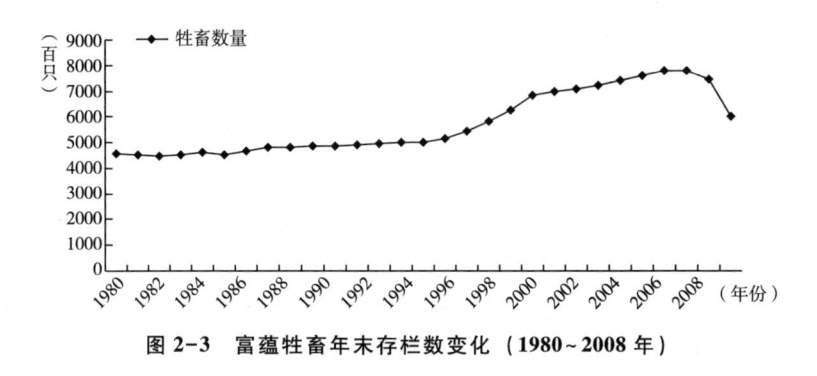

图2-3 富蕴牲畜年末存栏数变化（1980~2008年）

当地牧民大部分家庭的支出都大于收入。每户牧民可支出的资金十分短缺，所以每年主要依靠银行贷款维持生计。当前虽然大多数牧民已解决了最基本的温饱问题，但在文化、教育、卫生、娱乐及高档消费品等方面的支出还比较低且不稳定。无论怎样，市场直接或间接对牧区经济、牧民生活及草原生态的渗透和影响力越来越大。

小 结

阿勒泰富蕴的自然地理条件和绝好的水草资源，使游牧成为牧民主要的生计方式，而且延续至今。我们从整个阿勒泰地区的考古遗存中也可发现，历史上生活在这里的不同游牧民族，其生计方式都是以畜牧经济为主。现代草原科学的研究也发现，四季移动的游牧是适应当地自然生态环境最有效的生计方式。正是通过这种大范围有规律的移动，牧民才得以适应"脆弱的"、"多变的"和"不确定的"干旱半干旱区的自然环境。而牧民的这种适应机制是基于数千年对草原环境的经验观察和积累，是依靠体悟、直觉，甚至于非理性而得出的。由此，哈萨克游牧社会以草原环境为基础形成了一整套文化知识体系。所以游牧民对草原生态环境有着高度的依赖性。二者的关系密不可分，任何一方发生变化都有可能相互影响。

因此，本章通过对富蕴哈萨克游牧民的放牧环境与部落历史的梳理后认为，游牧民与草原生态经过千百年相互适应后已生成了一套适应草原生态的游牧文化知识体系。

第三章

游牧生态-环境知识

近十多年来，国内外学者对本土（indigenous）、地方（local）或民间（folk）知识及其与生态环境关系的研究日益增多。① 人类学界对本土知识的关注，源于经济快速发展过程中地方社会日益突出的环境问题。由此，人类学家在研究本土知识与生态关系时提出了"地方或传统生态知识""本土环境知识"等概念，重在强调本土知识与地方生态环境的密切关系。实际上，这些概念的提出要归功于一些从事发展与环境管理项目的实践者。在这些项目的实施过程中，他们逐渐意识到正是由于自身忽视了地方生态知识或缺乏对地方生态知识的了解，才导致实践中的不断失败。于是学者们提出利用"本土生态知识"来进行资源管理，换言之就是"把科学技术与地方知识及实践经验结合起来，作为环境研究中一种综合性的方法"。② 可见，在经济发展进程中，各种项目的开展务必要以本土人群的地方性知识为基础，否则会给他们带来伤害，甚至会打破原有地区的社会及生态平衡。因为本土人群失去了阻止伤害或破坏本地社会与生态的权力，即本土人群或民族的原有知识与权力发生了分离。

对于本土知识（indigenous knowledge）的概念，我比较认同冯珠娣（Judith Farquhar）的解释：这一概念强调知识从某文化群体内部生长出来，它

---

① 2009 年"国际人类学民族学联合会第十六届大会"的"本土知识与可持续发展"分论坛，来自国外的 14 名学者通过具体个案阐述了本土知识在地方社会、文化、生态、经济、管理，甚至健康等方面的积极作用。〔美〕杜罗西·比玲斯、〔俄〕维亚特切斯拉夫·鲁德内夫主编《土著知识与可持续发展》，知识产权出版社，2011。

② M. Lauer and Shankar Aswani, "Integrating Indigenous Ecological Knowledge and Multi-spectral Image Classification for Marine Habitat Mapping in Oceania," *Ocean & Coastal Management*, 51 (2008): 495.

属于该群体，他们有权利分享从本生知识的获利。① 本书中的"游牧生态-环境知识"概念属于本土知识的范畴。它是一套关于游牧民与草原、牲畜之间关系的知识、实践和信仰的延续性体系，是以游牧生计为基础，依附在游牧于草原的哈萨克人身上而并不依附于某个地方（locality），并有一套对待自然的态度和规范人们行为规则的知识。游牧生态-环境知识是游牧民、牲畜与水草三者在互动中建立起来的，并不是直接从环境本身中提取出来的。这种生态-环境知识形成和延续的根源是对自然和自然现象最密切或亲密的观察。

第一节 动植物知识

牲畜是哈萨克游牧民一切日常生产生活的依托。对牲畜的繁殖、体况、习性等情况了解的多少，直接关系他们的生存状况。他们除了赋予每类牲畜一种特殊的神灵外，还有着精细的牲畜分类（classification）知识。这也说明牲畜在其生产生活中的重要地位，同时也反映了哈萨克游牧民对周围生物（如动植物）细微变化的敏感性和对其知识的丰富性。这种敏感性和丰富的知识源于他们对与其生存密切相关的一切生命的长期关注和强烈关心。哈萨克游牧民在长期的游牧生产生活中还积累了丰富的气象物候及民间药物知识。这些民间知识都是建立在自然气候、地理生态环境、生计方式以及风俗习惯的基础之上，尤其反映了哈萨克族对人、动物、植物、气候、物候、土壤以及空间的认识和利用。

一 动植物的分类与利用

（一）动植物的分类知识

"分类"是生物最基本或原初的能力。② 分类知识与人类生存自然环境的关系最为密切，也是人类认识、适应其周围环境的生存知识之一。分类知识最能体现一个民族或族群文化、知识独特性的一面，如菲律宾哈努诺人丰富的植物分类体系就反映了他们独特的文化知识和宇宙观。与菲律宾哈努诺人不同，草原上游牧的哈萨克人最具独特的就是他们的牲畜分类知识。它也是哈萨克人

---

① 王铭铭主编《中国人类学评论（第9辑）》，世界图书出版公司，2009，第184页。原文把"indigenous knowledge"翻译为"本生知识"。
② 〔日〕秋道致弥等：《生态人类学》，范广融、尹邵亭译，云南大学出版社，2006，第59页。

游牧文化内部多样性价值的最好体现。①

我对哈萨克牧民动植物分类知识的关注是源于他们精细的牲畜分类知识。2009年3月底，我在喀拉布勒根乡马纳提家的春季接羔点住了两天。他们家的母羊2008年秋季配种较早，2009年春天产羔也提前了。到3月30日，新出生的小羊羔已经有近100只。每天傍晚，羊群回来后，要把小羊羔从圈里放出去吃奶。因为有很多小羊羔才出生几天，母羊都争抢寻找自己的"孩子"，当时的场景很混乱。刚出生不久的小羊羔大都是棕色，在我看来基本没有什么差别。但马纳提能够很轻易地为这些"孩子"找到它们的"妈妈"。后来了解到，牧民一般据母羊的颜色、年龄、局部标记、行为、声音以及小羊羔的细微特征，能快速为小羊羔找到"妈妈"。这项识别本领对牧民来说是一种常识。而我和他在外地上大学的哥哥根本无法识别这些羊身上细微的差别。这种快速分辨牲畜的知识来源于长期实践经验知识的积累，更是游牧民对牲畜分类知识的一种体现。

哈萨克族人对牲畜的分类知识最为丰富。作为"骑马民族"②或"马背上的民族"③的哈萨克族游牧民，马在其生产、生活中起着非常重要的作用。所以我对哈萨克人有关马的分类知识做了重点了解。哈萨克语中与马有关的词语多达上千个。④ 我认为，通过哈萨克人延续至今的对马的分类知识，既可以明显看出几千年游牧生计的延续性，也是深入了解游牧知识的一个窗口。

哈萨克人对马有一个统称词是"折勒合"（jerlerher），它不分雌雄，主要与其他种类的牲畜作区分时使用。哈萨克人一般根据马的品种、雌雄、年龄、毛色、体态、行为、禀性等特点对其进行分类。每一类又依据个体特点分为几种到几十种不同的马。每一类或每一种马都有一个专有名词。例如，母马根据牙齿多少就可划分出十几种。牧民主要根据牙齿多少判断马的年龄，有时也会以牙齿的颗数命名牲畜，如1齿羊、2齿羊、3齿羊等。马也一样，一般到6岁牙齿出齐后便意味着进入成年期。据卡哈尔曼·穆汗调查，哈萨克人有关马年龄的专有名词有25个，有关性别的词有15个，刚配群的3岁马分为36种，

---

① 陈祥军：《知识与生态：本土知识价值的再认识术——以哈萨克游牧知识为例》，《开放时代》2012年第7期，第130页。
② 〔日〕江上波夫：《骑马民族》，张承志译，光明日报出版社，1988。
③ 项英杰等：《中亚：马背上的文化》，浙江人民出版社，1993。
④ 马曾经在汉人社会中也起着重要作用。《说文解字》记载马部汉字达115个之多。参见梁钊韬主编《文化人类学》，中山大学出版社，1991，第331页。

小马驹有 16 种名称。①

哈萨克牧民首先根据马的性别属性把马划分为两大类：公马（指种公马）称"阿杰克"（Arjek），母马称"别杰"（Beejie）。根据繁殖、年龄等特征又分为很多种。我根据搜集到的有关马的性别及年龄的词语进行了简单整理（见表 3-1）。

表 3-1　按性别及年龄分类的马的词语

哈萨克语名称	汉语名称或语意	哈萨克语名称	汉语名称或语意
Kulen	刚出生的马驹	Jabak	未满 1 岁的马
Kulen shak	小马驹（昵称）	Jebaye	1 岁马
Ken kakite kulen	奶没吃够的马驹	Tay	2 岁马
Meryokty kulen	吃饱奶的马驹	Tay tulak	1~2 岁的马
Wukasher kulen	母马驹	Tay bajital	2~3 岁的马
Erkasher jabake	1 岁母马驹	Kunajane beejie	3 岁母马
Wukasher tay	2 岁母马驹	Kunan sherkar	快 3 岁的公马
Baytal	3 岁母马	Kunan	3 岁公马
Defenyojin biyo	4 岁母马	Donen sherkar	3 岁半的公马
Byosty biyo	5 岁母马	Defunen	4 岁公马
Buwarz biyo	怀孕的母马	Mama biyo	产奶多的母马
Keser biyo	未怀孕的母马	Beri biyo	老龄母马

公马又分种公马和骟马。种公马被"去势"（阉割）后称"阿特"（art），即骟马（中性的马）。种公马一般从小就已经选定，未被选定的一般都要被去势，主要用于乘骑、役用和肉用。此外，那些被种公马从群里赶出去的"光棍汉"（有种马也有骟马）又有十几种名称。当地哈萨克人有关公马和骟马的词语达几十种，我搜集了其中一部分（见表 3-2）。

表 3-2　按种公马和骟马分类的马的词语

哈萨克语名称	汉语名称或语意	哈萨克语名称	汉语名称或语意
Yorkyok	公马驹	Denyon	4 岁骟马（冬天称呼）

---

① 卡哈尔曼·穆汗：《哈萨克历史文化中马的形象》，《西域研究》1998 年第 2 期，第 84 页。

续表

哈萨克语名称	汉语名称或语意	哈萨克语名称	汉语名称或语意
Yorkyok jabake	1岁种马	Peashipyo	4岁骟马（春秋称呼）
Yorkyok tay	2岁种马	Besty art	5岁骟马
Serwrik	3~4岁的种马	Kur art	备用骟马
Defnen ayker	4岁种马	Saka art	11~12岁的骟马
Besty ayker	5岁种马	Keri art	老骟马
Arzban ayker	去势的6岁种马	Jase toktakan art	12~13岁的骟马

哈萨克人对马的毛色分类更加精细，与其有关的词语就达350种之多，其中枣骝类有23种，棕黄色22种，黑马32种，黄色28种，灰白色15种。[①] 有关马的毛色以红色、褐色、黄色为基调，这主要取决于干旱区的气候特点，以此为基础又分类出多达几百种名称的马。我在当地见到绝大多数马的颜色都是深黄色、浅黄色或枣红色。本书只列举了很少一部分马的颜色，因为还有很多颜色在汉语中无法找到一一对应的词语（见表3-3）。

表3-3 按颜色分类的马的词语

哈萨克语名称	汉语名称或语意	哈萨克语名称	汉语名称或语意
Zhiyeren	赤色马	Buwrerl	红沙马
Zhiyeryon	枣红色马	Shepen	紫红马
Kyreing	栗色马	Ker	浅栗色马
Zhijren tfebel at	栗色玉顶马	Kala ala	杂色海骝
Kerzerl tora	枣骝	Kapakerfek	黑枣骝
Kaska	仙脸马	Kala kaska	仙脸海骝
Topei tfeber	红仙脸	Kala taska	黑仙脸
Kfek kaska	青仙脸	Shipen kaska	红仙脸
Sarer	黄骠马	Kula	棕黄色马
Sarer bawer	黄腹马	Kyori	橘黄色马
Arypen	棕色马	Akhtan kyori	淡黄色马
Kfek	青马	Khula kyori	深黄色马

---

① 卡哈尔曼·穆汗：《哈萨克历史文化中马的形象》，《西域研究》1998年第2期，第83页。

续表

哈萨克语名称	汉语名称或语意	哈萨克语名称	汉语名称或语意
Kefek ala	喜鹊青马	Khara kyori	淡黑色马
Teingbil kefek	沙青马	Akh buwrerl	菊花青马
Akh	白马	Khonger	黑褐色马
Shiwap	花斑马	Weyar	紫色马
Kappa ala	黑花马	Khara	黑色马
Ala	花马	Kapawaskoyo	黑头马
Capei ala	黄花马	Kiwakan	黑灰色马
Kep	红花马	Buwrel	青棕色马
Kuryong	棕褐色马	Sure	灰色马
Akh bakhay	白蹄马	Wafeptes	深灰色马
Khaska	额头白斑条马	Keilan	远处看不清的马

资料来源：曹红琴：《汉哈马文化之比较》，《新疆师范大学学报》2005年第2期，第19页。

哈萨克语言中还有很多描述马的行为、性格、生理、体能等方面的词语。如仅用于说明马走和跑的姿势特征的词就有30种。如果把用于马的有关性别、年龄、体形、禀性等方面和形象的词语加起来有600多个。[①] 这些分类精细的词语表明哈萨克人对马的习性了如指掌，同时也说明这些知识需要长期细微的观察才能获得（见表3-4）。

表3-4 表现马的行为、性格、生理、体能等方面的词语

哈萨克语名称	汉语名称或语意	哈萨克语名称	汉语名称或语意
Awrik	未入群的儿马	Law	驿马
Sawern bijie	出奶的母马	Zhabe	劣种马
Tuwu bijie	不生育的骒马	Takher at	短毛马
Karabajer zherlkha	杂交马	Elpek at	驯顺快捷的马
Zhelisty	颠马	Kajeka bel at	腰向下弓的马
Arkermakh	良种马	Alemer zor at	身大善行的马
Sartaban at	骑熟了的马	Kater ajaingshel	善于疾行的马
Mes at	肚腹肥大的马	Ajaingshel	善走的马

[①] 卡哈尔曼·穆汗：《哈萨克历史文化中马的形象》，《西域研究》1998年第2期，第84页。

续表

哈萨克语名称	汉语名称或语意	哈萨克语名称	汉语名称或语意
Tebegen at	爱踢人的马	Aren bar at	有冲劲的马
Arkhaler zhelker	能负重的马	Zhajedak at	光背马
Bir ishek at	细肚马	Shalemder at	追风快马
Kerbewshel at	喜欢人立的马	Sainglak	跑得快的马
Kershaingker at	癫马	Befkterinshekti at	驮了东西的马
Satrap	驯养后腰身变细的马	Alepkhashka	劣性的马
Khoskar	牵着的马	Shaban	慢腾腾走路的马
Shandoz	赛马中获胜的马	Sozemder	善跑远路的马
Yerkek	易惊的马	Jrlgis	快颠马
Khajkaing	腰向下弓的马	Khajkaingdau	腰略向下弓的马
Shuwo asawo	未驯过的马	Jetekshil	习惯被人牵着的马
Arernder	烈性马	Arenshel	难于驾驭的马
Ajaingdaw	马慢步走	Bulangdaw	马碎步跑
Kijting	马的碎步	Kisinew	马嘶
Deyersil	马蹄声	Arkeraw	马高声嘶鸣

资料来源：陈晓云《哈萨克语与马有关的词汇研究》，《满语研究》1996 年第 2 期，第 64~65 页。

哈萨克牧民除了对马的精细的分类外，其他有关牛、羊、驼的分类知识也同样非常丰富。精细的牲畜分类知识，不仅反映了哈萨克人对牲畜的认识深度，也表明这些分类知识与他们的生活密切相关。

此外，哈萨克人根据牲畜的分类知识还实现了对自身地位或身份的确立。例如：哈萨克社会白色的骆驼只有社会地位较高的氏族头人才有权力宰；宰后牲畜的肉，不同部位代表着不同的级别。例如：羊头与肩胛骨、胸椎、前排骨、后肢任一骨，再加上肠、肚、蹄子要招待高贵的头人、客人或老人；前小腿、胸椎和排骨之类，只招待比主人年龄小的贵客；肱骨不能上桌，一般给佣人吃。家畜身体内几乎每一根骨头都蕴含着不同的象征意义。[①] 同时有关马的行动、性格等方面的词语也常常借用来形容一个人，如哈萨克谚语有"坏同伴不如一匹好马""好马出自马驹，英雄出自少年""打马的人将失去朋友"等。

[①] 齐那尔·阿不都沙力克：《哈萨克族食肉文化及其象征意义》，硕士学位论文，新疆师范大学，2011 年。

可见，牲畜多样性的分类知识已经成为游牧文化里重要的一部分，也是哈萨克人的价值体现。

随着社会发展，有些词语在现实生活中已经逐渐失去载体，只有老人们还记得。语言是文化的载体，哈萨克人有关牲畜的丰富词汇，是游牧文化延续至今的基础。克马加在研究北极萨阿米人时也发现，由于萨阿米文化传承了人们与极地环境长期保持的一种亲密的关系，在萨阿米语言中对驯鹿、雪和冰有丰富的术语，关于驯鹿的术语有1000多种，还有大约1000多个有关雪、冰、冰冻和融化的词素。[①] 哈萨克游牧民有关牲畜的分类名称更为丰富，但目前还没有一个系统的研究，其数量也没有一个确切统计。这些有关牲畜的分类知识是哈萨克人在世世代代的观察、实践和不断累积中形成的，都是游牧生态-环境知识的一部分。

（二）动植物知识的利用

哈萨克牧民丰富的牲畜分类知识，间接反映出他们对植物的认识程度。因为牧民依靠家畜生存，家畜以各类牧草（植物）为食，因此他们所掌握的植物知识来源于精细的牲畜分类知识。或者说，对植物的分类知识是建立在牲畜分类基础上的。在实践中，他们又将这些动植物知识有效地利用到生活和生产当中。

我以哈萨克牧民识别"有毒植物"方面的知识为例。对自然灾害造成的牲畜死亡牧民有时无法避免，但他们一旦掌握了识别有毒植物的知识，就可以避免牲畜因误食它们而死亡的事件发生。在牧区，经验知识丰富的牧人都知道哪些植物有毒、毒性含量的大小、分布区域以及季节放牧时的注意事项。

当地牧民把这种有毒的植物都称为毒草。他们认为主要有两种毒草："黑毒草"和"白毒草"。他们描述白毒草，"长得像玉米，很高，毒性较小"。我推测牧民所说的白毒草有可能是北乌头。这种植物一般高80~150厘米，茎部顶端呈圆锥形，与牧民描述的似玉米状刚好符合。当地兽医讲，这种白毒草的毒性主要集中在根部，种子次之，叶子的毒性最弱。牧民也认为白毒草的毒性小。这种毒性不大的白毒草，孩子们经常玩耍时拿着这种草籽贴在额头上，然后使劲一拍，会发出"啪啪"的声音。喀拉布勒根乡的兽医说，家畜误食白毒草后，一般是食欲不振、呕吐、疝痛、麻痹，重者会导致死亡。另外一种是黑毒草，

---

① 奥勒·亨里·克马加：《萨阿米语中对驯鹿、雪和冰的不同表述》，项龙译，《国际社会科学杂志》（中文版）2007年第1期，第28页。

牧民认为它的毒性最大。据说以前哈萨克战士把黑毒草的毒液涂抹在箭上，射杀敌人。我认为，牧民所说的黑毒草在植物学上称为毒芹，又叫走马芹。全株都含有强烈毒液，尤其在春季根茎的毒性最强。① 中毒家畜发病的时间非常短，往往等牧民发现后为时已晚。

这两种毒草一般都生长在阴凉的地方，且抗旱性较强。雨水多的季节，牧草丰盛，牲畜一般不会采食有毒植物，中毒的情况较少发生。牲畜中毒情况一般都发生在干旱年份。由于牧草短缺，牲畜不得不采食有毒植物，因此中毒的牲畜较多。2008年，整个阿勒泰地区遭遇春夏连旱。截至当年8月，吐尔洪乡因误食毒草死亡了37头牛、9只羊。牧民认为，本地牲畜都有识别毒草的能力。毒草都有刺激性气味或苦味，长期游牧于一个地方的牲畜一般都不会采食毒草。外地引入的牲畜，误食毒草导致死亡和得病的情况较多。一旦牲畜吃了毒草，基本没有治疗的方法。因为中毒前没有什么特别明显症状（见个案3-1），因此只有掌握了有毒植物的各种情况，才能做到提前预防。

> 现在有两种毒草。一种毒性较小，长得像玉米，很高；另一种毒性较大。今年的毒草，长得像向日葵一样高，像鸭子头。因为，它开的花，用手一压可以发出声音。毒草一般生长在阴凉的地方。往年草多的时候，牲畜是不吃的。还有外地来的牲畜，死亡和病的较多。当地的牲畜能够认出这种草，一般不会吃的。一旦牲畜吃了毒草，没有治疗的方法。因为中毒前没有什么症状，死得很快。牧民也看不出哪只牲畜中毒了，只有死前才知道。一般是牛中毒的较多。因为牛喜欢吃高一点的草。
>
> 个案3-1：达巴提，38岁，哈拉哈斯部落，喀拉布勒根乡，2008年8月25日。

牧民还知道不同季节，毒草的毒性有强弱之别。如白毒草因季节不同，毒性也不一样。春季幼苗刚长出来时，还有秋季种子成熟时，毒性最小。此时，如果牲畜采食一般也不会导致死亡。开花期是毒性最强烈的时候，但还有些毒草初春时的毒性最大。由于家畜刚刚从冬牧场转入春季牧场，都在追赶刚刚萌发的青草，且特别贪食，加上体质瘦弱，抵抗力较差，此时最容易中毒。从牧民对毒草的认识中，我们发现他们对有毒植物知识的掌握与在现代科学技术和

---

① 北京农业大学主编《草地学》，中国农业出版社，1982，第92页。

实验基础之上所获得的知识几乎是一致的。

此外，牧民还知道不同牲畜所喜爱的牧草以及各种牧草的不同特点。他们通过观察牲畜所采食植物的气味、形态、硬度、粗糙度、颗粒的大小及水分等特点，可获知各类牲畜的牧草嗜好或适口性程度，从而在转场过程中安排各类牲畜不同的迁徙次序，以达到有效利用牧草资源的目的。

老人们讲，各类牲畜的采食都具有选择性，都有各自喜爱的草种。山羊喜欢吃嫩枝和苦味植物。骆驼喜欢吃含盐量高的碱性植物。在准噶尔盆地的荒漠草原上，有很多野草坚硬而耐旱，虽然不适合牛，但它们是骆驼的食物。尤其是新生梭梭柴枝条的末梢是骆驼最爱吃的。牧民一般会把骆驼赶到有梭梭柴的地方放牧。2008年8月24日，我在乌伦古河牧民定居点见到了杜热乡70岁的哈布汗老人。他出生在一个毛拉（伊斯兰教人士）世家。他从1969年开始从事兽医，到1999年才退休。老人讲：

> 以前，草原上流行的几种传染病没有了，但小病、新病不断。肺方面的疾病多了。旱灾出现的毒草比较多。牲畜吃了后拉肚子的现象经常出现。现在，牲畜主要吃的草的种类变少了。骆驼喜欢吃"毕油菜龙"、"阿拉宝塔"及"考克包克"；牛不喜欢吃特别短的草，喜欢吃河谷里的草；马喜欢吃"朱根"、"比孜恩"、"查尔汗"及"冬包"；山羊和绵羊的口比较粗，基本不选择，只要有草就吃。

有的地方虽然牧草茂盛，但不一定对羊群适宜。当地有一种白草，它的草籽是带刺的，很容易钻进羊毛，刺入羊身。这样的地方很适合马群放牧。山羊和绵羊对草的种类基本不选择，可食的草种类很多，用牧民的话说是"羊口粗，马口细"。因此在干旱条件下，游牧民经过长期实践最终选择了骆驼、绵羊和山羊这类需水量少而又能够以干旱地带特有植物为食的畜种。所以游牧的哈萨克人对植物知识同样非常丰富。

在五种牲畜中，马采食比较挑剔，一般只吃最新鲜的草，即草的最顶端和草籽，因此要把马赶到草比较高以及其他牲畜没有踩踏过的地方放牧；牛用舌头卷着吃草，草太矮的地方，牛舌头卷不到草，无法采食；羊的牙齿锐利，可以吃到草根，所以只要是羊群踩踏过的地方，就不能再放牧其他牲畜。放牧过马的地方，可以再放牧羊群。针对牲畜的这种特点，在牧草资源紧张的情况下，同一块牧场会先放牧马群，然后是牛群，最后才是羊群。

牧民对牲畜和牧草知识的认识类似于生态学里的"生态位"① 概念。生态位（niche）最早是生态学中的一个概念，但现在已被广泛应用到很多领域。生态学上，两种或几种生物在资源紧缺的情况下，其生态位的重叠就意味着竞争。游牧民为了规避各类牲畜之间的竞争，利用自己掌握的动植物知识，会根据不同牲畜采食喜好、植物分布、植物生长周期等特点来安排放牧。游牧知识经验丰富的牧人以此为基础可以为牲畜寻找到最适合采食的地方。可见，哈萨克游牧民对动植物知识的掌握离不开牲畜和牧草。在长期实践基础上，二者知识的认识是交互生长的。离开任何一方，这种动植物知识都将不存在。

二 动植物的药用知识

（一）药用知识的应用

哈萨克民间医药知识是其长期与自然环境互动的过程中，通过对各种植物、动物，甚至包括一些矿物进行反复实践，在此基础上观察和总结出它们的药用价值，并逐渐应用到日常生产生活当中。这些医药知识有很大一部分是与家畜最密切的牧草（植物）有关。所以，民间医药知识的产生与游牧民对牧草（植物）、家畜及各类野生动物的认识密切相关。

我从哈萨克牧民那里搜集到很多利用各种植物给人或家畜治疗疾病的案例。给我提供这些案例的人有牧民、兽医、民间医生（赤脚医生）及基层干部，甚至包括一些本地汉人。这里牧民经常会使用一些植物来医治草原上的常见病，这几乎是当地人人皆知的常识。所以在牧民的毡房里，你可以发现他们储备有常用的中草药。

哈萨克牧民对植物药用性能的了解应该最开始受益于有毒植物。当地的黑毒草用于人时可以治疗结核病及牙痛，用于动物时可以起到驱虫作用。另一种白毒草一般具有杀虫作用，如夏季牲畜，尤其羊身上某部位因受伤生蛆时，把这种白毒草的种子取出来，晒干后磨成粉末，然后洒在生蛆的地方，很快就能杀死它们。只有在对植物的各种生物特性特别了解的基础上，才有可能把对家畜有毒的植物转化为一种药用植物。有经验的牧民还能够精确地控制有毒植物的用量，来给人畜治病。

---

① 著名生态学家奥德姆（E. P. Odum）对生态位定义是：一个生物在群落和生态系统中的位置和状况，而这种位置和状况则取决于该生物的形态适应、生理反应和特有的行为（包括本能行为和学习行为）。参见尚玉昌《生态学概论》，北京大学出版社，2003，第174~175页。

2009年3月20日，下着小雪，风很大。我拜访了吐尔洪乡阔斯阿热勒村的堆山兽医（1958年出生）。他自1976年开始在牧业5队从事兽医工作，至今已32年。他告诉我，20世纪80年代中后期之前，基本没有什么现代药品。家畜生病时用得最多的还是当地的中草药。那时交通不方便，各种生活物资都很匮乏，药品更是奇缺。堆山给我介绍了一些他常用的中草药及治疗方法：

肉苁蓉（又称大芸）是他常用的一种植物（生长于沙漠边缘，一般寄生在梭梭柴下面，见图3-1）。他主要用肉苁蓉来治疗小骆驼的拉肚子。此外，肉苁蓉还具有补肾、壮阳、润肠、通便、利尿等功能。因此从20世纪80年代中后期起，很多来自全国各地的人到这偷挖肉苁蓉。准噶尔盆地戈壁上有很多红柳，它的根也可以作药用。一般是把它的根熬成汤药，主要给羊治病。

图3-1 准噶尔荒漠草原上的肉苁蓉（大芸）

至于夏牧场的雪莲（高山牧场的雪莲，哈萨克语称"霍加切普"，其药用价值很高），它一般用于治疗母畜在生产后胎盘不能顺利流出的情况，母畜吃了雪莲后胎盘能够很快流出来。夏牧场还有一种叫"萨拉豪石"的草，用它的草根可以治疗牲畜的咳嗽以及肺病，人也可以使用。夏牧场还有一种叫"布鲁快克"的树，它的果实呈一颗颗圆形的豆子状，服用这种果实熬成的汤，对人的肝病有好处。得了肝病的人眼睛发黄，吃了这种药，一个月就可以康复。服用时很简单，就像泡茶一样，把它放在水里烧开后就可以喝。

2009年5月1日那天，我来到离富蕴县城150千米的萨尔托海。这里曾经是哈萨克莫勒合部落冬季的定居点。至今这里的牧民绝大部分还是莫勒合部落的。我见了这个部落里年龄最长的一位老人——恰力甫汗老人①。他父亲在清末民初时曾担任过赞格（官职）。他讲，过去他们经常使用"萨拉纳"和"别也克"这两种草药，给人治疗头痛和肺炎。那些贫穷的人把这两种植物拿回来晒干，碾碎制成干，其中有一种像葡萄一样（当地人称黑加仑），以前每到夏末，他们一桶一桶地捡回来，或做成酱或晾干。这种植物的果实可以治疗高血压、胃病，以及关节痛。当时的牲畜也很少生病，即使得病了，牧民用一些土方就可以治好，如用盐水、黑土肥皂等给羊治病。

黑土肥皂②是当地牧民普遍使用的一种自制的生活和医用两用品，也是一种民间世代相传的技术知识。它不仅能给牲畜治病，而且是牧民生活中重要的医药卫生用品。牧民用它来洗衣服、毛巾，清洗脸、手脚以及身体各部分。它的药用价值在于可以治愈红疹、还可消除脚气、狐臭和因感染霉菌而引起的皮肤病，如手癣、牛皮癣等。我住在牧民家里时，也用它来洗衣服。不过洗完之后，有股浓浓的羊肉味道。因为黑土肥皂的主要原料是梭梭（荒漠植物，见图3-2）和羊油。准噶尔荒漠草原生长着大量的梭梭，牧民把梭梭柴烧成炭灰，放入铁锅内加热后，再加入一定比例的羊油，用扁形木质板搅拌均匀后，黑土肥皂即可制作完成。很多哈萨克家庭都会制作这种黑土肥皂。但随着商品经济的快速发展，外来商品越来越丰富。农区的哈萨克人已基本不使用，只有部分牧民仍然在使用黑土肥皂。

牧民不仅用植物给人畜治病，还利用它们进行疾病预防。牧民的毡房里，随时都存放着一些植物，如侧柏、麻黄、艾叶、薄荷等芳香植物，主要用它们来熏烟、蒸汁洒屋、洗浴，目的是清洁空气、消毒杀菌、洁身防病等。例如，每个哈萨克族婴儿出生一周或满月时，牧民都会为孩子举行一个摇篮礼仪式。牧民把侧柏枝点着，然后放到摇篮里，用烟熏来给摇篮进行消毒。

---

① 恰力甫汗，男，1920年出生，莫勒合部落，富蕴福尔托海，2009年5月1日。老人身体不是很好，因此只访谈了40分钟。
② 黑土肥皂就是哈萨克人的手工皂，和现在市场上流行的手工皂的制作原理是一样的。

图 3-2　准噶尔盆地荒漠草原上的梭梭

除了掌握很多植物的药用特性外，牧民对牲畜和野生动物的药用特性也了解很多。牧民认为，羊全身都是宝，每部分都有各自的功能。首先，经常吃羊肉就有强身健体壮阳的作用；其次，羊尾巴油可以治疗感冒和咳嗽。富蕴处于高寒地区，感冒是一种常见病。为了预防感冒，牧民煮肉时都会放羊尾巴油，这已经成为当地的一种礼俗。尤其是在冬天，出去放牧的牧民都要先吃一块羊尾巴油才会出门。此外，羊皮可以治疗风湿病，羊肚子可以治疗因风湿而造成的肠胃病和女性病，甚至羊骨头、羊肺及羊毛都可以治疗一些疾病。牧民还用自己制作的马奶酒治疗肺结核、气管炎、消化不良等疾病。

对野生动物的药用特性利用，除了给人治病外，牧民还利用它给牲畜治病。而狼常常被牧民利用来给羊治病。在农耕社会里狼一向被赋予一个负面形象，但在哈萨克族社会它们并不是负面形象。在哈萨克族游牧社会狼与其他野生动物是一样的。狼虽然是牲畜的天敌，但牧民对狼并不是特别憎恨，这到底是为什么？我们来听听地方民间医生的回答。喀拉布勒根乡吉别特牧业村的马凯布①医生在整个县里都小有名气。他主要以哈萨克族民间医药为基础，自己上山采药，制作草药。牧民讲，很多在大医院看不好的病，最后在他那里治好

---

① 马凯布，男，1956 年出生，哈拉哈斯部落，喀拉布勒根乡民间医生，2009 年 2 月 28 日。

了。对此，我认为关键是他非常了解牧民生理特点、生计方式、饮食习惯等，真正能做到对症下药。他说：

> 狼对于牲畜（羊）的健康是非常重要的。狼牙齿上有12种疫苗，这些疫苗主要用于治疗羊的各种疾病。古时候，羊群如果有疫情，牧民会把部分羊赶到野外，让狼咬伤后，再把这些被狼咬伤的羊赶回羊群中。这就相当于给羊群打了疫苗，阻止疫情传播，预防疫情扩大。过去，牧民一旦发现羊圈或羊群里有个别羊生病，如果此时刚好有狼闯入了羊圈，牧主人也不会立刻去打狼，等狼咬伤了几只羊后才会把它驱赶走。羊群里原来的疾病也会随狼而去。

除狼以外，还有獾，牧民认为獾的油能治疗很多病，对慢性阑尾炎、关节炎、胃胀、咳嗽等病都有效果。獾的肉及肠子都是好东西。如果有牧民家抓到一只獾，周围的人知道后都会去要一点肉或肠子，哪怕只是喝一勺子肉汤就很知足。退休兽医张方美告诉我，牧民在夏牧场经常采集一种蝙蝠的粪便，把它碾碎后泡在水里喝，可以治疗咳嗽。吐尔洪乡阔斯阿热勒村的堆山兽医还提到，在缺医少药的时候，他们经常用戈壁里的一种红土，哈萨克语叫"克孜莱陶普拉赫"，把它取回来后与水混合，给小羊羔服下，可以预防羊羔拉肚子。

20世纪50年代中期之前，富蕴有很多"巴克斯"（相当于萨满）。他们也主要利用各种动植物来给牧民治病。喀凯姆老人（1925年出生）讲，过去没有医生，牧民只有依靠巴克斯来给他们治病。巴克斯一般骑着一匹白色的马，既给牧民把脉，又要举行跳神仪式。近年来，阿勒泰地区的巴克斯逐渐多了起来，一些贫困牧民因付不起高昂的医药费又开始找巴克斯给他们治病。不管怎么讲，巴克斯是依靠掌握的动植物知识来给牧民治病的。

（二）药用知识的来源

为了更深入地了解哈萨克民间的动植物药物知识，2009年6月，我专程去阿勒泰市拜访了哈萨克医药研究所的海拉提研究员[①]。当时，他很高兴有人对哈萨克民族的传统医药感兴趣，所以向我详细介绍了哈萨克族医药知识形成的过程及产生的根源，并给我提供了他的研究资料：

---

① 海拉提·哈力毛拉，男，1960年出生，哈萨克医药研究所所长，在他办公室访谈，2009年6月15日。

哈萨克历史上有一位非常著名的医学家,叫乌太波依达克·特烈吾哈布勒。他1388年生于一个医学世家,从小随父学医,巡游四处。此后致力于医学研究,亲自做药物实验,多次中毒,还通过无数次的动物实验、尸体解剖,阐明了人体的生理、病理、解剖名称及心脑的生理功能和相互间的关系,发现了牛痘接种可以预防天花等。1466年,他被哈萨克汗国国王艾孜加尼别克所器重。国王命令其撰写医学书籍。他受令后,对自己一生收集的素材进行了精心筛选,将医技与医学理论结合在一起。于1473年完成《哈萨克医药志》的初稿。

这部巨著是乌太波依达克在研究15世纪的中亚医学发展时,总结了以往医学经典,结合了当时哈萨克人信奉的天、地、日、月、水、火六大物质,逐步发现和摸索出了自然界与人类是由天元、地元、寒元、热元、明元、暗元为主的六大源渊构成的观点——六元学说。他运用六元学说来解释人体的生理现象、病理变化,并认识到在疾病的诊断、鉴别诊断、预防、治疗、护理、养生等方面均与自然界中的气候变化、季节变迁、时辰转换、十二属相所属、居住地域环境、社会环境等之间存在的相互协调、相互关联(联络)、相互衔接、相互尊崇、相互转化(依存)的和谐同步的密切关系,体现了"天地人相应"的生态整体观念。

在药物学方面,这本书中记载了728种植物类药材,318种动物类药材,62种矿物类药材,合计1108种药物的属性功能及4577张处方,详细地记载了药物的识别、采集、储藏的方法,加工炮制及药性、性味、用途和方剂学的内容,并运用哈萨克族医药学理论将药物的生长特性、药性、药味、作用与季节变迁、气候变化、时辰转换、地域及生长环境联系起来……

从上述资料中我们发现,哈萨克人有关动植物的药用知识主要来源于游牧的草原环境。在1108种药物中,植物类药材占了所有药材数量的绝大多数,这也说明哈萨克族丰富的植物分类知识。这本医药著作先后被后代抄写了七遍。这个医学世家传承这本医学著作的习惯比较独特,后人抄写完之后,一定要把原来的那一本焚烧掉。因此每一代也只有唯一的一本。"文化大革命"时,手稿遭到抢劫,仅留下很不完整的一部分。海拉提讲,现在持有这本医学著作手抄本部分内容的老人居住在阿勒泰地区布尔津县。海拉提曾多次拜访过他,希望老人能凭借记忆以及从医经验,逐渐恢复那些被毁坏部分的医学知识。但老人似乎还没有走出"文化大革命"的阴影。

总之,哈萨克的动植物医药知识来源于四个要素:游牧民、家畜、牧草及生态环境。海拉提在研究哈萨克传统医学的过程中,也发现自然环境、生计模式及物候等因素是哈萨克医学理论产生的重要原因。过去一些民间医生根据孩子出生时太阳、月亮或星星的位置,可以预知孩子将来抵抗疾病能力的强弱。在近年的研究中,他还关注到居住空间与疾病的关系,通过对牧民定居后生计方式、居住空间(圆形毡房变成了方形的房屋)、居住格局(活动范围缩小行走距离缩短)等变化的研究后认为,以前很少见的一些疾病,如今在牧民中的比例有所增加。这恰好印证了哈萨克民间医药理论体系中,疾病与自然界中的气候变化、季节变迁、时辰转换、十二属相所属、居住地域环境、社会环境等都有一定联系。

第二节 气象物候知识

草原上气候是影响游牧业及牧民生活的重要因素之一。突变的天气变化往往会对牧业生产造成很大破坏,因此了解季内未来一段时间或来年气候情况,对游牧生产来说尤为重要。只有对天气做出尽量准确的预测,才能减少未来牧业上的损失。在广漠无际的草原上,牧民往往最关注的也是天气情况。现代社会我们可以通过先进的技术设备来预报天气。但在此之前,游牧民往往都是依靠长期对自然现象(包括风霜、雨雪、寒暑变化和动植物生长周期等)的观察、实践、积累,并总结出游牧生产的节气规律及一些民间天象及物候学知识,以此对近期或未来一年的天气进行预测,从而指导牧业生产。

在牧区流传着很多有关预测天气的故事。孜亚老人①给我讲了从他父亲那里听到的一件事。那是1934年到1935年的冬天,他家大概有300多只羊,骆驼和马共有15匹(峰)。他们来到位于富蕴县往南方向的准噶尔盆地的冬牧场,准备在那里找个野草丰富的地方过冬。于是他们最后到达现在216国道400千米处,发现那里的草长得密密麻麻,就搭建起了毡房。有一天来了一个赶着一群50多只羊的蒙古族牧羊人,于是他们准备联合起来放牧。有一天,蒙古族牧羊人发现,虽然那里野草丰盛,但是羊群连续三天都没怎么吃饱。他

---

① 孜亚,男,1924年出生,萨尔巴斯部落,吐尔洪乡阔斯阿热勒村牧。从2006年起我就多次去老人家里访谈。他是当地有名的驯鹰老人,其猎鹰的画面曾经出现在《美丽中国》的纪录片里。

们很好奇,野草这么丰富却吃不饱,到底怎么回事呢?孜亚老人的爸爸心里不安,根据他的放牧经验,他预测这个冬天可能会遭遇雪灾。

因为一旦要发生什么异常的大自然现象,动物是最先察觉的。而哈萨克牧羊人一般根据牲畜、水草及其他生物的异常变化来判断天气情况,如观察草的长势、大雁飞的时间、燕子飞得高低、小鸟窝的位置、羊的发情时间等来猜测未来的天气变化,并得出结论。这次孜亚的父亲也有所察觉,最终决定搬迁到一个更适合过冬的地方。于是他们搬到了五彩湾,那里地理位置好,虽然雪下得厚一些,但是很避风,后来安安全全地过了冬。对牧民来讲,冬天天气降温、降雪量大都没什么大碍,最可怕的是强风。在那个冬天,去了五彩湾过冬的牧人和羊群都比较安全,而其他没有搬走的牧羊人家损失惨重,羊群和马都大量死亡。

所以过去几乎每个大氏族内都有几个以准确预测天气而出名的老人。掌握这项知识的很多就是氏族首领本人。他们能凭借世代积累的经验,依据在特定季节、区域、植物的生长情况,预知来年天气变化情况。分属不同部落或氏族的老人还有自己独特的预测天气的方法。有的根据牲畜和野生动物的异常行为变化来判断,有的根据月亮、云彩以及风的变化来预测天气。以此为依据,哈萨克牧民规避了一些自然灾害。这种预测天气的知识一般是家族继承,代代传承积累而成。至今在转场前仍然有牧民去询问这些老人。我根据田野中的资料对这方面的知识进行了简单的分类和梳理。

一 观动物异常行为预测天气[①]

有经验的牧民可以根据动物,主要是家畜的异常行为来预测天气。常年游牧于草原上的牲畜,对自然的变化具有比人类更强的敏感性,对即将发生的天气变化,会做出本能的"应激性"[②]反应,并以异常的行为表现出来,提醒着牧民。有经验的牧民会及时捕捉到这些细微变化,获得来自牲畜提醒的讯息,从而可以提前做些预防准备工作。

---

① 陈祥军:《从生态人类学视角研究本土知识:以新疆哈萨克族气象预测知识为例》,《新疆大学学报》2012年第1期,第1~5页。
② 应激性是指一切生物对外界各种刺激(如光、温度、声音、食物、化学物质、机械运动、地心引力等)所发生的反应。应激性是生物对外界的刺激做出的反应,是生物的基本特征之一。应激性是一种动态反应,在比较短的时间内完成,其结果是使生物适应环境。

（一）羊群不进圈，冬天降大雪

老人们讲，母羊使劲地晃动耳朵，并在羊群中引起连锁反应，其他羊也开始晃动耳朵，这预示着天气即将发生变化。在冬天，如果母羊之间用角顶架，预示将要刮风下雪。山羊经常摇头也不吃草，且4只蹄子焦躁不安地乱动，说明要变天。春天快到时，羊要打喷嚏，而且很难打出来，预示着天气将特别暖和。秋季如果羊群经常乱跑，不进羊圈，预示冬天的雪会很厚。如果牲畜没有精气神，而且比较瘦弱，预示这个冬天有雪灾，因此牧民在秋季时就会把年老体弱的羊宰了，把强壮的留下。

牧民还把公山羊拴起来，第二天起来查看它的反应。如果它很活泼，预示冬天不会有灾害，如果它受冻了，冬天将会有大的暴风雪。早晨起来时，牧民还可以通过观察绵羊的睡姿判断冬天的情况。如果绵羊舒展四肢（面积大）睡觉，意味着冬天没有特别大的暴风雪；绵羊要是缩成一团睡觉（面积小），意味着冬天有很大的暴风雪。

除了观察羊的异常行为外，有经验的牧民还可以根据被宰羊的内脏来预测天气。包汗老人[①]告诉我，秋天宰羊时，会发现羊的肚皮内侧有一个小槽（凹陷的地方）。如果这个小槽的颜色变黑，说明这个冬天没有大雪，而且雪下得较晚。这是他自己长期积累后总结的经验。后来，我又问吐尔洪乡的一个兽医，他说很多人都知道这种预测天气的方法，因为这个知识已经被牧民验证了很多次，而且都是正确的。

（二）夏天马群不胖，冬天放牧难熬

有些哈萨克老人还可以从马的一些行为变化预测天气。例如，马群开始甩尾巴，而且甩得非常整齐，说明要刮大风；马用鼻子吸气，且发出响声，预示积雪即将融化，春天即将来临；马用鼻子喷出响声，肚子鼓起，预示将要刮大风。通过马吃草的方向就知道风的朝向，因为马一般是顺风吃草；马群躁动，且容易受惊，说明这个冬天很好过；马群一个夏天都吃不胖，预示着冬天不好过。

有经验的老人还可以辨别出马的不同声音，并可以根据不同的声音预知天气。在动物行为学上，经过现代科学研究后也确实发现，马有三种基本叫声：

---

① 包汗，男，1936年出生，吐尔洪乡阔斯阿热勒村，牧民，2006年11月14日。

嘶鸣、喉咙声和一种高音调的叫喊声。这三种叫声各自在强度和持续时间上都不一样，并且随着年龄、性别不同而异，尤其是受到的刺激不同，叫声也不同。此外，在这三种基本叫声的基础上，还演变出各种特定的叫声。[①] 可见，哈萨克族牧民对牲畜各种行为的细微变化已经观察得非常细致入微，所以才能得到动物所传达的信息。

（三）骆驼打喷嚏，冬天会很冷

骆驼群里会有一两个对自然天气变化比较敏感的骆驼。如果这个骆驼不断地打喷嚏，表明天气要变冷，秋天即将结束，冬天将要来临；骆驼喝完水之后，不停地甩鼻子，连续地打喷嚏，并发出响声，预示着冬天快要结束；牧人还可根据骆驼的睡姿来预测天气。骆驼早晨出去采食，晚上回来后，如果它头朝东卧下，说明这个冬天的风和雪都很大。

哈萨克族牧民主要依靠观察羊、马、骆驼的异常行为来预测天气。当地牧民认为，这三种牲畜对自然界细微变化的感知能力较强。当然也有一些有关牛的情况，如牛不好好吃草，还不停地摇头，说明冬天将会很冷。有时也表现为一种整体行为，如秋季各类牲畜都没有精神，而且比较瘦弱，表明这个冬天有雪灾。有好几个老人告诉我，在秋天宰牲畜时，还可以通过牲畜胆的变化来预测天气。如果胆是满满的，这个冬天不会有雪灾，如果胆不满或是扁的，这个冬天会很难熬。此外，动物的粪便有时也可以作为有经验的牧人预测天气的依据。以马为例，如果马粪一个一个呈现圆球状，预示今年冬天天气好；如果马粪是松散或稀糊状，预示冬天会有灾害。

（四）蚂蚁堆越高，冬天越漫长

除了以上家畜外，哈萨克牧民还根据身边一些野生动物或昆虫的异常行为预测天气。在夏牧场有一种黑松鼠，如果它的颜色比往年变得早，说明这个冬天的雪将会很厚。在阿尔泰山夏牧场，如果狼进羊圈的次数多了，预示着冬天会有灾害。

根据蚂蚁堆的变化预测天气的知识，在当地几乎每个牧民都知道。每年当牧民从夏牧场向秋季牧场转场时，都要仔细查看蚂蚁堆。牧民已经总结出：蚂蚁堆越高，冬季越漫长越冷，还预示来年雨水多，洪水大；蚂蚁堆越低或越

[①] 〔美〕A.F.弗雷泽：《家畜行为学》，上海科学技术文献出版社，1985，第125页。

小，冬天就越短，很快会熬过去，还预示来年是旱年。

根据蚂蚁堆的大小来预测天气是当地人人皆知的一个常识，就连生活在农业生产队的哈萨克人也知道。虽然他们已经从游牧民变为定居农民，但游牧生态-环境知识并没有立刻消失。很多原属同一个氏族的人，在"文革"以及后来的行政区划构建中被分散在农业队和牧业队中，但农牧业之间还存在着千丝万缕的血缘、姻亲关系，因此，游牧生态-环境知识仍然在当地哈萨克农民中传承。

牧民主要依靠家畜的某些异常行为，来预测有可能发生的天气变化。从动物行为学上来说，家畜之所以表现出异常行为，是由其体内的激素控制。激素是由特定的内分泌腺产生的具有信号功能的化学物质。家畜具有人类所不具备的感知自然界细微变化的本领。当家畜感知到这种来自外界的某种细微刺激时，首先影响到激素的化学反应，接着会把这种信息传递给神经系统，进而控制或影响动物的行为。[1] 同时个体还会把这些信息传递给其他的同伴，进而会产生一种群体行为。

二 看植物生长变化预测天气

对于哈萨克族牧民来说，植物具有与动物一样的生命，它们也能像动物那样以自身的细微变化向牧民传递一种信息。有经验的牧民同样可以捕捉到这些来自植物的信息。然后，利用已有的经验基础、自然规律及天象知识，对近期或来年的天气做出预测。

以前，有经验的牧民会在哈历（哈萨克历法）新年纳吾热孜节[2]这一天根据某种草的长势情况预测天气。纳吾热孜节在每年的3月21日，这一天白天和晚上时间等长，积雪也已融化殆尽。每个阿吾勒的头人家里都要宰羊，然后邀请亲友来一起吃饭，并派人去泉里提一桶水，举行努鲁孜节仪式。此时，老人们要观察一种草的长势，如果这种草长得不好，今年就有可能会出现干旱，牲畜会挨饿；如果这种草长得好，预示今年风调雨顺，牧草会长得

---

[1] 蒋志刚主编《动物行为原理与物种保护方法》，科学出版社，2004，第71~72页。
[2] 纳吾热孜节在哈历的1月21日，相当于公历3月21日，这一天昼夜一样长，哈萨克人把这一天作为春节，哈萨克人称纳吾热孜节。"纳吾热孜"是波斯语，意思是"新的一天"，当地哈萨克族牧民认为纳吾热孜还有"春风来了"的意思。因为，从这一天开始要迎接春天的到来。当地哈萨克人非常重视这个节日，远比伊斯兰宗教节日"肉孜节"要隆重得多。节日那天，就像在汉族地区一样，我跟随哈萨克朋友一家一家地去"拜年"。而且去每一家都要先喝一碗含有7种食材的"新年粥"。

很好。

富蕴吉别特村的牧民认为,图拉士巴依①老人预测的天气很准确。2008年8月19日,我去了他家里。幸亏来得及时,因为不久他全家可能都要搬迁去哈萨克斯坦。我们坐在他家的小毡房里听他讲:

准噶尔盆地的戈壁上有一种草,如果10月时这种草还特别绿,说明这个冬天不会有雪灾;还有一种生长在额尔齐斯河河谷里的草,哈萨克语叫"土布鲁勒河",10月时,这种草枯萎了,说明这个冬天将很难度过;秋天有一种叫"阿克森路"的草还再疯狂地生长,说明这个冬天的雪会很厚。"叶勒曼"和"阿克森路"是一样的,如果它们10月时还在疯狂生长,预示来年阿尔泰山上的雪会很厚。每年3月十几日和10月十几日都是算天气的好时间。有经验的老人会在这段时间,根据植物的生长情况来预知来年的天气情况。

有位退休老兽医告诉我,也可以通过观察秋天的树叶来预测冬天的天气情况。如果树上落下来的树叶是一片一片舒展开的,预示着冬天不是很冷,不会遭受大的灾害;落下来的树叶,如果是萎缩的,预示着冬天非常寒冷,将会很难度过。

因此,预测冬天的天气情况是哈萨克人游牧生产中重要的一个环节。每年夏季,阿吾勒巴斯(头人)都会派人去春秋牧场查看一种叫叶勒曼的草。如果它的高度接近1米,预示今年冬天的雪很厚;叶勒曼草要是生长得很矮,预示这个冬天没有雪;如果它的高度不高不矮,说明这个冬天的雪不大也不小。还有一种白头草,夏末秋初时牧民会去查看这种草的长势。现在,这种草几乎没有了,而原来以这种草命名的地名也没有了。每年夏末秋初时,头人会派人到准噶尔盆地冬牧场去查看白头草的长势。如果从远处看是一幅白色场景,因为大地都被白头草覆盖了,地面一片白色,预示着冬天的雪很大;如果红草多,从远处看地面都是红色,预示这个冬天的雪不是很大。这样既了解到冬牧场的草情,又大致预测到冬天的天气,牧民以此为基础可以提前安排来年的牧业生产。

新中国成立后,每年的夏末秋初专门有去查看草情的"探草人"。过去并

---

① 图拉士巴依,男,1942年出生,喀拉布勒根乡吉别特牧业村,2008年8月19日。

没有专门的"探草人",当牧民迁徙到夏牧场时,狩猎的人可以到冬窝子去打猎。游牧部落靠他们看到的情况获知冬窝子草的信息。然后那些经验丰富会算天气的老人依据他们获知的草情预测冬天的天气。

三 观日月风云变化预测天气

牧民除了根据动物行为、植物生长变化预测天气外,对一些自然现象,如风、云的知识也非常丰富。崔延虎[1]在阿勒泰地区哈萨克族牧民当中曾经搜集100多个与风有关的词语。有位政府工作人员的父亲曾经也是一位本土生态知识非常丰富的老人。他把云分成8类,然后根据时空变换预测天气情况。在富蕴政府部门工作的贾尔恒[2]回忆道:

> 老人们以前有很多这样的知识,他们认为太阳黯淡无光,会下大雪;月亮黯淡无光,天气晴朗;如果新月的月牙朝下,这个月天气晴朗;如果月牙朝上或斜躺着,这个月雨水多,还可能刮大风、下大雨;尤其是每月第一天的月亮形状,还有新旧月交替的那几天会下雨或下雪。因此,牧民一般不会选择在那几天搬家。

他还提到对于哈萨克人来说非常重要的一颗星星。根据他的描述,我又问了一些老人,并查阅文献,推测出应该是昴宿星团。因为,其位置移动与天气有很大关系。哈萨克人把昴宿星团称为"避难星"。根据哈萨克人长期观察的经验,昴宿与月亮运行在同一线上,当月的朔月天气会有变化,如刮风、下雨、降雪等;如果这一天没有刮风、下雨和降雪,那么当月就不会有大的气候变化。5月底6月初,见不到昴宿,哈萨克人认为昴宿落地了。昴宿落地40天,这段时间被称作夏季的三伏天。哈萨克人说,这40天是一年中最关键的时刻。昴宿落进水里,雨多;落在干燥地方,风多;落在石头山上,气候炎热。[3] 哈萨克牧民通过对昴宿星的观察,积累了一定的民间星象学的知识,再结合动植物的生长规律,从而形成了丰富的物候知识,这足以为传统牧区社会提供比较精确气象预测技术。

---

[1] 崔延虎,男,1950年出生,研究新疆牧区社会的专家,我的硕士生导师,在新疆调查期间,给予我很多帮助。我曾经多次去他办公室或家里访谈。
[2] 贾尔恒,男,1960年出生,富蕴县干部,2008年8月18日在他家里访谈。
[3] 《哈萨克族简史》编写组编《哈萨克族简史》,新疆人民出版社,1987,第241页。

关于云的知识，是我从塔海老人①那里了解到的。过去，有些阿吾勒老人可以在具体某个时间或日期观察天上云的变化情况，然后预测天气。塔海老人说：

> 他们一般是要观察3月12号的云，查看云的移动方向。如果云移向那里，夏季时，那里的雨就下得大，草也长得茂盛。如果那一天，天上没有云，天气就很难预测，可能未来的一年有旱灾。这种根据云预测天气的方式叫"萨乌尔瑞克"。

2009年6月11日，我来到阿勒泰地区行署所在地阿尔泰市。这里有很多来自其他各县的退休干部以及一些研究哈萨克文化的单位。当地哈萨克族牧民也认为，很多有知识的人大都集中在这里。我遇到林业局的一名干部，他父亲曾经号称是阿勒泰福海县的气象预报专家。公社化时期，县里负责牧业的干部在每年转场之前，都要前来咨询他近期或来年的天气情况，然后依次通知到各公社，以此为基础安排转场、配种、储备草量、秋末牲畜淘汰的数量等事宜。

喀拉布勒根乡的图拉士巴依老人，一般要在每年的4月中旬观察天气。如果那几天是刮风、下雪的天气，之后天气转晴，那么这一年的牧草一定长得好；如果那几天下雪，雪停之后的第二天云特别多，那么这个夏天雨水就非常丰富；如果那几天不下雪，也不刮风，而且天空也没有云，并持续40天，那么夏天的雨水会很少。老人还可以依据彩虹预测天气。在夏季高山牧场，如果白天有两道彩虹，可能要刮大风、下大雨。这时要赶快把羊群赶到安全的地方，照看好牲畜。

富蕴还流传着一个已故预测天气非常有名老人的真实故事。这件发生在20世纪60年末的真实故事，我后来从退休老兽医热马赞②那里得到了一个比较完整的叙述：

> 100多年前，这里（富蕴）有个会算天气的老人叫布鲁昆巴依。他的这种知识都是家族继承下来的。那时，这里所有阿吾勒的牧民在畜群转移时，都要去问询他，都听他的话。例如：什么时候迁移、还要停留几天等。他的儿子叫恰肯，后来也继承了这些算天气的知识。当地曾经有人以

---

① 塔海，男，1943年出生，吉别特村，哈拉哈斯部落，2008年8月21日在他家里访谈。
② 热马赞，男，1948年出生，退休兽医，2008年8月27日，在他家里。

他算的天气与国家预测的做了比较,结果非常准确。

1968年的初春,我陪同当时主管牧业的富蕴县县长,去杜热乡冬窝子查看牧民的搬迁情况。因为,那时刚刚开始从冬窝子向春季牧场转移。那天很冷,还刮着风,我们骑着马在戈壁上找了很久都没有看见一顶毡房。牧民几乎都已经搬迁走了,因为当时积雪基本上已经融化完了。后来发现,唯独有一户牧民还没有搬走。那个县长认识这户没有搬走的牧民。他就是恰肯,我们问他为什么没有搬走。他说明、后天要下大雪。那天我们就住在他的毡房里。第二天,果真下了大雪,雪一直下到膝盖。他家是下过大雪后,最后一个搬走的。县长告诉我,这位老人会看天象,能预测天气。

所以现在转场前,牧民仍然要带着礼物去询问当地预测天气特别准确的老人。现代天气预报虽然能预测未来几天或十几天的天气情况,但当地天象物候知识丰富的老人却可以预测来年或未来几年的天气情况。这些知识的获得除了观察动植物外,还需要长期总结牧业节气规律,代代积累。

四 据牧业节气规律预测天气

我有幸访谈了被当地公认的两位能准确预测天气的老人,其中,最为有名还是恰力甫老人[①]。2009年5月8日,那天还刮着大风。我来到老人家里,当时只有他一个人在。至今我对他的相貌记忆犹新,老人家看上去很是威严,身材高大,眉毛又浓又长。唯一感到遗憾的是,临走时忘记给他拍照,后来再去富蕴时老人已经去世。我原本还想去看看老人,还想请教他一些心中的疑惑。恰力甫老人过去是一名兽医,后来担任了县畜牧局局长一职直到退休。我想政府曾经任用他担任畜牧局长,也是看中了他丰富的气象预测知识。

他把自己预测天气的知识称为"气象算术"知识。在讲述"气象算术"知识之前,他首先告诉我,哈萨克人的季节划分时间与公历是不一样的。哈萨克人的春季从3月22日到6月22日;夏季从6月22日到9月22日(6月22日昼夜等长);秋季从9月22日到12月22日;冬季从12月22日到3月22

---

① 恰力甫,男,1927年出生,曾经主管畜牧的退休干部,哈拉哈斯部落,2009年5月8日,在他家里。

日。哈萨克人还有自己的节气知识——"阿茫勒"(armongler)①。"阿茫勒"就是"节气"的意思。哈萨克人把每年每个月中发生天气变化的时间都记录下来,经过长期摸索总结出每个月都有两个固定的节气(每月10号到15号,20号到25号),并给每个节气都起了名称。这样一年就有24个固定的节气或"阿茫勒"。恰力甫老人通过这些固定节气的天气变化情况来预测未来一段时间或来年天气。

访谈的那天刚好刮着大风,他说类似那天这样的刮风的天气,他都会记录下来。以90天为一个周期②,春秋交叉,冬夏交叉。春天90天中的每一天的天气,对应秋季90天里每一天的天气。即春秋90天里的每一天的天气一一对应,冬夏的90天也分别一一对应。利用春秋、冬夏的这种对应关系,如记录下春天第20天的天气情况,再记录下秋天第20天的天气情况。而且这种对应关系是一种冷热对换,每隔107天交换一次。

正当我听得津津有味的时候,恰力甫老人停了下来。太不凑巧,那天刚好是周五,很遗憾他只给我讲了24个节气中的12个。我们不得不在新疆时间11点30分结束访谈,因为老人要去清真寺做礼拜。后来我在老人"气象算术"知识的基础上,请教了一些地方学者,又参阅了房若愚③的研究,基本完成了恰力甫老人所说的利用24种节气预测天气的一套知识。为了更加清晰地阐释这种利用节气预测天气的知识,我把哈历、公历及"阿茫勒"以表格形式做一简要呈现(见表3-5)。

表3-5 哈历、公历及"阿茫勒"对照

哈历(哈萨克语音译)	公历	"阿茫勒"节气名称(哈萨克语音译)
1月(纳吾热孜)	3月	卧塔马勒和萨乌尔
2月(快凯尔克)	4月	萨勒坦和枣乌扎
3月(麻木尔)	5月	克孜尔-奎也克和木尔扎

---

① "阿茫勒"是根据每月月亮的运行周期,如观察新月沉去、旧月将生时期的月相,即"月间相",结合昴宿星的运行规律,通过对植物、动物、农作物的不同反应的观察,总结出有关风雪、阴晴、动物生长等方面的经验规律,将这种指导性、预测性的经验及措施称为节气(阿茫勒),参见房若愚《哈萨克族节气的牧业特点及比较研究》,《新疆师范大学学报》2006年第4期,第86页。
② 哈萨克的通用历法一年分成12个月,每个月30天,3个月为90天。哈萨克的一季就称为"托克散"(90天)。恰力甫老人以一季为周期,记录节气变化规律。
③ 房若愚:《哈萨克族节气的牧业特点及比较研究》,《新疆师范大学学报》2006年第4期。

续表

哈历（哈萨克语音译）	公历	"阿茫勒"节气名称（哈萨克语音译）
4月（毛乌色木）	6月	巴斯赤勒迭和萨尔夏
5月（奇勒迭）	7月	吾尔开尔和萨尔塔木孜
6月（塔木孜）	8月	玛萨克和塔拉孜
7月（科尔奎耶克）	9月	卡拉杰勒和布鄂莫因朱瓦热
8月（卡赞）	10月	烤乌斯和波克劳
9月（喀拉夏）	11月	阿克拉甫和赛尔涅
10月（杰勒托克散）	12月	科尔阿雅克和托克乌劳
11月（康塔尔）	1月	阿克潘和月特
12月（阿克潘）	2月	艾孜和诺乌鲁孜

我从哈历1月开始，整理出每个月根据节气预测天气的方法或规律如下：

哈历1月称"纳吾热孜"。哈历1月的2个节气分别是"卧塔马勒"和"萨乌尔"。"卧塔马勒"在3月10日开始，15日结束。哈萨克人把这个节气又称为"火算术"。每年的这个时候天气都会有变化。牧民认为，此时只有用斧头砍柴才能够生火。如果这5天天气温和，牧民认为"卧塔马勒"今年会带来柴火温暖人间；如果天气很坏，"卧塔马勒"会给人们带来灾难。所以，哈萨克俗语说："没有3月就不会有好天气"。准噶尔盆地，3月正是"青黄不接"的时候，牲畜因缺草体弱难以抵御初春的寒潮和暴风雪，因此，牧民要在向阳的地方留出一块草地专门应对这种突变的天气。关于这个"火算术"还有一个传说：有一天，一个哈萨克妇女早晨起来之后去另一山坡的邻居家借火，返回时突遇暴风雪而迷路，不幸冻死。因此，有这样一句谚语："女人借火出门去，扯起闲话九十句"。"萨乌尔"在3月20日开始，25日结束。哈萨克俗语说："3月不到'萨乌尔'，人不欢"。在"萨乌尔"这几天要看天上的云。如果云在山上（阿尔泰山），预示夏季山上的雨水多；如果此时云在戈壁（准格尔盆地）上空，预示夏季戈壁里的雨水多。

哈历2月称"快凯尔克"。哈历2月里的第1个节气是"萨勒坦"，也是从10日开始到15日结束。从此节气开始，地温回升，青草快速生长。此时春牧场因烧奶、接羔取暖而柴火短缺。传说在此节气里，一个叫

"枣乌扎"的小女孩穿着单薄的衣服,骑着一峰剪过毛的黄公驼去沙窝子里拾柴火。正在捆绑拣好的柴火回家时,突然遇到暴风雪。第二天父亲找到她时,枣乌扎和骆驼都已经冻死;"枣乌扎"节气从20日开始到25日结束,这个节气里有不剪驼毛的习俗。这个节气又称为"山雀节气",因为此节气里山雀经常站在羊背上吃虫子、鸣叫,傍晚羊群进圈时,鸟儿被羊一直驮回圈里。

哈历3月称"麻木尔"。"克孜尔-奎也克"节气,在10日开始15日结束。这个节气里,接羔已经结束,牧民已到达阿尔泰山的前山地带,青草茂盛,牲畜饱食无忧,所以哈萨克谚语说:"五月牧草能食,牲畜无忧"。"木尔扎"节气从20日开始到25日结束,此时是野山羊、狍鹿及牛的产羔期。这个节气一般会持续三四天的寒潮。

哈历4月称"毛乌色木"。"巴斯赤勒迭"节气从10日开始到15日结束。这个节气里暴雨洪灾较多,牧民会提早在毡房周围挖排水渠。此时,牧民已经开始做向夏牧场迁徙的准备工作。阿吾勒巴斯会安排一些贫困的牧户去散播一些小米种子,来年秋季路过时收割。"赤勒迭"是阿拉伯语"40"之意,因为从此时一直到公历7月中旬的40天时间是哈萨克族的"伏天",因为看不到昴宿星,又称"无昴日"或"伏日之初";第2个节气是"萨尔夏"节气,从20日开始到25日结束。此时,天气炎热,牲畜感觉不适,牧民开始从夏季中山牧场向高山牧场搬迁。

哈历5月和6月,牧民生活在阿尔泰山高山牧场,基本没有特别大的自然灾害,正常年份雨水比较多,有时会持续下好几天的雨。这2个月里的4个节气内容主要是对牧业生产的指导,如割草、剪毛等。

哈历7月称"科尔奎耶克"。"卡拉杰勒"节气从10日开始到15日结束。此时牧民正在去秋季牧场的路上或刚刚到达秋季牧场。这个节气的风比较大,牧民要在毡房周围钉橛子,加固毡房,以防大风刮倒毡房。哈萨克谚语说:"风随秋至,水随风寒"。"布鄂莫因朱瓦热"节气,从20日开始到25日结束。此时中山牧场已经降雪,戈壁里会下雨。此时也是牧民剪秋毛和洗药浴的时间。

哈历8月称"卡赞",意思是霜打农作物,这个月农民进入农闲季节。"烤乌斯"节气从10日开始到15日结束。此时,牧民在两河间的秋季牧场上准备入冬的工作。牧民挑选出身体强壮的牲畜赶往冬牧场过冬,留下比较瘦弱以及要淘汰的牲畜出售;"波克劳"节气从20日开始到25日结束。此节气会有霜降出现。阿吾勒里气象知识丰富的老人根据这个节气的天气变化情况，预测来年春季到来的早晚，然后选择配种的时间。"波克劳"特指"驼粪"，因为骆驼是大畜中唯一不反刍的动物，粪便较牛马的粪先着霜，因此这个节气被称为"波克劳"。

哈历 9 月称"喀拉夏"。"阿克拉甫"节气从 10 日开始到 15 日结束。这个节气正是准噶尔盆地盘羊组群交配的时节，因此又叫"公盘羊"节气。这个节气按正常年份，秋季牧场已经下雪，牧民准备向冬牧场转移；"赛尔涅"节气从 20 日开始到 25 日结束，此节气牧民已经陆续到达各自的冬牧场。

哈历 10 月称"杰勒托克散"。"科尔阿雅克"节气从 10 日开始到 15 日结束。此时，牧民刚到冬季牧场，积雪还没有完全覆盖枯草，牲畜的膘情还好，牧民开始冬宰（宰马牛羊储备过冬食物）；"托克乌劳"节气从 20 日开始到 25 日结束，此时冬牧场已非常寒冷，"哈气成冰，树淞高挂"，戈壁上的寒风吹得人脸像针刺一样疼痛。

哈历 11 月称"康塔尔"。"阿克潘"节气从 10 日开始到 15 日结束。此节气的天气是"滴水成冰出行难"，也是哈历中的"大寒"。此节气又叫"霜桦杆"节气，因为这个节气按照礼俗，每个阿吾勒要煮羊前腿上节桡骨犒劳牧马人。牧马人的套马杆上结着一层冰霜，这个节气结束之后，桦杆上就不结霜了；"月特"节气从 20 日开始到 25 日结束，又称"七寒之末"。哈萨克谚语说："月特到，商人跑"。据说是因为过去，趁着此节气里积雪还没有融化，商人要赶赴哈萨克大草原进行茶马交易，否则路途中引水问题就无法解决。

哈历 12 月称"阿克潘"。"艾孜"节气从 10 日开始到 15 日结束。此节气是天气变暖的一种迹象，哈萨克俗语说："艾孜不到，人们就高兴不起来"。只有"艾孜"到了，才预示着牧民终于度过了寒冷的冬季。此时，牲畜也已经嗅到雪水和青草的闻道，开始向着阿尔泰山的方向张望；"诺乌鲁孜"节气从 20 日开始到 25 日结束。这也是古时候哈萨克人庆祝春天到来的节日。此节气是狼的孕娠期，狼会经常踏着薄雪来羊圈里偷吃羊。所以，哈萨克谚语说："狼显怀，看紧财"。

由上述哈萨克人的节气知识发现，这些节气知识与游牧生产和牲畜繁殖，甚至对外关系都密切相关。牧民依据这些经验知识，初步掌握了天气变化的规律,以此来安排游牧生产和规避自然灾害。此外,恰力甫还结合十二属相来预测一年的天气情况。由于涉及很专业的知识,再加上短时间内两种语言转译难度很大,这些知识很难立刻理解。所以老人的访谈我录了音,之后我和翻译①反复听了很多遍,才完整地记录了下来。恰力甫认为哈萨克人使用的十二生肖,即每年有一种动物,每种动物生肖与天气有密切联系。对于每一种属相的年份大概会是什么天气,有些讲了原因,有些没有讲。因为那天是周五,是穆斯林的主麻日,再加上他年龄大了,有些东西已想不起来。下面是属相与气象的关系:

鼠年。老鼠的嘴巴有福气,运气好,所以,鼠年天气好。

牛年。逢牛年还要看是什么颜色的牛年。牛年分为四种:白、黑、蓝、红。如果这一年是白牛,说明冬天的雪大。牛年进来时(年初)看雪下得大不大,雪下得大就是白牛年,雪少就是黑牛年;如果是黑牛年,冬天会不下雪,但会很冷;如果是蓝牛年,这个冬天会很漫长;如果是红牛年,快到春天时,会刮热风。红牛年也不好。(一般根据一年里最开始的一个月或春天来判断冬天或下半年的情况。)

虎年。恰力甫老人认为,哈萨克人的虎年里的虎,其实是雪豹。老虎对人没有多大害处,它自己过自己的生活,所以虎年天气比较好。

兔年。兔年也分四种:白、黑、蓝、红。白兔年的冬天很难熬,雪很大。其他颜色的年与牛年同类颜色的年有相似之处。

龙年。龙是一种温和的动物,龙年比较好,天气很温和。

蛇年。蛇外表看起来吓人,其实没有那么可怕。蛇年进来时(年初),会下大雪、风也很大。之后,这一年很平淡地就过去了,没有什么大的灾害。天气比较平稳。

马年。马年的天气如同马的性格一样。马年进来时(年初),不断嘶鸣(风雪交加),出去时(年末)又要踢人(马年结束时天气春寒料峭)。这一年天气不是很好。

羊年。羊只管自己,吃饱了喝足了就没事了。羊年进来时(年初),会刮一点风,出去时(年末)会下一点雪。羊年不好不坏,天气还可以。

---

① 我的翻译是萨亚哈提,来自哈拉哈斯部落,2008 年毕业于西北民族大学汉语言文学系。他家就在富蕴,从小在牧区长大,对当地的情况也很了解。老人们都认识他的父亲。同时,他对本民族的历史也非常感兴趣,翻译得也非常好。

猴年是好年。（老人似乎想不起来了。）

鸡年。鸡年也分为四种：白、黑、蓝、红四种颜色的年。进来时（年初时），鸡用嘴巴啄人，出去时（年末年），还要打鸣。这一年天气不好。

狗年。狗是哈萨克族宝物里面中的一种。狗年天气好。

猪年。猪和老鼠一样，勤奋地吃东西。猪年风调雨顺，草长得也好。

富蕴另一位算天气比较有名的人是塔海老人。他目前生活在喀拉布勒根乡的农业生产队。2008 年 8 月 21 日傍晚，我去老人家里拜访了他。在公私合营之前，他们家比较富有，有很多牲畜。他父亲还是一名宗教人士。公私合营时，所有的牲畜都上交给了公私合营牧场。"文革"时，作为牧主的他们都被安排到农业生产队进行劳动改造。他在 20 世纪 50 年代末读完了高中。但他预测天气的知识都来自父亲。

哈萨克人算天气的方法很多，每个阿吾勒、每个地方或每个人都有自己独特的算法。而塔海的算法是以 181 天为一个周期。在此周期内，他把每天的天气情况都记录下来，尤其是那些变化很大、很反常的天气，如刮风、下雨、下雪、霜冻、沙尘暴以及特别热或特别冷的日子。他说，就以今天为例，如果今天特别热，那么再过 181 天就会很冷；如果第 181 天刚好是在冬天的一个下雪天，那么再过 181 天，就会下雨。据他所知，有的人认为每年 9 月的 7 日、17 日、27 日中必定有一天会下雨。此时正是牧民正在去秋季牧场的途中。牧民一般要请会算天气的老人，预测好天气，然后根据天气安排迁徙的时间和地点。例如，得到天气变化信息的牧民，从 1 日到 7 日或从 7 日到 17 日，计算好畜群能迁徙到哪里。对牧民来说，转场期间能否准确预知天气对畜群的安全转移非常重要。

2005 年，塔海老人根据自己的气象知识推测，从 2006 年到 2009 年会干旱 3 年。后来我了解到，确实从那年到 2009 年连旱 3 年。他还告诉我，富蕴还有一个蒙古族萨满曾经预测要干旱 6 年。其实，他就是要让我相信他预测的天气很准确。

哈萨克人预测天气的知识建立在实践的基础上。通过长期观察周围动植物的细微变化、记录了大量自然现象，并总结出一定的规律。这种民间预测气象的知识，一般都是世代相传的。如果没有十几代甚至几十、上百代的积累，是不可能总结出规律的。所以，那些有经验的老人不是凭空臆测，而是在综合动物学、植物学、气象学等知识的基础上，才能够准确地预测出未来的天气，以此来指导、安排牧业生产生活。我们发现有很多针对冬天的预测方法，因为冬天是牧民们最难熬的季节，如果能够准确判断出冬天的天气，就可以提前做些准备以减少灾害带来的损失。因此，在过去会预测天气的老人在哈萨克族社会里具有很高的威望。

第三节　生态观与环境行为

每个民族对自然的认识都有自己的一套自然观、哲学观。随着"生态学"和"生态系统"概念的提出，学者把人类对自然的认识提升到一个新的哲学层面——生态观。生态观最早被苏联、东欧和西方学者较多地称为"生态意识"，或"生态智慧""生态思维"等。余谋昌认为"生态观"即生态哲学，它是生态系统整体性的观点，是从"反自然"的哲学走向"尊重自然"的哲学。[①] 长期研究哈萨克族社会的崔延虎认为，游牧生态观反映的是游牧民对其所处环境经过长期认识获得的知识以及获取资源应该遵守的规则观念，环境行为是在上述自然观和生态观基础上，形成的获取资源的行为方式和在草原、森林和水源的行为方式。[②] 构成草原游牧民生态环境适应系统的这三个组成部分，互为作用、互为影响、互为补充。

"游牧生态观"主要是指哈萨克族游牧民对待水草资源的整体观认识，并在此基础上形成了一种约定俗成或众人皆知和遵守的规则知识。日常生产生活中的禁忌就是游牧生态观最好的一种体现。"环境行为"从生态学的观点看，是把有机体（人）、行为与环境看作一个完整的体系，即人与环境相互作用；从环境心理学上来说，是把人类行为（包括经验、行动）与其相应的环境（包括物质的、社会和文化的）两者之间的相互关系与相互作用结合起来的一种分析方法。[③] 本书重在强调环境行为是建立在游牧生态观基础上的一种获取和对待牧草资源的行为方式。

我认为，游牧生态观是游牧生态-环境知识的认识层面，而环境行为是其行为层面的知识。二者关系密切相关，因为人类对自然生态的认识直接影响着人类对环境的行为方式。哈萨克人的游牧生态观与环境行为产生于广袤的干旱

[①] 余谋昌：《生态文化论》，河北教育出版社，2001。
[②] 崔延虎：《人口、资源、生计系统与草原环境变迁——阿勒泰市罕德尕特蒙古民族乡调查》，国家哲学社会科学基金项目结题报告（1998BMZ006）。
[③] 李道增：《环境行为学概论》，清华大学出版社，1999。

半干旱中亚草原。生活在这里的人群在经历了采集、狩猎、农业等生计方式后，最终选择了游牧，并以此形成了适应当地环境的生计系统与游牧文化系统。这种适应性既是对环境的适应，也是在生态观指引下对获取资源和对待资源的环境行为的体现。所以游牧生态观与环境行为是游牧知识体系的核心，它对于保护和维持游牧民与草原生态的和谐关系具有重要意义。[①]

一 生态观

游牧生态观的核心是哈萨克人与自然所形成的关系及对自然的态度。哈萨克人认为在草原上，人与自然的关系是一种互为依存的平等关系，自然界里的万物都有生命，崇拜自然万物，认为自然界万物都由具体的神支配。每个牲畜都有自己的神灵。绵羊神是"薛潘阿塔"、马神是"哈木巴尔阿塔"、骆驼神是"奥伊斯衣"、牛神是"赞格爸爸"、山羊神是"谢克阿塔"等[②]，还有诸如此类的许多神灵。正是这种尊重自然的态度以及与自然互为依存的关系，使哈萨克人对其生存的环境倍加珍惜和不断地探索，这也是形成游牧知识的基础。

（一）赋予人的生命与情感

哈萨克人把周围的一切生灵都认为是自己大家庭（草原生态系统）中的一员，并赋予它们人的生命与情感。这与美洲墨西哥马德雷山的印第安人有相似之处。恩瑞克·塞尔曼（Enrique Salmón）用"亲属中心的生态学"（kincentric ecology）的概念来形容马德雷山的印第安人社会里人与自然的这种亲密关系。他认为原住民把自己和自然都视为一个大生态家庭中的一员。人和自然共同继承和延续着这个生态家庭。这种关系可以起到加强和保护生态系统的作用。如果没有本地人在自己生活环境内对自身角色这种复杂性的认识，他们的生活将会遭受困境，环境资源将会失去可持续性。[③]

在这个扩大的生态家庭中，牲畜是与牧民最亲近的成员，其次是水草及其他野生动物。牧人与牲畜、草原长期互相依存，相互演化，已经形成一种相互适应的关系。如牲畜对自然变化的敏锐性，以异常行为提醒牧人未来天气情

---

① 陈祥军：《游牧民的生态观与环境行为研究——以新疆阿勒泰哈萨克为例》，《原生态民族文化学刊》2012年第2期，第83~90页。
② 贾合甫·米尔扎汗主编《哈萨克族文化大观》，新疆人民出版社，2001，第64页。
③ Enrique Salmón, "Kincentric Ecology: Indigenous Perceptions of the Human-Nature Relationship," *Cological Applications*, 10 (5), 2000.

况。牧人可以提前做一些预防工作,这甚至比现代的天气预报要及时得多。在游牧生活中,体现这种相互依存关系的事例是形成游牧生态观的条件之一。哈萨克人日常生活中,以谚语、诗歌或禁忌等形式,不断强化并传承着这种生态观。在《游牧之歌》中这样写道:"一个牲口一个性,牲口也能通人情。你对它们多珍惜,它们就对你有多亲!"①

　　哈萨克人把家畜作为自己最亲密的"家庭成员",所以他们把每一种家畜都赋予了一定的地位。哈萨克人把马比作牧民的翅膀(交通工具);骆驼象征着美丽壮观及力量;羊群是牧民财富的象征;牛是提供日常生活用品的牲畜;山羊是观赏品,也是羊群的领头人。这是从实用性的角度给了我们一种最直观的解释,除此之外,又赋予它们很多象征性的地位或身份,如哈萨克谚语说:"马是畜中皇,驼是畜中皇"。哈萨克人认为骆驼为五畜(驼、马、牛、绵羊、山羊)之首,具有耐劳、耐粗草、耐恶劣气候等特性,是力量的象征,而马却以其速度快,反应敏捷,享有"猛虎"之称。

　　游牧业生产中,哈萨克族牧民对牲畜的照料非常细心,尤其是在牲畜怀孕及生产期间,牧民像对待自己的孩子一样照顾它们。对于怀孕的牲畜,绝对不会踢打它们,放牧时还会随时调整行进速度。有一次,我见到一峰刚生下来不久的小骆驼。它的身上披着一件很漂亮的"衣服"。富蕴的初春仍然非常寒冷。牧民要提前给将要出生的小骆驼做好保暖的"衣服"。实际上,冬天那些去准噶尔盆地深处的骆驼也都有一件御寒的"衣服"。这些"衣服"一般都是用毡子做成的。号称"畜中之王"的马更为牧民所珍爱,一般马被放在五畜之首。牧民都认为马是一种有灵性的动物。具有和人一样的感情,也会伤心流泪。在过去,那些杀人者一般都是用马和驼来赔偿命价。我的翻译波拉提②给我讲了一个有关骆驼的故事:

　　　　古时候,一个驼队是一个阿吾勒文化与富贵的象征。牧民把在驼群里有特点的骆驼挑选出来,让它走在驼队的最前面,而且要装饰得很漂亮。骆驼不能随意屠宰,除了部落或贵族的特大喜事以及大汗即位时才能屠宰骆

---

① 哈尔曼·阿克提:《游牧之歌》,王为一整理,作家出版社,1957,第4页。著名珠影导演王为一曾于20世纪40年代被新疆军阀盛世才关押在迪化监狱达4年之久。当时有位来自阿尔泰的哈萨克族进步诗人哈尔曼与他关押在一起。这本诗集由哈尔曼在监狱中讲述,王为一记录,新中国成立后由王为一整理后出版。

② 波拉提,男,1984年出生,喀拉布勒根乡,2008年10月5日。田野中,我在他家里住过很长一段时间。

驼。此外，对骆驼的皮毛也不能随意亵渎。如牧民常用驼毛来制作帽子和上衣，但禁止做下身的衣物，儿童除外。因为儿童很纯洁，没有什么罪。小时候，他妈妈想给爸爸做一个驼毛的裤子，但遭到老人们严厉批评。驼是有神灵的动物，是哈萨克人的吉祥物，不能不尊敬它。骆驼死后要举行葬礼，牧民给带头的骆驼或名贵的白色骆驼举行葬礼，把它用黑色的毡子覆盖，然后埋葬。

上面这个故事充分体现了哈萨克人赋予动物和人一样的生命观念。这种观念是把自然界的一切生命体都赋予具有和人一样的生命体验。这种体验决定了哈萨克族游牧民要保护和维系整个草原生态系统中的任何一个生命，同时也揭示出人（牧民）与自然（一切生命体）的依存关系。由动植物为牧民预测天气所传达的信息，也可以看出这些生物与牧人是一种相互依存共享自然的关系。田野中，当我问牧民对家畜、野生动物、水草的态度时，他们总是以谚语、俗语或一个动人的故事来表达自己的看法。退休兽医热马赞①给我讲了一个反映"牧民与其他生灵的关系"的事例：

  在准噶尔盆地的荒漠草原上，梭梭（一种干旱区荒漠灌木）生长得特别慢，需要很长时间才能生长一段。凡是有梭梭的地方，在其周围的牧草生长得也很好。因为冬天在风的作用下，梭梭周围堆积的积雪要比周围厚得多。春天时，积雪开始融化，梭梭周围的水分非常充足且融化速度缓慢。所以梭梭具有蓄水的作用，自然梭梭周围的牧草就生长得茂密，为来年冬季牧民的牲畜提供了必要的牧草资源。同时，还有很多鸟儿也喜欢在梭梭里做窝，因为梭梭周围的牧草茂密，是一个安全理想的繁殖后代的地方。

梭梭一般都是一丛一丛地生长，因此号称"沙漠卫士"，它既可以起到防风固沙的作用，还是牧民家畜的食物，又是牧民家畜躲避暴风雪的好地方。此外，梭梭柴是冬季牧民的主要燃料之一。这个事例告诉我们，在草原上以梭梭为中心，牧民、家畜、飞禽、水草与梭梭构成了一个小的生态系统。每个元素都是构成这个生态系统中的一个生态因子。各个生态因子处于平等地位，共享

---

① 热马赞，男，1948年出生，退休兽医，2008年8月27日，在他家里。

着自然。

当地有关牧民与各种野生动物或飞禽平等相处的故事有很多，基本都表达了要善待一切生命的观念，否则必定会遭受某种报应。同时还赋予这些生命体一种超自然的力量。类似的故事非常多，但令我最难忘的是贾萨提①讲给我的那些朴实的话：

> 我经常教育孩子关于人与其他生物共享自然的道理。野生动物是自然界的一部分。没有野生动物，自然界也是不完整的。所以哈萨克谚语讲："有狼才有健康的羊"。野生动物也是食物链中的一员。哈萨克人在教育自己的孩子时，经常会给他们讲这样的道理。比如，碰到一棵小树苗，父母会告诉孩子不要折断它。说不定有一天你就会坐在这棵树下面乘凉；即使你不在下面休息，你的羊群也可能在树下乘凉；还说不定某一天发洪水时，这棵树还有可能挽救你的生命；老人们还经常告诉孩子，当你们碰到狼时，也不要害怕。虽然它是狼，但它的心也是肉长的。它也有一种自我保护的意识。除非当狼认为你对它构成威胁时，它才会主动进攻你或者远离你。如果碰到这种情况，不要害怕，做出不在乎它的样子，或是大吼几声。只要你表现出不害怕它的样子，狼一般是不会吃人的。熊也不会吃人，除非你的突然出现，惊吓了它，要么就是它们特别饥饿的时候。一般情况下，狼是不会吃人的。这些在汉族人看似很凶猛的动物，其实并没有那么可怕。

还有一个有关牧人、狼和羊的故事更富有启发意义。这个故事揭示了生活在同一区域的牧人与野生动物是如何相处的，又是如何化解矛盾的。这是塔利（化名）老人讲给我的一个故事。2009年5月3日，我在塔利老人家里聊了整整一个上午。我想先重点介绍这个老人，因为他给我提供了很多非常有价值的资料。1948年，他出生于承化县（现在的阿勒泰市）。后因生活所迫，1953年随父亲来到可可托海矿区。这里有一个背景，1951年，中苏在新疆合营成立有色及稀有金属股份公司阿山矿管处，并于现在的可可托海镇大规模开采稀有金属矿石。开采之初非常需要劳动力，有很多贫困的哈萨克族牧民纷纷前去工作。当时他的父亲年龄大了，没有在矿区找到工作，最后只好去给富蕴的牧业

---

① 贾萨提，男，1961年出生，没有上过学，有2个儿子和1个女儿。2006年7月11日，我在乌伦古河牧民定居点见到了他。那天访谈结束后，我还在他家住了一晚。

合作社放牛。塔利就在当时的公私合营一牧场（现在的吐尔洪乡）的汉语学校读书。初中毕业后，他在公社当了一名翻译，因为当时公社里懂汉语的人非常少。塔利非常喜欢翻译这个工作，还经常向当时的南京知青学习中文及其他文化知识。在基层当了很多年的翻译后，塔利又被调到县里当翻译。除了做翻译，塔利还进行哈萨克族文学创作，同时又研究医学、宗教等方面的知识。正是因为塔利做翻译工作，很多哈萨克族农牧民都会去找他帮忙翻译东西。塔利曾经给牧民翻译过很多有关草场纠纷的状子。塔利对当地牧区社会非常了解，他既可以了解到国家层面的信息，又可以获知农牧民的实际情况。他给我讲了两个有关牧人、狼和羊的故事：

> 在生活中，狼和人类，尤其是狼和游牧部落完全可以和睦相处，只要你（人类）不陷害它。狼是一种非常聪明的动物。如在某个区域内，这里有一群羊，那里有一群羊，有几个部落生活在这个地方。在这个区域内也有一群狼，还有它们的狼窝子。那么这群狼就与那些部落及羊群成了邻居。狼群一般不陷害本地的（距离最近的）羊群，一般不会故意陷害自己的邻居（羊群）。狼群都有自己的地盘（领域），这个地盘是这群狼的，那个地盘是那群狼的。一般是别的区域的狼群来袭击本地的羊群。本地的狼群一般不陷害本地的羊群，还会保护本地的羊群。外地的狼群来袭击本地的羊群时，本地的狼群会赶走它们。本地狼群会这样认为，你来袭击这里的羊群，这里的牧人们会怪罪我们的。
>
> 在准噶尔盆地某个地方有一个狼窝子（洞穴），有几只狼崽子，是刚会走路的狼崽子。有一群羊吃草经过狼窝子时，一只小白羊羔与狼崽子一起玩耍。它们都小，也不懂事。玩的时候，狼崽子不小心把那只小白羊羔咬死了。之后，放牧的小伙子们非常生气，打算去报复狼。后来老人说："你们千万不要伤害它（狼），不要动它。你们再等等看会发生什么事情。"当天晚上，小伙子的羊群里又多出了一只小白羊羔。而且这个小白羊羔的脖子上还系了一根绳子。狼妈妈从外地的羊群里偷了一只小白羊羔，来赔礼道歉来了，它的孩子不懂事。你看狼的逻辑多厉害。

当然这些故事情节带有一定的夸张手法，但给了我很多思考。在我的脑海中，"大灰狼"很凶残，是吃人者的化身。而哈萨克牧民只是把狼作为生态系统中的一员，平等地对待它。这个故事让我们看到狼与羊及牧人不是一种你死我活的关系,更像是一种邻里关系。

狼的故事讲完后,塔利老人又给我讲了一个关于古桦树的故事。类似的故事我已经听过好几个人讲过,大都非常感人。有关古桦树的故事,最终的结果是那些毁坏古桦树的人都会遭到某种报复。塔利老人讲,这个故事发生在公社化时期:

> 大集体的时候,有一个傻子,在野外砍柴、捡柴火,然后送给集体食堂混口饭吃。那里本来是一片森林,因为1931年发生了一次大地震(8级地震),大片森林被埋在地下了。剩下来的树也慢慢被他砍了。到最后,只剩下一棵古桦树了。哈萨克人认为,桦树的年龄过了一千年就会成精。这棵古桦树已经成精了,而且会说话。那天,这个家伙拿着斧头就去砍这棵古桦树。他正准备砍时,这棵古桦树就开始发抖,就像人一样,害怕得发抖。他也没有理睬,就开始砍。接着,这棵古桦树开始呻吟,像人一样很痛苦,并开始哭起来。此时,这个小伙子傻得更厉害,像中风了一样,嘴巴歪了,眼睛也斜了。

塔利老人说,富蕴现在还有这样一棵古桦树,就生长在吐尔洪乡的后山上。这棵古桦树长在路边上,当地的农牧民都不敢碰它,只要碰它就会出事。这些故事的目的就是要人们保护树木,赋予树木一种神圣的力量,告诫人们不能随意砍伐它们。我又想起萨尔托海加利普汗老人讲的故事。新中国成立前,他们部落里有个人想用桦树做马鞍子,就去砍一棵桦树。在他砍桦树时,从树上流下来很多水。人们认为那是桦树的眼泪。不到一年,这个砍桦树的人就去世了,临死时告诉人们不要再砍桦树了。所以哈萨克谚语讲:"给你的子孙留一千张羊皮,不如留一棵树根。"

努苏甫老人①给我讲了一个白天鹅的故事。我去努苏甫老人家的那天刮着大风,光秃秃的戈壁上只有几排房子。从远处望去,感觉房子在微微晃动。努苏甫老人定居较晚,河谷地带已经没有特别好的地方了。由于白天鹅与哈萨克人的族源传说有关,所以哈萨克人对其十分崇拜。哈萨克人视白天鹅为神灵,严禁猎杀白天鹅。在讲之前,努苏甫老人就告诉我这是个真实的故事:以前,在莫勒合部落里,有一个阿依塔汗氏族,这个氏族里有一个狩猎能手。有一

---

① 努苏甫,男,蔑尔乞惕部落,1910年出生在迪化(今乌鲁木齐)的南山,喀拉吉拉牧业村,牧民,2009年5月7日,在他家里。

年，他们从夏牧场向秋季牧场转移时，看到天空中南飞的白天鹅，正好经过他家的毡房。他立刻走进毡房里拿出枪，正好打死了领头的白天鹅。剩下的白天鹅在他的毡房顶上盘旋了三天，然后才飞走。三天后，他们全家人都生病了，后来逐渐都死了。老人讲完故事后又让翻译再三告诉我，这个故事是真实的。

（二）萨满教影响下的生态观

正因为游牧民深深体会到自然与其互为依存的密切关系，才常常把自然万物等同神灵看待。历史上哈萨克人最早信仰的是萨满教，后来又先后信仰过佛教、景教、摩尼教等，最终信仰了伊斯兰教。但在富蕴哈萨克人的宗教信仰里，萨满教的信仰一直占据着优势。尤其是在牧民当中，伊斯兰教的影响非常有限。因为牧民逐水草而居，经常搬迁，草原上根本无法修建固定的清真寺。

萨满教是一种多神教，有很多神灵，其中天神"腾格里"是最主要的神灵。当地老人们总是喜欢说天上有"腾格里"，地上有"圣人"，忌讳孩子们把脚对着天。因为天神被认为是至高无上的，具有主宰世界万物的神奇力量。在民间，哈萨克人会诅咒一个人："遭天神轰击"，或评价一个人像"天神般暴躁"，或将祖辈几代都很英武的人称为"天神的后代"，这些都与萨满教的天神信仰有关。① 此外，哈萨克人认为自然界里万物皆有生命，均受着各种神灵的支配。所以除了崇拜天（神）以外，还崇拜土地、日、月、星、雷电风云、火、山、水、树以及各种兽类、家畜、禽鸟等。因此，在民间有与之相对应的各种神灵。

哈萨克人之所以崇拜如此多的自然界的神灵，与草原环境的多变性和游牧生计对自然极强的依赖性密切相关。游牧民只有将与其密切相关的自然现象、动植物等视为神灵，这样人们在敬畏神灵的同时还能起到保护自然生态的作用。例如，哈萨克人把初春的青草当作生命在延续的象征，所以最忌讳拔草。民间哈萨克人对人最厉害的咒骂是：拔一把青草面对青天不停咒骂。这几乎是当地牧民人人皆知的常识。

在哈萨克族牧民的人生礼仪及日常生产生活中保留着很多萨满教的习俗。富蕴一直传说着有个叫托尔海特的人，他被哈萨克人称为"巴克斯"，即萨满。传说过去，那些怀不上孩子的妇女经常请他来家里举行求子仪式。或者丈夫把妻子带到他居住的额尔齐斯河上游的山洞里，托尔海特让女人平躺着，从

---

① 贾合甫·米尔扎汗主编《哈萨克族文化大观》，新疆人民出版社，2001，第62页。

她身上跨过去，之后这个位妇女就会怀孕。现在偶尔还有哈萨克人按照以前惯例，带着不孕妇女到那个山洞里居住一段时间，祈求早日生育后代。去时他们会带上"阿合特"（白色布条），绑在洞口。如今还能看到在托尔海特山洞外面的树上绑满了白布条。去乞求托尔海特的人要先行做穆斯林的"大净"，并且心中要不停祈祷。求子不分男孩女孩，人们只是希望通过托尔海特能够得到孩子。前往托尔海特山洞的人们，除了"阿合特"之外不用带其他的祭品，因为在哈萨克民族的传统里白色"阿合特"是祭祀中最贵重、意义最为重大的物品。

从这个求子个案中可以发现，这些习俗已经与伊斯兰教融合在一起，同时也表明了萨满教是哈萨克族牧民最笃信的信仰。因为当地哈萨克人的日常生活习俗中，几乎包含了萨满教的一切内容：自然崇拜、动植物崇拜、祖先崇拜等。实际上哈萨克族牧民心灵深处的信仰是萨满教，因此在萨满教观念的基础上形成了很多敬畏自然的生态观及习俗。

2009年5月3日，碰巧那天是富蕴的第一场春雨。我刚好在塔利老人家，访谈中他突然转换话题说，像这样的天气（第一场春雨），在牧区男人们会摘下皮帽，淋着雨祈祷：愿苍天多降雨水，愿大地生长青草。哈萨克主妇会走到毡房外面，舀一勺水，洒在大地上。向苍天祈祷今年雨下得大，草长得好，奶子挤得多。因为哈萨克人崇拜水，认为水是万物的生命源泉，所以哈萨克人把水当作神崇拜。他们尤其崇拜温泉，认为这是神水，可以治愈各种疾病，便纷纷前来沐浴，以祈求祛病康复。①

额尔齐斯河源头有两个温泉，每年前去沐浴的当地牧民络绎不绝。而且他们都认为那个温泉里的水是神水，有很多人的病都在那里治好了。前来温泉治病的人，在下水之前一定要先洗净自己的身体。当地牧民还有一条习俗就是，如果没有什么病千万不能进入温泉里洗浴。牧民对温泉充满了敬意，他们认为温泉里的水是神水，得病的人进入温泉后，神水会显灵治好人们的疾病。我的翻译波拉提家的夏季牧场离一个温泉很近。2012年暑假，我从富蕴县城坐着北京2020前去他家的夏牧场。当车至温泉时，就看到路边的松树上绑了很多白布条。白色是哈萨克人非常喜爱和尊敬的一种颜色。如果家人要出远门，父母或老人总是说："祝你白路（哈萨克语直译）"，意译为"祝你一路顺风"。当祝愿某人时会说："给某某献上白色的祝福"。所以在去温泉的路上，看到

---

① 迪木拉提·奥迈尔：《阿尔泰语系诸民族萨满教研究》，新疆人民出版社，1995，第69页。

松树上系着很多白色布条。这些白色布条都是前来温泉治病的哈萨克族牧民绑在树上的,以此祝愿上天保佑病人早日康复,同时也希望温泉里的圣水能够显灵。由此我们发现,这些行为实质上都是萨满教的遗存。

在萨满教影响下,哈萨克人形成了一套保护水的禁忌,如严禁往水里吐痰、倒污物、便溺,严禁用污秽的容器打水,严禁妇女在水边洗衣服,等等。同时,也内化到习惯法里,并形成一系列严格保护水源和对破坏水源的人进行惩罚的措施,以此对于天地、草原、山脉和森林都有这样的认识和崇拜现象。在其宗教观念里,破坏草原、森林、植被、动物等生灵的人被认为一定会遭受神灵的惩罚(见个案 3-2)。

> 有些中年妇女经常割草,连小树苗都砍掉了。第二年她们自己的小孩就得病死了。还有一个老头,把草根、树根都拔掉,开垦土地。第二年,他儿媳妇生的孩子死了。哈萨克部落里还传说有这样一个故事:有一个河狸,不停地在啃一棵大柳树,最后河狸把柳树咬断了。柳树倒下后把它自己压死了。
>
> 个案 3-2:巴哈提,43 岁,萨尔巴斯,吐尔洪乡,2006 年 8 月 5 日。

2006 年 8 月底,我在去夏季高山牧场的途中,看到一些特别高大粗壮的大树上挂满了各种彩色布条。当地哈萨克人仍旧保留着崇拜古树的习俗,他们往往在这棵树的树枝上系上一根布条,以白色居多,以求辟邪。草原上的游牧人认为,任何一棵独立生长的古树都有它神圣的内气。古代游牧民把自己崇拜的古树或奇特的树,甚至一些异草的图案都刻在岩壁上,以求保护自己,同时将自己的手掌印在岩画上以求守信用。富蕴唐巴勒塔斯岩画中,除了有反映信仰萨满教崇拜火神、太阳、月亮、星星的图案外,还有各种鸟和人手掌的图案。[①] 可见,这种习俗由来已久。

至今哈萨克族牧民对动植物的崇拜仍然浓厚。在牧区的每个毡房里,即使在定居的砖房或土房子里,甚至楼房内,在家里显眼位置依旧悬挂着猫头鹰羽毛、狐狸皮、松鼠皮、狼皮,极少数人家还挂着熊皮。我还见到有些哈萨克族牧民自己做的山羊标本、鹅喉羚(黄羊)标本等。哈萨克人崇拜周围与自己息息相关的很多动植物。从某种程度上来说,这正是形成保护周围动植物(即

---

① 巴亚合买提·朱玛拜:《岩画的回音》,载贺忠德主编《新疆少数民族古籍论文选编》,新疆人民出版社,2005,第 523 页。

生态系统）观念的起源。

我还发现，哈萨克人非常崇拜猫头鹰。他们视猫头鹰的羽毛为吉祥物，尤其表现在其服饰上，即用猫头鹰的羽毛妆点帽子。其实这种帽子或许就是由哈萨克族萨满神帽衍生而来的。在富蕴，新娘、妇女、小孩子基本上都有一顶插有猫头鹰羽毛的帽子，甚至参加赛马比赛的马头、马尾上也会绑上几根猫头鹰羽毛。现在哈萨克族小伙子新买的摩托车上、县城的出租车里、私人的小面包车里等，尤其是新的东西上，都会缀一撮或几根猫头鹰羽毛。他们认为，猫头鹰羽毛可以辟邪避凶，具有祈求平安、幸福、健康等意义。

狼是哈萨克人最崇拜的野生动物。狼不仅是哈萨克族萨满的保护神，也是其祖先灵魂的守护者。哈萨克人认为狼是神圣的动物，它可以保佑人的灵魂。因此，狼的皮毛、骨头、狼牙、狼髀石（狼的后膝关节骨）都被认为是神物，可以用来祛除病痛、辟邪、消灾等作用。我在牧民家里还看到悬挂在床上的狼髀石，有些青年人还佩戴着狼牙。哈萨克对蛇也很崇拜，如蛇进入毡房里，绝不能打死它。妇女要给蛇身上洒奶子，然后敲打铜器铁物把它引出去。

当地哈萨克牧民似乎对身边的一切有生命体，并没有严格区分哪些是有用的，哪些是没用的。他们认为这些生命体都是自然界的一部分，少了其中的任何一类都会对自己不利。因此，哈萨克人崇拜一切生灵的宗教观念，从长远来看，起到了保护生态环境的作用。

二　环境行为

游牧民的生态观与环境行为密切相关。游牧民的环境行为是建立在游牧生态观基础上的一种获取和对待牧草资源的行为方式。环境行为直接受生态观的指引和约束。在游牧生态观的指引下，游牧民的环境行为不是控制自然，而是对自然环境的适应。这些具体的环境行为也建立在对草原生态环境认识的基础上，并受制于在游牧生计与环境互动基础上形成的游牧生态观的规约。

（一）如何获取资源

哈萨克族游牧民从周围环境中直接获取的资源主要是树木、水、少量的野生动物，间接获取的资源是牧草。在获取这些资源时，其背后的指导观念都是以保持该资源的永续利用为出发点。实质上，移动放牧就是利用资源最有效的行为方式。牧民都知道在一个放牧点不能停留时间过长。时间太长对生物（包括草场）破坏较快。移动就是保护资源最好的一种行为方式。

燃料是游牧民每天都要用的资源，也最能体现他们是以怎样的行为方式来获取资源的。在夏牧场，毡房的女主人每隔上两三天就要去附近的松树林里捡一次柴火。夏牧场的干柴火非常充足。在松树林下到处都是枯树枝。女主人捡柴火时，只需要拿一根绳子就可以，根本不需要斧头。按照哈萨克族习惯，他们不能砍活着的树，甚至是活树枝。但在春秋牧场的定居点就稍微有些区别。在定居之前，牧民经过这里时，获取燃料的方式除了增加燃烧牛粪外基本与夏牧场一样。但即使这样，他们首先会把树上的枯枝砍下来。没有枯枝树，就只能砍几枝活树枝，但绝不会把整个树上的枝条都砍干净。

你会发现乌伦古河定居点周围的杨树好像被人修理过，距离地面有一人多高基本都没有树枝，或者只剩下一棵大树两个树杈中的一个。孜亚老人讲，过去没有定居人口时，河谷内树木繁茂、灌木丛生，还有大片天然草场及湿地。后来随着定居人口的增加，河谷内能够捡到的干树枝越来越少，有些人也不得不砍一些活树枝，但一定不会把主要的枝干砍断。对哈萨克人来讲，树也是有生命的，只要不砍断树的主干，来年还可以长出新的枝条，这样才能保证他们一直都会有燃料。

春秋牧场，牧民用干树枝来做引子。绝大部分燃料还是依靠干的牛羊粪。在牧民定居点，每户牧民一般都把牲畜粪（牛羊粪）晾干，堆积后储藏在自己毡房旁边。牧民每天要喝很多次茶，烧茶主要用牲畜粪。他们最喜欢羊粪，因其最为坚硬，经长时间羊的踩踏后，再用木模压成块状，堆积风干，携带方便。除此之外，也使用枯干的树木和灌木，但在搬迁过程中，牛羊粪是最有保障的，干柴主要用来做引子，牧群犹如流动的没有污染的天然燃料车。[①]

由于哈萨克人崇拜水，对水的获取方式也有很多习惯规约。例如，在春秋草场，当妇女去河边挑水时，涮水桶的水要倒在河岸上，不能直接倒入河水中。有一次我跟随牧民从夏季牧场向秋季牧场移动，中途停留时，我和主妇一起去挑水。天已经快黑了，小溪非常浅，周围还有很多草，好长时间才能灌满一桶水。后来才知道，哈萨克人一般不会对水源地做任何改变，更不会把周围的草拔掉。宁肯自己费时费力，也要保持原始自然状态。

野生动物也是哈萨克族牧民直接获取的资源。阿尔泰山有着丰富的野生动

---

① 陈祥军：《传统游牧与乌伦古河可持续发展——以恰库尔图河段阔斯阿热勒村为例》，《新疆大学学报》（哲学人文社会科学版）2007年第4期。

物资源，但过去狩猎只是牧民的一项副业。牧民过去狩猎主要出于这样几个目的：为了获得珍贵兽皮而去捕猎狐狸和河狸；为了获得贵重药材而捕猎鹿和獾猪；为了弥补肉食的不足而去捕猎黄羊（鹅喉羚）、大头羊（盘羊）及野鸭子；为了保护牲畜而捕杀熊、狼和野猪，等等。过去他们打狼的方式是有很多讲究的。春天，猎人会在准噶尔盆地深处找到狼的巢穴。等到母狼产下小狼崽后，乘着母狼外出觅食时，猎人选择其中一只小狼崽把它的一条后腿筋割断。等小狼崽长大后，它也跑不快。初冬，当下第一场雪之后，猎人寻着瘸了腿的那匹狼的踪迹，很快能抓住它。

牧区老人们经常会说，哈萨克人2岁的小孩都知道不能随便拔草。所以，即使在牧民定居点，牧民打草的方式完全不同于农区。在人民公社之前，牧民每年10月份才开始打草。此时牧草都已成熟，牧民是为了等到植物种子都散落入大地后再打草。从现代草地学的研究中，这也是非常合理的。如果割草太早，牧草的营养价值虽高，适口性好，但单位面积产量低，并且含水分较多，难于调制干草。即开花初期以前割草，下一年的产草量较低。在开花期割草时，牧草地下部分营养物质的积累最多，这样下一年可获得很高的牧草产量。但准噶尔盆地的草大部分属于蒿属植物，一般应该在结实期收割，因为此时所含的苦味物质较开花时为少。①

牧草晾干后，又是怎么储藏和运输的呢？下雪之前，牧民来到乌伦古河把干草堆起来。为了不破坏草场，都不用马车拉草，而是用一根棍子（柳条）从草堆底下穿过去，把棍子折弯，再用一根绳子绑在棍子的两头，刚好把干草紧紧地捆绑在里面。最后骑在马上，抓住绳子的另一头把干草堆一个个运送到目的地。一匹马在草地上的踩踏，肯定要比一辆马车对草场的损害小得多。这样既不用马车，也就不会在草场上修路，也不会破坏草场。还有牧民在割草时，如果在杂草里碰到小树苗会绕过去，不会把树苗砍断。过去，牧民非常注意保护草场，在获取资源时，会把自身行为对草场的破坏降低到最小限度。但后来农业队来了，情况就发生了很大变化。

（二）如何对待资源

牧民转场移动时，处于各种环境资源中又持有何种行为方式呢？在长期实践中牧民们已形成约定俗成的行为方式。首先他们从内心深处尊重一切生物

---

① 北京农业大学主编《草地学》，中国农业出版社，1982，第251页。

体，甚至把有些自然资源（动植物）奉为神灵。凡是破坏这些资源的行为都会受到谴责或者惩罚，并以很多规约及警醒式的谚语约束着人们的行为，如"保护草场要想保护自己的眼睛一样；不要伤害猫头鹰，否则你就会失去吉日；砍伐一棵柳树，就等于杀死一条生命"等。老人们总是会告诫年轻人要"路边植树，旱地挖井，河上架桥"，因为这样会给你带来好运。

因此，日常生活中牧民有很多对待自然（资源）行为方式的习惯。其中，哈萨克族牧民对待水的态度和行为方式尤其引人关注。有关水的禁忌以及在水源地的行为都有特别的讲究。在水源地附近有很多禁忌。对于外来者来说，有时候因为不知道这些禁忌（或许在外来者认为是一个无所谓的行为）从而给自己带来麻烦。在牧区有一个常识：在河边、水渠边或泉水边是绝对不能洗衣服的。如果要洗衣服，可以提水去远离水源地的地方洗。这是为了保证水源地不受污染。

我跟随牧民转场时，发现每到一个停留点，他们都选择一个远离水源地的地方搭建毡房。即使在春秋牧场的定居点，房屋距离河谷至少都有200米远。因为离水源太近，害怕小孩会在水里撒尿拉屎。同时，他们大小便的地方距离水源地最远，其次是洗衣服、做饭的地方。要离开营地时，会把所有的骨头都烧掉，把毡房周围打扫干净。哈萨克谚语里说："迁徙时要灭火，把住宿打扫干净。"等毡房搬走后，原来搭建毡房地方的植被又会很快恢复。过去，有些人家在选未来儿媳妇时，婆婆会专门来看这家人搬走后，原来搭建毡房的地方是否干净，植被是否保护得好。如果营地又干净，还看不到裸露的地表，对未来的儿媳妇会很满意。可见，哈萨克族牧民对水源和草地的爱护尤其难能可贵。

哈萨克人对水的态度引起我的格外关注。这主要是源于我和他们完全不同的洗漱习惯。刚开始在牧民家里生活，洗漱习惯的不同让我花了很长时间才适应。哈萨克人是不会用"死水"来洗脸的。他们把积水，即不流动的水称为"死水"，死水是不能饮用的。流动的水，如泉水、井水等都可称为"活水"，活水才可以饮用。后来住得时间久了，每天早晨我和他们一样拿着水壶出去洗脸、刷牙。刚开始我自己总感觉这样根本洗不干净脸。我一只手提着水壶，把水倒入另一只手里，然后赶快向脸部划拉几下。有一次我问一位很熟的哈萨克族朋友叶儿扎提，我说："没有脸盆怎么能把脸洗干净啊？"他说："其实你们汉族人那样洗脸才不干净。你想想，一大盆水里有香皂或其他洗手的东西，它们搅和在一起多不干净。而我们用水壶浇着洗脸、洗头，这些水都是流动的，既干净还能节约用水。"

听他这么一说，我感觉也很有道理。但我认为这可能是哈萨克人从节约用水和洁净角度来考虑的。每次在牧民家里吃饭，饭前饭后都要洗手的。饭前，家里的晚辈肩膀上搭着一条毛巾，一只手拎着水壶，一只手拿着一个盆子，挨个给大家浇水洗手。饭后，他还会重复一遍饭前的动作，只是擦手的毛巾会换成另一条。因为，饭前的毛巾和吃完肉擦手的毛巾是完全不同的，而且也绝不能给客人用错了毛巾。这种用水壶浇水洗手的方式的确非常节约水，有时七八个人吃饭，只需一壶水（约两三升）就够了。后来，我想哈萨克族游牧民对水的态度及行为方式，主要还是因为他们长期生活在干旱半干旱区的欧亚草原上，水是人畜生存的根本。所以保护水资源和节约用水都是为了适应脆弱的草原环境。

在猎取野生动物资源时，也有很多约定俗成的规矩。如不能猎杀怀孕的动物，也不能猎杀产崽的动物，遵循"打公（雄）不打母（雌）"的原则。如同美洲印第安人的易洛魁部落一样，他们绝对不会猎杀怀孕的母熊，更不会猎杀小熊。当地牧民在野生动物繁殖期的春天是绝不会打猎的。

田野中，我深深感受到哈萨克人对待动植物的情感。这是一种朴素的人与自然和谐相处的生态观，并影响着每个人的日常行为方式。上文提到毡房搬走后，原来的植被很快能恢复。即使在今天的牧民定居点，你会发现房子周围依旧是"杂草丛生"。牧民从来不会去铲除这些草。没有人认为这些草不美观或妨碍他们的生活。在哈萨克人的世界里，这些草也是自然界的一部分。

我在阔斯阿热勒村的村主任家里曾经住了很长时间。有一次，偶然发现他家羊圈里有好几个野鸽子的巢穴。十几只野鸽子在那里休息，我慢慢一点一点走近它们，大约只有2米远，我从来没有这么近距离接近过野鸽子。因为，在这里没有人去干扰它们、去伤害它们，它们一点都不害怕人，甚至那些麻雀也是，有时感觉伸手就可以抓到。倘若在农区，这些野鸽子和麻雀早就飞得无影无踪。

为什么会这样说？离村主任家大约6千米的地方有一座新建立的小城镇——恰库尔图镇。该镇处在阿勒泰地区南来北往的交通要道上，也是阿勒泰与外界联系的东大门，同时又处在牧民转场的传统牧道上。每年春季和秋季，往返于冬、夏牧场之间的牧民都要在这里进行短暂休整、购物、交换牧草等。216国道直接穿过镇中心，带动了这里的零售、餐饮、住宿等行业。近年来外来汉族人逐渐多起来。季节性流动人口的数量更多。有位哈萨克族老人发现，汉族小孩或大人看见野鸽子、野鸭子、白鹭等，就会捡起石头扔过去。而哈萨克族小孩一般不会这样做，所以这些鸟和他们很亲近。他们每天都与这些鸟生活在一起，已经把它们作为生活的一部分。

2006年，我在吐尔洪乡乌伦古河牧民定居点做调查时，有个老人还给我讲了一个绕口令。他说完后，在座的人都笑得前仰后合。但翻译成汉语后原有味道基本没有了。大致意思如下："我的名字叫麻雀，身上只有一块肉。如果你把我杀死。爸爸会被人抓走，妈妈会被我咒死。你将会变成孤儿。"还有告诫人们善待粮食的谚语："生前不要浪费麦子、馕（馒头），否则死后，上天会让你骑着骆驼，把麦子一粒一粒捡起来。"因为骆驼很高，骑着骆驼捡麦子几乎是不可能的。言外之意就是对浪费粮食的人进行惩罚。

生态观与环境行为是哈萨克人游牧文化和知识体系的重要组成部分，是在长期与环境的互动中形成的。它也决定了一种文化或民族对环境的态度。这些观念与行为受制于环境同时也影响着环境。哈萨克人一直信仰的萨满教，今天仍然对他们的自然观和环境行为有着重要影响。这些观念和行为规范仍然是哈萨克人传统的文化传承方式——家庭濡化中的内容。

小　结

游牧生态-环境知识是游牧知识体系里的核心内容，且还处于这套本土知识体系的信仰或精神层面。它根植于游牧民对草原上一切生物（动植物等）的认识。对于游牧民来说，牲畜是他们一切生产生活来源的基础。对各类牲畜繁殖、体况、行为活动等各种情况了解的多少，直接关系到他们的生存状态；对于牲畜来说，牧草是它们的食物来源。游牧民依靠牲畜，牲畜依靠各类植物。所以游牧民在认识牲畜的过程中又直接或间接掌握了各类植物知识。从哈萨克族游牧民对牲畜精细的分类知识中，我们可以发现，这种多样性的分类知识既强调了牲畜在其生产生活中的重要地位，还间接反映了游牧民对待自然及一切生命的价值观。

哈萨克族游牧民利用其丰富的动植物知识，为游牧生产和生活服务。有经验的牧民根据天文、气象及物候知识，通过观察家畜、动植物、日月星辰及风云雷电等自然现象的微妙变化，在综合各种知识和总结一定规律的基础上，对近期或将来半年、一年的天气做出大致的预测。这些游牧生态-环境知识经过代代累积，应用范围也在不断扩大，重要性也已深深植根于游牧社会之中。尤其是气象预测知识成为游牧民应对脆弱多变干旱区草原环境的一项重要知识。

  基于此，哈萨克族游牧民建立了一套对待自然的态度、获取资源方式及环境行为的社会规范。这套社会规范还反映了他们对待草原的生态观。游牧生态观是他们所有经验和实践知识的综合，同时也是维持"人-草-畜"动态平衡关系的基础。

第四章

季节放牧与草原利用

　　游牧知识植根于畜群与草原，所以有关畜群的季节放牧与草原利用知识同样非常丰富。这些知识是经过长久积淀才形成的，是游牧民在长期与牲畜及草原的相互适应中获得的。实际上，生活在欧亚大陆的游牧民还经历了农牧相长的局面。哈扎诺夫就认为，在欧亚草原上生活的游牧民从公元前3000年开始从事农业，之后农牧相长，直到公元前1000年才真正确立了以游牧为主的生计模式，这中间经历了2000年的时间才形成有规律循环式移动的游牧技术知识。[①] 所以对游牧民来说，能否熟练掌握这些游牧知识，对于发展生产、维持生存及保持草原的永续利用都起着重要作用。

　　如上章所述，游牧生态-环境知识是游牧知识的核心。畜群的季节放牧与草原利用知识处于游牧知识的技能层面。有学者将草原民族通过家畜利用草原而形成的一套知识称为"游牧技术"[②]。游牧技能就是对牲畜的饲养和对草原利用的知识。传统游牧社会中游牧技能是游牧民生活的重要组成部分。麻国庆认为，游牧技术知识是游牧民时代连续发展的产物，虽没有明确的制度，但这种知识与其社会文化紧密联系在一起。[③] 所以这里所指的不是纯粹意义上的技术知识，而是以游牧文化为基础的知识。传统游牧文化中，游牧生态-环境知识是其最为重要的组成部分，同时也引领着游牧技能知识发展进程的方向。

[①] Anatoly M. Khazanov, *Nomads and the Outside World*, Cambridge: Cambridge University Press, 1984.
[②] 邢莉、易华：《草原文化》，辽宁教育出版社，1998。
[③] 麻国庆：《环境研究的社会文化观》，《社会学研究》1993年第5期。

第一节 放牧畜群

历史时期中亚北部的干旱半干旱地区，游牧民经过一千年的驯化选育后，最终选定适合本地区的优良畜种。因此牲畜的种类及其品种结构都是由草原环境的具体特点（草场类型、草种、草量）、气候以及地形地貌等条件决定的，即牲畜结构取决于草原结构。

中国按照牧区自然地理及气候条件的复杂性，把草原家畜划分为三大系：藏系（青藏高原）、蒙古系（北部）、哈萨克系（西部）家畜。[①] 阿勒泰地区的哈萨克系家畜处于温带干旱、半干旱气候区。处于这一区域的家畜，夏季在高山牧场，这里的气候、降水、牧草对于家畜迅速抓膘非常适宜。而冬季则在准噶尔盆地或古尔班通古特沙漠边缘的背风向阳处过冬，减轻了寒冷空气的侵袭。因此哈萨克系家畜具有抗逆性、耐苦性及抓膘能力强和行走速度快等特点。

一 畜群结构知识

畜群结构主要指牲畜群内不同畜种的比例，以及同种牲畜的年龄、性别的比例结构。我认为，畜群结构还主要反映了游牧民放牧牲畜的各种知识。

（一）种类和品种结构

"种"（species）是动物学分类的基本单位。"品种"（oreed）是同一"种"中的一群动物。它们个体之间都具有某些共同的特点，而能与同一"种"的其他动物相区分，则称之为"品种"。[②] 哈萨克人把放牧的牲畜分为5种：骆驼、马、牛、绵羊、山羊。从食草量上，马、牛、驼为"大畜"，绵羊和山羊为"小畜"；从实用性角度，马和驼是役用牲畜，牛和羊是奶畜兼肉畜。因此牧民根据草原条件以及役用角度，所养的各种牲畜占畜群比例也不一样。大家畜一般占15%~20%，小家畜一般占80%~85%（见表4-1）。在这五种家畜中，羊（尤指绵羊）是牧民主要的生活资料。羊的肉、奶、皮、毛、绒及羊粪都为牧民所用。因此羊（包括山羊）在所有牲畜中所占比重最大；牛也是牧民的主要生活资料之一。牛同样有肉、奶、皮、牛粪、牛角，甚至牛

[①] 中国牧区畜牧气候区划科研协作组编著《中国牧区气候》，气象出版社，1988，第91页。
[②] 郑丕留主编《中国家畜生态》，中国农业出版社，1992，第69页。

骨头。退休兽医热马赞认为，牛的好处实在太多：

  牛肉可以吃，牛奶可以喝；牛皮可以做衣服、绳子等；牛角泡软后可以做梳子；牛蹄可以做衣服上的纽扣；牛粪的用途最多，既是最好的燃料，晒干后又是羊圈里最好的保暖材料；牛尿是草原的肥料；牛的大骨头组合起来还可以做家具，小骨头扔到草场里还是肥料。

  牧民总结道："再好的工厂也不如一头自然界的牛。"马是日常的主要交通工具，骆驼则是主要的运输工具。马奶酒和骆驼奶酒还是上等饮料，驼毛是高级毛料之一。可见，牧民几乎充分利用了每一种牲畜及其身上的每一部分。牧民之所以能够这样淋漓尽致地利用牲畜，这还是源于他们放养牲畜的丰富知识。

表 4-1 富蕴各类牲畜所占比例

单位：%

年份	马	牛	驼	大畜合计	绵羊	山羊	小畜合计
1949	9.82	5.97	2.46	18.25	73.68	8.07	81.75
1966	6.55	6.95	1.20	14.70	67.86	17.32	85.18
1976	6.26	7.47	1.57	15.30	71.65	12.88	84.53
1986	4.51	9.95	1.96	16.42	70.28	13.12	83.40
1998	4.06	8.61	2.26	14.93	64.61	19.1	83.71

注：20 世纪 80 年代后，由于受商品经济、市场经济、农牧区机械化、消费结构等因素影响，大牲畜的比例开始下降，小牲畜比例不断上升。
资料来源：由富蕴县统计局和地方志办公室所获数据综合整理，2008 年。

  对牧民来说，这五种家畜缺一不可，各有其用。它们保证了牧民的衣、食、住、行、用。五种家畜中，马被列为所有家畜之首。因为马过去在战争中的作用比其他牲畜更大。马还具有在冬季用蹄子扒开积雪采食的本领，这尤为哈萨克族牧民所珍视。平时书写的顺序都是马、牛、驼、绵羊、山羊。
  哈萨克族牧业生产中，对种公畜的选育非常重视。哈萨克牧民经过长期选育才培养出延续至今适合本地区自然环境的优良品种。过去氏族部落首领不惜重金购买优良种公畜，目的是培育出更好的畜种。所以哈萨克谚语说："母牛种不好，生下的牛犊活不了。"

本地优良品种的家畜主要有阿尔泰马、阿勒泰大尾羊、伊犁牛等。阿尔泰马的基础品种①是哈萨克马，是牧民根据当地草原环境，经过长期选育的结果。由于阿勒泰地区牧草繁茂，适于牧马的中、高草禾本科草场广阔，豆科草类的分布也多，所以形成了现在这种体型高大、剽悍，具有抗寒力与抗病力，持久力与灵活性都很突出的阿尔泰马。这些本地马已经适应了当地干旱、寒冷的气候和荒漠草原的环境，而且吃苦耐劳、耐粗饲。冬季很少或根本不进行补饲也能正常地生活、生长发育和繁殖。牧民饲养的马，按照不同用途主要有乘骑、种用和肉用。

阿勒泰大尾羊历史悠久，而且有确切的文字记载。王作之认为，《新唐书·回鹘传上》和《通典》中所记载的"大足羊"，应当是"大尾羊"之误。北宋王延德在出使高昌所见的大尾羊的尾巴重达三斤，宋代的一斤合596.82克，三斤合1790.5克，约1.79公斤。② 阿勒泰大尾羊以体格高大、肉脂产量高、生长速度快和具有较大的"脂臀"而著称。

由于阿勒泰地区季节草场的垂直带分布明显，羊群四季转场放牧，形成了抗寒、耐热、耐粗饲以及善走山路和长途远牧的特点。当地冬、春严寒，长达半年之久，冬、夏牧场间的直线距离达400多千米，因此牧民选育出能够快速在夏季抓膘的大尾羊，并把大量脂肪贮存在臀部。这些脂肪在冬季可以产生大量热能，以维持本身的新陈代谢和热平衡。严寒的冬季牧民在外出放牧前，一般都会吃一块大尾羊臀部的油脂以增加热量。冬季几乎每天晚上都要煮肉。每次晚饭时，主人都会给我一大块羊尾巴上油脂，并告诉我冬天只有吃了羊尾巴上的油，晚上睡觉才不会感到冷。而且当地哈萨克族小伙子经常会以羊尾巴油为打赌比赛的一个筹码。看谁在规定时间内吃的羊尾巴油多。能吃羊尾巴油被看作是小伙子能力的一种体现。

牧民不但在体质上对羊群进行了不断的选育，在毛色上也经历了很长时间

---

① 现代畜牧学中，以家畜的培育程度、类群间的血缘关系及经济性能等综合指标为依据，将所有家畜的类群分为三大类：第一类是数量最多，并在此基础上产生其他一系列新类群的家畜类群，称其为基础品种；第二类是在接受人类影响较深广，培育程度较高的类群，但它们又是在上述类群的基础上产生的优秀类群，称其为优良品种，优良品种又分为两个亚类，即当地优良品种与引入优良品种；第三类是在杂交改良过程中所形成的那些遗传性还没有达到相对稳定的、尚不能被称为品种的类群，称其为过渡类群。参见中国科学院新疆综合考察队主编《新疆畜牧业》，科学出版社，1964，第53页。

② 王作之：《新疆古代畜牧业经济史》，新疆人民出版社，1998，第66页。

的选择。据说，他们的祖先最早选育了白色毛的羊，但在本就寒冷的冬牧场因缺乏热量，生存能力较差。后来又选育了黑色毛的羊，虽然冬季保暖抗寒能力强，但缺点就是夏季黑色毛吸热不利于抓膘。通过长期不断选育，最终把颜色选在了黑白之间的颜色：棕色和黄色。现代畜牧学上也认为，干旱荒漠和半荒漠地带特有的畜种，体内贮积黄色素和红棕色素较多，所以被毛色以黄色和红棕色居多。以北疆骆驼为例，棕褐色被毛占 26.4%，紫红色被毛占 13.7%，黄色被毛占 52.7%。[①]

这种牲畜品种的选育技术，是牧民经过长期积累、反复试验才掌握的，从而选育出今天的本地优良品种。我们依据现代畜牧学原理也证明了这种选育的合理性。所以哈萨克族游牧民的这套牲畜品种选育知识是很科学的。

（二）性别和齿龄结构

牲畜的性别除了原有的公、母外，还有中性（被去势的牲畜，称羯羊）。牧民的牲畜以母畜居多，并配以一定比例的种公畜。对雄性牲畜的去势主要目的是选优去劣，以及培育役用和肉用牲畜。因此每个牧户既要根据自己牧场的情况，又要根据自身需要安排牲畜的性别比例。

新中国成立前每个阿吾勒内的富裕牧户，也是拥有种公畜的牧户。如果阿吾勒内其他牧户的适龄母牛、母马、母驼的数量太少，其数量不能达到一个种公畜可配种数量的一半，那么就要和邻近的其他阿吾勒合群完成配种。古今游牧民的实践证明，羊群的性别结构最好是：公羊（包括后备幼龄公羊）占羊群的 2%~3%，羯羊（包括幼龄羯羊）占 22%~23%，母羊（适龄 50%，后备幼龄 25%）占 75%；大家畜适龄母畜、幼龄母畜、中性畜占各自畜群的比例分别是：驼 25%、35%、45%，马 30%、30%、40%，牛 40%、30%、30%。[②]这种结构才有利于畜群的稳定发展。

畜群除了有性别比例的划分外，还有齿龄结构。牧民一般把牲畜划分为四类：仔畜（断奶前）、幼龄牲畜（断奶至配种前）、适龄牲畜（有繁殖力）和老龄牲畜。一直遵循"幼养、壮用、老吃"的养畜原则。但随着市场经济对幼畜的需求，牧民每年秋季要销售大量的当年羊羔。幼畜也是他们一年辛勤劳动的收获。所以牧民非常重视对幼龄牲畜的培育，像对待自己的孩子一样照顾它们。

---

① 郑丕留主编《中国家畜生态》，中国农业出版社，1992，第 150 页。
② 陈祥军编《杨廷瑞"游牧论"文集》，社会科学文献出版社，2015，第 24 页。

每年秋季，要根据性别及齿龄结构重新调整畜群，采取留优去劣、合理淘汰的方法。挑选出那些老、弱、病及部分适龄牲畜，除一部分留为食用外，大部分都要卖出去。这样既提高了整体畜群的生产力，又减少了对冬牧场的压力。每年的秋季（9~10月间）被牧民称为"天堂"时期，因为用卖牲畜的现金，换回了很多自己急需的或比较奢侈的生活用品。

总之，游牧民都是从草原本身的自然环境特点出发，总结出合理的畜种结构、性别及齿龄结构，目的是保证其基本日常生活和游牧业的持续再生产的过程，同时也是为了规避各种自然灾害，保护整体畜群的膘情。

二 "种"与"群"的分类放牧

传统哈萨克族社会，马、牛、驼、绵羊、山羊，这五种牲畜一般都是由牧人分开放牧。牲畜除了分类放牧外，还要按照一定的数量进行分群放牧。牲畜的放牧以"群"作为计量单位，这也是牲畜群居习性的体现。

（一）畜种分类放牧

不同畜种之间一定要分开放牧，因为不同牲畜喜欢吃不同的草，且采食的空间分布也存在差异，所以分类放牧是为了更加有效地利用草场。同种牲畜也要进行分类放牧，主要是依据牲畜本身特点、数量、草场以及季节等因素，在特定时间内实行分类放牧。如羊群依据雌雄、年龄等进一步地分类组群。

1. 羊群的分类放牧

在放牧知识中，放牧羊群是哈萨克族牧人最基本的一项技能，也是最辛苦的工作。牧人常年一刻也不能离开羊群。在牧民所有牲畜中，羊群所占比例最高，所需劳动力也最多，更是牧民衣食住行物资的主要来源。所以放牧羊群是四季放牧中最重要的一部分。

按照雌雄、发情期以及繁殖期等特点，一般将羊群分为三类：（种）公羊群（见图4-1）、母羊群、羊羔群（仔畜群）。公羊群与母羊群在特定时期实行分群放牧，到了繁殖期会合群交配。母羊群在产羔后，等到小羊羔会吃草时，也要实行分群放牧。同种牲畜的分类分群放牧，主要基于草场条件（季节性）与牲畜本身的生长、繁殖等情况，目的是规避自然风险、留优去劣，同时也是为了精选和培育优良畜种。

马、驼、羊的发情具有很强的季节性特点。牧民为了避开在严寒的初春产羔，把羊的孕期（5个月）控制在草最缺、天最冷的5个月（11月至来年3

月)。其他牲畜的孕期,也大都在冷季。这样春季产羔的时间从 4 月开始,那时天气已开始转暖,积雪逐渐融化,青草也已返青。羊羔也不会遭受寒冷和饥饿。为了控制配种时间,自每年 6 月开始,就把公羊与母羊分开放。当牧民到达两河间的秋季牧场时,约 10 月底或 11 月初又合在一起放牧,进行配种工作。如果不实行公羊与母羊的分群放牧,配种时间提前,母羊产羔的时间有可能就是最寒冷的初春。羊羔的成活率极低,会给牧民造成很大的经济损失。新中国成立前,有些富有的牧主拥有数量达上千只的羊群,在配种时都是把公羊群与母羊群分开放牧。对于数量较少的羊群,即使不分开放牧,也要在公羊的腰部绑一块毡子(哈萨克语"库腰克")。通俗地讲就是"避孕毡",到配种的时间才会把它取下来。

图 4-1　种公羊群　2009 年 3 月 30 日 吉别特村接羔点

对于幼畜和母畜也有一套放牧的方法。羊羔从生下来就和母羊分开管理。白天母羊要被赶出去吃草,羊羔留在毡房附近,否则母羊无法进食,也影响幼畜的生长发育。晚上会给羊羔留 2 个小时吃奶的时间。吃完奶后,还要把母羊与羊羔分开圈着。

当羊羔会吃青草时,羊羔群和母羊群分开放牧。二者最好赶到不同的地方放牧。如果母羊群在山的背面,羊羔群就在山的阳面。两个羊群沿相反方向放牧,到接近傍晚时,两个羊群刚好汇合。然后把羊羔群和母羊群合在一起再放牧大概两小时。这两个小时是留给羊羔吃奶的时间,等羊群回到毡房附近时再把它们分开。白天放牧时,两个羊群要保持一定距离。距离太近,羊羔会冲进母羊群,影响母羊的进食;距离太远,母羊和羊羔汇合的时间太晚,吃奶的时间就不能保证。适时的分群放牧，能够同时保证羊羔和母羊都会长膘。一般从8月底或9月初开始，即从夏牧场向春秋牧场转场时，母羊群与羊羔群会合一起赶下山。每户牧民一般有4个人放牧。一个人放母羊，一个人放小羊羔，一个人放公羊，一个人放牛马驼。2个毡房组合在一起，每个房子出2个人。劳动力不够的牧户只有雇人放牧。

2. 马群的分类放牧

马是五畜中最聪明的动物，哈萨克谚语说："再笨的马也比最聪明的牛强。"马是群居动物，聚群生活是动物的一种社会行为。马群内部有自己的社会组织结构形式。动物学上称之为"社群"① 结构。所以，马的"群"概念与其他牲畜的"群"概念是不一样的。马群是以血缘关系及群体序列为基础组成的，个体在群体内所处的社会等级地位不同，即存在优势序列②。如在一个马群里，地位最高的是头马（首领），其他马依据年龄、长相以及与头马的关系等条件都有自己的地位。马群一般分为家族群与公马群。家族群由一匹成年公马和数匹成年雌马及其后代组成，采取一雄多雌的婚配制度。公马群由数量不定的亚成体和成年雄马组成。③ 实际上，牧民根据历史知识经验，把马群分为三类：种马群（家族群）、公马群（包括中性马，又称光棍群）、雌雄性马群。

传统哈萨克族社会，每个氏族都拥有很多种马群，哈萨克语称"阿依合勒优"（意思是在这个群里有种公马）。种马群也是牧民选育优良马种的基础。一个种马群一般由5~15匹大小不等的母马、小马驹和一匹种公马组成。在这个群中，种马又称头马，它是整个家族群的"领袖"，其他母马之间依据年龄排列，呈直线等级地位序列，即母马中既有"皇后"，也有不同地位的"妃子"。种马不会留任何公马在自己的马群里。种马对自己的孩子，断奶后会把小公马赶出自己的马群，不再让他加入。当"女儿"（小母马）快成熟时，"父亲"（种马）也会把"女儿"赶出马群。它们（小母马）会与其他没有血

---

① 当两个或多个动物个体生活在一起时，它们构成一个社会聚群（简称社群）。P. C. Lee, "Social Structure and Evolution," in P. J. B. Slater ed., *Halliday and Evolution*, Cambridge: Cambridge University Press, 1994, pp. 266-303.

② 优势序列，是指同一种动物内部某一个体与其他个体比较，在觅食行为和性行为的机会上的优先次序。这个次序是个体在这一群体中所处的社会等级地位的反应。参见陈金良、胡德夫、王震彪、张颜豹《普氏野马的婚配制度及雄性杀婴行为》，《大自然》2005年第6期。

③ 陈金良：《放归普氏野马的食物、水源、空间利用及生存对策的研究》，博士学位论文，北京林业大学，2008，第72页。

缘关系的马单独组群。公马群（光棍群），哈萨克语称"折勒合"，其成员主要是一些年龄不等的中性马，以及2~3岁还未到性成熟年龄的小公马。小公马一般到3岁时会被自己的父亲种马赶出家族群，单独组成一群，与种马群分开放。这个马群一般由年龄较大的公马或中性马带领，数量在20~30匹。在富蕴，这种公马群较为常见。

雌雄性马群，哈萨克语称"科斯拉克"。这个群一般由1匹公马和5~10匹还未到生育年龄的小母马（2~3岁）组成。这些小母马一般都是从自己的家族里被种马赶出来，然后开始组群。这个群以小母马为主，年龄最大的公马一般是这个马群里的首领。

在这三类马群中，都有处于领导地位的领头马，尤其是种马群中的种马。它们负责保护整个家族或马群里每一个成员的安全，维护自己的采食领地，以及组织马群的季节性迁徙。这个组群的过程都是靠动物自身的本能完成的。

牧民正是依据马群本身的社群特点来放牧马群。当3岁左右的小母马和小公马被头马赶出马群后，牧马人会把它们单独组群，并与种马群分开放牧。小公马4岁时，牧民会从公马群里挑选出各方面都比较优秀的马做种马，其余的公马被去势（被阉割）后用来做乘骑。这种分类放牧也是为了选育出体质更为优秀，能更好地适应干旱、寒冷气候的荒漠草原环境的本地品种。

经过哈萨克牧民的长期选育，最终形成了今天适应本地自然环境的阿尔泰马。这些本地马群已经非常熟悉自己每年的采食地点，且适应了南北迁移的游牧生活。我曾经亲眼看到马群的转场过程，它们几乎不需要牧民驱赶，自身有着非常准确的生物钟，随着季节气候变化自由迁徙。这些马群迁移的时间和路线已形成一定的规律，整个迁移过程基本依靠自身完成。所以在准噶尔盆地普氏野马放养中心的工作人员看来，哈萨克牧民家马的生存方式和行为较之野马更像野马。

在采食方面，每群马都在一匹头马的带领下，在属于自己的领地范围内采食。头马能够支配群体内的每一个成员，带领着马群采食、迁徙，同时起着保护整个群体的作用。夏牧场牧民每隔10天或半个月去看一次，基本不需要牧人照看。冬牧场一个牧马人一般可以放100匹左右的马，也就是10个左右的马群。

马采食的时间长，休息睡眠的时间短。白天大部分时间在采食，甚至晚上也在采食，因而哈萨克人称"马是吃夜草的牲畜"。马喜欢移动，吃饱后会停留一小时，又开始移动。每天长达十几个小时的采食都是在移动中进行。有风时，马跑得更快。马喜欢顺着风跑，哈萨克族有句俗语："马群风吹敌赶都顺。"① 马的长时间采食与移动性采食特点决定了牧马一定需要广阔的放牧空间。马群本身的社群结构决定了其放牧方式，每个群都有自己的活动范围和领地。牧马人一般在黎明和傍晚换班休息，牧马时重点防范盗马贼和狼群的伤害。

（二）畜种组群分工放牧

五种牲畜牧民缺一不可。牲畜按照种类虽然进行了划分，但每个牧民放牧的牲畜数量有限。各类畜种按照一定数量组合成若干个"群"。"群"是游牧生产中放牧牲畜的最小和最基本的放牧单位，即一个牧民所能看管牲畜的牲畜数量。很多家畜，如马、羊、牛等都有自己相对稳固的群体组织②，尤其是马的合群性较好，骆驼的合群性就较差。所以牧民都是以"群"为单位进行放牧。

游牧民的历史放牧经验是，母羊、羯羊一般400~500只为一群，牛60~100头为一群，马60~100匹为一群。根据放牧人的技术和水草情况，各畜种的群数量会有增减。这样不同畜种间分类放牧以及同种畜种内的分群放牧，必然需要很多劳动力。畜种分类、分群越细，分工也越细，需要的劳动力也越多。传统上都是由几户亲族组成阿吾勒（基层游牧组织）形式，以分工协助来解决。

社会主义改造之前，为了分类、分群看管好各类牲畜及合理利用劳动力，牧民习惯上都是组群放牧。即在同一个阿吾勒内，牧户间拥有各类畜种数量有多有少。牧民把各自的牲畜以不同类别先组合起来，然后按照数量和劳动力情况分成若干个放牧单位"群"，进行分工放牧。牧民至今仍然延续着这种组群放牧形式。组群放牧主要有三种形式：合伙放牧、捎带放牧与雇工放牧。

合伙放牧，就是几户牧民将牲畜分类组群后，各自出劳动力轮流或分工放牧。轮流放牧就是各户按照日、月、季节的时间次序，分班放牧一个单一畜群；分工放牧就是整个阿吾勒内各户的牲畜按类、群划分后，根据各户劳动力及个人放牧技术情况安排放牧。一般羊群和马群都由青壮年放牧；小羊羔和小牛犊由儿童照看。牧民搬到夏牧场时，此时大部分羊羔已经会吃草，由小孩在

---

① 这句话的意思是，如果顺着风驱赶马群，不管是谁都可以把马群赶走。要是逆风赶马群，就是放马的主人也赶不动。
② 群体组织通常指同种动物群结合成为一个相对固定的集团。集团的统一是以各个动物的相互依赖和相互反应为基础的，群体的结合强度因动物的种别、品种、环境条件和"心理因素"有所不同。参见陈育宁主编《动物行为学》，宁夏人民教育出版社，2007，第142页。

毡房附近放牧。等傍晚挤完羊奶后,让小孩把羊羔群赶回来与母羊群合在一起放牧,目的是让小羊吃奶。牧民把这种放牧方式称为暮放。等天黑后,再把母羊和羔羊分开圈养。母羊与羔羊的分群放牧形式持续到 8 月底,此期间,羔羊群一直由小孩来放牧,骆驼和牛一般由老人看管。

捎带放牧,就是牧户把自己所有的或部分牲畜让其他人放牧。至今捎带放牧不仅是牧民间普遍存在的一种放牧形式,而且农区的牲畜也大都捎带给牧民放牧。捎带放牧人与托人放牧者大都有一定的血缘、姻亲或邻里关系。捎带放牧的报酬,在过去一般按牲畜数量多少给予实物(羊、衣服、茶叶、布匹)。现在主要以实物或现金,或二者兼有。如吐尔洪乡一户捎带放牧人,一年的报酬就是所捎带放牧的母畜所产羊羔中的 40%~50%,且每月每只羊还要再收 6 元。捎带放牧对于那些牲畜数量不多的牧户来说,可以节省出劳动力从事其他生产。因此如今牧区捎带放牧形式仍旧很普遍。

雇工放牧,一般是牧户的牲畜较多,劳动力又少,雇佣一个或多个牧人放牧牲畜。或者几户牲畜数量较少的牧户,合伙雇佣牧人放牧。新中国成立前,阿尔泰牧区雇工放牧形式就存在伙雇牧工放牧与公雇牧工放牧。[①] 通过这种形式,能够把牧户中零散的牲畜集中起来,大大节省了劳动力,还可以使牲畜得到较好的放牧与管理。1984 年的草畜双承包制之后,各类牲畜被分散到牧户手中。面对这种量少类多情况,牧民很快恢复原有的伙雇牧工放牧及公雇牧工放牧形式。在某种意义,这也是原有以血缘关系为基础的氏族组织的复苏,因为牧民所雇的牧工大都是自己的亲戚。近年来,由于天气干旱,农区的哈萨克人几乎没有了收入来源,所以雇用农区哈萨克人放牧的形式在呈快速增长趋势。如在喀拉吉拉牧业村,大约有 70% 的牧户雇工放牧,而且是全年雇人放牧。雇工放牧的主要原因是子女都去上学了,家里没有劳动力。2010 年,雇一个牧羊人每月要付 800~1000 元,还要包吃包住。

不同牲畜雇工放牧的形式也不一样。马一般采取公雇牧工放牧;牛采取捎带放牧;羊采取合伙雇工放牧。随季节与牧场的变化,牧民采取的组群放牧形式也经常改变。绝大部分牧民冬季一般采取雇工放牧,夏季自己放牧。

牲畜要以"量"和"类"组合成若干个群,以"群"为放牧单位,采取

---

① 伙雇牧工放牧,就是数户中等牧户或牲畜较多的牧户,合伙雇佣一个牧工放牧牲畜,按牲畜比例各家负担一定的工资。公雇牧工放牧,就是许多小牧户把自己三三两两的牲畜集合在一起,请牧工放牧,按牲畜头数与放牧时间各家支付单一的实物或货币工资。这是 1952 年至 1953 年在阿勒泰牧区做的调查。参见杨廷瑞《阿勒泰牧民合群放牧牲畜的几种形式》,载陈祥军编《杨廷瑞"游牧论"文集》,社会科学文献出版社,2015,第 103~108 页。

各种分工放牧形式。在牧民看来，不但省力而且还不易丢失和遭受野兽的攻击。所以哈萨克谚语说："一群绵羊容易管，一只绵羊不易放。"放马最能体现"群"的作用。一个大马群由若干个小马群组成，每个小马群一般由一匹种公马和十几匹适龄母马组成。遇到危险时，强悍的种公马会保护整个马群。1950年冬季，阿勒泰县第五区塔斯贝肯氏族牧民的马，在本地牧场由各家零散放牧。由于草情不好及管理不善，不仅春季马匹瘦弱，而且冬季被狼吃掉了25匹。1951年，他们组合了2000匹马去沙吾尔山放牧，不仅吃得肥壮，而且无一损伤。[①]

这充分说明，组群放马要比零散放马好得多。组群分工放牧，既解决各户牧民量少类多的放牧困境，又符合牲畜的生物本性。同时这种分工协助都是建立在亲情或友情互助的关系上，还具有加强抵御自然灾害的力量。

第二节 季节放牧

牧民有四季三地牧场，春、秋使用同一块牧场。这种划分是依据季节变化与地貌多样性特点相结合的产物。为了让牲畜在不同的季节都有足够的草吃，牧民只能驱赶着牲畜到不同的牧场放牧。由于各季节牧场之间的气候、地形及水草的明显差异性，因此不同的季节有不同的放牧知识。春、夏、秋、冬四个季节牧场中，夏牧场和冬牧场在固定的一个区域放牧的时间相对较长。春秋牧场是冬、夏牧场之间的转移牧场或过渡牧场，畜群移动相对比较频繁。实际上牧民的移动是相对的，一般在冬、夏、春秋牧场进行季内的定点定牧，而频繁的移动只发生在不同季节转场的过程中。

一 春季接羔

富蕴牧民的春秋放牧区域都分布在额尔齐斯河与乌伦古河流域及其之间的河谷、低山、丘陵及平原地带。该区域除河谷外，几乎没有地表径流，土层较薄，属典型的荒漠草原。牧民的春季放牧地点相对固定，但关键还是要看积雪的厚度和融化的速度。如果当年积雪较薄或消融速度较快，牧民只能驱赶着牲畜向高海拔地方方向移动。牧民在春季牧场停留的时间，从每年的3月底持续到5月底，放牧期为60~70天。在此期间，主要进行接羔、育羔、羔羊的断尾、

---

① 新疆维吾尔自治区委员会政策研究室等编《新疆牧区社会》，农村读物出版社，1988，第110页。

去势、抓羊绒、剪春毛等工作。

春季时,除了在接羔点停留一个月外,其余的时间移动比较频繁。每年2月中旬天气逐渐转暖,冬牧场的积雪开始融化。牧民追随逐渐消退的积雪来到各自的接羔点。4月初,春季牧场的牧草开始返青。此时羊群容易出现"跑青"现象,即牲畜受到青草味道的诱惑会到处跑,想要吃到更多、更好的牧草,结果不仅吃不饱,反而会消耗很多体力掉了膘,甚至会使孕畜流产。所以在初春放牧时,对于接羔点处于低山的牧民来说,一般采取"挡头放牧""先放阴坡、后放阳坡""先放高处,后放低处"等方法。而在两河间戈壁上的牧民还是以水源地为中心的划区轮牧方式。每年青草的长势不同,还要根据生长情况不断调整放牧方式。

春季是全年中最繁忙的季节,也是一年中牲畜繁殖的重要季节。老人们总是这样讲:"牧民一年的辛苦就是为了春季羔羊的顺利生产。"所以接羔是春季最重要的一件事。在接羔前要做好各项准备工作,如要修建好单独的羔羊圈、备好接羔袋、饲草料、绳索、照明用具,还要安排好足够的帮手等。

在接羔前一个月的放牧方式上,尤其是对临产的母羊要采取"四慢"的放牧方式,即慢出圈、慢进圈、慢行走、慢喝水,还要避免其受到惊吓及吃到霜冻的草。这是为了防止母羊流产。如果有充裕的劳动力和广阔的牧场,牧民会根据草情的好坏及大小家畜的膘情状况进行进一步的划分。怀胎初期的母羊行动方便,去较远的牧场放牧。较近的牧场会留给临产和瘦弱的母羊利用。

正常年景,羊的产羔期与接羔点(见图4-2)基本不变。产羔期一般从4月初开始到5月中旬结束。但近年来受全球气候变暖影响,当地母羊的产羔期明显提前。当然那些管理不善的牧户,其母畜早产的情况比较多。这种早产的羔羊,如果碰到低温或大雪很难存活。如2000~2001年冬春的低温造成大量牲畜在饥寒交迫中死亡。后来,我在县档案馆查阅到那年的受灾情况:

> 从2000年10月到2001年4月,降雪就达92天,降水量达210毫米,县城平均积雪深度为81厘米,沿山一带积雪厚度达150厘米,后山超过200厘米。积雪深度和降雪量均突破1954年以来的最大值,全县六乡两镇2.4万人受灾,受灾牧民962户,受灾牲畜52.3万头,死亡0.35万头……[①]

---

① 资料来源:富蕴县档案馆,2008年。

图4-2 春季接羔点 2009年3月29日 吉别特村

所以，春季的接羔和护理幼畜对于保证牧业生产的延续性尤为重要。牧民几乎集全家的力量以保证幼畜的成活率。喀拉布勒根乡的塞肯讲，过去春节接羔时，当生产队劳动力不足时，老师们会带着学生一起帮助牧民接羔。

接羔点一般都是固定的，是牧民经过精心选择的结果。接羔点选择的好坏直接关系羔羊成活率的高低。牧民普遍认为，背风向阳的沙窝子里是最好的接羔点，但沙丘不能太高，沙子也不能太厚，太厚羊行走吃力。有沙子的地方就暖和，积雪最先融化，青草也最先生长出来。如果接羔没有选择好，幼畜的成活率就可能大大降低。但接羔点并不是固定不变的，也要随着天气、草场情况以及羊群状况而改变。因此每户牧民有2到3个接羔点。自2006年以来，由于天气非常干旱，冬季的降雪较少，大部分接羔点移至两河间的戈壁上。

产羔期间，放牧时首先要注意不能让牲畜睡觉的时间太长。如果水源充足，一天最好让羊群喝两次水。早晨尽早把羊群赶出去，晚上晚一点回来，以减少羊的睡眠时间。运动时间较长有助于牲畜血液循环，减少病情。最好让羊群追着青草吃。水、草、盐对羊群来说，不可缺少。如果缺一项，不利于羊羔的质量，或产羔率下降，更会影响秋季长膘。在此期间放牧时，随时都要拿着接羔袋，母羊可能随时会生产。接羔期间，毡房内的每一个人都有自己的工作。妇女一般负责烧茶做饭和照顾小羊羔。男人们一个出去放牧羊群，另一个照顾瘦弱和临产的母羊。此外，晚上还需要一个人专门守夜接羔。这都是为了保证羔羊的成活率。

产羔期结束后，牧民又开始下一项工作：给山羊抓绒、绵羊剪春毛，羔羊去势。5月初开始,先给山羊抓绒,然后剪骆驼毛,剪马鬃尾(马颈部和尾巴上的长毛)。5月底6月初开始给绵羊剪春毛。驼毛是畜毛中最好的,主要用来做上身穿戴的东西,如帽子和上衣,还可做毡子以及缝补衣服的细线。绵羊的春毛,哈萨克语称"维力钩",一般用来做绳子、被子等。

二 夏抓肉膘

夏牧场位于阿尔泰山的高山带与中山带之间,海拔在1400~3100米的范围内。夏牧场有两部分:中山牧场和高山牧场。放牧时间从每年6月到9月,约3个月时间。夏牧场地形复杂,草场类型多样,对放牧技术要求较高。面对多样化的地形及草场类型,牧民总结出很多放牧技术,即各类牲畜的放牧方式、放牧地点和放牧时间的知识。夏季也是牧民给牲畜"抓夏膘"的季节,哈萨克俗语说:"夏天牧羊好,春季产羔多。"如果没有放牧经验,夏季牲畜没有长膘,那么过冬、产羔几乎没有希望。牧民都知道,只有夏天把羊放好了、养肥了,冬天才不会受冻,春天才会安全产羔。

对于夏天放牧,牧民有句俗话:"夏天赶着放牧,冬天圈着放牧。"夏天放牧的重点是"抓夏膘",但要想牲畜长膘,就时常要让牲畜吃到新鲜的草。夏季气候炎热,要追着背阴处放牧,尽量延长牲畜吃草时间。在背阴处放牧,羊不会因太热而不吃草。牲畜很怕热,尤其是羊,太热就会挤在一起休息。因此夏季大清早就要起来把羊群赶出去。清晨天气凉快,羊群会安静地吃草。

夏季,早晨要把羊群赶到山的阳面,下午赶到山的阴面。高山牧场早晨比较冷,羊群在阳面,人畜都不会感到冷。下午,羊群再慢慢移动到阴面,此时阳光也移到了阴面。中午,喝完水之后让羊群休息,但休息的时间不能太长。休息过长,肚子太空,羊出去吃草容易噎住撑死。

放牧方式还要考虑不同的地形、天气等因素。牧民总结了很多放牧经验,例如:平地上午朝西放,下午朝东放(即两头都背着太阳放);山地起伏的地方,上午放低地,中午到地势较高的迎风处放牧,下午再赶回低地放牧。这都是为了延长牲畜吃草的时间,抓好夏膘。

放牧时,要注意自己与羊群的距离和位置。夏季山高,乱石较多,一般走在羊群的上面,以防滚石被羊踩到,滑落下来砸伤自己。吐尔洪乡牧民巴哈提讲,在夏牧场发生过乱石坠落到毡房顶上的情况。这是因为山坡上的石头经过雨水冲刷后,松动了,在放牧时被牲畜踩到后,滑落到山下的毡房顶上。所以牧民一般雨后会把羊群赶到远离毡房的地方放牧。

早晨和下午去放牧时,牧人要走在羊群的后面,与羊群保持一定距离,不能驱赶羊群,随着羊群吃草的速度跟随其后。放牧到一定距离后,让羊群调头,返回时的放牧路线与来时的不会重合。返回时,牧人要走在羊群的前面,控制羊群吃草的速度。不能让羊群随意跑,做到首尾照应,以防羊只丢失。而且一天中,来回放牧的路线是不重复的(见图4-3)。所以山上有三条专供放牧人走的小道,即上道、中道与下道。

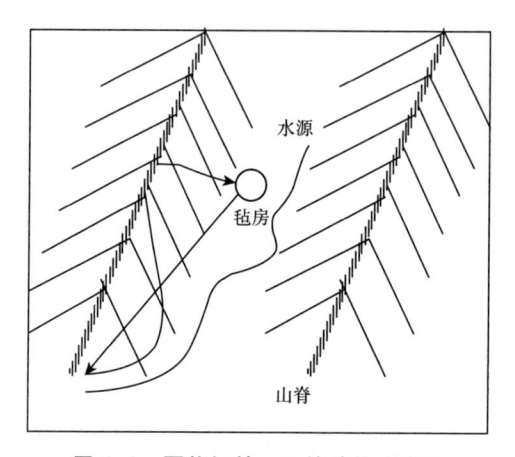

图4-3 夏牧场某一天的放牧路线图

夏季放牧还要注意给牲畜定期补充盐分。由于夏牧场都是高山及亚高山草甸土(黑土地),没有盐碱土质,且牧草水分含量较多,盐分含量较少。牲畜依靠人工喂盐来补充体内缺少的盐分。这曾经是人类把食草动物驯化为家畜的一个重要环节。给牲畜及时补充盐分,有助于增进牲畜的食欲,消化快,吃的草也更多。给牲畜补充好了盐分,牲畜长膘好,冬天抗寒能力也会增强。给牲畜喂的盐呈大颗粒状,牧民把盐直接撒在羊圈旁边的木槽里。羊群晚上回来后直奔木槽,抢着吃盐。每隔三四天喂一次,甚至一天喂一次都可以。马、牛、驼等大牲畜,每周喂两次盐。

夏牧场的生产活动除了放牧外,还有剪毛、给羊羔断乳、加工羊毛、擀毡、鞣制皮子、加工奶制品(奶酪、酥油)等工作。牧民8月初给当年产的羔羊剪毛,毛剪了后就是成年羊(哈萨克语称"托胡特")了。剪完之后,继续和母羊分开放牧,要远离母羊,自己独立吃草。给羔羊剪毛的具体时间要根据它们的膘情和顶毛情况来定,哈萨克人总结出来的经验是:"随顶茬,随剪收""抓绒剪毛要适时，提前推迟都损失"。8月剪的羊羔毛质量非常好，比较长，而且结实，具有柔、嫩、软的优点。羔羊毛主要用来制作毡子。制毡前，需要六七个人花十几天的时间先加工羊毛。传统上都是手工加工羊毛。近十来年，部分牧民开始使用机器加工羊毛。夏季制毡子时，仍然延续过去阿吾勒时期的传统，牧民在同一个放牧区域的3~5个毡房一起工作，还会每隔几天宰一只羊犒劳大家。200~300只羔羊的毛可以做4个大毡子。

牧民在给羊羔剪毛的前后就已经开始进行断乳或断奶工作。断乳在羊羔3~4个月时进行。羊羔和母羊分开放牧后，羊羔不吃奶，母羊出现了涨奶现象。牧民把这些母羊称为涨奶羊。给羊羔断乳也是为了母畜能够快速长膘，以保证它们安全过冬。此时牧民为了延长牲畜的吃草时间，中午不把羊群赶回毡房附近休息，而是在草原荫凉地歇息。牧民称此为"返一回"，意思是羊群晚上才能回羊圈。中午放牧的人就用"撒普塔亚克"（一种木质容器，形似脸盆）来烧奶子。该容器有木柄，柄的末端系有皮绳或其他绳子，拴在牧民的腰间可随身携带。牧民的午饭就是挤涨奶羊的奶，然后盛在木碗中，架起一堆火，随手捡几个石头放在火里烧红，将其置入木碗中，可以听到"哧"的一声，奶便煮开冒泡，待奶凉后再将另外几块烧红的石头放进奶中再烧，像这样煮了两三次后，木碗中的羊奶便煮熟了。牧民认为用这种方法煮熟的奶，营养价值高，对保持体力和解饥渴都有极佳的作用。这种方法被称为"烧石煮奶"[1]，是哈萨克族牧民在长期实践中获得的一项生存技能。烧石煮奶需要的器具简单、轻便实用，可随身携带，石头和柴火在草原上随处可得，而且羊奶随用随挤。

夏牧场除了生产活动外，还是举办各种娱乐活动的好地方，如赛马、摔跤、姑娘追、叼羊、婚礼、割礼、剪发礼（男孩）[2] 等。这些娱乐活动一般在7月10日到8月中旬期间举行。因为这个时期牧民有充足的奶子（牛奶、马奶、驼奶）、羔羊肥壮、各毡房之间的距离相对其他季节要近、草木繁茂牲畜相对好看管。所以很多娱乐活动都在夏牧场举行。夏季也是牧民的聚集期，每个山沟（谷）里一般有六七个或10个左右的毡房。

---

[1] 现在使用这种"烧石煮奶"技术做饭的哈萨克族牧民已经很少了。这项技术是富蕴县文管所在普查富蕴县非物质文化时发现的。

[2] 剪发礼，哈萨克语称"吐隆姆阿鲁"（Tulum Alu），男孩在长到5岁或7岁时，一般专门由姥姥、姥爷或本阿吾勒内的长辈来轮流剪发。剪发当天，父母给孩子穿上新衣服，宰羊宴请客人。

三　秋抓油膘

秋季，牧民驱赶着牲畜从阿尔泰山逐渐南移进入准噶尔盆地。秋牧场虽然与春牧场都处于额尔齐斯河与乌伦古河流域及其之间的低山、丘陵及平原地带，但与春牧场还是存在一些差异，主要是秋牧场更加受限于水源地的分布。所以秋牧场一般处于两河河谷两岸及其之间的山间盆地内。秋牧场属于过渡性牧场，利用时间从每年的9月初到11月中旬，在此期间牧民迁徙的频率也比较频繁。秋牧场的主要放牧工作是"抓秋膘"，牧民总结为"夏抓肉膘，秋抓油膘"。

从9月初至10月中旬，牧民会对所有的牲畜进行一次大排查。挑出老弱瘦及部分出售的牲畜，精选出膘好体壮的，重新编选畜群，留下来过冬。在此期间来自全疆各地的商人也云集在秋季牧场。他们开着装载牲畜的特制双层大卡车，每天穿行于牧民的毡房之间。牧民每年只在秋季出售一次牲畜。所以牧民们常说他们是"11个月的辛苦，1个月的收获"。

秋牧场属于草原化荒漠类型草场，只是荒漠化程度比荒漠化草原更为强烈。牧民在秋牧场既受限于较为匮乏的牧草资源，还受限于人畜的水源问题。为了延长羊群在秋牧场的利用时间，20世纪80年代之前，大牲畜（马、牛）直到夏牧场降雪前才迁徙。牧民每年10月中旬至11月初，从低山丘陵地带搬迁至两河之间的荒漠戈壁上。不会在此停留很长时间，因为这里的牧草是留给来年春天接羔时利用的。搬迁至秋牧场时，正是秋草花谢结籽的时候。如果利用好这些牧草，就有利于牲畜增膘。此时气候也比较好，不冷不热，是"抓秋膘"的好时间。

深秋时节气候转冷。早晨往往会出现霜冻，家畜采食了带霜的牧草后，容易生病。因此采取晚出早归的放牧办法，即等到早晨太阳出来霜冻消失后把畜群赶出去，晚上气温下降前把畜群赶回来。有经验的牧人还会根据地形采取不同的放牧方式。在地势较平坦的戈壁上放牧时，牧人走在羊群的前面，控制羊移动的速度，并把羊群挡成一条线，以免体质好的羊跑在前面一直抢吃好草，而体质弱的羊老跟在后面，不仅吃不上好草，且淹没在尘土之中，吃的是被前面羊践踏过和粪便污染过的草。在低山区域放牧时，采取满天星的放牧方法，就是让羊任意移动，分散采食。如果过于分散，可每隔一段时间将羊群聚拢一次，以免走失。这就是哈萨克人总结的"平地一条鞭，山地满天星"的放牧方法。秋季放牧方式，除了受限于水源外，大部分与春季的放牧方法是一样的。

配种是秋牧场除抓秋膘外的另一项重要工作。公社化时期有专门的草场，只有配种时才能利用。富蕴牲畜的配种时间一般从11月初开始，到12月初结束。此时，那些自6月就被隔离的种公羊开始与母羊合群放牧。自然配种1只种公羊能配种25~30只母羊。自公社化时期开始进行人工授精，大大提高了配种速度。而牲畜配种时间是严格控制的，绝对不能提前配种。如果配种提前，来年羊羔出生时青草还没有长出来，有可能使母畜和幼畜在饥寒中死去。如果推迟配种时间，进入冬季母畜开始掉膘，身体虚弱，受胎率低，幼畜成活率也低。自从草畜双承包后，牲畜都归牧户自己管理，有些放牧经验不足的牧户因管理不善往往致使配种时间提前。我也发现，有些牧户的母畜还没有到达接羔点，甚至在冬牧场就开始生产了，这给牧民转场带来很多麻烦。

秋季的9月，母羊、羯羊、大公羊开始第二次剪绵羊毛，这次的羊毛叫秋毛，哈萨克语称"特里均"。那些体型较大的绵羊的毛质较好，一般做毡子。秋毛剪完之后，大约在9月底牧民开始在河谷地带打草。此时，各种植物的种子都已成熟。这时候打草可以让成熟的种子撒落到土里，来年还会生长出茂密的青草。

四 冬季保畜

牧民冬牧场都分布在准噶尔盆地深处，草场类型属于荒漠草原，① 其中一部分属于古尔班通古特沙漠，为固定及半固定沙丘，极少流动。冬牧场，哈萨克语称"科斯陶"。牧民在冬牧场的放牧时间，从11月中旬到来年的3月底，或更晚一些。停留的时间长短要看有无积雪，无雪就要赶快搬迁。冬季对于牧民和家畜来说都是一年中最难熬的时期。牧民一般选择可避风雪的沙丘、山崖下、山谷等地方作为冬牧场。冬牧场很多放牧点都是哈萨克牧民经过代代积累才开辟出来的。每个放牧点能容纳多少牲畜或多少户牧民，也早已规定好，并

---

① 从地理学上来划分，准噶尔盆地内的所有沙漠通常为古尔班通古特沙漠，但它是由德佐索腾艾里松沙漠、霍景任里辛沙漠、索布古尔布格莱沙漠、阔布北-阿克库姆沙漠组成。参见新疆地理学会编《新疆地理》，新疆人民出版社，1993，第19页。而富蕴哈萨克牧民从冬牧场利用的角度，分为9个沙漠：乌鲁肯乔喀尔、克什克尼乔喀尔、阿热勒库木（汉语意为沙漠岛）、杰特塔孜（汉语意为7个不长草的秃沙丘）、玉什塔孜（汉语意为三座不长草的秃沙丘）、奥义塔孜（汉语意为有秃沙丘的洼地）、克孜勒库木（汉语意为红色的沙漠）、吉拉（汉语意为深沟）、正额什克库木（汉语意为细长的沙漠）。这些名称大部分是当地哈萨克族牧民命名的，只有前两个是蒙古语地名，语意不详。

一代代遵循着这些习惯。

冬牧场的居住点（冬营地），一般都称某某"圈"①（见图4-4）。这些"圈（juan）"的名称，或以人名，或以地形特点命名，也有以某个历史事件命名的。每户牧民在冬牧场的"圈"是固定的。这些"圈"主要都是羊圈，里面积淀了多年的羊粪。冬天羊粪堆发酵后产生大量热量，具有地暖功效和保暖作用。所以在牧区社会，羊圈相当于牧民的固定财产。在牧区要寻找一个适宜的地点重新修建羊圈，被认为是牧业生产中的一件大事。

图4-4　冬牧场里的一个羊圈（即阿吾勒）2009年3月13日

牧民初到冬牧场时，首要的事情就是休整羊圈。先把初春离开时晾晒的羊粪块堆起来当作冬天的柴火，将上年的羊粪切成块砌成1米多高的墙。这样既可以防狼又可以挡风御寒。此项工作每年都要重复，因为牧民离开冬牧场后，在风的侵蚀下，原来的墙会逐渐倒塌。然后把冻成硬块的羊粪铲出来，最后在羊圈里再撒一些干羊粪，这样羊群在冬天就不会感到冷。准噶尔盆地像这样积淀了多年的羊粪是牲畜最温暖的床垫。

当地每个羊圈都至少有几十年的历史，有的甚至有上百年历史。圈里的羊粪累积达几十米厚。1998年夏初，在准噶尔盆地偷挖大芸的人在一户牧民的羊圈里过夜。他们在羊圈里生火做饭，走后没有把火熄灭，结果把圈里的羊粪

---

① 圈，哈萨克语称"活尔阿"。在当地牧区，哈萨克牧民一般用羊圈代指冬季营地或经常固定的停留点。习惯上，把转场过程中经常的停留点，且有炉灶、有羊粪、有烧过的灰烬的地方，都称为"圈"。牧民见面时，彼此会问："你们在（或到了）哪个圈？"。"圈"有时也作为一个数量统计单位，当地在统计冬牧场的牧民时，一般都用多少个"圈"来统计。

都烧光了。冬天那户牧民回来后，不得不在旁边重新修建羊圈。他想挖开那些灰烬找一些羊粪去铺垫新的羊圈，结果挖了十几米都是灰。这个事件说明，牧民冬季的圈都是经过羊群很多年的积攒才形成的。因此羊圈在游牧经济社会中已成为牧民的固定资产。过去，人们把烧毁对方的羊圈认为是一种很严重的惩罚方式。至今在冬牧场，还有一个地方叫"火烧了羊圈的地方"。羊圈修整好之后，紧接着给牲畜（主要是骆驼）做"衣服"。冬季乘车行进在准噶尔盆地中央的216国道上，你经常会发现穿着"棉袄"的骆驼。冬季准噶尔盆地异常寒冷，这些"棉袄"主要是为了给骆驼御寒。

冬季放牧还要根据下雪情况而不断调整。初冬积雪很薄，还没有完全覆盖枯草时，让羊群随意移动采食。等到再下一场大雪，积雪完全覆盖了小草，此时羊群不能随意放牧，要把牧场分成若干块，有计划地放牧。一般都是以羊圈为中心，在几个不同的方向划分放牧区域，轮流放牧。如牧人在羊圈东北方向放5天，东南方向放5天，然后再去西北、西南、偏北、偏西等方向，相当于划区轮牧。

冬牧场，各牧户的牧场地形、地貌及草场情况各有不同。刚进入冬牧场时，先利用高地、阴坡和较远的地方。这些地方是降雪和结冻较早的地方。等到积雪变厚严寒期到来时，把羊群从高地赶到低地，从阴坡赶到阳坡，从远处赶到近处放牧。"羊圈"附近的牧草地一定要保留到最后，这也是为了照顾牧民的坐骑。所以牧民一般以"羊圈"为中心半径距离在300~400米之内是不会放牧羊群的。这些牧草是留给坐骑采食的地方。

冬季天气寒冷，枯草营养贫乏，这是牲畜冬季掉膘的根本原因。牧民根据天气情况要随时调整放牧区域。天气特别冷时去草场好的地方，天气暖和时去草场差的地方。这是为了避免遭遇低温天气对牲畜的危害，达到不掉膘或少掉膘的目的。有条件的牧户还依据羊的身体状况，把羊群分成两群。母羊和瘦弱的羊群去草场好的地方放；身体好的羯羊和公羊赶去草场差的地方放牧。

当地羊群以土种的阿尔泰大尾羊为主，它是哈萨克羊的一个分支。阿尔泰大尾羊对准噶尔盆地冬季的自然环境具有很强的适应能力。积雪覆盖枯草时，它们会用自己的蹄子刨开积雪采食。马更是如此，即使有很深的雪，羊已经吃不到草，马仍然可以。有时积雪很深，羊群采食困难，牧民会让马群先采食一遍，然后把羊群赶过来，草经过马群踩踏后，羊群就很容易采食了。因此牧民往往把马群赶到有积雪地方放牧。现在牧民的马一般都捎带给专门放马的牧户进行放牧。马群采食的时间长，移动速度快，单位时间内活动的区域广。小面积的草场会很快吃光,必须把马群赶到放牧草场比较广阔的地方放牧。这些草场一般都是不适宜放牧羊群的地方,也不属于任何牧户所有,而是公共放牧地。

在冬季,牧民相对其他季节比较清闲一些。牲畜数量少了,主要是放牧羊群。妇女们除了烧茶做饭、捡柴火外,大部分时间是制作花毡子、刺绣等。老人一般待在毡房里,基本不干什么活。儿媳妇、女儿们晚上负责守夜照看羊群。冬季不用每天给羊群喂盐。因为准噶尔盆地荒漠草原上有很多地方都是盐碱地,羊群通过吃草可获得盐分。

第三节 草原利用

草原(天然草场或牧场)是游牧业的基本生产资料和游牧生计存在的基础。哈萨克老人总是这样打比方:"我们的草场就相当于你们农区的耕地",所以牧民对于草场非常珍视。哈萨克俗语说:"草场是牲畜的母亲,牲畜是草场的子孙。"本书中的草原利用知识实质上是哈萨克族游牧民对土地的一种利用方式,也是草原本土知识的一种表现。游牧民根据水、牧草、气候、季节等多变性的自然条件,以移动的方式来利用草原。

一 划分季节牧场

牧场按季节划分是游牧业最明显的特征,也是游牧民几千年来实践积累和智慧的成果。如蒙哥汗时期(13世纪),西方传教士鲁不鲁乞在粟特地区游历时,看到"在冬季,他们来到南方较温暖的地区。在夏季,他们到北方较寒冷的地方去。冬季,他们把羊赶到没有水的地方去放牧,这时那里有雪,雪就可以供给他们水了"①。这种冬居低海拔、夏居高海拔的牧场划分方法一直保留至今。

从整个阿勒泰地区来讲,哈萨克族牧民把牧场划分为三季牧场:冬牧场、夏牧场和春秋牧场。春季和秋季使用的是同一块牧场,习惯上统称为春秋牧场。但富蕴牧场清楚地划分为冬窝子、夏窝子、春窝子(即接羔点)、秋窝子(即配种点),并依据牲畜繁殖特点,对牧场进行更加细致的划分。除了四季四地轮牧外,新中国成立前各阿吾勒还有四季六地轮牧。牧民会在秋末留一块

---

① 〔英〕道森:《出使蒙古记》,吕浦译,周良霄校,中国社会科学出版社,1983,第112页。

配种牧场,在初春留一块产羔牧场。这样就不会出现春秋重复利用一块牧场的情况。配种牧场和接羔点都属于专用牧场,其他时间不能利用,而且要严格保护。季节牧场划分是以草原生态及气候条件为基础。当地季节牧场划分的依据如下。

第一,积雪是当地牧民划分季节牧场最明显的条件之一。根据阿尔泰山与准噶尔盆地之间每年降雪的时间、地点及降雪量的大小,牧民总结出"冬季羊赶雪,春秋雪赶羊"或"春季人赶雪(融化前)搬,秋季雪(降雪)撵人迁"的规律。夏牧场每年9月初开始降雪。随着第一场降雪,牧民开始赶着畜群向南部的准噶尔盆地转移。3月,准噶尔盆地的积雪开始融化,牧民不得不赶着畜群向北部的阿尔泰山移动。春秋牧场的利用时间随着降雪时间与融雪速度而定。新中国成立后气象站观测的数据显示,各季牧场的降雪量差异非常大。20世纪80年代之前,中山夏牧场历年1月的最大积雪深度达89厘米,准噶尔盆地冬牧场才只有23厘米。① 因此雪是支配当地牧民划分季节牧场的条件之一。

第二,气温因素。积雪是可见的,但对于气温的感知,牧民是依靠长期与自然和牲畜相处,凭借对动物异常行为的观察而获知气温的细微变化,并以此积累和掌握了一年四季气温的变化规律(见第三章第二节)。家畜是恒温动物,对气温都有敏感的反应。各种家畜对温度都有自己的适宜范围,环境温度一变化,它们会有不同程度的反映。家畜感到气温不适宜时,会造成食欲减退和采食能力减弱。因此牧民对于冬、夏牧场的选择非常重视。夏牧场选择高海拔、气温低且凉爽的地方;冬季则在低海拔、向阳温暖的沙漠地带,作为冬牧场。当地牧民已熟知气温的季节变化规律,通过利用不同的季节牧场为牲畜选择适宜的生存环境。

第三,风向风力因素。风与家畜体温有密切关系。在风大的地方,家畜体温的散发速度与强度都会加大。因此,正常的风对家畜的暖季放牧有利,对冷季放牧不利。而灾害性风,任何时候对家畜放牧都不利。②

富蕴最多的风向是西北风,北部山区不显著,南部荒漠草原地区较为突出。一般冬季盛行东风和东南风,春季开始,西风和北风增多,东风、东南风减少,秋末开始,东风和东南风增多,西风、西北风减少。不同季节风向不同,其风速差别也很大。当地暖季(4~10月)多风而大,冷季(当年3月~

---

① 数据来源:富蕴县气象局提供,2009年。
② 中国科学院新疆综合考察队主编《新疆畜牧业》,科学出版社,1964,第185页。

次年 11 月）风少而小。富蕴气象局 20 年（1962~1981 年）的记录资料显示：4 月平均风速，中山牧场为 3.4 米/秒；沿山一带春秋牧场风速为 3.0 米/秒，最高风速超过 20 米/秒（1963 年 4 月 15 日）；准噶尔荒漠草原地带风速为 3.9 米/秒，最高风速达 24 米/秒（1974 年 4 月 29 日）。①

尤其是春季，乌伦古河牧民定居点的风很大，调查期间我一般都是徒步走访居住分散的牧户，所以常常遭遇大风。2009 年自 3 月中下旬开始，几乎每天都刮风。3 月 15 日早晨，我去拜访马老人。出发时，我是顺风走，风吹得后脑勺痛。回来时，顶风行走，风吹得前额痛。进入 4 月风力更大了。积雪在大风的作用下，融化的速度也很快。因此牧民的夏牧场一般选择在风速小、顺风和通风的山区。两河之间的戈壁风大，只能作为过渡牧场。冬牧场要选择避风的盆地和向阳的沙窝子里放牧。

此外，当地气候（四季分明）、地形地貌（山区、盆地、河谷、戈壁及沙漠）、植被类型以及水源的季节性分布等特点，都是牧民划分季节牧场的因素之一。

二 季节牧场利用

我曾经跟随牧民转场，深深体会到游牧并不是天天都在移动。实际上，游牧主要是在季节牧场之间的区域内移动。在季内或比较大的停留点，一般都是在固定的地点放牧（季内定牧）。以当地移动次数最多的牧民来讲，一年最多也只有 2 个月的时间在移动。因此在四季牧场之间的移动是一个以一年为周期的"大游牧圈"，而在季内固定地点又存在一个"小放牧圈"。② 但季内定牧也不是固定在一个地方放牧，而是以毡房（营地）或水源地为中心，以一定距离为放牧半径，以不同的方向划区轮牧。

夏秋牧场的放牧圈是以毡房和水源地为中心。水是制约放牧半径的一个关键因素。冬春有积雪，毡房是放牧圈的中心。夏牧场主要有高寒草甸和山地草甸，其海拔高度在 1500 米以上，因此一般都以海拔高度作为划区轮牧的一个条件。根据牧场的海拔高度，大致分为上、下两块。海拔较高的上部靠近雪

---

① 富蕴县农业区划办公室编《富蕴县农业区划》，内部材料，1988，第 235 页。
② 王建革利用民国时期的日本满铁资料，在研究蒙古草原地区时发现，蒙古牧民的游牧同样也存在一个大游牧圈和一个小游牧圈。但蒙古人的游牧圈与哈萨克人存在很大区别，哈萨克牧民的季节游牧不存在以某点为中心的游牧半径，而是呈南北纵横的长条形状，以一年为周期来回长距离地移动。参见王建革《游牧圈与游牧社会——以满铁资料为主的研究》，《中国经济史研究》2000 年第 3 期。

线，降雪早，融雪迟，牧草萌发也迟，因为气温低，牧草的生长速度也慢。而海拔较低的下部降雪晚，融雪早，植被在6月上旬和9月上旬，仍然可以利用。所以牧民一般采用上、下结合的轮牧顺序，即先放牧海拔较低的下部牧场，后放牧海拔较高的上部牧场。阿尔泰山的山谷走向一般都是南北走向，牧民放牧采用的是先北后南。

夏牧场的分区布局以海拔高度或山谷的南北走向来划分，而冬牧场主要是以毡房为中心按四个不同方向划分成多区轮牧草场。春秋牧场虽然处于同一区域，但在停留时间较长的接羔点和配种点是以水源地为中心按不同方向，有计划地分区利用牧场。各季牧场具体的利用方式如下。

1. 夏牧场的利用方式

牧民每年6月底或7月初到达夏季高山牧场。此时夏牧场牧草茂盛，繁花似锦。牧场的第一轮利用方式是采取"满天星"的放牧方式来利用牧草资源，即让羊任意移动，分散采食。此时牧草丰茂，各种高山植物正处于开花期。各种植物的花朵也是羊群最喜欢吃的食物。牧场的第一轮的利用方式先让羊群吃最喜欢吃的食物。如果此时强行划区放牧，也很难控制羊群的采食路线。而且夏牧场植物的生长周期非常短，如果不让牲畜及时吃掉也是一种浪费。第一轮方式利用的时间持续15~20天。时间长短的关键还要看牧场面积大小及牲畜数量多少。等到羊群基本把所有植物花朵和自己喜欢吃的植物部位吃光后，开始采取第二轮利用牧场的方式：以毡房和水源地为中心牧场，按东西南北方向划分为6~8块放牧区域，有计划地利用这些区域（见图4-5）。

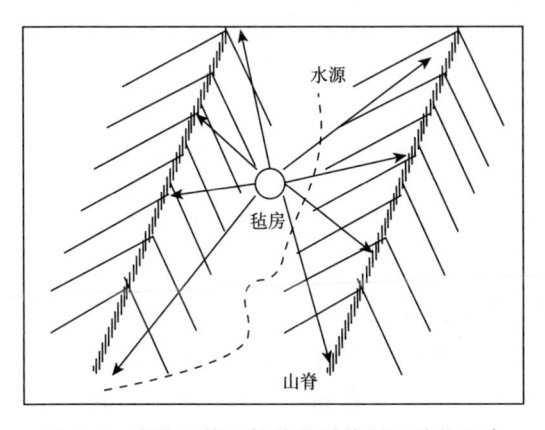

图4-5 夏牧场第二轮放牧时的划区放牧示意

2. 冬牧场的利用方式

冬牧场的利用方式与夏季基本相同。冬牧场因为有积雪，所以不受水的限制。因此冬牧场的利用方式是以毡房为中心，也采取两轮放牧方式来利用牧场。

第一轮也是采取"满天星"的放牧方式。每年12月初牧民刚刚到达冬牧场，积雪还不是很厚。牧民采取满天星的自由放牧方式，是为了让羊群尽快先把落在地上的枯叶、草秆等吃光，否则被大雪覆盖，羊群吃不到也是一种浪费。第一轮利用的时间持续15~20天。等到羊群把枯叶、草秆等吃完后，开始采取第二轮放牧方式有计划地利用牧场。和夏牧场相似，以毡房为中心把四周（东西南北）划分为8个放牧区域。每个区域又可以划分出更小的放牧单位。这8个大的放牧区域利用的时间为7~10天。对牧民来说，冬牧场的利用是最严格的（见图4-6）。

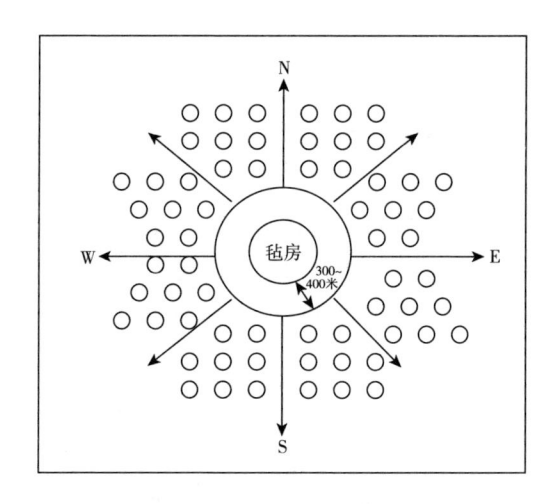

图4-6 冬牧场第二轮放牧时的划区放牧示意
注：冬季毡房周围半径达300~400米的范围内不准放牧羊群。这些牧草是留给坐骑采食的地方。图中小圆圈表示每天放牧的区域。

3. 春秋牧场的利用方式

春秋季节是牧民移动最频繁的两个季节。在这两个季节停留时间较长的两个停留点（或营地）就是接羔点和配种点。接羔点基本不受水源地的限制。牧民主要采取两种方式：第一种是（在积雪消融之前）掩埋大量积雪；第二种是秋天路过接羔点时在低洼处拦一道土坝，这样春季消融的雪水可以蓄积在土坝中，可以解决牲畜的饮水问题。春秋牧场处于准噶尔盆地的荒漠草原，牧草相对贫乏。牧民对"配种点"和"接羔点"的牧场都采取很严格且有计划的利用方式。其利用方式与冬、夏牧场的第二轮放牧方式是一样的（见图4-5和图4-6）。

这种季内定牧的划区轮牧，有其很多合理因素。在长期放牧过程中，牧民已熟知牲畜的生理反应、地形条件及草场情况等。牲畜和人一样，如果老是吃一个味道的草，它们也会厌倦的。牧民抓住牲畜这种"喜新厌旧"的生理特点。采取季内的划区轮牧方式，随时转换牲畜的食物（草）口味。这样牲畜经常能吃到新鲜的草，可刺激食欲，吃得多，长膘更快。季内有计划、有控制的轮牧，可以提高草原利用率，减少畜群漫无目的的到处游走，节省牲畜体力，延长了牲畜采食时间。因此在同一营地内，各种牲畜也在不同的地点放牧。这样既可以减少牲畜对牧草践踏后的损失，又可以减少畜群传播疾病概率，因为畜群经常能吃到新鲜的草。

此外，还有更细的划分，如根据牲畜种类、生物习性及植被类型等特点进一步划分放牧区域和临时调整。牧民还会根据牲畜（主要是羊群）的膘情，选择不同草场放牧。膘情差时，去远的、不容易去的地方放牧，此时羊群行走的速度比较快；羊比较胖时，去近的、容易去的地方放牧，此时羊群行走的速度慢，去远的地方容易掉膘。再比如何时在山顶、山脚、远近距离、行走难易的地方放牧，都有讲究；羊群在不同的时候一天走多少路程，吃多少草都有计划。

不同牲畜距离毡房和水源地的放牧半径，都是有效利用草原的一种方式。正如王建革所言："放牧的畜群与人的流动，是一个圈子套圈子的运动，从放牧圈到小游牧圈，再从小游牧圈到大游牧圈，流动中有固定。"[①] 而富蕴哈萨克人是以一年为周期，南北纵横循环移动，这其实是一种可持续的利用方式。

三 划分放牧单位

牧场是牲畜食物的直接来源基地，因此牧场的放牧单位以牲畜的"群"作为参照物。草原上，对牧场的利用方式历来都是以畜群为单位而不是以户为单位。按一定牲畜种类和头数组成的放牧畜群才是草场利用的基本单位。[②] 放

---

① 王建革：《游牧圈与游牧社会——以满铁资料为主的研究》，《中国经济史研究》2000年第3期，第15页。
② 石长魁：《草业论述》，新疆人民出版社，1998，第378页。

牧单位以牲畜的"群"来计算，所以"群"既是一个计算牲畜量的单位，也是衡量牧场承载牲畜和人口能力大小的单位。

牧民对牧场的放牧单位有其自己的一套衡量标准。每个放牧单位是由人、毡房、牲畜、草场、水源等因素组成的一个综合体，牧民通常用"窝子""圈""群"来作为草原利用的计量单位。哈萨克人都喜欢用圈（官方称"放牧点"）来称呼这些放牧单位。每个圈依据水源、地形、人口和畜群数量等有大有小。一个圈可能有两三个放牧单位（羊群），也可能有四五个放牧单位（羊群）。各个圈一般都沿用传统习惯，以山脊、沟谷、河流、道路为自然界标，以能够容纳至少一群羊采食一季的放牧范围为基础。这就是他们对一个牧场放牧单位的理解。这个放牧单位不是简单地用现代的计量单位亩来理解或替代。如果简单地用一个亩的概念来划分牧场的放牧单位，只有两种结果发生：牲畜超载和草场退化。

历史上，富蕴大部分区域是哈萨克族哈拉哈斯部落的游牧范围，所有牧场为部落所拥有。然后再分配给各个大氏族，大氏族再分配给小氏族，最后分配到每个阿吾勒。在此之前，氏族首领根据世代放牧经验和牧场地形、植被、水源等具体情况，把各自所属游牧范围内的牧场分成若干个圈。每个圈都由老人估计出牧场所能容纳的羊群数量，即每个圈可容纳几群羊以及大致放牧的时间，并根据各个圈的特点加以命名。大多以该圈所属人名、地形、泉（井）水、动植物、奇石及该区域曾经发生过的事件等来命名。我对吐尔洪乡部分"圈"的名字，进行了简单分类：

人名命名：乌勒坦拜、斯马克萨伊（"萨伊"意为"沟"）、胡安尼什萨伊、托克散萨伊等。

动植物命名：斯依尔库拉（牛圈）、乌亚勒阔拉（鸟窝圈）、铁热克萨伊（杨树沟）、克孜勒喀特萨伊（红山果沟）、克什喀英德布拉克（有小桦树和泉的地方）等。

地形命名：阿斯套恰（木盆似的牧场）、乌增萨伊（长沟）、加勒格孜昆盖（单独的阳坡牧场）、喀拉吉拉（大沟）、阔协萨伊（街道似的沟）等。

泉或井命名：阿克巴斯陶（白泉）、克什萨尔布拉克（小黄泉）、塔斯巴斯陶（石头泉）、依增德加曼苦都克（苦水井）等。

奇石命名：克孜勒塔斯（红石头）、铁斯克塔斯（空洞的石头，被风化的石头）等。

历史事件命名：阿勒吞喀孜干（挖金子的地方）、乌尔能吐别阔拉（火烧过的羊圈）等。

过去，每个圈都归属于不同的氏族或阿吾勒。尤其是夏牧场和冬牧场由于停留时间比较长，各圈之间的界限相对比较明确。夏牧场一般以山脊、山谷及河流为界。冬牧场牧民用石块垒起高约1米的柱状石堆为标志。在转场途中也使用垒起的石堆作为路标。春秋牧场由于流动性比较大，各圈的界线不是很清晰，各个氏族或阿吾勒对越界放牧也不在乎。但不同氏族之间，类似于现在的乡与乡之间，就不能随便越界放牧。在巴拉尔茨牧业村，过去那些富有的阿吾勒拥有很多未被利用的圈，也可以说是预留的圈。每个圈能放牧多少群羊都已规定好。只有遇到重大自然灾害时，才会利用这些圈。有些阿吾勒草场不够，就会再开辟另一个草场或借用别的阿吾勒的草场，或把羊群交给其他的阿吾勒暂时照看。

哈萨克牧民以放牧单位作为衡量牧场承载牲畜和人口能力的计量单位，以此为基础又把四季牧场分成若干个放牧点，同时以阿吾勒为一个社会组织单位，结合季节间的划区轮牧和季内的定点轮牧，以一年为一个循环周期，合理有效地完成了一个游牧生产的全过程。

小　结

牲畜和牧场是产生游牧知识的根源。本章从哈萨克族游牧民的放牧知识中发现，他们正是依据干旱半干旱区草原的自然环境特点，最终选育了适合本地区环境养殖的优良畜种。基于此，又依据其对牲畜和草原的知识，形成了一套畜群季节放牧和草原利用的知识。

这套本土知识体系是哈萨克族社会和文化所独有的。它是建立在特定的群体、环境、文化、社会和经济基础之上，通过游牧民长期与牲畜、草原的相互作用而产生的知识。其目的是保证日常生活和游牧业的持续再生产的过程，同时也是为了规避各种自然灾害，保护整体畜群的膘情。经过千百年来的不断适应，这套游牧技能知识已成为维持游牧民与草原环境相互适应和动态平衡关系的基础。

这套游牧技能知识的动态过程，主要依靠一代代游牧民在实践中不断创造和实验,同时也是在适应不断变化的自然环境中获得发展的。如他们从草原环境、牲畜繁殖及群居性特点考虑,对畜群进行分类,同时牧民分工放牧,这样既解决各户牧民量少类多的放牧困境,又符合牲畜的生物本性(群居动物)。这种分工协助建立在亲情互助的基础上,也增强了抵御自然灾害的力量。

对于哈萨克族游牧民来说,各季节牧场的自然生态环境差异性非常大。不同季节的放牧方式和内容也都存在巨大差异。春、夏、秋、冬四个季节牧场中,春牧场的主要任务是对怀孕母畜的放牧和做好接羔工作;夏牧场的主要任务就是"抓夏膘",所以牧民总结道:"夏天牧羊好,春季产羔多。"秋季牧场的主要任务是"抓秋膘",但和夏季有所区别,"夏抓肉膘,秋抓油膘"。冬牧场的主要任务是放牧羊群和做好保畜工作。

上述所有的放牧方式都是为了更加合理有效地利用牧草资源,也是为了长期永续地利用草原。哈萨克族游牧民依据草原的自然环境和牲畜生物性特点,创造和发展了利用草原和畜群季节放牧的知识。这套本土知识是他们在与特定自然环境长期不断抗争与磨合的基础上,经过代代积累和不断创造而形成的,所以它也是哈萨克族游牧社会所独有的知识。

第五章

游牧的传统组织管理

　　游牧并不是自由散漫、漫无边际、没有计划地移动,而是有自己的一套传统的组织管理游牧的知识体系或制度。传统哈萨克族社会,牧业生产的组织管理是在氏族部落头人的统一安排和指挥下所进行的一项集体性劳动过程,同时也是为了有效利用牧场,以及协调好人、草、畜之间的关系。所以游牧的组织管理知识属于游牧知识体系的制度层面,是一种大家都认可和遵守的规则。这些规则的目的是让公共性资源(草原)能够为大家(游牧民)享用。

　　在哈萨克族社会,传统组织管理知识建立在草原环境及移动性基础之上。它运用一套规则来进行水草资源的分配、劳动分工以及组织牧业各类生产等具体事宜。由于游牧生产本身就是一个动态变化的过程,所以组织管理游牧也必定具有弹性和灵活性的特点,否则无法应对季节气候交替和天气多变的草原生态。传统游牧社会,管理游牧的知识往往掌握在氏族部落头人的手里。他们凭借在氏族部落中的政治地位和权力,运用游牧的组织管理知识来安排牧业生产。

　　在整个游牧业生产过程中,组织四季牧场之间的转场是一个非常重要和复杂的过程。转场是连接四季牧场和完成一个完整牧业生产周期的重要环节。草原上,单个牧户无法完成一个完整的四季间的转场过程。传统时期转场主要依靠基层游牧社会组织阿吾勒来完成,如今转场主要在乡政府统一安排及村级干部的具体执行下依靠几户牧民联合起来完成。所以草原上除了具体的个人可操作的放牧技术外,大部分生产过程都需要在氏族部落首领的统一安排下进行。本章重在强调以实践为基础的传统组织管理知识,因为这些知识除了有口耳相传的具体知识,还有更多的只可意会不可言传的实践知识。

第一节　组织管理

虽然"管理"是一个很现代的词语，但暂时也找不到一个很贴切的词语来取代它。本书强调的是以草原生态和本土知识为基础的一种传统组织管理知识。这套组织管理知识以强大的社会和文化控制规则为基础，是每个哈萨克游牧民自诞生之日起就必须遵守的一套规约，如氏族部落首领的权威性、氏族成员的义务、男女或年龄的劳动分工等。这套规约的制定是为了保证整个游牧社会内部秩序的稳定，也是为了应对不确定和多变的草原环境。

一　经验与权威相结合

游牧的组织管理知识一般都掌握在上层氏族部落首领手中。实际上，氏族部落首领既掌握了游牧生产知识，又集政治、经济及军事权力于一身。游牧生产管理层的组成结构与游牧社会组织结构（见第六章）密切相连。管理者往往就是氏族部落的首领或阿吾勒长。氏族部落一般是由很多个阿吾勒（基层游牧社会组织）组成。不管氏族或部落的规模有多大，阿吾勒都是它们最小的生产组织单位或社会基层组织。阿吾勒长是这个最小生产组织单位的管理者，也是游牧管理知识的拥有者。

新中国成立前，游牧生产的主要管理层由低到高依次为阿吾勒长、赞格、乌库尔台及台吉（官职名），这也是当时清朝治理游牧社会的一套官职（见第六章）。哈萨克族老人讲，阿吾勒长相当于现在的生产小组组长，赞格相当于生产队长，扎楞是乌库尔台与赞格之间的联络官，乌库尔台相当于乡长，台吉相当于县长。赞格、乌库尔台和台吉都是阿吾勒的上层管理者，主要处理阿吾勒内部或它们之间不能解决的各种纠纷。这些不同级别的管理者也都是氏族首领，只是人口、牲畜及财富多少不同而已。如过去富蕴的牧场除了部分冬居地外，其他区域的草场都属于哈拉哈斯部落所公有。在哈拉哈斯部落之下还有很多大小不等的小氏族及阿吾勒。他们的四季草场也有一定的习惯放牧范围，虽没有明确的划分边界，但他们都遵循着一个人人皆知的口头边界。氏族部落里的每个人都有义务保护自己的草场。

社会主义改造后，台吉、乌库尔台、赞格和扎楞的世袭爵位和各项政治权利全部被取消，而以阿吾勒为基础的游牧生产单位仍旧存在着。虽在公社化及"文革"时期也曾受到严重冲击，但这些政治运动结束后阿吾勒的生产组织功能及社会关系又迅速恢复起来。这主要是由于阿吾勒内紧密的血缘关系和经济关系，从而使阿吾勒成为一个相对稳定的生产单位。阿吾勒长是这个稳定生产单位的主要管理者，也是游牧管理知识的拥有者。

  解放前，我们的阿吾勒有六七户牧民。我们兄弟三个，我放马，另两个兄弟，一个放羊，一个放牛。我的父亲就是阿吾勒巴斯（"巴斯"在哈萨克语中是"首领"之意）。那时草原上有制度，管理得非常严。阿吾勒巴斯管理游牧生产是很严格的，什么时候迁徙，迁徙到什么地方，他根据自己的知识都要计算好。他还要根据自然规律，还要看自己的草场情况。总之，很多生产劳动都是由阿吾勒巴斯来决定。阿吾勒巴斯都是推荐出来的。上一级的官员再由阿吾勒巴斯推荐。一般都推荐一个有知识的人。
  个案5-1：马太比，男，93岁，哈拉哈斯部落，哈希翁村，2009年3月14日。

  解放前，富人家想去哪里就去哪里，占用最好的夏、冬牧场。穷人家只能跟随他们过日子。随时都有战争，经常和国民党发生战争。当时大概十几户为一个阿吾勒，都是有血缘关系的。阿吾勒巴斯由阿吾勒里有经验的老者担任。他们被要求要诚实，有威望，与外界还要有交际能力。那时，阿吾勒里没有小偷之类的事情。阿吾勒里的什么事情都由阿吾勒巴斯来解决。实在解决不了的事情，才要上告，或者由毛拉用伊斯兰教规来处理。
  个案5-2：卡凯木，男，84岁，哈拉哈斯部落，吉别特村，2008年8月20日。

  从个案5-1和5-2中可以发现，在游牧生产中阿吾勒长具有很高的权威性。他不仅指挥生产，决定四季牧场之间转场的时间、各个牧场停留的时间、迁徙速度、调配人力和畜力等，还要处理阿吾勒内的婚丧、分家、娱乐、遇到重大自然灾害时的物资分配、调解纠纷等事宜，几乎囊括了阿吾勒内的全部社会事务。可见，氏族部落首领（或阿吾勒长）在游牧社会生产中起着调配资源、安排人力、调解纠纷、处理突发事件（自然灾害）等关键性作用。阿吾勒内的牧民各有分工，转场、照顾牲畜、接羔、剪毛、种地、割草、狩猎以及大型的节日婚庆等活动，都要听从阿吾勒长的统一安排。

上述两个案例反映出，在实践中氏族部落首领的权力是建立在游牧经验知识的基础上，即游牧经验知识是氏族部落首领获得权威性的基础。直到现在哈萨克老人仍旧认为，过去氏族部落头人都是非常有知识、会管理、放牧经验丰富的人。喀拉布勒根乡一位部落头人的后代贾尔恒①讲：

> 20世纪60年代后，我们这些牧主的子女们被安排到乌伦古河开发土地，组建农业队。而那些曾经给牧主们放牧的牧民们仍旧在放牧。但1984年分了草场和牲畜后，有些人家（这些牧户很多都是贫困牧户，原来都是给牧主们放牧的人）不会管理，牲畜数量逐渐减少，以致最后一只都没有了。他们被戏称为"吃光户"（当地汉族人一般认为他们太懒惰，其实是因为他们管理和放牧知识有限）。后来，这些牲畜很少或没有的人家，会把自己的牲畜捎带给别人放牧，然后把草场出租出去（在整个富蕴县每个乡都有不少的吃光户）。而现在我们这些曾经牧主的后代生活的还不错，这叫"草生长过的地方还会长"（直译）。

在氏族部落里，牧场是整个游牧社会生存的基础。如何有效利用好，以及保护好牧场是游牧生产管理中重要的一项工作。作为氏族部落的基层游牧社会组织，阿吾勒是管理和组织牧业生产的最基础单元。每个阿吾勒的头人都非常了解四季牧场的地形地貌、转场牧道及水草分布等情况。他们熟知哪些区域适合放牧哪类牲畜，以及不同区域或季节牧场可利用的时间。尤其是在转场前夕，阿吾勒长会根据经验知识决定转场时间、迁徙速度、转场途中停留地点及停留时间等。有些阿吾勒长还会召集有经验有威望的老人们共同商讨（这种协商方式至今保留着），安排转场及下一年的牧业生产。如果阿吾勒内没有特别有知识的老人，阿吾勒长会带着礼物去请教其他的阿吾勒长。尤其是在季节牧场转场前，阿吾勒长都会带着礼物去询问熟知气象物候知识的老人。一般每个部落里都有几个能准确预测天气的老人。之后，阿吾勒长会根据天气情况，安排阿吾勒内成员提前做一些预防自然灾害的工作。至今，牧民仍保留着这个传统。

传统游牧社会，在氏族部落头人的统一领导和管理下，游牧民能够凭借丰富的地方知识从实践经验出发考虑问题，目的是减少牧业生产的损失，保证氏

---

① 贾尔恒，男，1971年出生，铁匠的后代，喀拉布勒根乡，2008年8月21日，在他家里。

族内成员和牲畜的安全。此外，在战争状态或对外关系上，阿吾勒长及氏族部落首领也发挥着巨大作用。因此，哈萨克族的游牧生产管理是经验知识与领袖（部落头人）权威相结合的管理方式。

二　机动灵活的管理

机动灵活是游牧组织管理知识的一个特点。这是由水草资源在时间和空间上的变化决定的。机动灵活的管理知识为牧民提供了弹性的牧业生产和草场管理策略，以此作为应对无法预测的水草和季节气候变化所带来的不确定性。这种可随时调整的灵活性特点，可以使分散的牧草资源都能够得到充分利用。机动灵活的管理知识以游牧知识为基础，尤其适合于阿勒泰这种脆弱的干旱区草原环境、生产风险较高（经济结构单一）、远离市场、难于获得补给和服务的地区。这被称为"机会管理"，且被认为是最适合的草原利用模式，其方式表现为牧群流动、牧群结构多样化以及灵活调整保有量等管理策略。[1]

在哈萨克族社会，整个游牧生产是一个集体行为的过程，是以生产组织为基础的游牧过程。阿吾勒是哈萨克族社会最基层的游牧生产组织单位。游牧民依附于一个个基层游牧社会组织——阿吾勒，转场时间起止、途中停留地点的选择等，都以阿吾勒为单位根据自然环境变化随时做出调整。在自然灾害年份，氏族部落或阿吾勒长还要进行牧草资源的调配管理、突发自然灾害的救助等。这些多变的自然环境特点决定了组织管理游牧生产机动灵活的特点。

新中国成立前，氏族部落首领（即台吉、乌库尔台、赞格）及各阿吾勒长都跟着牧民与牲畜一起转场游牧。面对自然灾害或突发事件会很快做出调整与应对措施。20世纪50年代初，新疆政府曾经多次组织人员对阿勒泰地区哈萨克牧区进行调查。参与这项工作的尼合迈提·朋加尼在调查后发现，每年季节牧场迁徙之前，氏族部落头人都要先派人去查看下一个营地或牧场的情况，然后才开始搬迁。每一个小部落或氏族都有固定的放牧范围。搬迁时以氏族部落为单位，行至地点、速度都听从部落头目的指挥。[2] 贾尔恒[3]讲：

每年9月，根据天气，牧民把牲畜该卖的就卖掉了。这时候，老人们

---

[1] 2008年世界草地与草原大会翻译小组译《草原牧区管理：核心概念注释》，科学出版社，2008。
[2] 新疆维吾尔自治区委员会政策研究室等编《新疆牧区社会》，农村读物出版社，1988，第197页。
[3] 贾尔恒，男，1960年出生，富蕴县干部，2008年8月18日，在他家里。

要观察夏牧场的水草。阿吾勒巴斯会派人到南戈壁（冬牧场）看牧场情况，然后安排牧业生产。这个人查看完牧场之后，把情况汇报给阿吾勒巴斯。如果南戈壁牧场好，就把牲畜少卖一些，反之就多卖一些。派出去的人主要看博胡达尔、阿克达拉和南沙窝等几个重要的冬窝子。

所以在游牧业生产中，四季转场最能体现弹性与机动灵活的管理特点。尤其是春秋季节，牧民穿行于准噶尔盆地与阿尔泰山之间要经过3个气候区和5种地貌区。因为复杂的地形地貌，再加上春秋气候本就变化无常，牧民每年在转场途中会面临各种情况。阿吾勒长会根据历史经验知识以及当时的情况，做出应对措施。

2009年3月15日左右，牧民的过渡牧场——乌伦古河流域还是一片冰天雪地。3月19日，天气突变，先是下雨，后来又变成了雪。几天后，这里已经完全看不到积雪的痕迹。春季气温变化大，上升很快，有时积雪会在一天之内全部融化。牧民必须赶在积雪融化之前迅速转移，否则人畜会因为缺水而受到威胁。3月26日，在216国道上已经出现了络绎不绝的羊群、马群以及搬迁的驼队。3月27日早晨，我带着照相机和摄像机，跟随转场牧民跨过乌伦古河，进入阿克达拉戈壁深处。沿着216国道，沿途可以看到很多畜群及搬迁的驼队，各个畜群之间保持着大约2000米的距离。

这期间，准噶尔盆地深处的冬牧场比较热，积雪已经融化殆尽。此时除了搬迁牧民的急切心情外，牲畜也有一种本能，特别是那些年龄较大的牲畜，它们已非常熟悉转场路线，追随着融化的积雪快速向阿尔泰山移动。有时，气温上升太快。清晨还是白雪皑皑的世界，中午在太阳的照射下融化的雪水蒸发出白色的烟雾，到了下午满世界都是荒漠戈壁的土黄色。由于那几天积雪融化的速度太快，牧民和牲畜不得不追赶残存的积雪由低海拔向高海拔迁徙。关于春秋牧场之间的转场，哈萨克人有句精辟的谚语："初春人赶雪迁，秋末雪撵人搬"，即游牧民赶着牲畜追随还未融化的积雪而不断移动。

除了转场过程中经常面临需要机动果断处理的事件外，有时还会在季节牧场内面临重大的自然灾害，如雪灾、洪水、旱灾等。此时，受灾的阿吾勒会向没有受损或经济实力较强的其他阿吾勒求助。一般是通过阿吾勒长之间的商谈或在氏族首领（赞格）的协调下，暂时允许受灾一方前往没有受灾的另一方的牧场去放牧。在干旱半干旱区域，气候的变化无常使每个阿吾勒都意识到，谁也不能保证这些自然灾害不会落在自己身上。因此，阿吾勒之间的互助与牧草资源的临时调配成为一种习俗和常态。

有时，也会出现因为突发的自然灾害，某个阿吾勒受到重大损失，不得不解散，其成员纷纷投奔血缘较近的其他阿吾勒；有时，有的阿吾勒会因为人口和牲畜数量增长过快以至于放牧草场不够时，阿吾勒又会自然分裂为两个阿吾勒。在氏族草场公有的情况下，阿吾勒分裂与合并或重组，目的是对草场进行调配，这实际上也是一种应对环境的弹性管理方式。

三 分工放牧

传统游牧社会，氏族部落以草场共有和各毡房（牧户）牲畜私有为基础。所以氏族部落首领会根据其管辖下的各不同层级的氏族或阿吾勒的人口及牲畜多少，进一步划分放牧范围。牲畜虽然归属于各个毡房，但这些牲畜都是以"群"为单位，所以哈萨克谚语说："一群羊得一个人放，一只羊也得一个人放"。牲畜一般都是群居动物，这决定了游牧民必须以牲畜群为基础，进行分工协作的放牧方式。有的阿吾勒内是按照毡房进行分工，即在一个阿吾勒内有的牧户放牧绵羊或山羊群、有的放牧马群等。这就需要阿吾勒长根据畜群结构、数量多少和劳动力的情况进行劳动分工，这样既节省劳动力又提高生产效率。在分工协作上，一般很多都是根据性别与年龄进行分工。人类学家哈维兰就认为，根据性别的分工增加了学习必要技术的机会，并使学习更加有效率；根据年龄分工为这些技术的发展提供了充裕的时间。①

（一）毡房内外的性别分工

哈萨克族社会，直到今天具体的劳动内容仍然严格依据性别分工。一般都是男主外、女主内，即男人从事放牧、重体力活等毡房之外的事情，而女人则主要负责毡房之内的衣食住行。男人和女人所从事的劳动内容，其边界非常清晰。哈萨克谚语说"男人宰牲畜，而女人不能宰牲畜"。2009年11月1日，我参加了吐尔洪乡一位牧民的婚礼。一大早，妇女们就开始烧水。男人们则开始宰牲畜（共宰了1头牛和3只羊）。牲畜宰完后，男人先把牲畜剥皮，接着取出内脏，之后分割骨头和肉，而女人则负责清洗牲畜的内脏。最后，煮肉和劈柴烧火也是男人的事情。

男人和女人的活动范围也不一样。妇女的活动范围基本是以毡房为中心，

---

① 〔美〕威廉·A. 哈维兰：《文化人类学》（第十版），瞿铁鹏译，上海社会科学院出版社，2006，第197页。

其活动半径最远不会超过 500 米，甚至更短。大部分时间是在以毡房为中心的 50 米范围内活动。除非是去离毡房较远的地方捡柴火，否则女人一般不会远离毡房。成年男人的活动范围很大，远离毡房，距离从几千米到十几千米不等，这要看放牧距离的远近。男人放牧回到毡房里一般不会再做家务活。毡房内的一切事情都由女人来负责，如烧茶煮肉、织毡刺绣、整理被褥、打扫房间、招待客人等。可见，毡房是男女分工的一个空间标志。

因此，男女日常活动范围也决定了"男主外，女主内"的劳动分工。这已成为哈萨克族游牧民约定俗成的规矩。男人一般从事放牧各类牲畜、重体力、危险性及对外交流等工作。妇女的劳动是整个游牧生产生活中一个非常重要的环节。妇女主要从事毡房里的衣食住行，如挤奶、接羔、熟皮子、擀毡、刺绣、制作花毡（见图 5-1）、缝制衣物等家务劳动。可以说，没有女人，一个毡房就无法运转。

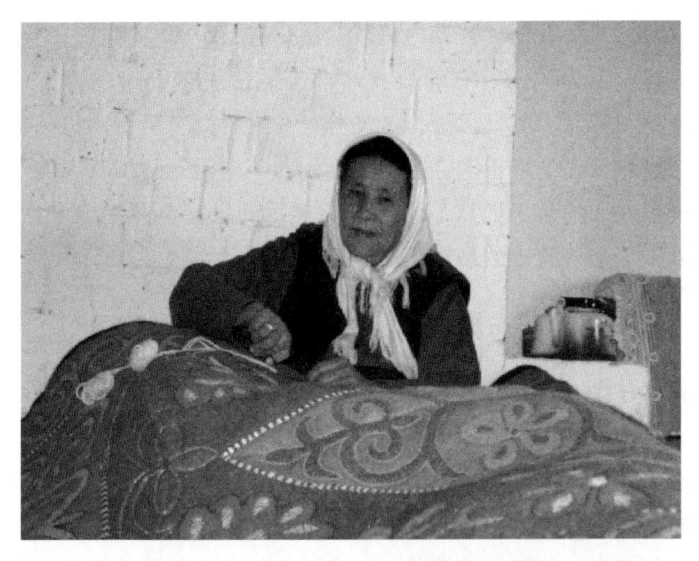

图 5-1　制作花毡的哈萨克妇女（2006 年 11 月 18 日 铁买克乡）

春天，妇女们主要是照看牲畜产羔，尤其是小牛犊。清晨毡房里的女主人是第一个起床的人。她先去挤牛奶，接着把牛赶到附近的山上或河谷，回来后烧茶、准备早饭（馕和奶茶），打发走放牧的人之后又去捡牛粪（作燃料），最后还是做家务（照看小孩或捻线）；傍晚，把牛赶回来再挤一次牛奶，然后烧茶做饭；天快黑的时候，用细绳子在毡房周围的墙架拴上小套，把小羊羔拴在套上，是为了防止小羊羔跑到母羊那里吃奶；睡觉前，还要检查怀孕的母畜是否有产羔的情况。

田野中，经常住在牧民家里，每位主妇都给我留下了很深的印象，感觉她们是毡房（家庭）里最勤快、最伟大的人。没有她们，毡房就停止了运转。她们在每天的生产生活中所起的作用很大。2006年8月3日，我记录了一户牧民主妇一天的劳作情况：

> 她早晨新疆时间5点起床（天还没有亮），先挤牛奶，然后把奶牛赶到附近的山里。回来接着是生火烧奶茶。然后才去叫丈夫、孩子们起床吃早饭。早饭后，她要继续烧水，要把所有的暖水壶都灌满，再煮好一大锅奶子，这样是为了节省时间，如果来客人了，有现成的奶子、开水，直接就可以为客人冲好一碗烫烫的奶茶。白天有空就做些传统的手工活，如洗羊毛、捻线、织毡子等。如果有客人来，要铺好一个小布单子，在上面摆放上馕、包尔萨克（油炸的面食）、酥油等，还要给在座的人倒茶。定居点就像牧区一样几乎没有什么正餐，只是喝茶的次数比较多。
>
> 早饭到晚上吃饭的这一段时间，还有三四次喝茶的时间。喝茶的时候，吃些馕和包尔萨克。有时候，还要去附近的河坝里捡些柴火。晚饭算是一顿正餐，但吃饭的时间很晚，一般接近新疆时间10点（每次都让我等得饥肠辘辘）。我们那晚吃的是纳仁，一种羊肉和面片混合起来的食物。吃饭前后，男主人都要做奶麻子。吃完饭，我们就准备睡觉了。女主人去房间里给每一个人铺好被褥。我们都睡在一张大炕上。所有的人都睡好后，那时已经凌晨1点钟了，主妇才把灯关了睡觉。她是家庭成员中最后一个睡觉，也是第一个起床的。

在夏季，男人白天去放牧，晚上妇女要负责照看羊群，一般是女儿或儿媳妇。男人白天放羊已经很辛苦，晚上只有妇女来照看羊群。过去，夏牧场狼和熊非常多，整个晚上都要有人照看。有时候，即使有人看护羊群，狼和熊也会把羊叼走。晚上她们敲打着铁具等金属，唱着歌，以防野兽来袭击。在夏牧场，妇女白天除了烧茶做饭外，还要制作各种奶制品，如熬奶子、取奶皮子、制酥油、做酸（甜）奶疙瘩等，主要是为以后转场和去冬牧场时食用。除此之外，她们还要熟皮子、挤马奶、捣马奶子（发酵后制作马奶酒）等。夏牧场，羊毛刚剪完立刻就要做成各种毡子。哈萨克人毡房外部的毡子一年要换一次，这些毡子都是妇女做的。转场时，妇女们要提前几天开始准备路上吃的各种干粮。

冬牧场，妇女们除了重复日常家务外，主要的家务劳动是把去年的一部分羊粪堆起来当冬天的燃料，剩下的另一部分羊粪切成块围成羊圈，接着把冻成硬块的羊粪铲出来晾晒当作下一年的燃料。最后在羊圈里再撒一些干羊粪，这是为了避免羊受寒致死。每天早晨还要出去背柴火（牛粪要用干柴作引子）、背冰块化雪烧茶。冬天，毡房外都是厚厚的积雪，剩下的时间妇女们还要制作各种花毡、皮衣、皮帽及各类毡房里的刺绣饰物。

游牧业生产生活中的各种生产工具和其他生活及装饰用品（金银首饰、桌子、木碗等）一般是由男性来制作。如何制作、使用这些工具和人工制品属于哈萨克族游牧知识中的具体技术知识。历史上哈萨克人的手工艺很发达。一般每个氏族部落里都有一些家族世代传承的手工艺制作者。氏族部落内牧民的日常生产工具和生活用品都是由这些能工巧匠制作出来的。新中国成立前，在富蕴的哈拉哈斯部落里有铁匠、木匠和鞋匠。从事这些行业的牧户一般都是阿吾勒内比较贫穷的人。匠人们给富人制作他们需要的各种东西，然后换回牲畜、粮食及茶叶等。

在哈萨克族社会，铁匠是草原上很流行的匠人。铁匠分为两类：一类是"铁木力齿"，这类铁匠只知道打铁的原理和制作工具的方法，相当于只掌握了理论知识。另一类是"乌斯塔"，这类铁匠的制作本领很高，是专业技术人员，他们制作的工具大半是属于车、马换乘所用的。除此之外，他们还制作一些农业生产工具，如斧、锯、犁、镰刀等，还兼制一些镶嵌在皮革腰带上的金银宝石等，其制作的原料大都出自顾主自己。新中国成立前，匠人们还制作各种武器，如刀、矛、枪及日常用的小刀。

2008年8月21日，我在喀拉布勒根乡遇见了一位铁匠的后代——加尔恒（1971年出生）。他现在空闲时还坚持做一些小工具。他给我讲了一些从他父亲那里听来的故事："以前有一个铁匠在毡房里打铁，一个放羊的小伙子每天来偷学打铁的技术。有一天，小伙子刚掀开毡房最下面的毡子，正准备偷看铁匠打铁。没想到，铁匠用手来抓他的鼻子，但没有抓住。小伙子听到铁匠说要是用'我的手'就好了。当时小伙子还不明白是什么意思。有一天，那个小伙子又来偷看，铁匠用他自己制作的铁夹子把小伙子的鼻子夹住了。他所说的用自己的手其实就是他制作的夹子，这说明他打铁的技术很高。"加尔恒还讲到，过去哈萨克族铁匠制作的"马绊（绑住马的两个前腿，目的是不让马跑远)"套在马的前腿上,不容易打开,而且还制作了非常精巧的小钥匙,没有钥匙马绊就打不开,现在这项技术已失传。后来,他又给我讲了一个有关哈萨克族铁匠与俄罗斯族铁匠比赛的故事:

> 过去,有一个哈萨克族铁匠和俄罗斯族铁匠比赛。他们比赛看谁制作出的刀子锋利。于是他们把自己制作的刀子插在流水的小河里,然后从上游放两张牛皮,让牛皮顺着水流而下经过那两把刀子。当牛皮经过俄罗斯族铁匠制作的刀子时被拦住了,而经过哈萨克族铁匠的刀子时牛皮分成两半,被水冲走了。

上面的例子说明,哈萨克族铁匠的铸铁技术非常精湛。加尔恒说,对于哈萨克族铁匠来说,只要有铁,他们就可以把铁融化,然后制成任何自己需要的东西。但现在当地的铁匠已经不知道怎么把铁融化,怎么去制成其他工具了。草原上牧民们经常搬迁,瓷碗很容易破碎。铁匠就用钻子把瓷碗沿着碗边钻很多小眼(即把碗的周边打一些小洞),再用铜或银制作的铆钉嵌入小眼,这样瓷碗就不容易破了。铁匠还可以用这样的方法把破碗补好。现在喀喇布拉根乡吉别特村还有一个这样的铁匠,他能用铁做一个拖拉机里的活塞环。现在这类技艺高超的铁匠几乎没有了,很多技术已经失传。

木匠一直以来都是草原上最受欢迎的手工艺者之一。牧民经常搬迁,毡房里大部分都是木制用具,轻巧方便利于携带,所以木制生活用品是最受欢迎的。阿尔泰山西伯利亚针叶林为哈萨克族牧民提供了丰富的原材料。木匠们为牧民制作了炕桌、木盆、木碗、木勺、木箱、水桶、马鞍子等,还有毡房所用的木架(天窗、墙架、顶杆及门)、便于游牧用的弧形木床等,大都轻巧精细。哈萨克族传统的弹拨乐器——冬不拉就是用松木或桦木做成的。还有用兽骨及菌类制作的器具。鞋匠也是牧区常见的手工艺人,主要制作靴子和套靴(底薄、软、平,外穿胶浅套鞋),其工具简单,一般用刀、锤、锥、针等,过去一般用牲畜或野兽的筋做成结实的线。

这些手工艺者分属于不同的阿吾勒。一般是氏族部落内比较贫穷的牧户。他们中有些人就固定在某个氏族或阿吾勒内从事各种生产工具和生活用品的制作,也有些人是骑马流动作业。

(二)氏族内的年龄群分工

根据年龄群(组)的分工也是人类社会特有的劳动方式。哈萨克族社会中，年龄不同在氏族或阿吾勒内的分工也不同。不同年龄群成员的身份决定了一个人的行为。哈萨克族社会利用这种"年龄群"规约每个成员的行为，从而保证整个游牧社会内生活与生产的正常运转。实质上，哈萨克族社会有着更为精细的年龄分工，本书的年龄群分工是很粗略的一种划分。

从牧业生产的角度来讲，按年龄可以分为三个特征明显的年龄群：少年、壮年及老年。老年人一般放牧骆驼和牛群。骆驼和牛采食时行进的速度比较慢。如果牧草较好，大部分时间根本不需要牧人看管。骆驼是一种喜欢单独行动不合群的动物。要是走丢了，老人会根据放牧经验很快把它们找回来。

马群和羊群一般都由青壮年男子负责放牧。放牧羊群、马群走的路程比较远，经常会遭遇各种变化莫测的天气。马群和羊群采食时行进的速度也比较快。尤其是马群中的儿马群（种马群），一般都是由身强力壮和特别勇敢的年轻小伙子去看管。因为如果碰到暴风雪或暴风雨的黑夜，马群很容易受惊乱跑。另外，在野狼袭击幼畜的时候，需要勇敢胆大的壮年男子去保护幼畜（见个案5-3）。小羊羔和小牛犊一般由未成年的少年儿童放牧。他们就在毡房附近放牧，也相对安全。

> 过去一般是让年轻勇敢的小伙子去放牧马群。过去狼很多，它们喜欢在晚上活动。我年轻时放马，有一年冬天，我把马群赶到一起，准备睡觉了，突然听见马群中有些马开始嘶叫，原来有一匹狼正在追一匹小马驹。我骑着马把狼赶走了。有一个晚上，刮着风。我每隔一段时间就起来去查看马群。等下次再去查看时，发现马群里有一半的马都不见了。我骑着马去找，发现狼群把马群赶走了。等找到马时，有2匹马已经被狼吃了。还有一次，在凌晨，我起来去看马群，就听见马在不停地嘶叫。我骑马围着马群转，看到一匹狼咬着一匹马的脖子。我就在旁边大叫，把狼吓走了。
>
> 有一年，马群中丢了一匹马。我骑着马，找了一个晚上还没有找到，准备就随便找个地方睡会，等天亮再找。我把马前腿用马绊绑好，架了一堆篝火，喝了点茶。我的马一直在周围转，一直不吃草。原来周围有一群狼。因为有篝火，所以狼不敢过来。我睡了一会起来看，狼还在周围。除非很饥饿，狼一般不会吃人。
>
> 个案5-3：堆山别，61岁，挈鲁氏部落，吐尔洪乡牧民，2009年3月19日。

哈萨克族女性的年龄群与男性基本一样，但分类更细。其头饰（头巾）是最能够表现年龄群特征的标志之一（见图5-2）。①今天哈萨克族妇女的服饰虽然已经发生了很大变化，但其头饰仍作为不同年龄群的特征保持至今。女性的年龄群特征虽然明显，但在毡房内外的劳动没有像男性年龄群差别那么大。女性是整个毡房或阿吾勒的后勤保障。没有她们，游牧生产的环节将发生断裂。女性年龄群也可以分为：少女、中青年妇女（已婚女性）、老年妇女。老年妇女是各种生活知识的传授者，中青年妇女是实践者和学习者，少女是模仿者与学习者。

图5-2　哈萨克女性头巾（从左至右依次是老年、少年及中年　吐尔洪乡）

有了清晰的性别与年龄分工，阿吾勒内每个成员都知道自己在所处社会关系中的位置，也清楚自己要做的事情。类似于努尔人，正是在一种家庭型与亲属性关系的秩序中，每个人的行为才特别受到人们在年龄组结构中的位置决定。②

作为阿吾勒长，首先要管理好每个毡房（牧户）的老人。老人们要管好自己的儿女。这个过程一环套一环。每个成员在阿吾勒内都有自己的位置，而且这是一个动态变化的位置。但在这个过程中性别及年龄等级结构不会改变。因此，阿吾勒长或氏族部落首领依赖游牧社会的血缘、姻亲及家庭关系，通过

---

① 哈萨克族女性的头饰分帽子和头巾，未出嫁的少女的帽子种类多，颜色鲜艳，帽顶上一般插有猫头鹰羽毛，象征着吉利和欢乐；出嫁时的姑娘戴一种尖顶帽，婚后一年后换戴花头巾。生了第一个孩子后，换戴绣有"颊克"花纹的套头和头巾；三四十岁的妇女佩戴绣有各种花纹图案的套头；老年妇女或子孙较多的妇女戴宽大而花纹不太鲜艳的套头，或只戴白头巾。哈萨克族妇女的帽子、头巾和披巾不能随便摘掉，尤其是在婆婆和不熟悉的异性面前。因此，从哈萨克族妇女的头饰上就可以看出她们的年龄、婚姻以及家庭状况。

② 〔英〕埃文斯·普理查德：《努尔人》，褚建芳等译，华夏出版社，2002，第295页。

性别与年龄的等级制度来规约成员行为，安排劳动内容，从而实现管理整个阿吾勒或氏族部落的目标和一个稳定的游牧生产过程。

第二节 四季转场

转场是连接四季牧场和完成一个完整牧业生产周期的重要环节，因此季节牧场之间的每一次转场都非常重要。不同季节间的转场需要不同的知识。整个转场过程需要做很多工作，如转场前的准备工作、转场时间、转场路线、交通工具、转场途中的水草情况以及各种天气情况等，都是转场需要考虑和应对的问题。在传统哈萨克族社会，转场是氏族部落的一件大事。尼合迈提·朋加尼在1952年的《新疆哈萨克民族在解放前的经济社会情况》中这样写道：

> 迁徙在富裕牧民来说是一种饶有兴趣的事。每值移居之前，首先遣人巡视居住地区，而后开始迁徙，届时妇女们穿着华丽的旅途行装，牲畜背上也披着一些鲜艳美丽的毡毯，行程中男子们骑着健壮的骏马，驾着猎鹰，配起猎枪，俨然是一个行军生活。①

可见，转场不仅仅是连接季节牧场以及牧业生产的一个重要环节，也是一个体现哈萨克族游牧文化知识的过程。转场是除放牧外，另一个最能体现哈萨克族移动的游牧生活场景和游牧知识的地方。而连接四季牧场的牧道犹如今天遍布大地的公路及铁路一样，对游牧社会起着不可替代的社会、经济和文化功能。牧道为游牧民的放牧和迁徙提供了生态资源，也为他们提供了体现游牧文化知识的地方。可以说，牧道是游牧知识体系形成、发展和变化的空间之一。②

一 夏、秋牧场之间

每年9月初，牧民开始从夏牧场向秋季牧场转移。之前约有一周的时间做各种准备工作。转场前的准备工作是否充分直接决定了转场的成功与否。

---

① 新疆维吾尔自治区委员会政策研究室等编《新疆牧区社会》，农村读物出版社，1988，第197页。
② 崔延虎、陈祥军：《阿尔泰山区游牧牧道：现代化挤压下的游牧文化空间》，2015年12月，首届"路学"工作坊。

第五章　游牧的传统组织管理

首先要清点各类牲畜，看是否有走失的。如果有，就要尽快去附近寻找，以防牲畜跟随转场路过的其他牧户的畜群走了。这个工作一般会让与畜群接触时间最长、最熟悉牲畜体貌特征的小伙子去寻找。清点完牲畜之后，要把马（坐骑）和骆驼赶到距离毡房不远的地方放牧。每天都要去查看一次，以防止它们跑远影响转场起程时间。

其次就是准备转场途中的食物和燃料（干柴）。这两项工作一般都由女性在转场前一两天完成。转场途中的食物以油炸的面食、奶制品和风干肉为主，尤以面食与奶制品最多。面食主要有馕、包尔萨克（油炸的面食）、炒面、杰恩特①等，奶制品主要有酸奶疙瘩、奶豆腐、酥油等，② 肉制品以风干肉为主。夏牧场树木繁茂，牧民的燃料非常丰富，但春秋牧场是茫茫戈壁，灌木稀少，燃料缺乏。因此牧民只能用骆驼携带一些干柴下山作为点火的引子。

接着是准备交通工具。马和骆驼是牧民转场的主要交通工具。转场前几天要修理马的蹄子（见图5-3），也要让它们做一些生理上的准备。牧民会提前把托东西的骆驼和坐骑赶到毡房附近。然后控制它们的进食，尤其是骆驼在转场前一天要把它们拴在毡房附近，不让它们进食。坐骑一般提前拴半天。因为此时骆驼和坐骑都比较肥。转场前要是骆驼和坐骑吃得太多，肚子过大，就不利于行走和托运东西。

图5-3　正在修理马蹄　2006年9月6日　吐尔洪乡夏季牧场

---

① 杰恩特（哈萨克语音译），一种用面粉、小米、酥油、奶豆腐、砂糖等原料混合炒在一起的食物。
② 酸奶疙瘩和酥油，由于便于携带、储藏，一般不会轻易变味变质，因此成为牧民一年四季餐桌上天天都能见到的食物。牧民出去放牧时都会随身带一块酸奶疙瘩。

20世纪80年代中期之前,每年转场的时间并不是固定的,按照传统习惯是依据天气情况而定。夏季高山牧场的第一场雪就是牧民开始搬迁的信号。过去有些大的阿吾勒内都有知识经验丰富会算天气的老人。转场前都会有其他阿吾勒的人带着礼物来询问近期天气情况。当然现在政府在转场前也会向牧民告知最近的天气情况。当地牧民认为,有些老人算的天气比广播上的天气预报还要准确。他们可以预测半年后的天气情况。转场时,牧户之间转场按照先后及时间次序,相互错开。距离冬牧场较远的牧户先搬迁,然后依次是第二户、第三户……,时间上也保持一定间隔,你上午走,我就中午走。

搬迁的前一天要把毡房拆了,把红柳做成的木栅栏、撑杆、芨芨草帘子等绑起来,房毡折叠起来捆绑好。还要把毡房里的被褥、毡子、衣服、炊具、餐具及容器等打包。晚上全家人睡在露天地里,等第二天黎明启程。

搬迁时天不亮,全家人起床后就开始向骆驼身上装各种物品。这里也有很多学问,要平衡骆驼背上前后左右的重量,物品大小搭配要均衡,绳子捆绑的力度大小以及不同骆驼的承载能力大小等都要考虑。这个环节非常重要,如果骆驼身上的物品没有捆绑好,半路物品倾斜或松散,有可能会使骆驼受伤而影响转场进程。

各类畜群下山的次序也有所不同。最先起程的是驼队,且一定要在下雪之前出发(见图5-4)。因为它的蹄子又大又平,一旦下雪很容易滑倒。驼队一般由家里的主妇或儿媳妇骑着马,牵引着若干峰托运着毡房、家什的骆驼,其数量取决于家里东西的多少。转场那天,她们换上新衣服,儿媳妇一般穿着红色上衣并配以白色披肩走在驼队的最前面。驼队沿着固定牧道直接去下一个停留点。每到一个停留点,都要卸下骆驼身上的东西,把骆驼和坐骑赶到附近水草最好的地方去放牧。然后开始搭建转场途中简易的小毡房,哈萨克语称"阔斯"①(见图5-5)。主妇们开始烧茶,等待后面赶畜群的家人。

驼队出发之后是羊群。羊群要慢慢赶,要边放边走,而且与驼队迁移的路线也不一样。羊群中的公羊群要提前半个月出发。因为公羊在秋季要给母畜配种,一定要让它们吃到最好的草,这样才不会掉膘。之后母羊群与羔羊群合群后一起赶下山。羊群之后是牛群。马群一般最后走。马群行走的速度较快,要等到夏牧场下雪之后才走。这样做是为了尽可能长时间地利用夏牧场,缓解春秋牧场牧草资源不足的压力,同时也是为了来年春季接羔点有充足的牧草。

---

① 阔斯是一种转场途中临时搭建的小毡房,由木栅摆成圆形,顶部是简单的"十"字形,外形看似一个圆锥形,上面盖着一层薄毡。它很轻便,容易拆卸、安装和携带。

图 5-4　从夏牧场向秋牧场搬迁（2009 年 9 月 6 日　吐尔洪乡）

图 5-5　转场途中临时搭建的"阔斯"（2009 年 3 月　吐尔洪乡）

牧民从夏牧场搬迁时，由于山高路险，牧道狭窄，难免会出现不同牧户之间畜群混在一起（混群）的情况。如富蕴吐尔洪乡阔斯阿热勒村的牧民转场时，刚开始行走的路线不一样，但在途中有三个比较集中汇合的地方（都是必经之地）。当地牧民讲，即使羊群混在一起也不要紧，那些年龄大的羊能根据各自羊群的气味而找到自己的羊群，然后自然分开。

下面是我跟随吐尔洪乡阿汗家的驼队，从夏牧场向秋牧场转场时的记录：

2006年9月6日，天刚蒙蒙亮，阿汗的妹妹就去挤牛奶了。之后开始烧奶茶。8点10分开始吃早餐。饭后，阿汗父亲去修理马掌，为明天出发做准备。弟弟去了远处的山谷里，他要把马群赶回毡房附近。

从早晨9点开始不断有转场的牧民路过阿汗家的毡房。每户经过的牧民都要过来问好。骆驼昨天晚上就已经拴起来了，搬家的前一天不让骆驼吃东西。阿汗表姐去捡了一些干柴火，因为到了春秋牧场就没有这么多柴火了。

12点左右，妹妹和她的表姐开始做包尔萨克，这是转场途中的干粮，转场时根本没有时间做这些东西了。14点30分，包尔萨克都准备好了，整整装满了两个布袋子。14点30分喝茶，吃午饭。15点05分，天下雨了。15点38分，弟弟去放骆驼了。明天要搬家骆驼还不能太饥饿。父亲在修一个笔直的木头，准备支毡房用。妹妹开始收拾吃的东西，装了两大袋子酸奶疙瘩，还有十几个馕。16点30分，妹妹又烧了几个馕，害怕途中不够。16点50分，妹妹和面准备晚上蒸羊肉包子。在这段时间，表姐忙着整理毡房外面的零碎东西。17点05分，父亲把牛群赶进附近的树林里。然后父亲和弟弟一起把马赶下山来。19点20分，我和阿汗把牛群从树林里赶到毡房周围。

晚饭后，全家人都开始拆毡房，女人负责把毡房里的被褥、毡子及做饭用具收拾好，男人把毡房拆了捆绑好。收拾好后，已经0点了。妹妹在草地上铺好了被褥，晚上我们就露天睡。

2006年9月7日，凌晨4点30分起床。周围漆黑一片，只有一堆篝火。匆匆忙忙喝了点奶茶，吃了一些馕。5点开始装东西，所有的行李都要捆绑在骆驼身上。总共有15峰骆驼要托运东西。女人负责打包、捆绑，男人负责把那些重的东西放到骆驼身上，拉紧绳子。7点，所有的东西才装好，也绑结实了。阿汗的父亲和表姐骑着骆驼先出发了。

途中，10点左右路过一处陡峭的山崖。只有把驼队串在一起的绳子解开，一个人牵着骆驼一个一个走才能过去。驼队在这里等了好长时间，感觉像交通堵塞。一路上，各种危险都有可能发生。牲畜踩踏的石头随时有坠落的可能，还有横七竖八的枯木，很容易绊倒人及牲畜。11点30分，到达温泉，13点到达神钟山旅游区。15点45分驼队开始休息，把骆驼身上的东西都要卸下来。吃完饭，又重新捆绑好行李，17点30分继续前进。

晚上，7点40分到达离可可托海5千米的荆盖。赶快卸下东西，开始支帐篷，周围的邻居也来帮忙，并提来了奶茶和包尔萨克。21点30分，毡房支好了。阿汗家要在这里住到9月20日，然后去吐尔洪乡。

根据亲身经历，我认为牧业生产中转场是最辛苦的环节，尤其是冬季牧场至春季牧场的转场过程。此外转场的前后准备及过程中，每年的情况都有差异，这需要很丰富的放牧经验和知识来组织和安排整个过程。所以转场时，阿吾勒或牧户里每个成员都比较忙碌，整个过程不仅需要具体的技术知识，而且还要有随时处理突发情况的经验知识。

二 秋、冬牧场之间

春秋牧场使用的是同一区域，只是利用的时间不一样。春秋牧场是过渡性牧场，搬迁的次数相对较频繁。从秋牧场到冬牧场，牧民搬迁的次数根据各自冬牧场距离的远近而定，有的牧民搬迁五六次，有的牧民要搬迁 10~20 次。牧民每次搬迁的距离为 15~20 千米。每次到达的地点每年基本是固定的，当然这也要看水草及天气情况。水草好的地方就会多停留几天，水草不好，或许只停留一晚。临时的停留点，一般选择在水源附近、视野较为开阔的地方。因为秋牧场植被稀疏，牲畜在短时间内就可能跑很远的地方，所以开阔地即使跑得很远也在牧人的视野范围之内。

在秋牧场迁移时，要经过直线距离 80 多千米的两河间戈壁。这段距离植被稀疏，没有地表径流。秋天路过这里时，牧民一般会在来年春季将要停留的地方，在土坡阴面或低洼地筑起一道土坝。这样来年春季气温回升较快，积雪会在短时间内迅速融化，土坝中蓄积的雪水可以保证春季畜群安全迁移。

每年11月初，牧民到达乌伦古河谷等待第一场雪。冬牧场也没有地表径流，人畜都要依靠积雪。因此下雪是牧民搬迁至冬牧场的信号。搬迁之前，牧民首先检查搬迁途中使用的阔斯（小毡房），看是否有破损的地方，以免途中破损无法缝补。此时，女人每天缝制冬天要用的皮衣、皮裤、皮帽等。男人还要检查坐骑。由于秋季长时间没有骑，坐骑的膘情一般都比较好。在转场前要拴着喂养七八天。每天逐渐减少它的食量。这样是为转场时的长途跋涉做准备。

11月中旬左右下了第一场雪，虽然不是很厚，但足够人畜饮用。雪后的第二天一大早，牧民就开始搬迁。对牧民来说，冬牧场类似于农民的农田，一

图 5-6　在秋牧场等待降雪的羊群（2008 年 11 月 1 日　吐尔洪乡）

定要照看和保护好，要防止牧草被别人家的牲畜吃了，因此要早点到达。

20 世纪 60 年代之前，乌伦古河是转场必经之路，河上没有吊桥。牧民只有等到 10 月底或 11 月初河水变小时才能通过。当时，牧民用小木筏把人运过去，牲畜一般从河床较宽、水域较浅的地方蹚水过去。河水大的时候，每 6 只羊为一组，用绳子把它们绑在一起，让最好的马和最强壮的小伙子牵着绳子的另一头游到对岸。上岸后把绳子一拉，所有的羊就自然散开了，这种绑绳子的方法叫弹簧法。公社化时期，转场前把老人及小孩留在乌伦古河河谷避风向阳的地方。小马驹、头一次将要生产的母马、晚产的羊羔、老弱的牲畜都要留在乌伦古河。那里有温暖的羊圈和地窝子。

雪后，牧民驱赶着各类牲畜向冬牧场缓缓移动。还是驼队最先出发，羊群在后，边走边牧。此时一定要让牲畜慢慢移动，因为速度太快羊会出汗，容易引起风寒感冒，会造成羊群掉膘。如果羊群的整体膘情很好、很肥，原来一天走的路现在要两天走，这也是为了避免羊群掉膘。

冬天转场是最辛苦的，零下十几度到零下二十多度的气温，冰天雪地。一路上牧民只能喝黑茶（未加牛奶的砖茶），晚上住在简易的阔斯（小毡房）里。阔斯一般搭建在向阳、避风的小沙丘旁，羊群也围着阔斯挤在一起睡觉。每年转场途中像这样的宿营地一般是固定的，因为这里有多年积累的羊粪堆。牧民把这些有羊粪堆、有炉位（有燃烧灰烬的地方）、转场途中的临时宿营地都叫"圈"。这些有羊粪的圈对于牧民安全转场起着很重要的作用。当地转场途中有很多这样的公共羊粪堆，哈萨克语称"卓勒阔拉"（意为路途中的羊圈)。它们分布在转场牧道两边，专门为转场较远的牧民准备。如果赶上大雪，尤其是较为年轻的牧民很容易迷路，既没有到达目的地，也没有找到公用羊圈，可以就近暂时用别人家的住一晚。如果在没有羊粪堆的地方宿营，羊群很容易被冻死。如果暂时停留在别人家的草场旁边，一定要遵循"早起晚到"的原则。只是在那里停留一晚，绝不可以再让羊群在别人家的草场里吃草。

牧民在到达自己的冬牧场之前，都会经过很多牧户的草场。冬牧场对于牧民来说尤其珍贵。畜群能否安全过冬，除了放牧技术外就是牧草的充足与否。因此当牧民转场经过其他牧户草场时，哈萨克社会按照习惯法"一条肠路"来解决这个问题。"一条肠路"就是羊群要走在两家牧户草场界线的中间地带，即两家牧户的草场各自让出约百米宽度的一个通道。要是羊群想走捷径，直接经过他人的草场中间地带，这是不允许的。一般在转场的前半个月内，每户牧民都会专门派出一个人守护草场。他们指引着转场的畜群穿梭在各牧户草场之间的"一条肠路"。每个牧户都遵守这个习惯，没有任何怨言。

三 冬、夏牧场之间

进入3月，冬牧场的气温开始慢慢回升，积雪也开始融化。3月底阳坡的积雪最先开始融化。牧民离开冬牧场的时间，按往年惯例一般在3月20日前后，关键还是要看当年的天气情况。3月的天气变化无常，经常出现大风、低温、降雪甚至雨夹雪等恶劣天气。有时沙漠里的积雪在春风的吹拂下，会在很短的时间内融化。如果气温上升太快，牧民要提前离开冬牧场，否则很容易被困在沙漠里。

冬牧场离得较远的牧民最先开始搬迁，因为他们的冬牧场处于准噶尔盆地最南缘的沙漠地带，那里的积雪融化得最早。此时母羊快到临产的时间，一定要控制羊群速度，要慢慢驱赶。从冬牧场到春季接羔点，牧民搬迁的次数从三四次到七八次不等，依据接羔地点的远近而定。牧民于3月底或4月初陆续到达各自的春季接羔点。在此停留一个多月后，等到所有的母畜产羔结束，开始向夏牧场搬迁。此时畜群中有很多小羊羔，有些才刚生下来几天，必须分段缓行，注意按时休息。过去一天走的路程现在要分两天走。刚开始，每天移动五六千米，随着小羊羔慢慢长大，移动速度会有所加快。

从冬牧场向夏牧场的移动过程中，正值春季天气多变，牧民搬迁的次数也比较频繁，所以在转场过程中，牧民要经常拆毡房、支毡房，非常辛苦，且很花费时间。当牧民跨过额尔齐斯河后，随着海拔的增高，转场的畜群还会遭遇滑落下来的山石的袭击（见个案5-4）。

在转场过程中，每天支帐篷要花2个小时，收帐篷要花3个小时。经常都要这样支帐篷、收帐篷。转场时每天一般要走20~30千米，但还要看路况。往夏牧场走时，都是山路，走得很慢。夏牧场的路很窄，只能容一匹马过去。骆驼驮着东西走在马道上，还经常会发生翻滚下山的情况。牧民赶着羊群走路，经常会发生落石、枯树砸到羊身上，甚至人身上的情况。山顶上的石头被雨水冲刷后，松动了，会坠落到毡房顶上。也有砸死羊的。

个案5-4：巴哈提，男，43岁，萨尔巴斯部落，吐尔洪乡，2006年8月5日。

2009年3月底，我住在喀拉布勒根乡吉别特村的卡纳提牧民家。他的儿子贾纳提有写日记的习惯。表5-1是他对2008年9月至2009年7月的转场顺序与搬迁次数的记录。

表5-1 牧民卡纳提家的转场情况

次数	搬迁时间	到达地点	停留时间
1	9月1日	从夏牧场出发到达阔克勒尔克	20天左右
2	9月底	吉别特	15天左右
3	10月5日	胡吉尔特	1个月
4	11月5日	乌伦古河附近，等待下雪	10天左右
5、6、7	11月20日	冬窝子阿热勒库木	4个月左右
8、9、10	3月19日	恰库拉库姆接羔点	1个月左右
11、12	4月20日	前往夏牧场，到达胡吉尔特	2~3天
13	5月20日	阔克勒尔克中山牧场	20~25天
14、15	7月1日	哈拉可赞夏牧场	2个月左右

注：卡纳提家夏、冬牧场之间的距离不是很远。在他们村夏、冬牧场距离较远的牧户来回搬迁次数达二三十次，甚至更多。

牧民认为，四季转场是哈萨克人祖祖辈辈总结出来的，是适合当地自然环境的生计方式。他们还认为，牲畜不断迁徙有很多好处。以畜肉来说，圈养的牲畜虽然很肥，可以卖很多钱，但肉不好吃，也没什么味道。四季不断迁徙的

第五章 游牧的传统组织管理

图 5-7 从冬牧场去接羔点的途中（2009 年 3 月 27 日 吐尔洪乡）

牲畜，可以吃到不同草，而且有很多草还是中草药。所以牧民调侃说，他们的羊"吃的是中草药，喝的是天然矿泉水，拉的是六味地黄丸"。这样的羊肉自然好吃，还富含营养，有利于身体健康。即使要圈养，当地自然条件也不适合，没有足够可以种植饲草料的土地。再说那些荒漠草原，不利用也是一种浪费。

总之，各季节草场之间的转场途中会遇到很多不确定、不可预测的事情。搬迁的次数会因为天气、距离远近等情况有多有少。有些牧户夏、冬牧场之间距离非常遥远，一次转场要搬迁 30~40 次，来回可达 60~70 次。迁移过程中，还要时时注意畜群移动的速度。除了控制速度外，各季节牧场之间的迁移，驱赶畜群的方式也不一样。从夏牧场到秋牧场的移动速度，就要比从冬牧场到春牧场的速度快。牧民还要根据畜群的身体状况、地形特点及天气情况不断调整移动速度。转场与放牧一样，同样需要很多技术知识。转场中的各种知识连接着四季牧场，也是整个游牧知识中重要的一个环节。

小 结

游牧并不是漫无目的地游荡，它有自己的一套缜密的组织管理知识。游牧的组织管理知识以游牧民对草原和牲畜的认识为基础，并运用一套规则来进行水草资源的分配、个体劳动的分工以及组织游牧生产的全过程。整个游牧过程包括很多烦琐的工作，如保护和放牧牲畜、接羔、剪毛、擀毡、挤奶、加工奶制品、加工皮制品等。如何组织和管理好整个游牧生产过程,不仅需要经验知识,还需要具有支配氏族部落成员的权威或影响力。这种权威是以血缘关系为纽带的氏族部落组织为前提条件,以丰富的游牧经验知识为基础,所以氏族部落头人在游牧生产生活中具有绝对的权威性。整个牧业生产都是在氏族部落头人的统一安排和指挥下进行,目的是有效利用牧场、协调好氏族部落间的关系,以及共同抵御外来的各种灾害(旱灾、雪灾、冲突等)。

游牧的时空变化特点又要求游牧的管理者具有灵活处理各种事件的权力和能力,即游牧的管理者不仅要在氏族部落里具有政治上的权力,还必须有丰富的放牧经验知识。因此游牧生产本身的动态变化过程,使游牧的管理具有弹性和灵活性的特点成为必然,其目的也是应对季节气候交替和天气多变的草原生态,以保证整个氏族部落的生存和减少各种外来风险。

在哈萨克族社会,游牧生产生活过程中具体的劳动内容又要求氏族部落成员各有分工。我们发现哈萨克族社会男性要比女性掌握着更多的游牧知识,因为男性常年在外负责放牧牲畜,见多识广、阅历丰富,所以对牲畜、草场环境、气候变化、对外关系等更为了解。因此男性在游牧社会中的地位较高,在管理游牧生产中具有决策权,尤其是氏族部落中的长者拥有更多的权威。男性承担了家庭或整个氏族部落生存发展的主要责任。而女性则更多地承担毡房内及其周围的工作,如烧茶煮肉、挤奶、照看小牲畜、织毡刺绣等,因此女性更多地掌握日常生活的知识。年轻人更多的是作为学习者、参与者、执行者,一起分享着游牧知识。

在游牧的组织管理知识中,组织转场也是最能体现游牧知识的过程。组织转场,既需要经验技术知识,更需要一套社会文化规范知识。因为转场需要有丰富的放牧经验知识,还必须是氏族部落成员都认可的有威望的头人来统一安排和协调。这些头人凭借在氏族部落中的政治地位和权力,运用游牧的组织管理知识来安排牧业生产。

对于游牧生产来说,转场是为了尽可能地合理利用牧草资源,同时也是适应当地自然环境所做出的反应。当地哈萨克族牧民的转场次数较多、时间较长,不是单个牧户能够完成的。所以,连接这些季节牧场之间的牧道成为游牧社会一条流动的资源和经济活动通道,更是一种流动的文化空间。正如崔延虎所言:"游牧民的一生,基本上是年复一年在牧道上游牧中度过的,他们生于斯、终于斯,出生、成长、婚育、死亡的人生历程,都是在这里完成的。信仰不同宗教的游牧人,在牧道上虔诚地重复着他们的宗教仪式,积累着对于宇宙、自然和人类社会的本土知识体系,并把这些通过在牧道上的游牧传承给下一代。可以说,没有牧道的游牧是不存在的。"①

因此,基于当地干旱半干旱区草原环境的多变性特点,为了减少来自外部的各种不确定性事件的威胁,能否组织管理好游牧生产尤为重要。在此背景下,游牧社会组织承担起这个重任并发挥了重要作用。

---

① 崔延虎、陈祥军:《阿尔泰山区游牧牧道:现代化挤压下的游牧文化空间》,2015年12月,首届"路学"工作坊。

第六章

游牧知识的传承机制

阿勒泰地区哈萨克族游牧民以随季节有规律地移动来应对当地的自然环境。他们的社会文化系统都是建立在这种移动性基础之上。游牧知识也是游牧民在移动过程中，经过代代创造积累而形成的。那么游牧知识又是以何为载体，如何代代传承的呢？

上一章已提到，游牧社会组织在生产中发挥了重要作用。世界各地很多从事游牧的民族，都有其各自的社会组织结构形式，如氏族、部落、牧团等。他们大都是依靠各自的社会组织来传承游牧知识。哈萨克族社会中最小、最基层的游牧社会组织是阿吾勒（Aul），它是游牧知识的传承单元。类似的基层社会组织在很多游牧社会中都普遍存在，如阿拉伯沙漠的阿穆拉贝都因人，2~3个帐的家庭构成一个牧团，称"达尔"（dar）。[1] 基层游牧社会组织是游牧知识体系中不可或缺的一部分。在哈萨克族社会，无数个阿吾勒构成了游牧知识体系的传承方式。游牧知识体系正是以社会组织为传承载体，以其在游牧生产中的功能和作用为传承机制。游牧社会组织作为一个整体掌握着游牧知识和权力，以此指导生产、传承游牧知识和规约游牧社会。尤其是基层社会组织更是了解哈萨克族社会和游牧知识体系的一个入口。

第一节 传承载体：游牧社会组织

游牧社会组织是以血缘为基础或形式上认定有共同祖先的氏族部落组织。传统游牧社会，家庭组织、生产组织和社会组织三者是统一的，"上马则准备战斗，下马则屯聚牧养"，既是一个家庭，又是一个部落、一个生产单位和一

---

[1] 王明珂：《游牧者的抉择：面对汉帝国的北亚游牧部族》，广西师范大学出版社，2008，第43页。

个军事组织。① 哈萨克族社会也是生产组织与军事组织相结合，平时生产，战时从军。游牧民族的这种兵民合一的特点，正是建立在具有血缘关系的氏族部落组织基础之上。随着社会发展，其军事组织的功能已经丧失，但游牧社会组织在生产生活中仍然发挥着重要作用。

一　社会组织特点

哈萨克族的社会组织一直保留着古代游牧民族的氏族部落组织特点。在进入田野之前，氏族部落对于我来说是一个遥远的历史概念。但在与哈萨克族牧民长时间的相处中发现，其氏族部落观念仍然非常浓厚。每当我用哈萨克语和他们寒暄时，他们总要问我是哪个部落的，因为老有人把我当成是城里来的哈萨克人。有些牧民还总把我误认为是哈拉哈斯部落的人。"哈拉哈斯"在哈萨克语中是"黑眉毛"之意。哈拉哈斯部落的人，眉毛普遍比较浓密。而我的眉毛也比较浓，所以才会被他们误认。

哈萨克族社会是一个父系社会，其氏族部落组织实行外婚制。每个家庭的男性成员都要准确无误地记住至少七代祖先的名字。只有父母早逝的人才不知道祖先的名字，所以哈萨克人有句俗语"不知道自己七代祖先名字的人是孤儿"。每个氏族部落都有一些精通哈萨克族系谱的人，他们能背诵许多代祖先的名字。这些人被称为"谢吉列西"（即"系谱家"），他们被认为是知识渊博的人，备受人们尊敬。② 哈萨克部落名称往往是本部落古代英雄人物的名字。富蕴哈拉哈斯部落下的很多氏族名称一般以氏族内英雄人物的名字命名。

在日常生活中，当素不相识的哈萨克人见面时，首先要问对方是来自哪个部落。如果来自同一部落，然后再说出七代祖先的名字，很快可判断出彼此血缘关系的远近。所以哈萨克人有句谚语"多谈就会亲近"。杨廷瑞在《哈萨克游牧区的"阿乌尔"》一文中写道：

> 你（哈萨克人）碰上同族的陌生人，只要多方扯扯拉拉，就会找出把两人联系起的血统线索。两个哈萨克人之间，总是能拉扯上亲属关系

---

① 鄂云龙主编《草原文明与生态和谐：生态文化高层论坛文集》，民族出版社，2007，第31页。
② 贾合甫·米尔扎汗：《哈萨克族》，纳比坚·穆哈穆德罕、何星亮译，民族出版社，1989，第37页。

的，扯不上血亲，就拉姻亲，牵不上近的，就联系远的；只要一搭上，那远亲立即就成为近亲，从称呼和对待上，是难以分清疏亲的。①

哈萨克汗国时期（1456～1847年），上层社会通过系谱给氏族部落分配草场、征收赋税、征兵以及解决部落之间的纠纷等问题。对于普通牧民，熟悉系谱可以免除近亲结婚。哈萨克人禁止同部落七代以内通婚。系谱还是哈萨克人加强部落认同感的标志之一。20世纪80年代之后，阿勒泰地区哈萨克克烈部落下的12个分支部落，开始纷纷自筹资金出版部落历史，其内容主要是部落迁徙历史、英雄人物、部落文化及系谱。哈萨克氏族部落系谱可以让每个人有一种归属感，识别彼此血缘关系的远近，同时还可起到传承民族文化、约束个体行为的作用。

除了系谱，印记也具有类似的功能。印记在远古时代已产生，是区分氏族或部落的标志，也是确认部落财产归属及草场边界的标志之一。古代草原上各部落结盟、缔结协约等，都以印记为遵守信誓的标志。每个部落都有自己的印记。一个部落内的各个氏族也有自己的印记。印记是为了适应游牧民的生产、政治、经济及军事的需要而产生的。茫茫草原上，如果没有印记作为识别部落的标志，将会带来很多麻烦。各氏族部落的旗帜上也印有自己的印记，一旦看见旗帜上的印记，就知道是哪一个部落的人。印记还用来作为识别本氏族部落成员死者坟墓的标志。至今，富蕴哈萨克人仍然保留着这种习俗。

印记的另一个重要作用是作为识别牲畜归属的标志。畜群是四处移动的，很容易和其他邻近氏族部落的牲畜混杂在一起，难以辨认。为了识别自己氏族部落的牲畜，特别是马、牛、骆驼等大牲畜，各氏族便创造出本氏族部落特有的印记，至今仍然在使用。部落印记在历史上不是一成不变的，其功能及形状都有所变化，并带有时代特征。自从地域之间有了行政边界，那些过去用于区分部落或氏族的印记，又增添了一个新的印记——区分不同乡镇的印记。

喀拉布勒根乡胡吐拜氏族牧民的一匹马，就有两个印记。一个是五角星，代表是喀拉布勒根乡（见图6-1），一个是弯月印记，代表哈拉哈斯部落胡吐拜氏族。牧民看马的印记就知道这是喀拉布勒根乡胡吐拜氏族的马。有的印记其性质已发生根本变化，从最初的氏族认同变为地域认同，但其功能仍然是区分牲畜。如富蕴吐尔洪乡的印记是汉语音译"To"或"吐"，其管辖的牧业5

---

① 新疆维吾尔自治区委员会政策研究室等编《新疆牧区社会》，农村读物出版社，1988，第228页。

队的印记是"5",那么牧业5队大牲畜身上的印记就是"To 5"或"吐5"(见图6-2)。有的牧民为了使牲畜的"身份"更加详细,会把代表氏族和地域特征的印记都烙在牲畜身上。如吐尔洪乡萨尔巴斯部落某氏族,其印记形状类似一把小斧头。斧头的朝向不同还代表不同的氏族。因此,这个氏族某牧民的一匹马身上会有三个印记,"To 5"再加一把小斧头。如果马匹丢了,凭印记很快就能找到。现在这种印记的使用仍然广泛存在。

图6-1 饭桌上的印记(吉别特村 2009年8月21日)

图6-2 马臀部上的印记(牧业5队定居点 2006年7月11日)

口号曾经也是哈萨克族社会组织的标志之一。每一个氏族部落都有自己的口号。口号大多来自氏族部落内公认的著名祖先或英雄人物的名字，其作用主要表现在战场上，用于鼓舞士气，团结一致共同对敌。除此之外，口号还用在氏族部落间举行赛马、摔跤、叼羊等比赛上。各氏族部落的人高喊自己部落的口号，以鼓舞参赛者的士气。至今这些口号仍然在哈萨克人中间流传。

血缘、谱系、印记及口号是哈萨克族社会组织的基本特点，而且至今仍存在于哈萨克族社会，并随时代发展继续传承不断创新，这也是游牧文化立足传统基础上的再创造过程。

二 社会组织结构

哈萨克族社会中每个部落都是父系制。大部落由若干个小部落组成，小部落又由若干个大氏族组成，大氏族下还有若干个小氏族，小氏族最终由作为最小游牧组织单元的若干个阿吾勒组成。何星亮认为，哈萨克人的氏族部落组织可能是我国各民族中保留最为完整的，上有部落联盟，下有最基本的生产组织阿吾勒，中有小氏族、大氏族和部落等，系属分明，各有所归。[①] 传统哈萨克族社会组织一般分为七个级别，由低到高依次为：阿吾勒（Aul）、阿塔（Ata）、乌露（Ruw，氏族）、阿洛斯（Ares，部落）、兀鲁斯（Ules，领地）、玉兹（Jüz）、汗国（Kandek）。这七个社会组织也是组成哈萨克汗国时期社会结构的单元。

阿吾勒是最基层的社会组织，一般由血缘关系较为密切的几户或十几户组成，首领称阿吾勒长或阿吾勒巴斯（哈萨克语"巴斯"是首领之意），由经验丰富的、有威望的老年人担任。阿塔，意为"祖父"，也是由血缘关系较为亲近的若干个阿吾勒组成。阿塔的头人称"阿克萨卡勒"，由德高望重的老年人担任，负责处理阿塔内的大小事务，调节阿吾勒之间的纠纷。乌露，即氏族[②]，一般由 13~15 个阿塔组成。乌露中的人都来自一个共同祖先，其名称一般都是祖先的名字。乌露有自己的草场和墓地，内部不准通婚，其头目称"乌露巴斯"，负责内部重大事务。阿洛斯，即部落，由若干乌露组成，其头目称"比"，由选举产生。"比"主要解决牧民的刑事案件和各种纠纷，协调氏族之

---

① 何星亮：《新疆民族传统社会与文化》，商务印书馆，2003，第 74 页。
② 在阿勒泰地区一般称"耶利"，即氏族。耶利也有大小，关键看其通婚范围的大小。如富蕴翠鲁氏耶利内部就不能通婚，但可以和别的同级的耶利通婚。而大的耶利内部可以通婚，大耶利相当于部落。

间关系，也是哈萨克人最具特色的官职，其作用类似于今天的法官。兀鲁斯，即领地之意，由若干个阿洛斯组成。兀鲁斯具有地缘性质，某一地区的若干个部落即成为一个兀鲁斯，其头目为"苏丹"，只有贵族才能充任，多由可汗的子弟或宗亲担任。玉兹是一个地域性部落联盟。古代哈萨克人分大、中、小三个玉兹或大帐（the Great Orda）、中帐（the Middle Orda）、小帐（the little Orda）。玉兹的统治者为汗。目前游牧于新疆阿勒泰地区的哈萨克人主要属于中玉兹。汗国是哈萨克人形成具有共同名称、共同语言、共同地域、共同文化及共同民族意识的主体。汗国分为三个玉兹，最高统治者是可汗。①

传统哈萨克族社会，前五个级别的氏族部落大小头目及比，一般由选举产生，大都来自平民，因此被称为"黑骨头"（the Black Bones，哈萨克语：aq syiek）；后三个级别（可汗、汗及苏丹）大都是成吉思汗的后裔，属于哈萨克族社会的贵族，其首领是世袭，他们被称为"白骨头"（the White Bones，哈萨克语：Kara syiek）。

随着哈萨克汗国以及三个玉兹的消亡，其游牧社会组织也在一级一级解体。上层三个级别的社会组织的解体，致使哈萨克族社会结构发生根本性变化。下层五个级别的游牧社会组织的功能一直延续到新中国成立初期。但最基层的阿吾勒，由于其内部非常亲近的血缘关系，其社会组织的特点及功能至今仍然发挥着重要的作用。

三　部落组织与权力

哈萨克族社会的社会组织结构与其权力体系密切相关。长期以来克烈部落实行的是以游牧社会组织为基础的七级管理体系。在新疆建省之前，清朝在阿尔泰地区没有设立行政管理机构。1884年，新疆建省后生活在阿尔泰地区的克烈部上层部落头目都被清政府封以爵位，并建立了由1个公、4个比（乌库尔台）和2个台吉组成的7人管理体系。实质上，这套管理体制就是扎萨克官制②。哈萨

---

① 贾合甫·米尔扎汗：《哈萨克族》，纳比坚·穆哈穆德罕、何星亮译，民族出版社，1989。
② 扎萨克官制，即蒙旗制度，清代对蒙古原有的以血缘关系为基础的社会组织体制进行改革，实行分旗统辖管理。首先根据蒙古各部落归附及功绩大小分成了若干旗，每旗旗长称扎萨克，由蒙古的王、贝勒、贝子、公、台吉等贵族担任，管理一旗的军事、行政和司法等事务。每旗之下设协理台吉二人或四人，分掌各项政务，并设管旗章京、梅伦、参领、佐领等职。这是清代最早对蒙古地区实行的一种分而治之的制度。后来清朝对哈萨克族居住区也实行了扎萨克制。关于"蒙旗制度"，参见卢明辉《清代蒙古史》，天津古籍出版社，1990，第72~75页。

克上层头领既世袭原来的爵位,又担任清朝的各级地方官员。

1911年,东土尔扈特蒙古亲王帕勒特任阿尔泰地区办事长官后,在克烈部落的十二个氏族中各选了一个台吉,共十二个台吉,每个台吉下管一个乌库尔台,一个或两个扎楞,五个或六个赞格。设置这些管理职位主要还是要看部落或氏族的人口、牲畜及财富等条件而定。1912年袁世凯当总统时,设置了两个贝子管理阿尔泰地区克烈、乃曼部落的各氏族。①

民国初期,基本上原封不动继承了清朝设置的一套官制。20世纪40年代,新疆省政府在阿尔泰地区设区、县、乡、保和村等行政化的地缘组织,但氏族部落组织仍然存在。哈萨克牧民还是以氏族部落为基础(单位),听从氏族部落头目的安排。区、县、乡、保及村的官员一般也是氏族部落的头目。

新中国成立前,在富蕴游牧的主要有哈拉哈斯部落、莫勒合部落和萨尔巴斯部落。哈拉哈斯氏族由一个台吉、一个乌库尔台、两个扎楞及九个赞格共同管理。莫勒合氏族由一个台吉、两个乌库尔台、三个扎楞及九个赞格共同管理。② 当地莫勒合部落台吉的后代拜合提老人讲,新中国成立前阿尔泰地区克烈部落的12个部落都有自己的台吉。台吉管理的范围很大,只要是他们自己部落的人,都要接受管理。扎楞和赞格都是由数量不等的若干个阿吾勒组成。原哈拉哈斯部落台吉的侄子阿巴海老人③讲:

> 解放前,现在富蕴县的杜热乡、喀拉布勒根乡、吐尔洪乡都是哈拉哈斯部落的草场。最开始我们这个部落有1000户(顶)毡房。我的叔叔是这个部落的台吉,负责管理这些毡房。这是当时负责管理这些部落的官职:
>
> 1个台吉:哈里力台吉(相对于千户);
>
> 1个乌库尔台,2个昆都:拉海和纳马扎亦(负责管理500户牧民);
>
> 4个比:阿合台各、阿德利汗、阿德利热合曼、达巴(相当于法官);
>
> 3个扎楞:索土肯、凯西力拜、阿芒(负责管理200户牧民);
>
> 7个赞格:胡巴依、奥玛尔、斯里盖拜、博力德瑞合、哈拉金盖特、

---

① 苏北海:《哈萨克族文化史》,新疆人民出版社,1989,第17页。
② 原哈拉哈斯部落台吉的弟弟讲,有1000户的乌鲁封为台吉,有500户的乌鲁封为乌库尔台。台吉与乌库尔台相当于现在的县长;赞格相当于现在的乡长,管理200户牧民;扎楞是乌库尔台与赞格之间联系者的官名。我后来查阅文献发现,汉语的"佐领",即副公一词与"扎楞"意近。
③ 阿巴海,男,吐尔洪乡退休干部,1934年出生,2009年3月24日。

哈力、哈扎马丁（负责管理100户牧民）。

可见，以氏族部落为基础的游牧社会组织结构和权力管理体系，一直维持到新中国成立初期。社会组织结构可以随着政治变革很快解体，但游牧社会组织的功能及作用不可能在短期内消失，因此自古以来历经部族间、民族间，甚至国家间的征战都没有影响其组织生产的功能。而基层游牧社会组织是其中最稳固的，它们是维系和传承游牧生计与游牧文化的基石。

第二节　传承核心：阿吾勒

游牧社会组织结构中，基层游牧社会组织阿吾勒是传承游牧知识及组成游牧社会的最核心单元。它普遍存在于我国其他六个主要的游牧民族中，蒙古族称"阿寅勒"，藏族称"热果尔"，哈萨克族称"阿吾勒"，柯尔克孜族称"阿依勒"，塔吉克族称"禾西乃"，裕固族称"阿尔楞"。

一　流动的家：阿吾勒[①]

（一）阿吾勒的概念

哈萨克族牧民以阿吾勒为基层社会组织来聚居和游牧。如果说，农耕民聚居的形式是村庄，那么哈萨克族游牧民的聚居形式就是阿吾勒。阿吾勒一般由三五户、十几户或几十户牧民组成，其规模大小会随着季节、草场、牲畜等因素而变动。成员一般属于有血缘关系的同一氏族或部落。阿吾勒内以草场共有牲畜私有为基础，在阿吾勒长的统一指挥下，内部牧户之间各有分工相互合作，共同维护和延续阿吾勒的生产和生活。

科莱德认为，哈萨克族的阿吾勒一般由关系非常密切的牧户组成，他们有共同祖先的事实至少可以确定到19世纪末[②]，即阿吾勒是以血缘为基础的联合体。汉姆弗蕊（Caroline Humphery）认为哈萨克族的阿吾勒类似于蒙古族的阿寅勒或浩特阿寅勒（ail or hot-ail），都是由几个家户组成一个阿寅勒，通常

[①] 陈祥军：《移动的游牧社会组织功能及实践意义——以哈萨克族阿吾勒为例》，《内蒙古社会科学》2010年第3期。

[②] Lawrence Krader, *Social Organization of the Mongol-Turkic Pastoral Nomads*, Indiana University Publications, 1963, p.209.

是联合放牧，每天的日常工作由牧户间彼此互相帮助分工完成。① 由于同属于中亚草原的游牧民，蒙古族与哈萨克族有很多共同之处。吴文藻先生认为，蒙古包就是游牧民的社会组织单位，也是游牧部落的最小地方单位，犹如农业社会的村落。②

杨廷瑞认为，放牧是分散的个体劳动，单独的个人不能游牧，单家独户也不能游牧。畜群迁徙过程中，需要较多的人力。因此，阿吾勒就是由数户近亲丛居的牧民协作放牧，在一定的地域和人群范围内进行个体劳动的分工和交换，构成的一个游牧庄子（简称牧庄）。牧庄具有游牧生产、社会和行政功能的"三合一的基层组织"。牧庄的中心就是阿吾勒长的毡房，其他牧户的毡房都以阿吾勒长的毡房为中心。各个毡房③之间以血缘为纽带，分工合作放牧各类牲畜。所以血缘关系最能体现阿吾勒"家"的观念。此外，氏族部落观念和头目在群众中的威信主要也是在阿吾勒中形成和培养起来的，如果没有阿吾勒，游牧民族的氏族、部落关系就无法体现。④

哈萨克族社会，草场一般都由氏族部落所共有，但阿吾勒之间也有自己固定的放牧范围。阿吾勒内草场不会再进行划分，所以草场把所有成员全部纳入一个生态系统之中。由此，以阿吾勒为基础的游牧社会与草原生态系统形成了一个紧密相连的整体。这个整体包含的元素是游牧民、毡房、牲畜以及水草。每个毡房都是阿吾勒的一个细胞。个体的牧户几乎不存在，个体成员都是以毡房为载体的个人。为此游牧哈萨克人对家的理解与农耕汉人有着鲜明的区别。在哈萨克人看来，家是由人、毡房、牲畜、牧场四要素组成的一个综合体。这个家不是以永久的地域为基础，而是以一个流动的阿吾勒为基础，是一个"流动的家"的概念。因为在自然环境恶劣的条件下，任何单个的牧人是无法生存的，只有依靠一个群体即阿吾勒（家）才能生存。

作为一个整体的家，阿吾勒内每个成员的行为都要服从阿吾勒的整体利益。如阿吾勒内发生了一些不好的事情，每个人都会极力阻止这些事情外泄。个体成员也不敢做坏事，害怕影响到整个阿吾勒的利益或声誉。这种整体意识（类似于家族声望）约束着阿吾勒内每个成员的行为，并保护和维系一个阿吾勒的声望（见个案6-1）。

---

① Caroline Humphrey and David Sneath, *The End of Nomadism*? Durham: Duke University Press, 1999, p. 139.
② 吴文藻：《人类学社会学研究文集》，民族出版社，1990，第76页。
③ 毡房在这里指一户牧民，游牧社会一般是按照毡房的数量来统计人口。
④ 杨廷瑞：《哈萨克游牧区的"阿乌尔"》，新疆人民出版社，1959，第12页。

传说，有一个阿肯（草原上的诗人）去一个富有的巴义（相当于农区的地主）家做客。这个阿肯口才非常好。他和巴义聊天的时候，巴义的女儿放了一个屁。阿肯听到了，他就用一首很委婉的诗词把它说了出来。巴义听到后很害怕阿肯把这件事情传出去。于是就给了阿肯一匹马还有其他东西，让他千万不要把这件事情说出去。

个案6-1：塔海，男，65岁，哈拉哈斯部落，吐尔洪乡，2008年8月21日。

一个阿吾勒的名望对其自身发展及每个牧民都有非常重要的意义。每个成员都要维护自己阿吾勒的声誉。这种名望可以为阿吾勒带来更多的实际利益。当遇到自然灾害时，就会得到其他阿吾勒的帮助。哈萨克牧民都明白一个道理：一个富人可能会一夜之间变成穷人。在草原上牧人脱离了阿吾勒根本无法生存。因此任何损害阿吾勒名望的行为都会受到大家的谴责。

（二）阿吾勒的类型

阿吾勒一般依据血缘关系的远近及有无，分为三种类型。

第一种，主要或大多数牧户是出于同一个祖父的近亲所组成的阿吾勒。这样的阿吾勒有时还包含几个更小的阿吾勒。这要看阿吾勒创建者的贫富状况、亲属和家族人口多寡等情况。这种类型被认为是最古老的阿吾勒形式。

例如，富蕴喀拉布勒根乡吐胡拉阿吾勒，最开始是由同父异母两个兄弟组成。吐胡拉娶了两个老婆。他与大老婆及儿子胡才英住的地方，称吐胡拉阿吾勒。二老婆与儿子开森住的地方，称开森阿吾勒。吐胡拉去世后，其小儿子继承了原来大帐地位，但整个大帐由大儿子胡才英管理，因此大帐改为胡才英阿吾勒。由于哈萨克的还子习俗①，吐胡拉的小儿子其实就是胡才英的大儿子。开森后来也娶了两个老婆，又形成了两个阿吾勒，这两个阿吾勒都有10帐人左右。随着人口及牲畜数量的增加，胡才英阿吾勒又分成了3个阿吾勒，大儿子建立了哈拉阿吾勒，二儿子建立了哈那阿吾勒，三儿子建立了萨布拉阿吾勒。总之，吐胡拉阿吾勒总共分出了5个阿吾勒，这5个阿吾勒的总管是胡才英，其次是开森。胡才英于1949年去世，开森在"文革"期间去世（见图6-3）。

---

① 哈萨克族家庭中至今在牧区仍然存在还子习俗。所谓"还子"就是每对新婚夫妇，要把婚后的第一个孩子送给亲生父母。祖父母要把孙儿女当作自己的儿女一样抚养。

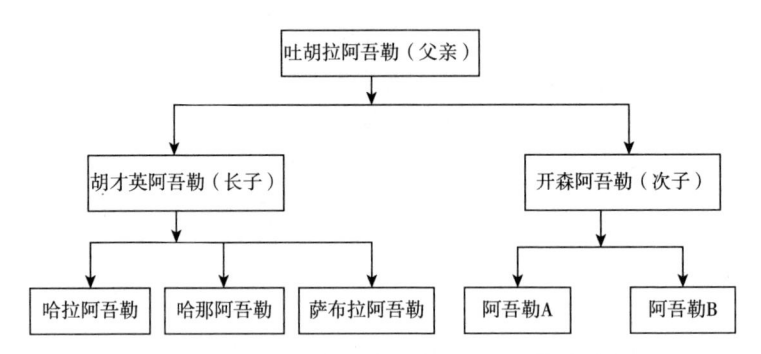

```
                    ┌─────────────────────┐
                    │ 吐胡拉阿吾勒（父亲）│
                    └──────────┬──────────┘
                ┌──────────────┴──────────────┐
                ▼                             ▼
    ┌─────────────────────┐       ┌─────────────────────┐
    │ 胡才英阿吾勒（长子）│       │ 开森阿吾勒（次子）  │
    └──────────┬──────────┘       └──────────┬──────────┘
      ┌───────┬┴───────┐                ┌────┴────┐
      ▼       ▼        ▼                ▼         ▼
  ┌──────┐┌──────┐┌──────────┐      ┌──────┐ ┌──────┐
  │哈拉阿││哈那阿││萨布拉阿吾│      │阿吾勒││阿吾勒│
  │吾勒  ││吾勒  ││勒        │      │  A   ││  B   │
  └──────┘└──────┘└──────────┘      └──────┘ └──────┘
```

图 6-3　哈萨克基层游牧社会组织阿吾勒的裂变

第二种，主要或大多数牧户由本氏族的成员组成的阿吾勒。这一类近亲所占比重较少，血缘关系较远，但属于同一个氏族的成员仍为阿吾勒的主要组成部分。新疆社科院的王作之在1952年调查了富蕴挈鲁氏氏族的焦勒巴拉斯阿吾勒，当时有10户牧民，其中有焦勒巴拉斯同一祖父的兄弟2户，另有与焦勒巴拉斯属于同一氏族的5户，还有建太凯氏族1户，莫勒合氏族1户。①

第三种，主要由不同氏族，甚至其他民族的成员组成的阿吾勒。这类阿吾勒一般由以农业为主、牧业为副的贫穷家庭组成。王作之1952年在富蕴发现，居住在额尔齐斯河畔的建凯西阿吾勒就属于这一类。该阿吾勒由10户牧民组成，阿吾勒长建凯西是塔塔尔族，其余9户中，有哈萨克族艾散哈孜氏族1户，巴尔克氏族1户，贾迪克氏族3户，萨尔巴斯氏族2户。② 在这种阿吾勒中，血缘关系非常淡，特别是成员与阿吾勒长根本没有血缘关系。

新中国成立初期，富蕴克烈部落下的挈鲁什氏族的22个阿吾勒中，属于第一类的有5个，属于第二类的有16个，属于第三类的有1个。这三类阿吾勒中，一般以第二类为最多，第一类次之，第三类最少。阿吾勒的成员除了有以远近不同血缘关系的成员外，还包括以婚姻建立关系的外氏族成员。在挈鲁什氏族的22个阿吾勒里有7个阿吾勒内有婚姻关系。③

此外，根据阿吾勒在整个氏族部落里的社会地位和其生产状况以及经济实力、人口规模、社会关系等条件，又可分为大阿吾勒、一般阿吾勒、富阿吾勒、穷阿吾勒等。每个阿吾勒并不是恒定不变的，主要受人口和牲畜数量的影

---

① 新疆维吾尔自治区委员会政策研究室等编《新疆牧区社会》，农村读物出版社，1988，第217页。
② 同上书，第217页。
③ 同上书，第217页。

响而变化。它与努尔人的谱系裂变分支比较相似。即每个阿吾勒的氏族结构形式保持恒定不变，而其谱系裂变分支却处于一种动态变化之中。

新中国成立前，牧民都是以阿吾勒为家庭和氏族、部落之间的一个基础单元。虽经历一系列政治运动及各种政策变革，至今在夏牧场牧民仍然保持着以阿吾勒为核心的游牧单元。他们仍然以三至五户为一个阿吾勒聚牧在一起。四季单独游牧的牧户几乎没有。

历史上，哈萨克族的各大小部落头目主要通过阿吾勒来对本氏族进行管理。历经汗国及王朝更迭，游牧哈萨克人的阿吾勒组织并没有发生多大变化，只是上层社会组织结构在不断发生变化。牧民千百年来一直以阿吾勒为最基础的社会生产组织，随水草季节游牧。因此，阿吾勒成为哈萨克社会中最稳固的基层游牧组织。

二　内部关系

阿吾勒的内部关系都是与游牧生产与生活密切联系在一起。同时大多数阿吾勒又存在血缘及姻亲关系。因此，其内部主要存在依附与互助关系。

（一）依附关系

依附关系主要是指一般牧户对阿吾勒长的依附、贫困牧户对富裕牧户的依附或小房子（小帐）对老房子（大帐）的依附。按照哈萨克人的"分帐"①习俗（见图6-4），儿子结婚后，分给他一些牲畜、一顶毡房，让他们独立生活。这个分出去的毡房称小房子或小帐，小帐称自己父母居住的毡房为老房子或大帐。

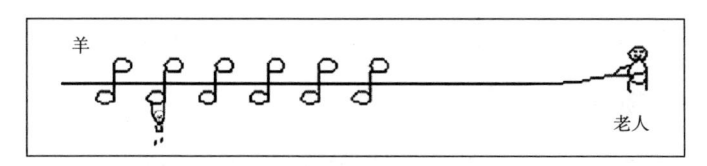

图6-4　分帐（组建新家庭）的牲畜分配方式

---

① 分帐即新组建的家庭要从老房子分出去。此时，首先要分配牲畜，老房子会请来阿吾勒里德高望重的老人，让他抓住绳子（哈萨克语：Kocak）的一头。此时主人家要给老人送一件大衣。然后让一个三四岁的小孩去羊群（老羊和小羊混合在一起，约50只）里抓羊。只要小孩摸到哪只羊，就把哪只羊抓来拴在绳子上。最后拴在绳子上的羊就是新家庭的财产。老房子会给小房子的牲畜另做一个印记。

很多以血缘关系为基础组成的阿吾勒，就是由大帐和一些依附于它的小帐组成的。大帐一般是阿吾勒中最富有的，拥有很多牲畜、草场、耕地及其他生产资料。给儿子或小帐只分少量牲畜。四季牧场、打草场、耕地等为公共生产资料，留在大帐名下大家共用。牧民的转场、放牧、割草等，都是以阿吾勒为单位进行的。阿吾勒内牧场的共有和大帐与小帐的关系，构成了它们之间的相互依附或互助关系。在自然环境恶劣的阿尔泰地区，每个小帐必须依靠大帐才能生存下来。①

牧场是整个阿吾勒生存的基础，也是其他小帐依附大帐的主要原因。从财产分配上可以明显看出，小帐只是拥有了少部分牲畜，而阿吾勒的主要财产（牧场、牲畜及生产工具等）不进行分割，而是留给大帐。为了保存整个阿吾勒的长久生存，牧场无法做到类似农业的分割方式。游牧要求草场的广阔性特点，不允许再进行破碎化的分割。这是为了确保牲畜的整体数量以及有足够活动空间的牧场，以增强抗击自然灾害的力量。因此在阿吾勒内，大帐只有一个。新家庭可以分得牲畜，但牧场不会再进行分割。喀拉布勒根乡的王老人②讲：

> 咱们可以这样说，男女结合成一个家。家里生了孩子，有了子孙。然后4、5家或10家，就变成了一个阿吾勒。在这个阿吾勒里面有见识有知识的长辈承担和管理这个阿吾勒。阿吾勒每个家庭的情况是不一样的，有贫富变化。穷帐（穷牧户）靠富帐生活，牲畜管理都由富帐的人来管理。

阿吾勒成员之间既有贫富相依的经济关系，又有老房子（大帐）与小房子（小帐）之间的血缘关系。这两种关系相互结合和制约，维系着阿吾勒的生产生活。牧场的公有和多变的自然环境也是阿吾勒内成员相互依附的基础。

（二）互助关系

阿吾勒内的互助关系具体表现在游牧生产、婚丧嫁娶及各类日常活动之中。在牧业生产方面，互助是哈萨克人至今仍然保持的优良传统之一，如剪毛、接羔、转场、制毡子、割草等活动。一般是阿吾勒长或富裕的牧户以"阿

---

① 杨廷瑞：《哈萨克游牧区的"阿乌尔"》，新疆人民出版社，1959，第2页。
② 王老人，76岁的老人，哈萨克族，2008年8月25日，喀拉布勒根乡，他的父亲在新中国成立前曾经是一位台吉。

萨尔"（哈萨克语音译）的形式请其他牧户帮忙。"阿萨尔"就是受帮助的人要宰一只羊来宴请帮忙的牧民。这种互助不仅存在于阿吾勒内牧户之间，也普遍存在于阿吾勒之间。

2006年9月2日，我参与了麻木里阿吾勒的打草互助活动。定居牧民大都有政府分配的人工或天然草场。每年夏季打草成为当地牧民一项重要的生产活动。打草分人工打草和机器打草两种。经济条件好的牧户使用机器打草。人工打草时，先用扇镰把草割倒。过几天再用铁叉翻一遍，目的是让草快点晒干。草晾干后，就用马车、拖拉机或汽车拉回去，垛成草垛。要是用机器打草，还要多一道工序。机器割完后，草都平摊在地里。晾几天后，还要用耙子把草堆起来，再用车拉。在打草、拉草的时候，牧民之间都会相互帮忙的。

麻木里阿吾勒是由兄弟俩及另一户姻亲牧户组成的阿吾勒。我去的时候正赶上他们在拉运干草。当时，来帮忙的人有麻木里的两个侄子、邻居拜京和黑扎提。拜京和黑扎提还各自套了一辆马车。晚上，麻木里煮了羊肉招待大家。在牧区定居点，除了阿吾勒内的互助外，邻里之间的帮助是很常见的，这也是定居后以地域形成的一种新的互助关系。这种相互帮助的行为是传统阿吾勒互助习俗的延续，是一种平等互助行为。

除了在放牧方面的诸多互助外，其次是婚丧嫁娶。从婚礼前几天的准备工作开始，阿吾勒及本氏族内很多成员都会前来帮忙。男性成员负责宰牲畜；女性成员负责清洗牲畜的内脏；年轻小伙子要负责婚礼前后宾客的财物及人身安全等。婚礼上，新人双方氏族内血缘关系较近以及有姻亲关系的成员，都要给新人送很多礼物，如除了牲畜、各种手工制作的毡子、毛毯、饰品，现在又新增添了电器产品，如电视机、冰柜、摩托车等。在阿吾勒及氏族内成员的帮助下，一对新人家庭很快就建立了。

阿吾勒内的互助行为至今仍然非常普遍。在新形势下，在原有血缘关系的基础上又增添了地缘关系。但不管阿吾勒构成形式怎样变化，游牧生产必定需要一个至少由四、五户牧民组成的社会生产组织才能完成。因此这个社会组织内的互助行为就成为必然。

三 社会功能

（一）互助凝聚

阿吾勒的互助凝聚功能，实质是为了维护一个阿吾勒的整体利益。这种功能把阿吾勒的整体利益与每个成员的个体利益紧密联系在一起。民间有很多谚语表达了这种含义，如："阿吾勒的根基在于齐心，共同生存是根本""阿吾勒的忧虑就是男子汉的忧虑，阿吾勒的牲畜就是男子汉的牲畜""阿吾勒富了，大家都富了"等。游牧生产生活中通过各种方式来加强这种凝聚与互助功能，促使每个成员都要维护阿吾勒的利益。

草原上自然灾害往往给游牧民造成很大的损失，有时甚至是灭顶之灾。马太比老人讲，20世纪50年代之前，由于各个阿吾勒的牧场都是固定的，一旦遇到大旱的年份，阿吾勒的互助功能就发挥了重要的作用。每个阿吾勒的牧场草情不同。牧场不好的一般都会得到牧场好的那个阿吾勒的帮助。在使用对方的牧场之前，两个阿吾勒长通过协商，一方能很快获得帮助。老人的父亲曾经就是一个阿吾勒长。小时候父亲告诉他，他们的阿吾勒本来有400只羊、20匹马以及十几头牛和骆驼。在一场大雪后，只剩下40只羊，2匹马，1头牛和1峰骆驼。最后在其他阿吾勒的救助下才渡过了难关。所以，恶劣的自然条件使牧业生产存在很多不确定性，这使互助在阿吾勒之间成为一种常态，同时又不断加强了阿吾勒的凝聚功能。

牧区社会，阿吾勒是那些以血缘关系为基础的父系世袭群，具有很强的凝聚力。阿吾勒内每个成员都有共同的利益，这种整体观念使每个人对阿吾勒都有一种归属感。在此功能的作用下，牧区氏族部落内普遍存在的"安明格尔"婚姻习俗就在常理之中。安明格尔婚姻习俗，即转房制度或收继婚制度。妇女死了丈夫，如果改嫁，一定要优先嫁给亡夫的兄弟，如无兄弟，则必须优先嫁给亡夫的叔伯兄弟。只有本家族无人娶时，才能嫁给本氏族的其他成员。[①] 这种婚姻习俗新中国成立前在哈萨克氏族内几乎已经成了习惯法。因此哈萨克人有"失去丈夫也不离开氏族""寡妇不外嫁""寡妇不出部落"等俗语。这种婚姻习俗是为了防止氏族内财产的分散或外流，从而聚集阿吾勒的财富和扩大整体力量。哈萨克人的俗语"阿吾勒富了，大家都富了"，就充分证明了这一点。

（二）调节内外纠纷

草场纠纷和婚姻纠纷始终是草原上最多的两种纠纷。草场纠纷一般存在于阿吾勒及氏族部落之间，民间有很多关于草场纠纷的俗语，如"草原上的草场纠纷永远会存在""草场纠纷就和寡妇门前的是非一样多"等。由于自然及人

---

① 贾合甫·米尔扎汗等：《哈萨克族》，新疆美术摄影出版社，1996，第74页。

为因素，各个阿吾勒牲畜数量有增有减，牲畜增长过快的阿吾勒就有可能越界侵占了牲畜数量较少的阿吾勒的草场，由此导致草场纠纷发生。

婚姻纠纷一般是由安明格尔制度或没有履行婚约引起的。按照安明格尔制度，丈夫死后，妻子一定要优先嫁给自己阿吾勒或氏族内的成员。即使是男女未正式结婚，但已订婚并交了彩礼而未婚夫不幸去世，也必须按照安明格尔的婚姻制度。但也有不情愿的，这样就容易产生纠纷。在哈萨克族中，婚姻一般是终身的，一旦缔结婚约，便不能随便解除。如果有哪一方单方面解除婚约，也容易产生纠纷（见个案6-2）。牧民塔海老人讲："一个刚结婚不久的妇女，如果丈夫死了，这个女人不能回娘家，也不能嫁到别的部落。她必须嫁给亡夫的弟弟或部落中的其他男人。曾经有一个姑娘，丈夫死后，但家里没有弟弟或别的成年男性亲戚。姑娘想自己将来没有依靠，就想嫁到别的部落。结果引发了冲突，后来阿吾勒里有名望的老人出面协调，最终还是没有让她嫁出去。"

有一个依靠A阿吾勒生活的小伙子。他看上了B阿吾勒里的姑娘。但这个姑娘已经被许配给C阿吾勒里的小伙子了。如果A阿吾勒的那个小伙子和姑娘私奔了，那么A阿吾勒不但要给B阿吾勒（姑娘）彩礼，而且还要赔偿与姑娘订过婚的C阿吾勒的聘礼。如果不赔偿，A阿吾勒的名声就会受损，阿吾勒巴斯（即阿吾勒长）就会感觉很丢面子。一般这样的事情都是在内部协商解决。

个案6-2：加尔恒，男，37岁，哈拉哈斯部落，吉别特村，2008年8月21日。

除了草场和婚姻纠纷外，草原上的偷盗事件也是最容易引起阿吾勒或氏族部落之间矛盾的因素之一。新中国成立前，在当地如果有一个年轻人偷了另一个阿吾勒的东西，那么整个阿吾勒的人会替他向被偷的阿吾勒偿还丢失的东西。阿吾勒一般会给这个年轻人三次机会。老人们会对犯错误的年轻人给以严厉警告。三次机会之后，假如这个年轻人又犯错误，他会被赶出阿吾勒或交给政府处理。一般情况下会尽量在内部化解矛盾。如果有些纠纷是阿吾勒之间无法解决的，就由本氏族或部落里的"比"（官名，长老之意）来处理。"比"是哈萨克族固有的、熟知习惯法的人。他有权解释与处理习惯法上的问题。其职能相当于法官，负责处理民事案件，帮助氏族部落头目管理人民，具有很高的社会影响力和威望。"比"会根据哈萨克族历史上的一些法典和民间习惯法来处理这些纠纷。

这些纠纷无论是发生在阿吾勒内外,还是氏族部落之间,都首先要通过氏族部落头领来解决。各个头领之间经过协商,依照传统习惯法来化解这些纠纷和矛盾。如果牧民越过自己氏族部落头领去解决这些问题,就被认为是破坏了部落规矩,不尊重自己的氏族部落头领,那么这个牧民就会受到全部落的人的斥责,甚至是严惩。

草原上经常发生草场、婚姻及偷盗等纠纷,虽然引起纠纷的是个人,但纠纷发生后就演变为阿吾勒或氏族部落之间的纠纷。处理和化解纠纷的功能是阿吾勒或氏族部落作为一个整体来完成的。所以阿吾勒的产生就成为必然,它既有应对不确定性自然环境的功能,也有维持社会稳定运行与规约阿吾勒内成员行为的社会控制功能。

第三节 传承方式:老人权威

游牧知识是游牧文化的重要组成部分,而文化是人类学研究不同社会、民族以及群体时所关注的焦点。文化都是后天习得的而不是依靠生物学遗传的,所以文化的传承在人类学上被称为"濡化"(enculturation),即人们与文化一起成长,因而学会了自己的文化,文化借以从一代人传递到下一代人。[①] 文化的习得与传承也是人类区别于动物而独有的。对哈萨克族游牧民来说,游牧文化的传承是其赖以生存和延续的方式或手段,也是其民族认同的过程标志之一。

本书重在研究游牧文化的重要组成部分——游牧知识的传承机制。我们要探究游牧知识的传承机制,首先要清楚游牧知识产生的土壤。哈萨克族游牧知识的产生离不开移动的牲畜和草原。所以游牧知识的传承机制也是以游牧民、牲畜和草原为基础,是在一个整体性的游牧生产过程中代代传承的。而作为氏族部落根基的阿吾勒集游牧民、牲畜和草原于一体,自然成为传承游牧知识的最小单元。一个个阿吾勒就是传承游牧知识的源泉,所以不管上层政治组织如何变化,只要游牧还存在,以阿吾勒为基础的游牧生产组织始终不会改变。时至今日,承载和传承游牧知识的基层游牧社会组织——阿吾勒仍然追随畜群移动在草原上。

---

① 〔美〕威廉·A. 哈维兰:《文化人类学》(第十版),瞿铁鹏译,上海社会科学院出版社,2006,第42页。

一　在移动与聚散中传承

上节中提到，基层游牧社会组织阿吾勒是由人口、毡房（家庭）、牲畜、牧场四要素组成的一个综合体。它是牧民"移动的家"，其位置、坐落及房舍不是固定不变的，而是随季节经常变动的。实质上，阿吾勒就是游牧社区"流动的牧庄"，相当于农区的村落。在季节性移动的基础上，它还具有聚集与分散的灵活特点。在不同季节，有聚有散，毡房数量有多有少。

哈萨克族社会，阿吾勒是最能体现游牧生产和游牧政治组织特点的细胞。因为游牧生产的最小生产单位以阿吾勒为基础，氏族部落的发展壮大也是依靠无数个阿吾勒聚集才形成的，所以阿吾勒是传承游牧知识最坚实的基础。对哈萨克人来说，阿吾勒就是他们的家，孩子出生后就注定属于某一个阿吾勒，自孩子懂事后首先要知道自己是属于哪个阿吾勒。在游牧生产中，当分属不同阿吾勒的人见面时首先要问彼此的"阿吾勒到了哪里？"因此，孩子们出生后，就开始在摇篮里跟随移动的阿吾勒和转场的驼队南北迁徙，各种游牧知识就在移动的阿吾勒里代代延续和传承。

（一）夏季：聚集期

夏季，牧民随畜群迁徙到阿尔泰高山牧场。夏季的阿尔泰山天气凉爽，草木茂盛，对牲畜和牧民来说都是最好的时节。20世纪80年代之前，夏牧场都是公有的。直到今天，夏牧场仍然没有分给单个牧户，还是以血缘关系、姻亲关系或关系较为亲密的三四户牧民为单位，共同使用牧场。夏牧场单位面积的产草量也最高，所以承载的牲畜和人口也最多。同样，夏季是阿吾勒人口和户数最多最完整的时期，也是牧民居住最集中的时期。

在20世纪60年代之前，牧民的各种人生礼仪、大型庆典、比赛等活动都在夏季牧场举行。至今在夏季牧场仍然延续着很多传统民族礼仪，如骑马礼、剪发礼、走路礼、割礼、婚礼（已经很少了）等。其中骑马礼，对于牧区的孩子来说仍然是非常重要的一项仪式。哈萨克有句俗语是："哈萨克人的孩子是在马背上长大的。"对于游牧民的孩子来说，骑马是最基本的一项生存技能，所以孩子家人及阿吾勒内的人都非常重视。

牧区的孩子大概到五六岁就要开始学习骑马。对于男孩来说，骑马意味着开始懂事了，可以帮助父母做事，还意味着是做一个勇敢的哈萨克男人的开始。所以到了男孩子骑马的年龄都会给他们举行一个骑马礼，即使现在农区的有些哈萨克人也仍然给孩子举行骑马礼。在举行骑马礼之前，家里会给孩子选一匹很好的小马驹，这匹马以后一直会跟随他。骑马礼那天，孩子穿上新衣服，戴着插有猫头鹰羽毛（象征吉祥）的帽子。阿吾勒内的老人或孩子的姥爷、爷爷等亲戚都会前来祝贺，并给他送上各种礼物，主要是马鞍子、马鞭子、笼套等马具。骑马礼是哈萨克族游牧民对孩子进行游牧民的认同、生存技能及性别教育的开始。

夏季牧场还举行叼羊、赛马、捡硬币、姑娘追等传统娱乐活动。现在牧区在婚礼上举行赛马比赛，凡是第一名仍然给予很高的奖励，如一峰骆驼或几匹马等。从这些仪式活动中，我们可以发现，哈萨克人把提高骑马技术作为勇士的（或男人）一项最基本的生存技能。这些仪式活动就是要不断加强骑马的技术，让它代代传承。每个赛手都代表一个阿吾勒或某个部落，通过赛马取得好成绩还可以提高自己阿吾勒或部落的声望。在这些仪式活动中，来自不同地方、不同部落的人们互相问候，交流信息，进一步促进彼此的关系。孩子和青年人在这些仪式活动中可以学习到很多传统知识。年轻人还可以借着这些仪式活动结识更多的人，这也是年轻男女相互认识的一个好机会，他们中有些人还会找到自己的意中人。

从牧业生产方面来看，夏季阿吾勒内的牲畜都是合群放牧，各牧户负责不同的畜群（见第四章）。夏季还有很多需要集体劳动才能完成的工作，如打储冬季牧草、剪毛、制毡以及制作各种奶制品等。这些工作具有很强的季节性，要在有限的时间内并且有足够的劳动力才能及时完成。这些生产劳动都由阿吾勒长或长者统一安排。阿吾勒内所有的年轻人（包括儿童）正是在这种互动的劳动中学习游牧知识。

因此，很多具体的游牧知识都是在参加集体的仪式活动、劳动中逐渐习得的。即使20世纪50年代后，牧区建立了现代学校，在牧业生产繁忙季节，学校会放假让孩子们停课去参加劳动。20世纪80年代中期之前，当地以"马背上的学校"为主。农区的哈萨克族建有固定的学校。夏季，牧区学校随畜群一起迁至高山夏季牧场（见个案6-3、个案6-4）。孩子们每天骑着马来上学。放学后，回到毡房又与父母亲一起劳动。他们回家后，还可以从事看护小羊羔和捡柴火等工作。

在夏季牧场，晴天就在草地上上课，下雨天就在大松树下面上课。草场较远的孩子，骑马（小马）或牛。两三个小孩骑一匹马来上课。我从

1973年开始从事教师工作。在夏季牧场附近的某牧户的草场里盖一些木头房子当作教室。冬天挖一个地窝子当学校。每个牧业队都有这样的学校。上课的时间长短根据转场的情况而定（这样父母和孩子每天都能在一起）。每年接羔时、初次剪羊毛时、夏牧场和冬天，牧民停留的时间长一些。

个案6-3：嘉古丽，65岁，退休女教师，喀拉布勒根乡，2008年8月25日。

（20世纪）七八十年代，教室也要随着羊群走。老师们夏天都跟着转场的牧民去夏牧场教学了。这种情况一直到1991年才结束。在夏牧场上学，没有固定的地方。如下雨的时候，就躲到松树底下给孩子们上课。1975年以后，有些牧业队的教学点逐渐固定下来了。牧业5队到1980年才正式固定了上学的地方。1980年以前，牧业队在夏牧场主要有三个流动的教室：吉兰德、巴音布拉克、昆盖依特。原来牧区孩子的升学率很低。冬天上学的人还多一些。夏天牧民转场的时候，孩子们都跟着羊群走了。1975年以前，每到夏季孩子们还要参加打草劳动。

个案6-4：哈太孜，男，51岁，退休教师，恰库尔图，2006年8月8日。

上述两例个案中，在"马背上的学校"里学习的哈萨克孩子并没有脱离父母和牧业生产生活过程，所以这对于游牧知识的传承非常重要。

（二）冬季：分散期

冬天，牧民住在地窝子或土木结构的房子里。牧民来到冬牧场后基本不再搬迁，减少了对役畜的依赖和需要。在冬牧场的停留时间是四季牧场中最长的。冬季牲畜断奶，牧民主要吃宰好的畜肉、夏季制作好的奶制品以及各类谷物，因此可以脱离畜群。冬季不需要很多劳动力，马群、牛群以及骆驼都不需要牧民去跟着放牧。每个毡房只需要一个放牧羊群的人。当地牧民冬牧场位于准噶尔盆地荒漠草原，其单位面积内的草量非常有限，牲畜必须大范围移动才能吃饱。如果居住集中，就会出现牲畜争夺草场的情况，影响牧民间关系。这些因素使阿吾勒的居住相对分散成为可能。

冬季阿吾勒内成员居住分散的另一个原因是对柴薪的需求。冬季牧民取暖和烧茶做饭的燃料除了畜粪外，还要依靠很多柴薪。如果阿吾勒成员居住过于集中，燃料不足会成为他们聚集的一个限制性因素。因此长久以来，冬季牧民会赶着羊群与马群去准噶尔盆地南部沙漠边缘放牧，其他人员则沿着乌伦古河与额尔齐斯河河谷地带定居。此时阿吾勒内比较辛苦的是在冬牧场放牧的人，而冬营地居住的阿吾勒成员相对比较清闲，只有妇女们整天忙于烧茶做饭、制毡以及一些缝缝补补的杂事。由于不需要搬迁，牧民在冬营地停留的时间比较长。

因此，寒冷的冬季基本没有大型的集体劳动和仪式性活动。孩子们基本上是与自己的父母及爷爷奶奶生活在一起。所以在冬季阿吾勒的分散期，游牧知识主要是通过家庭教育来获得和传承的。

（三）春秋：过渡期

春季和秋季是牧民由分散逐渐走向聚集，又由聚集向分散的过渡季节。春秋季节也是牧民搬迁次数最多的时期，此时阿吾勒内成员有聚有散。各成员之间的居住距离也很远。春秋牧场位于准噶尔盆地，其草场类型属于戈壁荒漠草场，产草量很低且地域宽广。从载畜量考虑，阿吾勒成员之间居住相对分散是合理的。因此春秋季节是牧民最分散、变动最大的时期。

春秋季节也是游牧生产中最繁忙和最重要的环节。春季有接羔，秋季有配种，所以春秋季节是阿吾勒内最需要劳动力的时候。新中国成立前，春秋季节对于富裕牧户来说是最需要劳动力的季节，而对于贫困牧户来说是最需要充饥的奶子和奶制品、需要制作生活用品的羊毛的季节。阿吾勒内富裕牧户与贫困牧户形成互助的关系一起完成接羔与配种的工作。

春秋季节只有接羔和配种时，阿吾勒内的成员才相对集中一些，且在固定的接羔点或配种点停留约一个月的时间，其他时间则频繁移动，阿吾勒内成员的居住地也相对分散。

阿吾勒成员之间随季节变化的聚散离合，是由自然环境及牧业生产决定的。阿吾勒规模（成员数量的多少）的大小，主要是由牲畜、牧场和劳动力三个条件决定。牧场面积大，牲畜数量就多，自然需要很多劳动力，阿吾勒的规模相对就大，反之，规模就小。一个阿吾勒规模的大小或户数的多少，是由游牧业的生产条件来决定和调节的，而不是随意增减的。阿吾勒会随着草场、牲畜及自然灾害等突发情况的发生而分裂或重组。

基于此，作为个体的游牧民必须始终以阿吾勒为核心才能生存。在整个游牧过程中，自然环境及牲畜生产周期决定了作为游牧知识体系载体的阿吾勒的聚散。同时在此过程中，既有数户合作才能完成的工作，也有单个家庭足以完成的工作。因此游牧知识既有在阿吾勒的集体劳动中习得的，也有在家庭中通过父子传递而获得的。

二　老人权威的传承方式

草原上老人就是知识和经验的象征。在哈萨克族社会，老人一般被认为是游牧知识的权威，而且他们往往就是氏族或阿吾勒里的头人。每个阿吾勒里，老人是最受尊敬的人，因为他们的知识和经验是游牧部族生存的基础。从知识角度，老人本身就是游牧知识的一部分，也是游牧知识的传承者。因此，哈萨克族社会在日常生活中通过饮食习俗及禁忌来强调老人的权威、地位及重要性。例如，哈萨克族社会一年当中有很多的礼俗和节日，用餐的礼节也很多，饭食中一般用羊身上不同部位的骨头来代表宾客的不同地位。一只羊身上有12块连骨肉，通俗讲就是12根骨头。这12根骨头与羊头（巴斯）及其他部位互相搭配，代表不同的尊贵等级以招待不同地位或身份的客人。羊头是一只羊身上被赋予等级最高的部位。哈萨克人认为，头是人和动物最珍贵和最为神圣的部位，具有权力、社会地位、威望、智慧及高贵等含义。所以一般用羊头来招待老人、有威望有地位的人、远方的尊贵客人。在过去还用羊头招待包括部落中的英雄人物和有知识的老人，希望他们成为英勇的领导者、为晚辈们传授知识的人。这些礼节传递着宾客中的等级秩序，因为等级需要通过礼节来表达。[①]

除了羊肉外，牛肉和马肉也是哈萨克族牧民爱吃的，其不同部位的肉也代表着不同的级别和寓意。在所有的畜肉中，那些等级最高的部位一般都呈献给最有威望、有地位、有知识的年长者。在哈萨克族社会，老人一般被认为是游牧知识的权威，而且他们往往就是氏族部落的头人，在调节氏族部落内冲突和维系氏族部落团结等方面都起着重要作用。我们从哈萨克人在招待客人及日常饮食中对羊骨头的分类及上肉方式，也可以发现老人所享有的都是等级最高的那根骨头。哈萨克族社会通过每天的饮食及所有婚丧嫁娶及节日的饮食礼俗，来强调老人所拥有的权威、地位及重要性。这种老人权威的存在对氏族部落或定居村落内的所有人都具有一种约束力，也起着维持地方社会秩序的作用。

---

① 〔美〕玛格丽特·维萨：《饮食行为学：文明举止的起源、发展与含义》，刘晓媛译，电子工业出版社，2015，第190页。

阿尔泰山游牧者：生态环境与本土知识

本书中的很多游牧知识大都来源于哈萨克老人。田野中，每次访谈完哈萨克老人就感觉自己的游牧知识又增加了很多。所以每到一个牧业村，我首先打听当地最有威望、最有知识、年龄大的老人。有一次，当我访谈完一位哈萨克老人后感触很深，并写了田野日记。下面是日记的摘录：

  2008 年 8 月 19 日   周二   晴

  早晨十点，正赶上去喀喇布拉根乡的车，其实后来才知道是去杜热乡的车（杜热乡更远）。哈萨克人一般周二不出门，因此有时候周二班车会停运，因为人太少。今天班车经过了两个乡，还没有坐满。一路上都是茫茫的荒漠草原，此时真正能感受到哈萨克人是最接近大自然的人，因此他们对自然环境的细微变化会非常敏感。

  今天访谈一个哈萨克老人，他告诉我很多有趣的知识。过去，每个阿吾勒组织都有一个阿吾勒巴斯，他们管理着牧业生产。他们具有丰富的游牧知识，这种知识基本上是家族继承的。他们可根据特定季节特定区域特定植物的生长情况，预知来年天气变化情况。每一个阿吾勒巴斯都非常了解自己部落的草场情况，他们根据未来气候的变化情况来进行牧业生产和管理。现在仍然有牧人经常去询问这些精通游牧知识的老人。

  还有老人可根据月亮、太阳、牲畜及野生动物的一些自然变化现象，来预知来年的天气或未来一段时间的天气情况，以此可以减少损失。在过去，那些给牧主放牧的牧工一般不会掌握这方面的知识。

从经验知识掌握的程度讲，老人是各种游牧技术知识及草原生活经验的传授者，也是游牧生产生活的主要管理者。在牧区调查和生活了很长时间，我真实感受到了当地哈萨克人对老人是非常尊敬的，几乎没有年轻人会直接和老人顶撞。我的好朋友叶尔扎提总是讲，对哈萨克人来说老人就是他们的财富，尤其是那些有威望、放牧经验丰富的老人，他们的话就是金子。所以在哈萨克族社会，很多老人不但具有经验层面的游牧知识，而且对游牧的认识已经具有朴素的哲学思想。叶尔扎提至今仍然清晰地记得小时候爷爷讲给他的一个故事①：

---

① 叶尔扎提的爷爷已经去世多年，但他的故事暗示了实践知识的重要性。

第六章 游牧知识的传承机制

叶尔扎提，假如你的牛丢了，有人看见你的牛在蒙古边界，但他们也不是很确定。于是你骑着马去找丢失的牛。从夏牧场到那里，骑马要走一个星期的路程，下山（回来时）也需要一个星期。当你走到蒙古边界时，发现那不是你的牛。叶尔扎提，你千万不要难过伤心。上山时（去时）一个星期，你所得到的是一头牛的价钱；下山一个星期又是一头牛的价钱。因为来回的路上，你看到的、听到的以及和别人聊天所得到的，在这个过程中，你增长了许多知识。你学到的经验和知识就等于两头牛的价钱（哈萨克人找牲畜，返回时一般不会走原来的路）。

在这个故事中，叶尔扎提爷爷主要是想让年轻人明白：游牧的实践知识比丢失的一头牲畜的价值要大得多。鼓励年轻人要从实践中学习知识。所以老人告诉叶尔扎提，在他找寻牛的过程中，学到的经验知识要远远大于丢失的牛的价值。

对此我也深有感受，2008年10月1日，我访谈了拖列干老人（1922年出生）。老人9岁时丧父，之后就给阿吾勒长放牧。公社化时期当过放马组的组长，后来又先后当过生产队长和村支书。老人讲，哈萨克人的游牧文化和牲畜是一种不可分割的关系，而且如果阿吾勒离开了牲畜，阿吾勒就失去了游牧文化。他用五种牲畜概括了游牧社会的全貌：马是牧民的翅膀，是他们的主要交通工具；骆驼是阿吾勒美丽、吉祥与壮观的象征；羊群是阿吾勒的财富；牛是阿吾勒的日常生活用品，因为它的奶可以做各种奶制品；山羊是观赏品，也是羊群的"领头人"。老人通过五种牲畜在哈萨克族社会的地位，揭示了游牧文化与牲畜的密切关系。

可见，老人不仅是游牧技术知识的传承者，也是游牧文化的传承者。在哈萨克族社会，阿吾勒内的每个老人都承担着这项任务。所以哈萨克人有句名言："60岁的老人智慧多"。哈萨克社会对男性老年人尊称"卡尔亚"（老人家之意），对女性老人通称"阿那"（老妈妈之意）。作为游牧知识及文化的传承者，他们受到全社会的普遍尊重。关于老人的地位及作用，在哈萨克族社会有这样一个民间传说：

很久以前，有一位国王嫌弃老人，他认为人老了就没有用了，于是发布了一道命令，不论是谁，只要家里有60岁以上的老人，就要把他扔到野外去，谁敢违抗命令，全家杀头。有个青年人不忍心把年老的父亲扔了,就把父亲藏在一个大木箱子里。一天,这位年轻人被国王召去远征,他用一头牛驮着装有父亲的木箱子上了路。当远征队伍到达大漠时,带的水喝完了,队伍无法前进,国王很着急,他下令:"谁要能找到水,就重赏谁。"年轻人把此事告诉了父亲,父亲让儿子把箱子放下,把牛放开,跟着牛,在牛鼻子闻的地方往下挖就有水,年轻人果然找到了水。过了几天,远征队伍来到一个大湖边,国王看到水里有一束耀眼的光,怀疑水中有宝石,派人下湖去捞,可并没有捞到宝石。国王又下令说:"谁能找到宝石,就做我的大臣。"年轻人对父亲说了此事,父亲说:"宝石肯定在湖边树上的鸟窝里,水里的彩光是太阳光照在宝石上的反射。你去向国王提两个条件:第一,原谅你违反国王命令的错误;第二,让他取消抛弃老人的命令,然后再去取出宝石。"年轻人向国王提出了这两个条件,国王答应后,年轻人取出宝石交给国王。于是国王取消了抛弃老人的命令,并向老人赔了礼。①

这个民间故事说明老人是知识的拥有者,是社会的财富。老人在传承知识的过程中起着重要的作用,也暗示了青年人是游牧技术知识的实践者和学习者。在一年四季的放牧过程中,年轻人会碰到很多困难与问题,如果没有老人的引导是无法保证牲畜的安全的。对于孩子来说,他们是游牧技术知识的模仿者和学习者。

在传承方式上,哈萨克老人往往以晚辈们易于接受的方式(如讲故事、寓言、谚语、禁忌等)把各种游牧知识和生活常识传承给下一代。我在田野调查中发现,哈萨克老人总是有讲不完的故事,因为访谈时他们往往以一个故事或随手拈来的谚语来表达自己的观点。有很多故事或谚语都是关于如何放牧、保护草原生态以及野生动物等的内容。下面是贾孜古丽②回忆她小时候父亲讲给她的故事:

父亲是队里养马的人。还有另外两家人,住在另外的山坳里。那时,这里非常荒凉,树密草深。晚上,马圈里的马还会经常遭到狼的袭击。

小时候,父亲给我讲了很多故事。现在都想不起来了。有一个故事我

---

① 帕提曼编著《哈萨克族民俗文化:暨哈萨克族研究资料索引(1879-2005)》,民族出版社,2008,131页。
② 贾孜古丽,女,38岁,萨尔巴斯部落,吐尔洪乡,2006年8月3日。

还记得。父亲说，兔子也是一个生命，它和你一样有喜怒哀乐。意思是不让孩子们去伤害兔子。以前长辈们告诉孩子："不要动小树苗，他们和你们一样也正在茁壮成长。你们动它，它会感到疼痛的，会哭的。"

父亲94岁时去世了。他有很多故事。父亲的一个朋友曾经告诉我："你父亲的话都是金子。你们应该把它们都记录下来。"父亲曾经告诉我，这里原先是由哪个部落统领的，这里的自然环境变化情况，还有哈萨克人和俄国人打仗的事情等。父亲还说："当孩子们举起斧头砍树时，老人就吓唬他们说树正在哭泣。因为风吹树叶发出沙沙的声音，孩子们会相信这是树哭泣的声音。"

田野调查中，我听到最多的就是这一类保护草原、珍惜水草、善待野生动物的故事。而且有很多知识是在现代学校教育的课本中找不到的。所以田野调查中，我收集到很多老人教育晚辈时惯用的谚语：

不要拔青草，否则你死后上天堂时，老天会把你的头发一根根拔掉。
不要砍伐单独生长的树，不然你会过一生的单身生活。
不要伤害河狸，否则你就会家破人亡。
不要伤害猫头鹰，否则你就会失去吉日。
不要伤害鹿，否则你就会受到老天的惩罚。
砍伐一棵柳树，就等于杀死一条生命。
给你的子孙留一千张羊皮，不如留一棵活的树根。
牲畜点缀着草原，树林点缀着河流。
草场是牲畜的母亲，牲畜是草场的子孙。
生前不要浪费麦子、馍馍，否则死后让你骑着骆驼，把麦子一粒一粒捡起来（因为骆驼很高，是非常难捡的）。
生前不要说谎话，否则死后在你走向天堂的路上，让你过一座窄桥。那座桥是用马鬃做成的，如果你走不过去，就会掉到地狱里。

哈萨克老人以故事、谚语、打比方等方式传授游牧知识，很容易让孩子们把这些传统知识牢记在心里。同时结合实践劳动，逐渐在孩子们心中形成一种人、草、畜不可分割的整体性观念。因此，传承游牧知识的任务主要由老人来承担，而且以一个集体（家庭和阿吾勒）为基础，或者说家庭承担着传承游牧知识的主要任务，而阿吾勒则承担着对孩子们的集体性教育。阿吾勒是游牧知识传承的核心单元，而老人则是每个阿吾勒里传承游牧知识的最小载体。

小　结

　　游牧自然环境和游牧社会组织的特点决定了游牧知识传承方式的独特性。这种独特性主要表现在游牧知识的传承是以游牧社会组织（尤以阿吾勒为基础）为其传承载体，游牧知识的传承方式始终处于一种动态过程，以及老人在游牧知识的传承中起着非常重要的作用。

　　在草原上，基层游牧社会组织阿吾勒是连接牲畜和草场的一个必需环节，而其又是游牧知识的传承者，所以离开了阿吾勒游牧知识将失去传承的机制。因为在游牧社会组织结构中，阿吾勒是传承游牧知识及组成游牧社会的最核心单元。历史上，不管上层社会结构以及社会政治经济如何变迁，以血缘关系为主要纽带的阿吾勒，至今仍然延续和维持着四季游牧的生计，同时阿吾勒内部的依附与互助关系、凝聚与调节内外纠纷的功能与游牧的自然环境及生产生活是紧密联系在一起的。

　　所以游牧知识是以阿吾勒为载体和基础，在与草原和牲畜的互动中形成的。例如，在传统游牧社会中，草原生态环境的好坏直接制约着游牧社会组织，尤其是最先制约基层游牧社会组织阿吾勒的人口规模、势力大小，以及阿吾勒之间及阿吾勒内部亲属关系的亲密程度。草原环境越好，阿吾勒的规模就越庞大，社会结构也越复杂。

　　作为游牧社会的基层组织阿吾勒在某种意义上就是一个游牧社会的缩影，因为它涵盖了游牧社会中的经济、法律、伦理、社会关系、生存技术等所有的环节。它在发展游牧生产、规约成员、调解各种纠纷、协调内外关系、传承游牧知识等方面都发挥着基础作用。另外，阿吾勒的季节移动性、聚散性特点以及规模大小变化的特点，都是游牧知识传承方式的独特性所在。

　　在基层游牧社会组织阿吾勒中，老人不仅是游牧知识的权威，还是阿吾勒里权力中心的组成者之一。所以哈萨克族社会中老人被认为是游牧知识与经验的象征，同时老人以阿吾勒为基础传授着游牧知识经验与文化。

　　总之，游牧知识正是通过游牧社会组织（尤以基层游牧社会组织）进行传承与创造，维系游牧社会发展至今。所以如果游牧社会组织，尤其基层游牧社会组织发生了变化，哈萨克族游牧知识的传承机制及其连续性将会发生断裂。

第七章

游牧知识体系的瓦解

游牧知识既是哈萨克族游牧民的生存技能,也是其认识和利用草原生态环境独有的一套工具、规则和世界观。游牧民正是依靠这套本土知识体系才得以适应脆弱的干旱区草原环境。游牧知识还起着指导牧业生产和规范社会中所有成员行为的作用,其目的是维持游牧社会与自然环境之间的动态平衡。可见,游牧知识体系在哈萨克族社会中处于非常重要的地位。

从文化生态学角度来看,游牧民在适应草原环境的过程中形成了游牧文化。通过游牧文化,游牧民认识到牧草资源对其生存的重要性,又通过游牧知识技术来获取和利用牧草资源。在环境与文化的互动关系中,直接与环境接触的人类活动领域是生产技术和知识。① 对于哈萨克族游牧民来说,游牧知识就是游牧文化在实践中最直接的体现。随着游牧民对草原环境的认识,获取和利用牧草资源的知识也在不断积累和创新。只要游牧的草原环境不发生变化,游牧知识也会随着游牧民对草原的认识而不断发展和变化。

所以从游牧生计和草原环境角度来讲,只要移动的放牧方式不改变,游牧知识体系的内容就不会轻易发生变化。或者说,就哈萨克社会内部来讲,游牧知识体系的变化有其自身规律,即游牧知识有创新、继承,也有遗弃。随着社会经济的发展,游牧知识体系本身也在不断发生变化。但如果游牧知识体系正常的变迁规律突然发生偏离或中断,乃至被瓦解,一定是来自游牧社会外部强大力量干预的结果。本章重点阐释游牧知识体系中发生变化或者被瓦解的那部分内容,并分析引起其发生变化的各种政治、经济、制度及文化等因素,以及对游牧社会生态可能造成的影响。

---

① 〔韩〕全京秀:《环境 人类 亲和》,崔海洋译,贵州人民出版社,2007,第 14 页。

第一节 传承机制的瓦解

自 20 世纪 50 年代以来,作为传承游牧知识的游牧社会组织,最先受到来自外部政治强制力(国家力量)的影响而发生了变化。基层游牧社会组织——阿吾勒的变化,表明这些外力已危及游牧知识传承机制的根基。

一 传统权威与权力的转移

(一)取消世袭爵位与削弱传统权威

富蕴县人民政府于 1950 年成立,但直到 1959 年初县境内的"剿匪斗争"才宣告结束。所以 20 世纪 50 年代,政府一边剿匪,一边在农牧区进行社会主义民主改革运动。当时针对牧区社会的经济特点,采取了与农区民主改革不同的方式。从 1952 年底开始,富蕴采取了"不斗不分,不划阶级""保护发展包括牧主经济在内的畜牧业经济,牧工牧主两利"的政策。与此同时,新疆政府首先废除了阿尔泰专区内哈萨克族社会的"千百户长"制度,取消了自清朝以来沿袭的氏族部落的世袭爵位,建立了基层人民政权。1954 年 3 月底,基层政权全部建成后,开始尝试建立常年农牧区互助组。1955 年又建立了季节性互助组。实质上,季节性互助组还是建立在原来阿吾勒的基础上。新中国成立初期,地方政府不但没有解散传统游牧组织阿吾勒,而且新的生产组织还是在原来的基础上建立起来的。

1956 年,新疆政府开始对原来的"不斗不分,牧主牧工两利"政策进行调整。同年 5 月,王恩茂在新疆第三届牧区工作会议上指出,这个政策已经不适应"社会主义革命高潮"了,在新形势下"牧民必须走畜牧业合作化的道路,只有走畜牧业合作化的道路才能进一步发展畜牧业,摆脱贫困和落后,过着富裕和幸福生活"。[①] 此后,在全疆牧区范围内开始推广建立畜牧业合作社运动。1956 年底,在牧业互助组基础上又建立了 3 个牧业社,之后用了 4 年的时间完成了从互助组、牧业社、合作社到公私合营牧场的建立,即社会主义改造。

社会主义改造完成后,哈萨克族原来的氏族部落首领或头人逐渐失去了管理游牧社会和生产的权力。这也意味着在传承游牧知识的过程中,这些掌握着

---

① 新疆少数民族经济研究会等编《牧区政策文献汇编》,内部资料,1985,第 46 页。

游牧知识的本土上层精英们逐渐失去了政治权力的支持。

牧区公私合营牧场的建立是基层游牧社会组织发生变化的起点。因为它直接剥夺了原有氏族部落及阿吾勒首领的牲畜（财产）。当年直接参与筹建公私合营牧场的干部凯撒①讲：

> 公私合营初期，很多牧民的思想都不开放，我要给他们做思想工作。我们花了50多天才完成，那是很艰难的一项工作。当时，牧主们都很害怕，不同意把牲畜交给公私合营牧场。我们就给他们做工作，告诉他们以后会给他们返还（后来这些牧主的牲畜都收归国有了，并没有返回给他们）。

此前，国家已经取消哈萨克族社会原有的世袭爵位及官职制度。这主要摧毁了哈萨克族社会上层精英们的权力，对基层游牧社会组织阿吾勒的影响并不大。牧民还是以阿吾勒为基本的生产单位。根据新中国成立初期的牧区政策，地方政府既没有没收牧主的草场和牲畜，也没有解散阿吾勒。因此对阿吾勒长来说，失去的只是处理草场或婚姻纠纷等重大事件的权力，而依旧有管理"阿吾勒"生产的权力。新中国成立初期国家虽然取消了原部落头目的世袭制，也收回了游牧管理权力，但地方政府在牧区仍然沿袭以前的游牧组织及管理模式。

但到20世纪50年代末，随着基层政权的稳固，游牧社会组织结构发生了剧烈变化，即现代的行政组织逐渐取代了氏族部落组织。在此过程中，公私合营牧场的建立成为阿吾勒发生重大变化的起点。公私合营时，国家对大牧主的牲畜及其生产工具（如割草机、铡刀、大车等）都以牲畜作价入股的方式归入公私合营牧场，以后逐渐被收归公有。他们的四季牧场、打草地及部分耕地都必须由公私合营牧场统一使用，一般不付任何报酬。牧场场长和技术人员都是由县政府委任，他们成为游牧生产的主要管理者。公私合营后，牲畜和草场也都入了社。牧主或阿吾勒长失去了支配本氏族成员的权力，也没有参与管理游牧生产的权力。从1958年开始，他们中的大部分人被下放到各地务农接受劳动改造。所以自公私合营开始，阿吾勒的地位及影响力进一步弱化。

2009年3月23日，我见了当年第一任公私合营牧场的场长海老人。据他回忆，在当时那种情况下，牧主们也没有办法。政府把所有的牲畜分类后，换

---

① 凯撒，男，1928年出生，2009年5月12日，富蕴县城，在老人家里。

算成标准羊单位折股入社。1 峰骆驼算 8 只羊，1 匹马算 6 只羊，1 头牛算 5 只羊。凡是牲畜数量达到 700 个羊标准单位的牧户就被划定为牧主。现在想来这种划分方式似乎很荒唐。一年中的牲畜数量是动态变化的。夏季时牲畜数量最多，冬季和初春牲畜数量最少（不知当初是按照哪个标准作为依据的）。凡是被划为牧主的人，他们的牲畜都以入股形式收归国有（交给公社），只留少量牲畜以维持生计。

讲到这时，老人突然这样问我："他们突然没有了牲畜，一下子从富人变成了穷人。你想当时他们的心理是什么样的？他们能接受吗？"不管是牧主还是普通牧民，没有了牲畜就等于失去了一切，就像农民没有了土地一样，连基本的生活都面临困境。一些被认为"思想表现好"的牧主，即主动同意公私合营的，政府给他们在牧场里安排看管马群或牛群的工作。吐尔洪乡当时最大的牧主有 1000 多只牲畜，其中有一些大牧主不同意公私合营。所以公私合营牧场建立后不久，有一些人就上山当了土匪。老人在讲述牧主们在公私合营时期的遭遇时，讲到激动处时已经把牧主改换成了原来氏族部落时的头衔，如赞格、扎楞等称呼。这说明时至今日这些曾经被定性为大牧主的人，在当地哈萨克人们的心目中仍然是自己部落的领袖。因此对于牧民来说，行政地域观念仍然没有完全取代氏族部落的血缘观念。

我在文献中也找到当时针对牧区的指导性政策。1956 年 5 月 21 日，在新疆第三届牧区工作会议上王恩茂作的《关于牧业社会主义改造的问题》中，谈到针对牧主经济的指导建议：

> 对牧主经济的改造，可以实行公私合营，建立公私合营牧场，然后转变为国营牧场；也可以根据情况有区别地允许牧主加入畜牧业合作社。一般说来，大牧主由于占有大量牲畜，在经济上占有很大势力，同时，大牧主几乎都是部落和宗教的头子，有的过去当过反动政府的官员，他们在牧民中仍有相当大的历史影响，如果让他们加入畜牧合作社，就容易被他们操纵合作社的领导权，所以不允许他们加入畜牧合作社，而必须对他们的畜牧业实行公私合营。一般牧主加入畜牧业合作社，如不至于操纵社的领导权，而我们对所有牧主经济实行公私合营又力不能及时，则可允许一般牧主加入畜牧业合作社。①

---

① 新疆少数民族经济研究会等编《牧区政策文献汇编》，内部资料，1985，第 45 页。

从这个文件可以看出，牧主们正是基层游牧社会组织的首领，也是管理和安排各项游牧生产的领导者。以公私合营为起点的牧业经济改造，首先剥夺了原来领导者的管理权。起初，公私合营牧场还吸纳了一些一般牧主和国家派来的干部一起管理游牧生产。但随着1959年公社的成立，对于牧主和富有的牧户来说情况又发生了变化。

（二）游牧管理权力的转移与发展

氏族部落头人管理游牧生产的权力被取消后，富蕴县政府在吸收和继承原来管理经验的基础上建立了牧业办公室（简称牧办）。在牧业生产中，牧办逐渐替代了过去氏族部落头人的作用。游牧管理的权力开始由氏族部落头人和老人组成的权威中心，逐渐转向大队、公社、县等代表国家权力的行政机构。20世纪80年代中后期之前，牧办已成为草原管理的一部分，其功能与阿吾勒具有很多相似之处。牧办在游牧业生产中发挥着阿吾勒长的作用。当时，富蕴先后建立了县级牧办、公社牧办及生产队牧办。这种以牧办为基础的管理模式一直延续到20世纪90年代初期。草畜双承包之后，牧办逐渐退出牧业管理体系。

牧办曾经在牧业生产中起着非常重要的作用。直到现在，老人们仍旧非常怀念有牧办的日子。虽然一系列的政治运动给他们的生活带来很多痛苦，但大家一致认为当年牧办的管理方式非常好（同近20年相比较而言）。那么，牧办是如何管理牧业生产的？我访谈了很多放牧的老人、曾经的牧办工作人员以及退休基层干部，发现牧办在某种程度上恰恰承担了过去阿吾勒的功能和作用。

从功能上来说，牧办是政府派出的基层机构，行使县、乡（公社）、生产队的职权。各级行政机构是牧办的后勤供应基地和强大依靠。牧办相当于畜牧业生产的一线指挥站，也是牧民与各级干部进行经济、文化和政治交流的地方。从经济来源上，各级牧办的日常开支及役畜，主要由所在行政单位（县、公社、生产队）负责提供；从成员构成上来看，牧办主要成员有负责牧业的领导、会计、秘书、兽医、赤脚医生以及一些后勤人员等。

牧办的主要工作是负责安排转场、接羔、配种、剪毛、药浴、自然灾害的救助等工作以及处理突发事件等。牧办每年分别在夏、秋牧场及公社召开三次大会，主要安排转场及下一阶段的工作。各级牧办分别由主管牧业的干部直接领导，他们和其他工作人员一样常年在外。牧办要跟着牧民和牲畜一起搬迁转场，这也是牧办最大的优点。牧办的移动性特点完全等同于阿吾勒的灵活性特点。过去由于交通不便，各草场之间距离又非常远，牧办在四季牧场都设有固定的办公地点，为南来北往的牧民提供临时性的住宿和补给，所以当地牧民把牧办也称为转移站。牧办在夏、冬牧场停留的时间比较长，平时工作人员骑着马去各处查看牧业情况，随时解决牧民遇到的各种问题。

牧办工作人员一般都是对牧业生产比较熟悉和有经验的人。尤其是在一些重要环节，如春季接羔期间，县里或公社会加派有经验的干部下去指挥工作。这些干部住在接羔点，根据天气、草情等随时调整安排。如果接羔点的草情不好，就要组织牧民赶快搬家，迁徙到有草的地方。接羔期间或遇到突发的自然灾害，需要很多劳动力，牧办干部通过上级部门的协调，可以从农业生产队暂时调集富余劳动力来帮忙。尤其在冬季，牧办发挥了很大作用。冬季是牧民最难熬的季节，经常会遭遇到暴风雪、寒流、大风及野兽袭击。如果没有牧办存在，一旦发生突发的自然灾害，外界很难获得信息。关键是，牧办除了有牧业生产管理人员外，还有赤脚医生及兽医，能随时为牧民提供基本的医疗救助。

公社化时期与过去相比还有一个特点，就是各级负责牧业的干部经常下基层调研，从生产队、公社到县里负责牧业的干部，都非常了解基层牧民的生产生活情况。每个牧业生产队都有专门负责的干部，发现问题及时解决。公社干部经常骑着马，在一些牧业生产队分别住宿几天。如果发现生产队的牲畜很瘦，会立刻派人去寻找好的草场，或协调借用其他牧业队的草场。县里主管牧业的干部下去了解牧业情况时，首先会去牧办，此时牧办又相当于连接牧民与各级干部的"电话线"。对于牧办在公社化时期管理牧业生产的情况，牧民的看法又是怎样的，努鲁斯老人①讲：

> 公社时，畜牧业管理得很好。那时管理的人多，会管理的人也多。例如要是放牧的人病了，可以临时调整。现在有很多人家雇人放牧，那些小伙子不会放牧。一个月的工资还很贵，要1000元。
>
> 公社时比现在有计划。那时我在牧业队里放牧，上级领导，如县长、书记、大队长等，经常来查看情况，管理得很认真。什么时候转场，什么时候接羔，什么时候剪羊毛，还会提前告知冬天的天气情况，反正都安排得很好。以前转场，公社还会先派几个人去看草场。公社时，牧办跟着牧民和畜群一起走。他们会提前去冬牧场，先看草场。一般是队里的领导，

---

① 努鲁斯，男，1939年出生，党员，吐尔洪乡阿喀仁牧业村，2009年3月17日。

骑着马提前去查看草场情况。哪里的草场好、土壤干燥就搬到哪里。

2009年3月23日，我访谈了公社化时担任过公社干部的海老人①。他从1954年到1959年是吐尔洪乡的副乡长。公社成立后，他负责牧业工作，一直工作到1985年退休。他说：

> 公社时，我负责牧业方面的事情。经常下去，这个队住几天，那个队住几天。公社时期没有什么草场纠纷，牧办主要负责牧业方面的事情。牧办随着牲畜走，而且是提前走。牧民最北到达蒙古边境线。10月份到达恰库尔图，乌河也有办公室。冬天，冬窝子也有牧办。
>
> 那时都让有经验的干部下去。接羔是特别重要的事情。公社会安排有经验的干部下去指挥工作。遇到特殊情况，农业生产队的小伙子还可以去牧业上帮忙。1984年之后，草场归私人所有后，草场纠纷就有了，不过一般是通过协商解决。

后来，这些向我提供信息的哈萨克人，为了让我更加信服他们说的话，反复给我讲："你可以去找一位汉族领导张方美。"很多哈萨克老人也向我提起他，明显感觉他很受当地哈萨克人的尊敬。我后来是在县里的老干部活动中心见到张方美②。他在1964年底被分配到富蕴开始从事兽医工作，先后担任过吐尔洪牧场（前公私合营一牧场）副书记、书记，主管牧业的副县长以及政协副主席等职。他不仅兽医技术非常出色，还会讲哈萨克语，熟知牧民的生活习俗，因此对牧业生产情况非常熟悉。当谈到公社时的管理时，他明确讲到，就管理方面而言，现在的管理相比公社化时期是一种倒退：

> 过去，干部与群众交流的时间长。负责畜牧的干部跟着畜群一起搬迁。随时可以知道牧民的各种问题，能否解决是一回事，但随时可以帮着牧民想办法解决。我对生产的每一个环节都非常了解。即使到我后来当了领导，因为我本身了解牧业生产的全部过程，知道该怎么办。
>
> 牧办在公社化时起了非常重要的作用。牧工和牲畜的日常生活生产及

---

① 海老人，男，1935年出生，吐尔洪乡，2009年3月23日，在老人家里访谈。
② 张方美，男，1937年出生，2008~2010年我多次去他家里访谈。1962年张方美毕业于江苏省淮阴农校畜牧兽医专业，1964年被调进新疆，分配到富蕴县畜牧兽医站工作。

突发问题，牧办可以在第一时间及时解决或汇报给上级部门。现在没有牧办，牧民和牲畜出了问题，没有地方及时去汇报，也不能及时得到救援和解决。

公社时，每个生产队会派一个兽医，专门负责一年的日常疫病防疫工作。一个生产队里，还要分配4、5个小干部负责转场。转场时，牧业村委会要先安排具体的工作。一个生产队转场也分好几批，前一批走了，后一批再走。

还有一个事例，是张方美担任吐尔洪乡牧场书记时经历的：

有一年冬天，冬窝子有一处地方，草场不好。草场不好的地方刚好是放牧羔羊的地方。于是我建议，今年秋季多卖掉1万只羔羊，剩下的羔羊还留在原来的地方，这样才能安全过冬。然后县里开大会，县委书记主持会议并征求大家意见。当我说出自己的意见后，县委书记说，我们先不谈具体问题，先要统一思想，再解决具体问题。接着有3个哈萨克族领导都同意我的意见。他们说我在基层工作多年，对牧业生产工作非常熟悉，最后终于同意了我的建议。那年冬天我亲临冬窝子，整个冬天都待在那里，有事通过电台联系，最后羔羊都安全过冬了。

由上述内容，我们抛开政治运动和政策多变等因素，就管理而言，公社时在牧业管理上相对新中国成立前有很大进步，这也被绝大多数牧民所认可。虽然当时的"大锅饭"分配制度挫伤了牧民生产的积极性，但至少牧区社会总体是比较稳定的，再也没有发生战乱和草场纠纷，牧办在这中间起了很重要的作用。牧办之所以发挥了如此重要的作用，是因为其管理方式是以当地草原环境、游牧业生产特点以及本土知识为基础，是对传统游牧管理方式的发展。因此，如果管理游牧生产的方式脱离了这些本土的知识生态特点，势必会对游牧的社会生态产生影响。

二　传承机制核心力量的势弱

富蕴同全国其他地方一样经历了"大跃进""人民公社化""反右倾"以及"文化大革命"等政治运动。在此过程中，牧区与农区比较，在牧业生产方面受到的冲击相对较小，但对以血缘关系为基础的传统游牧社会组织阿吾勒的冲击较大，主要通过强化地域观念来削弱原有的血缘关系。

（一）阿吾勒影响力的削弱

从 1959 年到 1978 年，在将近 20 年的时间里当地社会一直处于动荡之中。游牧业生产也起伏不定，对基层游牧社会组织来说，也是一个不断强化地域观念淡化血缘观念的过程。富蕴县档案馆的资料显示，这近 20 年里牧区先后颁布了 11 次政策，有 5 次是政策前后有变化。有些是同一个政策反复变化，经历了制定、取消，再到恢复的过程，如：

> 1961 年，在牧业上实行五定：定牲畜死亡率、定配种怀胎率、定幼畜成活率、定畜产品数量、定膘情膘量。
> 1962 年在牧业上全面实行了"三包一奖"制。
> 1963 年改为"五定一奖"制。
> 1966 年"文化大革命"开始以后，"五定一奖"制遭到批判和否定。
> 1977 年恢复了"五定一奖惩"责任制。①

不同的政策实施后伴随着不同的牧业管理方式。即使是合理有效的管理方式，这种平均两年变化一次的频率，对牧业发展也是非常不利的。尤其是"文革"期间，对当地牧业生产造成了很大破坏。在政策层面最大的变化是取消了"以牧为主"的方针，取消按劳分配原则，取消自留畜和家庭副业。在"以阶级斗争为纲""以粮为纲"和"牧民不吃亏心粮"等口号下，重农轻牧、重积累轻消费、重存栏轻出栏、重数量轻质量等"左"倾错误得到发展。②尽管牧区在政策上经历了诸多变化，但对生产方面的冲击远没有农区那样严重。

这期间，当地政府把大部分的精力都用来抓粮食生产和政治运动。由于当时人口很少，加之地域辽阔以及游牧业流动性的特点，这些多变的政策及政治运动很难真正实施。经常是前一个政策还在筹划中，后一个政策又来了，或许与前一个政策还存在冲突。张方美讲：

> "文革"时，汉族人很少，也闹不起来。畜牧生产和以前一样，牧民常年四季游牧也没有时间和聚集的机会搞政治运动。那些闹事的哈萨克族

---

① 资料来源：富蕴县档案馆提供，2008 年。
② 中共富蕴县史志办公室编《中国共产党富蕴县简史》，新疆人民出版社，2007，第 6 页。

青年，只要老人们说话，他们就不敢闹了或轻举妄动，年轻人很怕那些老人。牧民中那些大家族（大氏族）还是很有威望的。

可见，在"文革"那个极端的年代，基层游牧组织阿吾勒里的老人仍然发挥着规范氏族成员的作用，对氏族成员的行为还具有一定的影响力。当时，虽然在形式上解散了阿吾勒，但大帐在牧民心中的地位并没有立刻消失。因为长期以来大帐都是权力和知识的中心，老人更是游牧知识的主要传承者。所以即使"文革"期间，牧区社会并没有发生大的动乱。

上述诸多政策在如此短时间内不断变化，还是对阿吾勒造成了很大影响。例如，从公私合营到公社化，牧主们的牲畜从折价入股到完全上交给公社，这种急速转变使得他们从富人一下子变成穷人。1958~1962年的"大跃进"期间，既不让牧主参加牧场管理，也没有兑现牲畜折价归社后给他们发工资的承诺。所以后来一些牧主由于无法接受这个现实，上山做了土匪。1962年，县里纠正了这个错误，给牧主们留了一些牲畜，同时对入股的大牧主每年退还10%股份。"文革"爆发后，用当地一位退休干部的话说，"牧业生产又乱了套"。所有大、小牧主仅有的牲畜被全部没收，公私合营牧场的工资也停发了，接着又被分散到各个农业生产队（见个案7-1）进行劳动改造。

> 1963年来到这里（恰库尔图村）。我父亲原来是一个牧主。我们的阿吾勒在现在的二牧场（喀拉布勒根乡）。公私合营之前，爸爸有300多只羊，还有马、牛、驼等大牲畜总共有100多只。父亲的阿吾勒有5、6户人家。公私合营时，这些牲畜折成人民币是16000元。后来，所有的牲畜都没收了。
>
> 父亲是1961年去世的，母亲是1977年去世的。我爸爸他们兄弟5人，他是最富有的。所以当时的政府让我父亲去了一牧场（吐尔洪乡），其余兄弟4人被送到这里种地。1958年，阿喀仁成立了农业生产队，都是一些牧主及他们的家人去那里种地。1962年，政府把各个乡的牧主都集中到一起，把他们送到现在的乌亚拜村一带，建立了一个农业生产9队，让他们修渠、种地，进行劳动改造。
>
> 个案7-1：巴台，58岁，恰库尔图村，哈拉哈斯部落，2009年3月15日。

原有以血缘关系为基础的游牧社会组织阿吾勒被彻底打散。国家以地域为基础建立起各级行政机构,如公社、生产大队、生产小队等,目的是强化牧民的地域观念,借此削弱阿吾勒的影响力,并接受现代国家的治理模式。不管行政边界线怎么划分,牧民、牲畜和草场之间的互动关系没有发生变化。公社时期,原有的阿吾勒成员进行了重组,无论他们隶属于哪一个行政村,其游牧生产生活没有多少改变。只有在"文革"时给牧区造成了很大影响。当时有些牧民为了表现得更"革命",见面打招呼时也不使用传统方式,而是改说毛主席语录,还有牧民见面时,也不问对方是来自哪个阿吾勒。按哈萨克族习俗,同氏族或部落的两个人见面时,一定会问对方是来自哪个阿吾勒。游牧常年无固定地点,只有阿吾勒是相对固定的。也因此,牧民没有像农民那样具有浓厚的地域观念。见面打招呼方式的改变,其背后主要是受"游牧是一种落后的生产方式,氏族部落组织也是一种落后的生产组织"的观念影响。所以在那种特定的政治环境下,为了向"落后"告别,就采取这样一种方式。

在一种既要告别"落后",又要表现得更加"革命"的政治意识形态观念影响下,很多游牧文化习俗受到了严重冲击。"文革"初期的"破四旧"运动,同样没有忘记这座边境小镇。当时游牧文化已被贴上"旧文化"的标签,游牧生活习俗自然成了"破四旧"的对象。所以哈萨克族传统婚礼中的赛马、叼羊、姑娘追、摔跤,以及割礼、剪发礼、周岁礼,还有一些宗教仪式等在当时都是禁止的。有些虽没有明确禁止,但也无人敢举办这些活动。牧民们害怕被戴上"修正主义的帽子"或被认为是在搞封建迷信活动。

在富蕴,我遇到很多经历过"文革"的老人,尤其是那些牧主们的后代,他们都不愿再提起那段伤心事。但仍有些老人给我讲了一些"文革"中发生的极端事件。我选取其中一个有关马鞍的事例。

马鞍是游牧民骑马必备的马具。哈萨克人根据不同年龄及性别制作出了特征明显的各类马鞍。年长的男性、老妇人、刚结婚的新媳妇、未出嫁的姑娘以及年轻小伙子、儿童等,都有代表自己年龄组特征的马鞍。人们根据拴在毡房外马背上的马鞍,便可知道毡房里客人的性别及大概属于哪个年龄段的人。各类马鞍还有很多反映个性特征的精美装饰、彩色花纹及镶嵌的金银小件。"文革"时,这些附有文化符号意义的装饰也被统统当作"资本主义的尾巴"砸掉了。所以"文革"时马鞍上不能有任何装饰及花纹,要全部做成统一样式。很多牧主家的马鞍都被砸掉或重新改造。马鞍只是其中的一例,还有很多类似的事件,如不能穿民族服装。更加极端的是,为发展农牧业,公社成立了打狼队,对狼采取赶尽杀绝的方式。这些行为对哈萨克族传统文化及生态观都造成一定程度的破坏。

这一时期不管牧区政策怎样变化，要改变牧民"落后"状况的观念一直没有改变。在此观念指引下，政府试图打破原有的氏族部落关系，建立社会主义国家新的社会关系。自公社化以来为了提高牧民的阶级意识、冲淡血缘关系，采取了从基层组织（阿吾勒）上（调离拆散）和经济上（严格地按劳动日核算）两方面削弱"阿吾勒"的权威作用，但同时也割断了同一个"阿吾勒"内亲族相助的一些必要联系。[①] 直到1979年，富蕴县才宣布"文革"期间划分的阶级成分一律无效。在随后的几年内，那些曾经被划为牧主的牧民陆续得到了平反。但是牧区社会在如此强大外力作用下，阿吾勒的影响力逐渐衰落。

（二）领袖权威的进一步失落

公社时掌握着哈萨克社会权力、游牧知识和习惯法的上层人物基本都被打倒（见个案7-2）。他们中有过去的台吉、乌库尔台、赞格、扎楞、阿吾勒长、宗教人士以及富有的牧户等。整个游牧社会组织的结构发生了根本性的变化，原来的上、下层阶级发生了转换，以血缘为纽带的社会关系遭到破坏。由于社会关系只能通过人们在他们的行动中应用的规范或规则而存在，[②] 这些掌握着游牧社会规范知识阶层的缺失，必然使原有的社会关系发生重组，这无形中削弱了原来上层领袖权威在牧民中的影响力。

我在杜热乡见到一位台吉的后代，他父亲于1877~1937年一直担任哈拉哈斯部落的台吉。因此他们家在公私合营以及后来一系列的政治运动中受到的迫害也最严重。对于过去的遭遇，他说：

> 我们家从1958年开始，被不断打成民族主义分子、右派之类，没有过过好日子。1958年，闹灾荒、搞公私合营，后来又是公社化，接着是苏联专家走了，要还债，要老百姓交粮。
>
> 1958年，我们刚下来时（从夏牧场到乌伦古河），根本不会种地，很多人饿死了（应该是1960年）。当时，一个村庄死了很多人，死人都来不及处理，有的被匆匆埋了。自治区领导来视察时，送来了救济的粮食。我

---

① 杨廷瑞：《游牧论》，油印资料，1991，第13页。
② 〔英〕杰西·洛佩兹、约翰·斯科特：《社会结构》，允春喜译，吉林人民出版社，2007，第71页。

记得刘少奇曾经说过:"不要对牧业队进行任何改革,按照原来的制度发展"。

个案7-2:乌老人,男,1940年出生,哈拉哈斯部落,杜热乡,2008年8月22日。

从此个案中,我们仍然可以感觉到,时至今日老人仍然怀念哈萨克族社会原有的很多传统。因为对哈萨克牧民来说,历史上都是以阿吾勒为基础,在阿吾勒长的领导下,牧户各司其职共同维持阿吾勒的生存与发展。成员之间在血缘关系的凝聚下,大家共同维持着它并以其为母体得以生存和延续。哈萨克牧民对"阿吾勒就是我们的家"的认同已经成为他们的一种集体性意识。

公社时期原哈萨克社会中掌握知识的上层人物都被打倒,他们突然被置于社会的下层,但其在牧民中原有的领袖权威和影响力不可能立即消失。因为他们与牧民之间存在着直接或间接的血缘关系,因此牧民认为,人养畜,畜养人,牧主养人(牧工),人(牧工)放牧,这就是哈萨克族社会的传统规范。牧主大多就是阿吾勒长、宗教人士或有知识的人。牧民认为他们头脑聪明、知识丰富,有能力管理牧业生产和治理社会。这似乎与孟子所说的"劳心者治人,劳力者治于人"有相同的意思。即使现在,那些牧主后代的生活仍然普遍不错,这使牧民们更加坚信这一点。很多牧主后代在草畜双承包后,与其他牧民同在一个起跑线上,可后来他们的生活还是要比以前那些贫困牧民的生活要好一些。新中国成立后,虽然牧主们被打倒了,再加上当时打击范围过大,有些依靠自身技艺勤劳致富的牧户也被定性为牧主,但他们把自己拥有的各种知识传承给了后代。因此,至今那些曾经是牧主的牧户们在牧民中仍有很大的影响力。

那么,为什么公社时期这些掌握游牧知识的阶层被打倒后,游牧社会没有发生大的动乱,而且游牧经济还在原有基础上有了很大的发展呢?这是因为游牧管理的权力虽从氏族部落(阿吾勒)首领手里交给了政府,但政府仍然沿袭以前的管理方式,且游牧生产是由熟悉牧业的干部和懂牧业技术人员一起来管理。这种管理恰恰替代了氏族部落首领的作用,最关键的是当时在基层并没有完全抛弃传统,在实践中仍然遵循原有的放牧技术知识。所以传统游牧管理加上科学技术的指导,这才使当地畜牧生产得以在"文革"后迅速恢复和发展起来。

(三) 老人权威与威望的下降

哈萨克族社会里老人是游牧知识权威的象征，也是阿吾勒里的权威中心。阿吾勒内的游牧知识一般都是由知识经验丰富的老人传授给年轻人。老人在哈萨克族社会中拥有很高的社会地位。现在虽然每个氏族内仍然有几个比较有威望的老人，但他们在氏族内，尤其在年轻人心中的权威在逐渐下降。老人权威的下降主要表现在本氏族或本村内对晚辈影响力的减弱。现在阿吾勒内社会关系紧密程度远不如以前，老人对年轻人的影响力日益下降。自从行政村建立后，地缘关系日益加强，氏族或阿吾勒内的血缘关系在慢慢减弱，这也对老人权威的下降有一定的影响。老人权威下降也说明哈萨克族社会传统习惯法对成员约束力的减弱。

老人权威不断下降的另一个原因是，阿吾勒原有功能在逐渐消解。20世纪80年代中期之后，牲畜与草场的归户使阿吾勒存在的基础几近消失。老人所依附的阿吾勒内的社会关系已非常松散。在现代管理制度、放牧及养殖技术的影响下，老人已经成为"过时或落后"的象征，以老人为中心的阿吾勒对本社会内部个体行为的约束力大大减弱。尤其是在处理日常生产生活纠纷事件中，老人所能发挥的作用在不断下降。过去处理纠纷时，一般都是氏族部落里的老人依据草原习惯法来裁定。所以老人对本氏族中每一个人都起着监督和约束作用。现在越来越多的老人有一种失落感，他们感叹甚至抱怨现在的年轻人不听他们的话了。

在快速发展的牧区社会，这必然会导致年轻人违规行为的增多。青少年违规行为主要表现为对野生动物的伤害。近年来一些外来的汉族人唆使哈萨克族的年轻人，包括在校学生，去抓野兔、野鸽子、毛腿沙鸡等所谓的野味，并以很低的价格收购。这要是在过去，只要老人出面制止这种行为，很快会停止。但幸好目前，这种行为在牧区并不是很普遍，只是个别现象。

针对牧区青少年行为变化的情况，我又去了好几所学校（包括牧业寄宿学校）。从老师那里了解到，现在有一些孩子不像以前的孩子那样珍惜粮食。按照当地哈萨克人的习惯，粮食要是掉在地上，一定会捡起来吃了。老师们还提到，由于近年来新疆进行中小学布局调整，很多学生数量较少的小学或中学进行撤并合校，甚至1年级的学生也开始住校。老师们认为，这样既增添了牧民的负担，又割断了游牧文化知识传承的链条。品顿（Florence Pinton）在研究巴西亚马孙流域的印第安人传统知识时也发现，由于父子之间的传递越来越少，家庭里渐渐不再有传统知识，并认为传统知识传递的断裂使得印第安人的世界明显向卡波克罗人靠拢，而后者对自然环境的知识要少得多。① 牧区小孩在住校之前，每天放学后回家，既可以帮父母干活，又可学到很多传统游牧知识。而现在这些孩子长时间与父母分离，家庭教育的缺失自然会使老人的权威下降。

现代学校教育也对哈萨克族社会老人的权威提出了挑战。由于当前普适化、整体化的学校教育并没有把地方性知识纳入教育内容之中。代表现代教育理念的学校和代表游牧文化的牧区社会一定存在许多差异。例如，现行教科书里有关哈萨克族社会的内容几乎没有，难免出现现代学校教育与地方性知识无法衔接的地方。我从牧民那里曾经听到这样一个事例：

> 在某所偏远的哈萨克牧区学校，数学课上老师让同学们做题，题目其实很简单都是几个桃子加几个香蕉等于多少的问题。可是同学们老是算错，后来老师把桃子、香蕉都换成了牛、羊等牲畜后，学生很快把答案算了出来。

这个故事告诉我们并不是牧区的孩子笨，而是因为在他们的头脑中根本没有桃子、香蕉这些实物的概念，他们中大多数人从未见过这些实物，而牛、羊是他们每天都能看见的东西。当然这是发生在十多年前的故事，现在这种情况应该比较少见。但这件事至少说明目前大一统的教材几乎没有考虑不同民族的生存环境与生计特点。喀拉布勒根乡赛肯老师②说：

> 现在学生学习兴趣普遍下降。因为教科书上只是写一些英雄人物，只讲他们的奉献，与现实社会离得太远。学生们都不相信，引不起学生学习的兴趣。比如，有一篇课文讲邱少云被火烧时，他一动不动。学生们就怀疑，这可能吗？他是人不是神。而哈萨克人的传统英雄就不这样讲，他会按照实际情况来描写。只有把人物写成普通人，孩子们才会喜欢。

可见，现代教育模式及内容对传统游牧知识的传承起着消解作用。哈萨克

---

① 〔法〕弗洛伦斯·品顿：《传统知识与巴西亚马孙流域生物多样性地区》，黄觉译，《国际社会科学杂志》（中文版）2004年第4期，第78页。
② 赛肯，男，1965年出生，喀拉布勒根乡小学老师，2008年8月21日，在他家里。

族老人们说，现在孩子们都不大愿意听他们讲民间传说和神话故事，甚至有些年轻人还笑话老人讲的那些事都是迷信。所以作为游牧知识承载者的老人的权威下降，势必会引起游牧知识传承机制的瓦解乃至断裂。

第二节 传统管理的质变

传统哈萨克族社会，游牧管理的核心是在氏族部落内以习惯法来协调牧场、牲畜及人口的关系，其目的是让公共资源（草原）能够为氏族部落内所有成员享用。这套管理游牧的知识是建立在草原环境及移动性基础之上，并运用一套规则来进行水草资源的分配、劳动分工以及组织牧业生产等具体事宜。氏族部落中的首领、老人是管理游牧的权力中心。

传统游牧管理知识的变化与现代草原管理制度密切相关，尤其是草畜双承包责任制（以下简称草畜双承包）的建立对传统游牧管理的冲击最大。这里的草原管理制度主要指草畜双承包，它是游牧知识诸项内容发生质变的开始和根源，也是牧区日后诸多矛盾产生的主要原因。[1] 草原管理制度以一系列专业机构和现代科学技术来树立自身的绝对权威，在实践中造成了很多社会和生态问题。

一 草畜双承包：背景与反应

1978~1984年草畜双承包之前，是当地牧业生产相对短暂的稳定期。从1984年5月起，在牧业队推行"草畜双承包"（当地称大包干），要求承包者必须完成国家的指令性牲畜产品和活畜交售任务，按"谁承包、谁使用、谁建设、谁保护"的原则管理草场。但牧民家庭经营却出现了小而全的局面，即一户人家马、牛、羊、驼俱全。各种牲畜混杂放牧，草场分成小块后牲畜品种改良、疫病防治以及较大草场建设都遇到困难。针对以上问题，富蕴县政府决定

---

[1] 在最近几年有关中国草原牧区社会的学术研讨会中，与会学者基本认为"草畜双承包"责任制是引发今天牧区诸多社会、经济、生态、文化等问题的根源。如2008年10月在北京举行的"中国草原牧区的环境变化与社会经济问题"研讨会，2009年7月在北京举行的第23届保护生物学大会中的"草原专题会议"，以及同年7月底在昆明举行的第16届国际人类学与民族学联合会中的"草原环境与牧民生活变迁"等，在这些会议中，与会学者在内蒙古、西藏、新疆、青海、甘肃、四川等地，在实地调查与科学分析的基础上，几乎一致认为"草畜双承包"责任制是今天牧区诸多矛盾产生的根源，在某种意义上也是游牧生产的倒退。

实行"五个统一"制度，即统一牲畜管理和品种改良、统一疫病防治、统一组织转场、统一草场保护和建设、统一组织牧民定居和半定居。①

草畜双承包的实施，对于刚刚恢复的牧业生产又是一次大的变革。基层干部、技术人员以及牧民对此持有各种异议。我从一些参加当年大包干的县、乡、村干部和牧民那里了解到，大包干使他们在心理上也接受了一次大考验。在实行大包干之前，县里特邀请各界人士召开了一个讨论会。开会地点在县城的一座小平房里，有时点着煤油灯讨论到深夜。会上大家就大包干的问题争论很激烈，很多基层领导及技术人员反对在牧区实行与农区一样的承包责任制。讨论会持续了近一个月，最终大部分人做了妥协。他们坚持认为草场可以分，但羊群不能分。羊群是五畜里的基础，只要羊群还是集体统一经营，对牧业和草原生态都不会造成多大冲击，但最终还是所有的牲畜都分家到户了。后来，在退休干部的引荐下，我在乌鲁木齐见到了前张副县长②，他讲：

> 1984年，草畜双承包时争论很激烈。我认为，放牧羊、牛、马及骆驼，要按照类别作价归户，转场时好安排运输队。这个建议曾遭到很多人的讥笑。其实，这种作价归户是典型的小农经济。每户牧民是小而全的一个畜牧社会。当时多数人赞成牲畜分户。过去都是分群放牧，牧主的时代都是这样。现在各个草场草情也不一样，分草场本身也不合理。

时任吐尔洪乡书记的张方美也认为，牲畜折价归户时的平均分配，造成牧民户户五畜俱全，不便于经营管理。这等于使刚建立起的有效管理模式失去了作用，以及刚刚积累起的一些好的经验也自然消失，如种公畜群不得不打散分配到各牧户手中，这样不利于人工授精和不能充分发挥优良畜种的优势。

那么，牧民对大包干的态度又是怎样呢？大体上来说，牧民从心理上都经历了从不相信、各种猜测、怀疑、观望、尝试，直到最后接受。当然一开始牧民中既有同意的，也有不同意的。对于原先那些贫困牧民来说，能拥有自己的牲畜绝对是一件好事。对于原先那些牧主来说，拥有了牲畜和草场，通过自己努力想继续过上富裕的生活。

---

① 实质上随着牲畜和草场都分给个人后，这种当初设计的"五个统一"制度很难做到，逐渐沦为一种形式。当地畜牧部门的领导告诉我，现在很难再做到像公社化时期那种统一布局。在牧民来说，牲畜和草场都是自己的，怎么放牧和利用是自己的事情，因此，政府的统一管理往往失效。
② 张辉，男，1939年出生，前科技副县长，2008年10月30日，在乌鲁木齐他的家里。

从整体上来说，大部分牧民对大包干都持怀疑态度。因此县里一开始先在农业队进行试验，建立了一个试验合作组。每个合作组由10户人家组成，如这10户总共有1000亩地，规定他们每年要完成10万斤粮食的任务。如果收获了15万斤，多余的5万斤由他们自己分配。经过农业队的试验，当初那些持怀疑态度的农牧民才逐渐相信，同意大包干的人逐渐增多。杜热乡的乌太老人①讲："刚开始大包干时，一部分人不同意，特别是那些懒汉。"其实这正说明了牧民，尤其是原来一直给牧主放牧的贫困牧民，倘若给他们分了各类牲畜，他们可能无法管理好这些牲畜。因为一直以来哈萨克牧民都是在阿吾勒长的安排下做事，人民公社时期也由专门的干部来安排和指导。而现在一个完整复杂的游牧业生产过程完全靠一个家庭，这是很难完成的。

20世纪90年代初，"大包干"实施几年后，杨廷瑞经过调查总结道："在'深化牧区体制改革''端掉大锅饭''不断完善家庭联产承包牧业生产责任制'等主观愿望和空洞口号促使下，照搬内地农村的改革模式、构思甚至国外资本主义一套，直观认为分散的游牧业生产正适宜于个体分散经营，尽量尽快把公有牲畜下放到牧民群众手中。"② 他还认为，牧区体制改革首先把多年行之有效的"定、包、奖"牧业生产责任制改为"按群承包"责任制，然后又把牲畜折价归私，由户经营，完成了牲畜所有制从公到私的回转。于是全民、集体、个人三种游牧业经济成分又回归为单一的个体私有形式。可见，草畜双承包否定了公社时期建立在传统游牧知识基础上的草原管理制度。

二 游牧管理"质"的变化③

（一）草场私有与个体分散经营

为什么说游牧管理发生了"质"的变化，我以草场和牲畜的归属以及组织游牧管理的前后变化等三方面来探讨。

传统哈萨克族社会里，草场从来都是归氏族部落所共有。即使公社时期，草场仍然属于公有。草畜双承包意味着草场从公有到私有的转变。再看牲畜，历史上哈萨克族游牧民从来都是以阿吾勒为基础的游牧生产单位。牲畜虽然私

---

① 乌太，男，1931年出生，富蕴县杜热乡退休干部，2009年5月3日，在老人富蕴县城的家里。
② 杨廷瑞：《游牧论》，油印资料，1991，第111页。
③ 陈祥军：《草原产权变动在哈萨克牧区社会的反应与影响——以新疆阿勒泰富蕴县为例》，《新疆大学学报》2014年第1期，第63~67页。

有，但在氏族首领的管理下，牲畜按类别编成不同的放牧单位，牧户之间分工合作共同完成一个完整的放牧过程。每个阿吾勒都是由阿吾勒长与知识经验丰富的老人一起管理，公社化时期是由熟悉牧业的干部和技术人员共同管理。

然而，牧区经过近30年的各种变革后，阿吾勒长原有的地位、权力、影响及所依存的条件几近消失。草畜双承包后，那些长期工作在第一线，熟知牧区基层情况、了解当地历史、文化、习俗的干部及技术人员，随着牲畜与草场分户后逐渐失去了管理和指导牧业的权力或平台。牲畜和草场分给单个牧户，意味着他们要单独面对过去由阿吾勒（集体）才能完成的牧业生产过程。可是在草原上，像农业社会那样独门独院的生存是很困难的。当地草原环境及游牧业特点也决定了一家一户不可能完成一个完整的游牧生产过程。

因此，1984年草畜双承包时，地方政府在基层干部要求下适当做了变通。况且，真的像农区那样一家一户地分牲畜和草场，首先是夏牧场无法做到一家一户都拥有一块草场。所以在划分夏牧场时，政府是按照两三个毡房（相当于一个阿吾勒）为一组进行划分。正因为草场划分难度较大，一直拖到1985年才开始进行。由于各牧业队的人口、草场面积、牲畜数量都不一样，有些是2户一处草场，有些是3户、4户，甚至5户一处草场，而且这几户牧民都来自同一个氏族。

在具体操作层面，由于公社时牲畜按照种类、雌雄、齿龄等特点，编成不同的畜群，并分为不同等级。以绵羊为例，按年龄、性别及等级分为适龄母羊、后备母羊、淘汰母羊，特级种公羊、一级种公羊、二级种公羊、后备种公羊。那么，现在把这些不同类别和等级的牲畜分散到每个牧户的手中，其实这是对公社时期已经积累的管理经验和放牧技术的否定，也是对传统分群放牧方式的否定。上文也提到，当初县里就大包干开会时，这也是很多人绝不同意把羊群分了的原因。羊群是所有畜群的主体，也是牧业生产管理的重心。以畜群为放牧单位是游牧业的一个基本特点。现在要把原有合理的畜群结构打散，实质上牧业生产自然就进入了个体分散、自由经营的状态。因此，在实践中怎么分配这些不同等级类别的牲畜就成了一个问题，谁也不愿意要那些等级太低的牲畜，最后的办法就是抓阄，即使这样很多牧民还是有意见，认为这样有失公平。

草场划分比分配牲畜更难。如何把这些草场（不同等级）分到每一组牧户手中也是一个非常棘手的问题。按照草场资源类型，并依据牧民传统放牧路线，县域内的草场有五等八级。当时领导们为如何分割草场也研究了好长时间。除了草场的等级外,更麻烦的是草场不像农区只有单独的一块地方。一旦给每户划分草场,不是简单的一处草场,而是要划分出四季草场。各季草场都有不同的等级、距离有远近、转场也有难易之分。后来政府研究决定,采取夏牧场远的牧户,冬窝子就分近一点的地方的方法。类似的,夏牧场近的,冬窝子就远;夏牧场好的,冬窝子就差,反之,冬窝子就好。然后还是采取抓阄方式,把最远的草场(或等级低的草场)和最近的草场(或等级高的草场)放在一起抓阄。其实每年各草场的降雨情况不同,草场变化不定。这种划分不利于将来进行草场之间的调配,容易造成草场的退化。抓阄的形式再一次对阿吾勒进行了分解。新的阿吾勒里牧户之间的血缘关系发生了变化。有些阿吾勒里牧户之间的血缘关系比较远,关系自然也没以前亲近。

草场划分后,由于牧户长时间在一个草场放牧,遇到自然灾害的年份,再也无法像过去那样进行调配。实质上,早在承包草场时,基层干部及技术人员都知道这个道理。用一位退休老干部的话说是"毕竟胳膊扭不过大腿",明知道将来会给牧业生产带来消极影响,但作为基层只能执行政策。有一点值得肯定,幸亏当地政府做了适当变通。因此在划分牧场(尤其是夏牧场)时,考虑了阿吾勒的特点,采取了以组(相当于阿吾勒)为单位划分草场。即便这样,承包后的草场还是出现了"板块化"的碎分,牲畜放牧所需的足够移动空间比公社时期大大缩小,再加上局部区域降水不均匀,分布不规律,这为后来的草场退化留下了隐患。

田野调查中我也发现,有时隔着一座山,山这边在下雨,山那边还在出太阳。冬牧场也一样,积雪的分布会随着风向而改变。我曾在2006年夏季去过一处冬牧场。当时有一个很大的湖泊,湖里面还有很多野鸭子。2008年再去时,那里一滴水也看不到。冬牧场方圆十几千米内每年的降水都有变化,所以牧草长势分布也极为不均。公社时期,草场是公有的,每年草场的差异可以很容易进行统一调配,以减少牲畜受灾的损失。现在草场分属于不同牧户,碰到灾害年份,想进行统一调配已经很难。所以杨廷瑞认为,草畜双承包使经历多年才摸索到的成功的放牧管理制度废弃不用,除了放开的价格政策有利于游牧业生产和游牧民生活外,其他措施不仅没有提高社会生产力,反而降低、削弱了社会生产力。[①]

的确如此,哈萨克族牧民原有的阿吾勒经过集体主义时期的阶级意识强

---

① 杨廷瑞:《游牧论》,油印资料,1991。

化，其影响力大大下降。草畜双承包后，原有公社时期积累的宝贵经验以及有效的管理模式也随即解体。由此，牧民只是暂时拥有了牲畜和草场，一下子到了单家独户面对整个游牧业生产的过程。30多年过去了，草畜双承包后的个体游牧经济到底发展得怎样呢？

（二）管理退步：传统知识的缺位

游牧管理为什么会出现退步？关键是牲畜成为个人私有财产，怎样管理自然是个人的事；草场所有权虽然属于国家，但使用权归牧民。游牧业生产中最关键的两个主体——牲畜和草场，其所有权或使用权已从政府那里转移到个体牧民手中。政府对牧民牲畜和草场的控制力逐渐减弱。退休老干部说，"大包干"后，牧民逐渐不听政府的指挥了，感觉政府逐渐失去了管理牧业的权力。

实践中，作为游牧管理倒退的具体表现就是牧办的取消。草畜双承包后，牧办逐渐从牧业管理制度中消失。牧办在游牧生产中曾经起了非常重要的作用。崔延虎认为，牧办在牧区起着过去部落头人的作用，决定畜群移动的时间、路线等牧业生产环节，如果牧民在转场过程中出了什么问题，牧办具有处理、决断及处罚权。[①] 现在面临的现实情况是，近30年的政治经济变革，掌握游牧社会各种知识的地方精英们，有的在"文革"中被迫害致死，有的已扎根农业队，有的才刚刚平反，剩下为数不多的地方精英要想恢复原有的社会地位和权力在短时间内也不可能。但传统哈萨克族社会，正如费孝通所言是一个"'民可使由之，不可使知之'的传统规范有效的时代，也是社会结构不常变动的时代。那时的问题是谁知道规范？谁知道传统？他们服从规范和传统，像一个工匠服从技术一般，技术由师傅传授，师傅是知道技术的人，他具有威望。同样的，知道传统的人具有社会威望"[②]。草畜双承包后，政府管理逐渐退去，地方精英及老人权威也已失去原有的地位和影响力，致使游牧社会出现缺少"师傅"的现状，自然演变成小农式的单家独户的个体经营管理方式。

1. 游牧管理知识的缺位：管理机构职能的转变

自草畜双承包后，随着经济政策的不断调整，基层畜牧管理部门的职能由过去的事无巨细到宏观调控。在牧业生产中，畜牧局只抓几个重点环节，完全

[①] 崔延虎：《困境下的深层制度原因与制度改革：新疆草原牧区社会经济与环境问题的个案分析》，中国草原牧区的环境变化与社会经济问题研讨会，北京，2008年10月。

[②] 吴晗、费孝通：《皇权与绅权》，天津人民出版社，1988，第17页。

一改公社时期四季转场、鉴定整群、分类放牧、调配草场、剪毛、销售等工作细致化、统一化的管理模式。所以很多过去由公社来管理的事务，现在都由牧户自己去承担。牧业生产开始逐渐向类似农区的单家独户自由放牧方式过渡。

从畜牧局及其下属部门的主要工作中可明显看出，现在与公社时期的管理方式存在巨大区别：

> 畜牧局主要负责全县畜牧、兽医、草原、育种、牧业经济等方面的科学研究和新技术推广工作；动物防疫监督站每年负责给各类牲畜打两次疫病防治疫苗以及突发性疫病疫苗；草原监理站主要负责草原使用管理、草场纠纷、草原使用费以及草原上开矿采石作业的管理；草原工作站负责全县草原牧草种子检疫执法、草原生态监测、草原技术推广服务等；治蝗灭鼠办负责全县草原治蝗和灭鼠工作。此外，还有一名主管牧业副县长。每年的牧民转场，县政府开会进行统一部署，具体由各乡政府去执行落实。乡政府召集各村级领导，根据各自情况决定转场时间。村级的领导主要负责通知所有牧民转场时间。实际上各个乡镇每年牧民转场的时间是基本不变。

可见，负责牧业的副县长主要从宏观层面进行指导与管理。畜牧局主要贯彻政策以及指导乡镇工作。乡级政府负责落实和执行县级部门安排的任务。村级领导干部小组起到上传下达及协助上级部门实施具体工作的作用。在这些部门中，作为基层的乡与村级管理小组，往往更多的只是执行上级部门的任务。他们最缺乏的正是公社时期牧办所起的灵活性、机动性、及时性的功能与作用。牧办曾经具有"前线指挥"和"前线哨所"的作用。它的取消既是政府牧业管理职能转变的标志，也是造成游牧管理发生脱节的关键原因。目前唯一保留的只有县一级的牧办，但没有了乡级和村级牧办的支撑，它只是一个空壳。牧办的取消使现代牧区管理缺乏本土知识的支撑。

地方政府任用官员标准的变化对游牧管理也有一定影响。与过去相比，现在官员的任用标准中缺失了"地方性知识"这一项条件。官员们只需要掌握所辖县、乡、任期内的宏观政策，而基层游牧业生产大都由牧民自己在管理。当地作为连接基层牧民与县级政府的关键部门的乡政府官员（主管领导）更换频繁。在我调查的4个乡里，书记平均两年半更换一次。6个乡的书记基本是汉族，且不是本地人。本地汉族干部一般比较了解牧区习俗，但外来汉族干部在两三年的任期内是不可能开展什么工作的。难怪一位哈萨克族老人埋怨："现在通信发达了，领导们配有手机，但他们却不了解基层情况。现在交通也好多了，路通了，车有了，他们却很少下来。公社时期路不通、车也没有，领导们骑着马来了解牧业情况。"

畜牧管理机构职能的转变，尤其是牧办的取消，使得连接传统游牧管理知识与现代畜牧管理知识的链条发生了断裂，缺乏本土知识体系支撑的畜牧管理势必会成为引起游牧社会生态失衡的一个因素。

2. 转场的无序化

转场是游牧业生产中最重要的环节之一，也是最体现游牧业特点的地方。草畜双承包后，政府已无暇顾及各牧户牲畜的配种、接羔、放牧等具体事宜，而唯一保留了转场的统一安排。当初政府出于保护草场及公平性考虑，每个乡都规定了统一的转场时间。然而这个设计方案在实践中很快被证明只是一厢情愿，到后来演变成政府三令五申地强调统一转场，并指派各乡、村干部设卡堵截提前转场的牧民，对提前转场的牧民处以罚款。部分牧民宁愿被罚款也要提前转场，尤其是每年牧民从夏牧场向秋季牧场转移时，都会上演政府的"罚款堵截"与牧民的"冲卡闯关"的博弈。这究竟是为什么？

这又要从草畜双承包说起，牲畜和草场分给牧户后，原来转场需要的畜力（马、骆驼）和部分机车也都分散在各个牧户手中。在草畜双承包的最初几年，要想做到统一转场是无法实现的。过去是公社组织畜力、机车，分工合作统一搬迁。可如今在缺乏畜力和机车的情况下，牧民搬迁时间前后持续可达一个月。后来随着牧民畜力数量的增加，情况有所改变，但还是无法做到统一搬迁。

各个乡规定的转场时间大致相同。在牧民人口和牲畜数量最多的吐尔洪乡，规定每年9月5日羊群才能从夏牧场下来，11月15日过乌伦古河，来年3月20日离开冬牧场。虽然每年转场时，乡里都要让各村级领导给牧民再强调一遍，但转场时间还受天气变化的影响。例如：2006年冬牧场一直没有降雪，牧民只得停留在乌伦古河两岸。初春要是积雪融化速度太快，牧民也只能提前从冬牧场搬迁至春季牧场。虽然规定了季节草场之间转场的时间，实质上牧民要依据天气和草情随时调整。唯独每年从夏牧场向秋牧场搬迁时，政府控制得特别严。这也是为了协调农牧业之间的矛盾，如果牧民下山太早，河谷地带庄稼还没有收割完，大群的牲畜必然会给农业造成损失。所以每年夏秋转场时，各乡都在牧民必经的牧道上设立关卡，以阻止提前转场的牧民。有的牧民会趁着晚上偷偷下山；有的确实是因为家里有人得了疾病，需要下山治病；当然也有强行闯过关卡的。这样的冲突每年都会发生。

2009年9月中旬，翻译波拉提告诉我，他们家因为提前转场被乡政府罚款了，最后只好交了一只羊。波拉提家是因为缺少一处过渡草场。原来的那块草场靠近额尔齐斯河，连年的洪水冲刷致使草场缩小了很多，已无法承载现在的牲畜。可见牧民提前转场有各种原因。一位村主任私下里给我讲："上面让我们通知牧民不能提前转场，让我们去堵截提前下山的人。我们只有来这里堵截了，其实牧民真要强行通过，我们也没办法。"

正是因为现在政府无法做到统一转场，牧民才要纷纷提前下山。有些牧民提前下山是为了抢先占用其他牧户的草场；有些是为了防止别的牧户强占自己的草场。因此由牧民转场可看出，草畜双承包后转场由过去的政府统一安排，转变为由牧户自行管理。实质上处于一种自由、无序化的个体经营状态。这样既不利于保护草原，也不利于牧户之间的团结。牧区社会出现一个哈萨克族游牧历史上从未出现过的游牧状态。新中国成立后，虽没有氏族部落头人的管理，但公社的集中统一管理替代了原来氏族部落头人的职能。草畜双承包后，牧区社会既没有原来以阿吾勒为社会基础、以权威很高能理事掌权的头目为之统筹安排一切的牧庄，也没有现今基层政府的全局安排，既缺乏传统基层游牧组织原有的规范约束，又缺乏政府的有效管理，因此转场的无序化成为一种必然。

牧民普遍对转场的意见比较大。喀拉布勒根乡一位老人愤愤地说："现在牧业管理，尤其是转场时一塌糊涂。"也许他说的是一句气话，但转场的混乱局面是一个不争的事实。吐尔洪乡一位任职多年的村主任[①]讲道：

> 在农业上就是修渠，发发县、乡里的通知。在牧业上就是告诉牧民哪个时间到哪个牧场。现在（8月底正值牧民转场前夕）各个村长都上山了，不让牧民提前转移。但夏牧场没有草，牧民很快就会搬到乌伦古河。一年中也没有什么事情，就是登记牲畜数量、填各类表格以及帮助兽医打疫苗等。

每年让各村村主任或支部书记上山去拦截提前转场的牧民，这也是村主任们

---

① 阿村主任，男，1982年出生，吐尔洪乡，2009年3月20日。

不愿意做的事情。大家都是乡里乡亲的,这是出力不讨好的事情。还有一个原因是,收入与付出严重不对等。村主任每个月只拿 300 元左右的工资(2009年的数据),而且是半年发一次。有位村主任说:"这点钱连我每个月骑摩托车加油的钱都不够,现在都没人愿意当村长了。"①

牲畜与草场私有化后,随着时间推移不但没有得到基层干部和牧民的普遍接受,而且使牧业管理陷入一种自由无序化状态。事实上,单从草原管理角度,牧区草原与农业耕地利用方式完全不同,草原大多位于干旱和半干旱地区,它代表的是一种极不稳定的生产力。因此,较之私有的管理方式来说,采用公有的方式进行草原管理更有利于草原资源的发展。②

三 草畜双承包:学者与牧民

草畜双承包初期的确调动了牧民的生产积极性,因为其最大的优越性是经济利益直接与生产者紧密联系。它只是在分配机制上相对公社化时期的"大锅饭"进步了许多。随着时间推移,其弊端也逐渐暴露出来。新疆最早开始对草畜双承包制进行反思的是杨廷瑞③,他也是最早认识到牧庄(阿吾勒)对游牧业管理起着重要作用的学者之一。

(一) 研究者的态度

草畜双承包在实施的当初就备受争议,随着第七个五年计划(1986~1990

---

① 2009 年 12 月 31 日,我调查点的一位村主任给我打来电话告诉我,他已经辞职不当村主任了。
② 〔荷〕何·皮特:《谁是中国土地的拥有者?——制度变迁、产权和社会冲突》,林韵然译,社会科学文献出版社,2008,第 101 页。
③ 杨廷瑞是新疆社会科学院经济研究所的研究员,他曾经参加了 1952~1953 年在阿勒泰牧区的社会调查工作,并于 1959 年出版了《哈萨克游牧区的"阿乌尔"》一书。他对牧区社会、经济、文化等方面的研究达 40 多年。20 世纪 80 年代末,由于当时新疆提出"建立畜牧业现代化(游牧民定居)旗帜",刮起灭绝"传统的落后的"游牧之风,出于为游牧业"申辩和鸣不平"的心情,他利用自己 40 多年的研究积累,写成了《游牧论》一书。他原本打算在 20 世纪 90 年代中期,经东蒙、西蒙、蒙西北、藏南、四川藏区、青海西部、甘肃藏区、甘肃裕固县等至少 8 个三族游牧区亲身实地观察和调查研究之后,再写这本书。但鉴于当时新疆在牧区方面政策,用他自己的话说是"急不可耐地抛出这篇《游牧论》以顶之,希望激起人们的注意"。他完成这本书后,自费油印了 100 份,分别邮寄给上至党中央政策研究室、国务院农村发展政策研究中心、国家民委、农业部畜牧总局等,下至新疆政府各级部门、研究单位、新闻媒体等。该书一直没有正式出版,但已经广泛被国内外研究者所引用。我已经把他已发表的论文和一些手稿整理出版,参见陈祥军编《杨廷瑞"游牧论"文集》,社会科学文献出版社,2015。

年）结束，其弊端已经显露。当时从研究者到地方政府已开始反思或总结经验，力图调整政策解决这些新问题。随着第二轮草场承包，越来越多的矛盾或问题凸现出来。中外学者们也开始关注这些问题，研究区域几乎覆盖了全国所有牧区。在新疆，有学者直接对草畜双承包进行了反思或批判。[1] 在内蒙古，有学者通过对传统游牧文化的研究来反思当代的游牧管理方式[2]，或对草畜双承包进行反思性研究[3]，或认为这种改革是想改变三千年来的游牧本质。[4] 还有学者针对世界范围内游牧区域的草场私有化和牧场分割到户现状，指出这种行为的后果已经戏剧般地重构了当地的游牧空间和重塑了当地的社会生态环境。[5]

工作在第一线的基层干部们也开始进行反思。我在富蕴找到一篇最早对草畜双承包进行批评的发言稿，作者是张方美。他很早就提出应该在牧区试行股份制的管理模式。究其原因是自牲畜折价归户后，绝大多数牧户的牲畜并没有得到发展。一家人被捆绑在仅有的牲畜上，加之每户牧民都要经营各类牲畜和各个年龄组畜群混合在一起放牧，造成既不专业更不具规模的经营方式。应该恢复或效仿以往牧区在管理方面好的地方，对公社时的管理方式进行存利除弊，建立一个类似于过去阿吾勒形式的"合作经济组织"来管理牧业生产。地方基层干部已清楚意识到单家独户的经营模式并不利于游牧业的稳定发展。

1995 年 7 月，富蕴又召开全县农牧业研讨会。该会议在肯定草畜双承包制的诸项优点时，也承认由于缺乏经验，也造成了一些与生产力不太相适应的问题。如牲畜折价归户造成户户五畜俱全，不便于经营管理；畜种改良、疫病防治工作被削弱，牧民既要放牧牲畜，又要管理草场，出现顾此失彼现象。因此在大会上干部们提出了各种调整意见，总之要改变目前单家独户的个体经营模式。有干部甚至提出："以自愿互利的原则，组成以阿吾勒的形式从事畜牧

---

[1] 主要有杨廷瑞、崔延虎，以及新西兰学者 Tony Banks 和美国学者 Don Bedunah and Richard Harris。
[2] 麻国庆：《走进他者的世界》，学苑出版社，2001；乌日陶克套胡：《蒙古族游牧经济及其变迁》，中央民族大学出版社，2006。
[3] 李文军、张倩：《解读草原困境——对干旱半干旱草原利用和管理若干问题的认识》，经济科学出版社，2009。
[4] 吉田顺一：《游牧及其改革》，《内蒙古师范大学学报》2004 年第 6 期。
[5] R. Merkle, "Nomadism: A Socio-ecological Mode of Culture," in Jianlin H. et al., *Yak Production in Central Asian Highlands*, Proceedings of the Third International Congress on Yak Held in Lhasa, P. R. China, 4-9 Sep. 2000, ILRI, Nairobi, Kenya, 2002.

业，实行简单的分工负责，各尽所能，按劳分配。"① 从当初实行草畜双承包时出现的争论、怀疑，到10年之后出现的新问题，基层干部已深刻意识到草畜双承包对牧业管理所造成的混乱。但他们又很无奈，在牲畜和草场都归个人的前提下，很多措施无法落实或收效甚微。杨廷瑞对草畜双承包给牧区造成的影响进行了比较全面的总结：

> 在照搬农村生产责任制模式下，所谓的"五个一"（一个人、一匹马、一根鞭、一顶房、一群羊）的游牧方式，直接和主要造成了游牧民的"八苦"：一是孤居偏远，求援不便；二是缺医少药，病痛难治；三是子女随牧，受教无门；四是常年劳动，无假日；五是夜亦操劳，无安眠日；六是风雨无歇，越苦越劳；七是衣食住行，样样多费；八是生活用品，置办不便。②

尤其是牧民个人抗灾护畜的力量单薄，更谈不上发展现代畜牧业的管理模式。自1984年后，冬季每隔几年或连着几年就会发生雪灾。牧民牲畜冻死、冻伤及饿死的事件时有发生，甚至发生过冻死牧民的事件。过去并不是没有发生过这些自然灾害，而在阿勒泰地区这样恶劣的自然条件下，个体牧户很难与自然灾害进行对抗。

内蒙古也出现了同样的情况。达林太认为，"将中原地区无数农民受益的土地承包制移植到内蒙古草原牧区，对本来非常脆弱的草地生态系统无异于雪上加霜"。③ 李文军则认为，正是传统草原利用和管理制度的认识错误，使得在锡林郭勒草原设计实施的草畜双承包制不但没有能够避免"公地悲剧"（事实上不是公地），反而发生了"私地悲剧"。④

西藏牧区，实施草畜双承包制的过程也不顺利，牧民更愿意以联户经营的方式存在。杜国振从2003年开始对青藏高原玛曲地区的牧民联户和单户经营管理愿意与否进行了调查，结果近70%的牧户选择了联户。⑤ 联户出现的根本

---

① 中共富蕴县委办公室编《富蕴县农牧业研讨会资料汇编》，内部资料，1995。
② 杨廷瑞：《游牧论》，油印资料，1991，第13页。
③ 达林太：《草原荒漠化的理论与制度反思》，《神州交流》2005年第4期，第87页。
④ 李文军、张倩：《解读草原困境——对干旱半干旱草原利用和管理若干问题的认识》，经济科学出版社，2009，第106页。
⑤ 第23届国际保护生物学大会"中国草原保护专题研讨会"中，兰州大学杜国祯教授的发言记录，北京，2009年7月。

原因是牧民对传统集体游牧生活的不愿割舍。经过千百年历练的游牧文化已在当地牧民中落地生根且根深蒂固。无论是他们的生产、生活、文化还是社会关系等都带有非常强烈的集体行动意识。草场承包虽然实现了草场的分离，但没有割裂他们的集体游牧情怀。因此，名义承包到户实则联户经营的方式大量存在。

以上学者的研究恰恰反映了游牧的共性。草畜双承包经过30多年的单家独户经营模式，全国各地的牧区基本都出现了比较类似的情况。单从管理模式来讲，草畜双承包要落后于公社时期。20世纪90年代中后期，随着市场体制的确立，新疆对牧区管理的政策又进行了调整。从1996年至2008年，先后召开了三次新疆畜牧工作会议，其目的都在于推进"传统畜牧业向现代畜牧业转变，加快畜牧业产业化进程"。[①]

建立在游牧知识以及基层游牧社会组织上的传统游牧管理方式，在现代畜牧业管理理念的指引下，已经离草原的主体——牧民和草原本身渐行渐远。所谓现代畜牧业管理是以行政化、效率化、数字化以及分工专业化等形式对牧区社会进行宏观层面的管理。从畜牧部门的设置机构以及工作内容等方面来看，现代畜牧业管理实际上是一种脱离实践（牧民、草场、牲畜）的话语表述。正如福柯的"话语理论"[②]所分析的那样，现代畜牧业管理理念背后是一种知识和权力，尤其是国家权力对边疆牧区社会的影响愈加深入。

（二）游牧民的反应

草畜双承包后，随着畜产品价格的逐步放开，市场因素对牧区的影响也在逐步加大。20世纪80年代后期，新疆农牧区普遍出现了消费支出大于生产增长的局面，市场对牲畜的需求过旺而导致畜产品价格不断上涨。1988年，新疆农民的总收入比上年增长了6.6%，而牧民收入比上年增长了8.58%。[③] 部分牧民一下子拥有了很多钱，有很多过去是阿吾勒内的贫困牧户，他们在短时间内拥有了很多牲畜与钱财，但缺乏如何在大家庭内进行分配和管理生产的知识，因为这些知识在过去都是由本氏族部落的上层人物所掌握。因此，从80年代后期开始，牧区一下子出现了很多酒鬼和流浪汉。在牧民转场途中必经的

---

① 资料来源：新疆畜牧厅提供，2008年。
② 〔法〕米歇尔·福柯：《知识考古学（第2版）》，谢强、马月译，三联书店，2003。
③ 新疆维吾尔自治区委员会农村工作部编《新疆农牧区改革发展典型调查》，新疆人民出版社，1990，第26页。

恰库尔图镇，我访谈了最早在这里开商店的几户汉族人。来自甘肃的一对夫妇讲，20世纪80年代后期来此开商店的汉族人现在都已腰缠万贯。因为那时牧民买东西根本不还价，要多少给多少。商店老板们的大部分财富也是在那时积累起来的，其中很大一部分利润是来自销售的白酒。直到如今，小镇上不管商店规模有多小，白酒的品种和数量都达40~50种。

但经济上的繁荣无法掩盖游牧生产管理中的困境。到20世纪90年代初，新疆关于草原和畜牧业的制度设计缺陷已经逐步显示出来。牧民谈到1984年牲畜作价归户，草场使用权到户，他们很高兴。过了10年就感到不能太高兴了。现在（近年来）已经高兴不起来了。[①] 20世纪90年代之后，基层游牧社会组织阿吾勒又逐渐恢复，但它不再是草原为氏族公有和有权威很高老人统筹安排一切的阿吾勒，而是由3~5户同一氏族的牧户，经过20多年的磨合、血缘关系松散且没有头领的常年互助组。

2008年期间，我发现吐尔洪乡的5个牧业村，夏牧场至少都是2户人家组成一个放牧单位，冬牧场也一样。喀拉布勒根乡的吉别特牧业村，只有1户单独放牧的牧民。这户牧民是2003年从农业村转到牧业村来放牧的。因为1984年他虽然分了草场，可牲畜比较少，就在定居点种地了。2003年，家庭人口增多，孩子要上学，光靠农业无法维持生计，只好又去放牧，自然在短时间内找不到一起合作放牧的人家。就在我将要离开调查点时，得知他们家明年打算雇一对年轻夫妇来放牧。[②]

从20世纪90年代中后期，牧区出现了越来越多被当地人称为"吃光户"的牧民。这些牧民基本是过去给牧主放牧的贫困户。他们即缺乏放牧技术知识，也缺乏管理知识。最终因管理不善，又缺乏阿吾勒或公社时具有的救助体系，有些牧户的牲畜越来越少，只好又去投奔氏族内比较富裕的牧户，依靠给他们放牧为生。这似乎又回到了原来的阿吾勒时期，而且和过去阿吾勒的形成过程也是一样的。在富蕴像这样的牧户每个牧业村都有很多。有些牧民和汉族干部认为是因为他们太懒惰，把自己的牲畜都吃光了，所以这些牧民被戏称为"吃光户"。这正说明了在缺乏稳定游牧基层组织的支持下，单家独户的个体经营管理模式是产生这些"吃光户"的关键原因。

---

① 崔延虎：《困境下的深层制度原因与制度改革：新疆草原牧区社会经济与环境问题的个案分析》，中国草原牧区的环境变化与社会经济问题研讨会，北京，2008年10月。
② 在牧区，畜草承包之后新组建家庭的那些年轻夫妇自然没有草场。但按照哈萨克族的习俗，如果结婚以后还要待在父亲身边会遭人们嘲笑的。因此，很多没有草场的新婚夫妇只好给其他缺少劳动力的牧户放牧。他们一般也是具有一定血缘关系的，大都是属于同一部落。

这种情况促使牧民逐渐自发形成了许多非常稳定的放牧组。它们类似于过去的阿吾勒，最关键是具有游牧合作经济的特点。我曾长时间住在吐尔洪乡一户牧民家里。他们的放牧组由4户人家组成，都属于萨尔巴斯部落，由1个大帐和2个小帐以及另外1户亲戚组成。夏季时，大部分劳动力都上山了。定居点会留一户人家照顾人工草场。到了8月打草的时候，如果劳动力不够，夏牧场放牧的人也会赶回定居点帮忙打草。虽然这些放牧组里已形成了类似过去阿吾勒时期那样一个比较有权威的头领，但他已没有了管理牧业的权力，只是在传统习俗中仍旧发挥着重要作用。我曾多次参加牧民的婚礼、割礼、周岁礼等传统仪式活动。这些仪式活动一般都是由本氏族里比较有威望的老人来安排。

自20世纪80年代中后期开始，富蕴县哈萨克族的传统习俗逐渐恢复，而且有强化的趋势。尤其是婚礼，基本还是延续传统时期的各种习俗，订婚、商谈彩礼、举行婚礼等环节都是在本氏族老人的安排下进行。婚礼那几天，阿吾勒内的其他牧户和旁边的邻居都会来帮忙。牧民通过婚礼等传统习俗，不断组建或恢复阿吾勒的功能和作用。一位新郎告诉我："我们必须要保持这些传统的东西，这是我们哈萨克人最基本的东西。老人们说即使我们只剩下骨头架子，还要继承这些习俗。所以那些牧民就是贷款欠债也要按传统习俗操作，这是唯一保持我们本民族特征的习俗"。

虽然现在的阿吾勒已经失去了很多权力，但哈萨克族牧民正试图通过巩固传统习俗来恢复其原有的诸多功能。如今阿吾勒内的老人虽没有行政管理权力，但在传统习俗的传承中发挥着重要作用。现在各种传统的仪式活动都要请这些老人，他们已经成为一种仪式上的权威。他们的话虽没有过去那样有影响力，但他们在恢复阿吾勒的凝聚力和互助功能方面还是起了关键作用。

在某种意义上，这种行为带有本土文化复兴的含义。因为当价值系统（不论何种原因）与现实不合拍时，文化危机的状况就有可能开始积聚①，自然会在能够体现自我文化的方面强化和恢复它。现在即使生活在城里的哈萨克人，也开始举行与牧区类似的传统婚礼仪式，同样会请本氏族内的老人们来安排婚礼。基层游牧社会组织阿吾勒也在传统文化的恢复中逐渐复苏，游牧民并没有按照草畜双承包制的设计者那样单家独户地进行生产，这恰恰说明草原环境和游牧经济特点决定了游牧必须是以一个互助性的组织为基础。

---

① 〔美〕威廉·A. 哈维兰：《文化人类学（第十版）》，瞿铁鹏译，上海社会科学院出版社，2006，第472页。

第三节 放牧畜群与草原利用的变化

自新中国成立后,哈萨克族游牧知识中的畜群繁殖与草原利用知识逐渐发生了变化。在此过程中,游牧知识的具体内容既有改进也有削弱。公社时期在继承原有游牧知识的基础上进行了一系列的改进。草畜双承包后,建立在基层游牧社会组织(阿吾勒)或集体经济(公社)基础上的游牧知识逐渐失去了承载的基石。到了后期更是在现代技术知识话语的作用下,现代畜牧和草原利用知识逐步脱离了本土草原环境。本书的放牧畜群和草原利用知识是一种生态技术知识,因为它植根于游牧民与草原环境的互动中,这一点与现代科学技术存在区别。它不是一个普遍性的技术,具有地方性和特殊性特点。

一 现代技术与本土知识的结合

(一)畜群编组与品种改良

公社时期在放牧技术方面,除了继承原有的分群放牧方式外,对畜群的编组更具精细化与合理性。公社时期按照年龄及优劣把母羊和种公羊分成了5个等级。每个等级的羊组群后,再分配给牧户去放牧,如种公羊被分成特级、一级、二级、三级、四级等五个级别,母羊也被分成五个级别,级别较低的种公羊群和母羊群一般作为后备资源。羯羊也分成五个级别。畜群按不同等级编组后,一是为了合理利用牧草资源,如在特级或一级种公羊配种的前1个月,可以安排畜群到草场较好的地方放牧;二是为了方便同等级的种公羊与母羊交配,这是为了顺利进行育种工作和提高家畜的品种。当时担任吐尔洪牧场的张方美书记讲:

> 我1978年一上任就开始抓牲畜的改良工作。首先把牧场的羊群按年龄呈梯队式编组,然后每年补充的后备母羊占母畜的20%,淘汰的老母羊占母畜的45%。大尾羊占整个羊群的75%,其中包括特级、一级、二级种公羊。还有后备种公羊占5%、后备母羊占20%,三齿母羊占15%。一般母羊产5胎后就要淘汰。

这种精细的编组有利于筛选出更好的牲畜品种,为将来的牲畜改良打下坚实基础。在品种改良方面,自公私合营后就开始不断进行探索与实验。富蕴从

1958年到1978年一直进行新疆细毛羊品种的培育。由于阿尔泰地区冬季严寒，细毛羊根本不适合这里的高寒气候环境，加上牧民积极性也不高，最终没有成功。但富蕴作为一个畜牧大县，在品种改良方面有着得天独厚的条件。因为牧民一直保留着本地的优良品种——阿勒泰大尾羊，所以后来畜种改良工作又回到对本地优良品种的培育上。1977年9月，富蕴完成了阿勒泰大尾羊羔羊育肥当年屠宰项目，在此之前，大尾羊都是采用1年半出栏的生产方式。富蕴属高寒地区，且四季牧场草情分布不平衡，过去每年冬春冻死的牲畜中大部分是当年的羔羊。如1966年3月4日至17日，两次强寒潮天气袭击富蕴，致使牲畜死亡达19万头（只），时值牲畜转场体弱，临产在即，遂死亡成灾。① 羔羊当年育肥屠宰成功后，对畜群结构也进行了相应调整，除了留下繁殖的母羊羔及一些后备种公羊外，其他当年的羊羔要么屠宰，或以活畜出售，既解放了一部分劳动力，又缓解了草场压力。

除了成功培育了阿勒泰大尾羊外，富蕴对牛的品种改良也做了大量工作。1964年，首次从北京引进北京黑白花奶牛，这种牛需要稳定的饲草料供应基地以及畅通的牛奶供销渠道。草畜双承包后，这两个基本条件都不存在，后来培育北京黑白花奶牛的厂子逐渐关闭。因此，基层干部们认为畜牧品种最成功的是阿勒泰大尾羊的选育和羔羊当年育肥屠宰。这项工作的成功关键是现代科学技术的选育是建立在本地优良品种的基础上，或者说这是现代科学技术与本土知识相结合的产物。

（二）现代技术与本土知识

20世纪60年代后，富蕴畜牧业进入一个较稳定的时期。与过去相比，兽医防治技术有了很大改进与提高。因为这些技术知识建立在本土知识与实践相结合的基础之上。当时很多技术人员和基层干部大部分时间工作在第一线。他们对当地自然环境、牲畜体质、气候特点、牧民放牧习惯等地方性知识都了如指掌。他们把现代兽医防治技术与哈萨克族传统兽医及放牧知识结合起来，总结和实施了有效的兽医防治技术知识，致使后来多年没有出现过常见疾病的流行。

从事40多年兽医工作的张方美讲，自他参加工作以来，虽也担任过一些机关单位领导，但毕竟还是以搞畜牧兽医这项专业技术最为擅长。即使在担任

---

① 资料来源：富蕴历史上所遭受的自然灾害实录，由富蕴县档案局提供，2008年。

党政领导期间，技术业务也未丢弃。我曾多次对他进行访谈，每次谈到有关兽医方面的工作，他就非常激动，并对草畜双承包后的兽医防治工作非常担忧。他认为公社时期在兽医防治方面，积累了很多在实践中行之有效的技术知识。

公社时期，兽医在利用现代的兽医防治技术知识的同时，并没有照搬教条，而是紧密联系实践。他们有丰富的实践经验，对兽医防治技术充满自信。张方美讲：

> 在1980年时国家已研制和生产出较为理想的生物防疫药品和治疗药品。1980年4月1日，县里在牧办开会，学习新防疫和新药治疗法。打算采用三联苗（预防三种传染病）注射来代替过去的大肠杆菌疫苗。这是当地首次采用这种新的综合性防治措施。按照三联苗的说明书，这种疫苗不是用于羔羊，即便是注射也要等到40天后才可以，而且要求给大羊在产羔前注射（其实直到现在牧民一般都不愿意牲畜在产羔前被注射疫苗）。如果真是按照说明书的要求，疫苗预防意义不大。因为富蕴初春气候寒冷，羔羊很容易感染病疾，等40天后再注射疫苗，肯定会有大批羔羊死亡。基层干部与技术人员研究后，决定选择100只羔羊做试验。最小的只出生两小时，大的只有2、3天。后来并没有发现什么异常情况。于是逐渐扩大羊群数量。并于1982年开始在全县推广。这项试验的成功使羔羊成活率达到99%。①

这项防治技术知识是基层技术人员在实践中摸索出来的，而且一直沿用至今。如果没有丰富的本土知识和实践经验，僵化地执行药品说明书，有可能给牧业生产带来重大损失。

"文革"后，牧业生产逐步得到恢复。由于牧业是当时地方政府的主要经济支柱，各级领导干部都非常重视。张方美回忆道："当时畜牧系统狠抓'预防为主'的工作，农牧民群众密切配合，经过十几年的工作使许多疾病（口蹄疫、炭疽病等）都得到有效控制。现在每年打两次针，每次针的药效就是半年，效果不是很好。"为此我找到兽医站站长②，了解到目前兽医防治措施仍然保留着公社时积累的一些措施。现在每年各类牲畜防疫的程序如下：

---

① 这些资料由张方美提供，是他本人多年工作经验的积累。
② 2009年4月2日在他办公室进行了短暂交流。

4月，给牛先打疫苗。

4月10日前后开始给绵羊打疫苗（大肠杆菌和三联苗）。

5月5日开始给各类牲畜打口蹄疫的疫苗。

6月，在牲畜去夏牧场之前进行药浴。

7月，口蹄疫的补充免疫疫苗，主要是当年的羊羔子。

8月，开始给羊打预防瘟病的疫苗。

9月，羊群去秋季牧场之前进行药浴。

10月，给各类牲畜打口蹄疫的初级免疫疫苗。

此外，每年还要进行两次牲畜的驱虫工作。

可见，现代兽医防治技术与本土实践经验相结合，是对游牧知识内容的不断发展。其背后的推力是来自基层干部以及技术人员的实践经验知识。基层技术人员在长期的实践中积累了丰富的地方性知识。这些知识在教科书中是找不到的，是他们在长期跟牲畜的接触中发现的。如退休兽医张方美讲，如果想知道羊是否吃饱、膘情是否好，就看早晨羊起来后睡觉范围的大小。羊吃饱了，在它周围会有大堆的羊粪。羊群膘情好就不怕冷，睡觉的范围就大，不会挤在一起。通过这些现象能够发现羊的膘情，可及时采取措施。因此，现代科学技术仍旧需要与本土游牧知识结合才更有利于游牧经济的发展。

二 畜群放牧知识的退步

（一）分类分工放牧的解体

草畜双承包之后，首先打破的是牧民的分类放牧方式（其优点及合理性见第四章），这也是当初基层干部和技术人员最担心的。分类分工放牧是哈萨克族牧民最基本的放牧方式，经过公社化改进后更具专业化和精细化。牲畜分类放牧既是游牧知识积累的结果，也是传统游牧制度的一部分。那么这种放牧方式为什么会发生变化？难道是游牧民自愿放弃的吗？

在我访谈的牧民中，大部分都非常怀念公社时期那种精细的分类分工放牧方式，现在之所以改变，也是迫不得已。因为草畜双承包后，每户牧民一下子拥有了五种牲畜，其数量也不足以凑成一个"群"的放牧单位，且大部分牧户也没有足够的劳动力实行分类分工放牧，更不可能按照公社时期的那种精细化、专业化的放牧方式。现在每户牧民都是草原游牧业的一个缩影：既要放牧五畜，又要进行一些基础建设（修圈、打草等）。这种小而全的个体私营经济模式，无法科学有效地完成一个完整的游牧业生产过程。

这是富蕴牧民共同遇到的问题。以吐尔洪乡乌亚拜牧业村阿尔树牧民为例，1984年时，阿尔树家有9口人，分了108只羊、2匹马、2头牛、2峰骆驼，还分了12亩打草场。当时家里的孩子还很小，实际上只有3、4个劳动力。从阿尔树家的情况来看，牲畜折价归户首先把公社时按不同类别编组的畜群彻底肢解。牧民分得的每种牲畜的数量也很少，不足以编成一个放牧单位。在这种情况下，牧民只有把各种牲畜放在一起进行混群放牧。

因此，自草畜双承包后，牲畜归属所有制发生根本性变化，由过去的"公有私养公管"，变成后来的"私有私养私管"。这不仅给牲畜防疫、检疫带来不便，还最终导致牲畜品种质量的不断下滑，更严重的是原本在公社时已得到控制的一些常见疫病又重新出现了反弹。

（二）牲畜品种的退化

畜种品种退化的直接诱因是畜群分类分工放牧方式的变化。草畜双承包后，不同等级的牲畜（主要是羊群）都分散到各牧户手中。当时是按户平均分配牲畜，所以并不是每个牧户都能分到等级较好的种公畜，尤其是本来数量就较少的适龄公、母大家畜，后来不得不采取抓阄形式。各类不同等级的牲畜被分散到各个牧户家庭，出现了有的牧户有公无母或很少的母畜，有的牧户有母无公或没有好的公畜，造成牲畜配种困难和产仔率下降。异种混群的放牧方式，阻碍品种改良，原来已经改好的品种也退化了，公社时积累的经验及成果也逐渐被消解。

草畜双承包之初，新疆政府也承认这项措施的确存在缺陷。1984年的新疆牧业工作座谈会承认，畜牧业生产责任制的分散经营存在缺陷，并提出依靠生产队或者经济联合组织的作用来克服这种缺陷。但实际上，随着牲畜和草场都归户后，依靠生产队或经济联合组织变成了一种奢望。后来生产队基本没有了权力，经济联合组织也没能建立起来。

20世纪90年代中后期，牲畜品种退化的情况越发严重。1995年7月，富蕴召开农牧业研讨会，会议内容主要围绕着牧业问题。在会上，曾主管牧业的副县长张方美对牲畜品种退化原因进行了分析。他认为：

> 从体制上来说，私有私养牲畜质量普遍下降。……以上问题是由现行体制决定的。现状是牲畜为私有私养，它的最大的优越性就是经济利益直

接与生产者紧密联系,能够极大地调动生产者在生产中的积极性。这是好的一方面。另外,自牲畜折价归户后,牲畜发展了的是少数,下降了的也是少数。绝大多数牧户牲畜没有发展。一家人都被捆绑在仅有的牲畜上,秋天能够提供出来的商品畜数量有限。①

如今畜种退化是不争的事实。在富蕴县,每年都要举办哈萨克族的传统节日活动——阿肯弹唱会②。在活动中,有一个传统比赛项目就是阿勒泰大尾羊比赛。各个乡镇都会选送自己最好的大尾羊参加比赛。评委由畜牧专业技术人员来担当。评判大尾羊主要以体重、体高、体长、胸围、尾长、尾宽等方面为标准。近十几年,阿肯弹唱会上阿勒泰大尾羊体重在逐年下降,这是当地干部、技术人员与牧民不得不承认的事实。

2008年9月底,我在富蕴的恰库尔图镇参加了这个传统节日。在进行阿勒泰大尾羊比赛时,来自全县各乡镇最好的大尾羊都在这里进行各项指标的评比。第一名大尾羊的体重是132公斤。而2001年的阿肯弹唱会,阿勒泰大尾公羊比赛第一名是171公斤。2008年比2001年减少了将近40公斤。在兽医站工作多年的热马赞讲,"自从草畜双承包后,阿勒泰大尾羊的种群质量在逐渐下降"。牲畜品种质量的下降,除了只追求数量,忽视质量的政府导向和政绩评价标准外,关键还是草畜双承包破坏了原有畜群分类放牧方式,抛弃了公社时期积累多年的本土知识经验。

(三)移动规律的打破

草畜双承包带来的另一个后果是打乱了原有牲畜移动的时空规律。其主要原因是传统习惯法逐渐失去原有的约束力,公社时期制定的规章制度也荡然无存,以及牧民定居政策等因素,这些都对原有牲畜移动的时空规律有所影响。

新中国成立前,每个阿吾勒都有自己固定的草场。牲畜移动的空间及时间都由阿吾勒长来决定。随季节及草情的时空移动规律,既是游牧管理制度的一

---

① 中共富蕴县委办公室编《富蕴农牧业研讨会资料汇编》,内部资料,1995。
② 现在已改为"阿依特斯弹唱会"。过去每年一般在水草丰盛的夏季举行,现在经常在秋季举行。"阿肯"是哈萨克民间艺人,他们是传统神话、故事、诗歌、民歌、谚语的传承者。在"阿肯弹唱会"上,他们都是由各部落推选来参加比赛,主要通过独唱、对唱合唱等传统曲目外,还要进行即兴编词,一般歌唱赞美草原及日常生活,而且边弹着冬不拉边唱。其中弹唱时间最长、口才流利、声音嘹亮、最吸引听众者为优胜者。在弹唱会的同时伴有赛马、摔跤和其他娱乐活动以及物资交流,活动时间一般要连续好多天。

部分，也是为了保护草场和加强阿吾勒的内部关系。新中国成立后直到草畜双承包前，牲畜移动基本上还是遵循过去的习惯放牧规律或习惯法。每年季节间的移动都是按照习惯路线，统一进行。草畜双承包后，情况逐渐发生了变化。由于劳动力、役畜以及机车不足，各牧户在季节牧场间转场的先后时间开始变长。转场前后时间拖得越久，牲畜在牧道上踩踏的时间也就越久。先转场的牲畜会把最好的草吃了，后来的牲畜就没有草吃，只好啃草根，对草场造成破坏。

我了解到现在与过去牧民转场的时空变化如下：

> 20世纪80年代中期之前，牧民每年9月中旬或更晚一些从夏牧场向秋牧场搬迁，到11月底才跨过乌伦古河开始向冬牧场移动。从12月到来年的3月，牲畜一直停留在冬牧场。3月底或4月初，积雪融化后开始慢慢向春季牧场转移。4月1号开始接羔，牧民在接羔点停留一个月，然后去下一个转移站停留一个月。在6月底或7月初到达夏牧场。夏季，在乌伦古河与额尔齐斯河之间的区域，一个牲畜也不许留下。

> 现在，9月底牧民的牲畜就已陆续到达了乌伦古河河谷，比过去提前了一个多月。转场的速度也加快了。这里有其他原因，如沿途有围栏、农民不断增加的耕地及部分矿场，这些也加速了牧民移动的速度。此外，在逐年政府定居项目的推动下，牧民大都在乌伦古河畔有了自己的定居点。定居点建立之前，牧民在河谷停留的时间很短，最长不会超过一周。一般是全家人跟着牧群移动，甚至学校也是。定居后，一个家庭被拆成了两部分。一部人随畜群和水草移动，一部分人在定居点照顾孩子老人及草场，还兼养一些牲畜。当牧民从夏牧场向冬牧场转场时，都想早点与定居点的家人团聚。所以转场牧民及牲畜在河谷停留的时间比过去长了很多。

原有的畜群移动规律被打破后，春秋牧场出现了一年四季都停留有牧民及牲畜的情况，随之形成了畜群转场的恶性循环。因为没有统一的搬迁时间，造成春秋牧场的过度利用。例如，从春牧场向夏牧场搬迁时，还未到6月有些牧户驱赶着牲畜就已快接近夏牧场。此时，积雪还没有化完，青草还没有长好，牲畜到了夏牧场，一边吃，一边踩踏。经过牲畜的踩踏，容易造成优质草的减少和劣质草的增多。因此，这种无序移动不仅破坏草场，又容易引发牧民间的矛盾。

三　草场利用方式的变化

传统哈萨克族社会，草场从所有制性质上来讲一般是氏族部落共有。各氏族内部草场基本没有特别清晰的界线,各季节草场处于一个连贯和完整的状态。因此,在草场共有的情况下,随着氏族成员的增加,可以进行草场的调配。因为有的阿吾勒人口增加了,有的人口减少甚至解体。公社时期草场公有,性质基本没有改变,其利用方式也基本没有改变。草场承包后,草场使用性质由公有变为私有,致使草场利用方式也发生了变化。

(一) 草场利用的固定化

新中国成立前每个阿吾勒草场的边界并不是很清晰,只是保持着一种模糊的口头或习惯界线。这恰恰是为了保证在自然环境出现异常时可作为随时调整的缓冲区域。此外,受自然灾害或其他因素的影响,阿吾勒的人口及牲畜数量处于动态变化之中。在草场共有基础上,氏族首领可以重组阿吾勒,重新分配草场。这种草场利用方式是以"人-草-畜"为一个密不可分的整体为基础。公社时期更是这样,管理上也更加统一化和专业化。基层干部与技术人员随时掌握着"人-草-畜"的动态变化,并及时做出调整。

草场承包后,牧民都有自己固定的一块草场。草场使用权和边界都被固定了,但每户牧民的人口与牲畜数量却还处于动态变化之中。固定的草场与界线清晰的边界使政府也失去了机动调节牧草资源分配的权力。"人-草-畜"的关系处于分离状态。由于草场边界的固定化,原有的动态平衡被打破,而在固定化的草场内,人口与牲畜数量却一直处于变化之中,最终会因为牲畜数量的增加而造成草场的退化,还有可能为牧民间草场纠纷埋下隐患。

我通过对上百户牧民的调查发现,自 1984 年至今,牧民人口及牲畜数量一直处于上下起伏的变化之中。我挑选了 10 户牧民,以 1984 年畜草承包时的人口与牲畜数量为基数与 2009 年进行对比(见图 7-1 和图 7-2)。

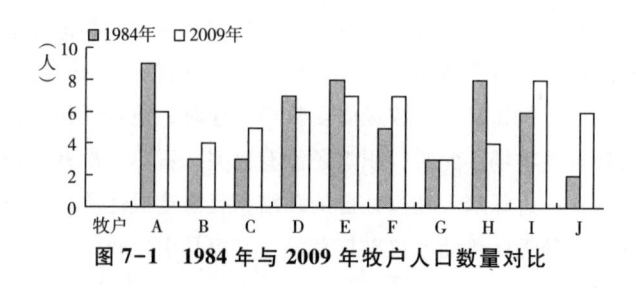

图 7-1 1984 年与 2009 年牧户人口数量对比

在图 7-1 中,有 5 户牧民的人口是增加的,4 户是减少的,1 户没有变化,那么我们再来看与之相对应的牲畜数量的变化情况(见图 7-2)。

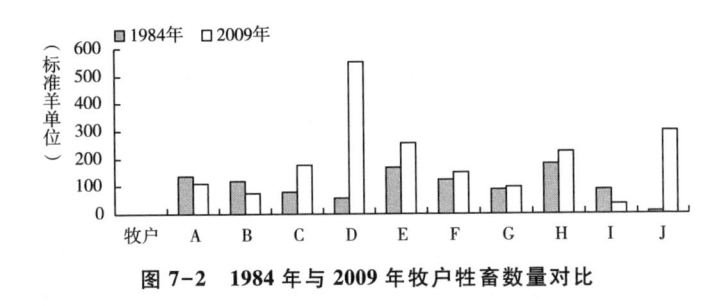

图 7-2　1984 年与 2009 年牧户牲畜数量对比

从图 7-2 可知，2009 年有 7 户牧民的牲畜数量与 1984 年相比都是增加的，有 3 户是减少的。其中，有 2 户（D 与 J）的牲畜数量增长非常明显。D 户在 1984 年时有 7 口人，每人分了 5 只羊总共有 35 只，又分了 3 匹马，2 头牛。因为他所在的生产队牲畜数量不是很富足，后来他的 2 个儿子结婚又组建了新的家庭。虽然从户籍上 2 个儿子有了单独的户口本，但他们仍然依靠大帐生活。大帐的户口本上人口是减少了，但实际人口是增加的。儿子结婚后，按照哈萨克传统习俗一定要进行分帐，即组建新家庭，父亲要给他一顶毡房和一些牲畜。有的家庭会给儿子从大帐的草场中分割出一小部分，但大部分家庭不会再对草场进行分割。当地牧民除了以畜牧为生以外，几乎再没有其他可以选择的行业，因此大部分新家庭还必须依靠大帐才得以维持生计。

J 户是 1984 年新组建的家庭，当时没有小孩，所以分到的牲畜很少。后来他给乡里的牧办放羊，草畜双承包后，乡牧办很快解体，只好去定居点种地。再后来孩子们陆续上学，老大快到了上大学的年龄。定居点的农业根本无法维持生计，所以他从 2003 年开始，在亲戚帮助下又开始去放牧。对于以牧业为主的 J 户来说，只有增加牲畜数量才能维持几个孩子的教育费用。

通过图 7-1 和图 7-2 还可以发现，在这 10 户牧民中有三户（C、F、J）的人口和牲畜数量都是增加的，有 6 户（B、D、E、G、H、I）牧民的人口和牲畜并不是同步增加或减少，只有 1 户（A）牧民的人口和牲畜数量都减少了。A 牧户 1984 年时有 9 口人，有 4 个儿子、3 个女儿。儿女们都已经结婚了，A 户的老人和二儿子一起生活。大儿子和三儿子都已单独组建了家庭，并从"老房子"那里分了草场。小儿子一家在哈萨克斯坦做生意，基本上不依靠大房子的帮助。因此，A 户的人口和牲畜数量都有所减少。

过去的 30 年中，牧区很多牧户的人口与牲畜数量一直处于时增时减的变化中，而固定化的草场私有制恰恰缺乏公有制下对草场的弹性调节机制。如今草场放牧范围恒定不变，且缺乏灵活的弹性调节机制，出现了"人-草-畜"的分离状态。这种"生不加，死不减"的草场固化分配形式，忽视了游牧业受自然环境影响的不稳定性特点，违背了人口、牲畜数量与草场动态变化的规律。何·皮特（Peter Ho）也认为草原承包在干旱半干旱地区的落实情况，已经证明私有化在这里不具备可行性。①

　　草场承包后，与过去相比牲畜移动空间大大缩小，单位草场内利用的时间必然会缩短。过去氏族首领根据地形、植被、世代放牧经验等具体情况，把各自所属游牧范围内的草场分成若干个放牧点。每个放牧点又依据习惯放牧经验估算出大致可容纳的羊群数量和放牧时间。现在这些放牧点被分割给若干牧户，牲畜数量增加后必然造成草场利用时间的缩短，进而打破草场原有的时空利用规律。这也是为什么草场承包后，牧民总是会提前下山的原因。牧民感觉各季草场维持不到政府所规定的时间，总是想提前赶到下一个草场。牧民明知道即使到了下一个草场，也许还是维持不了政府所规定的时间。但如果继续留下，牲畜没有草吃，又不可能去其他牧户的草场放牧。2009年5月中旬，我在中山牧场就碰到了提前到达那里的牧民。那时中山牧场山坡阴面的积雪还未完全融化，青草正处于返青期，牲畜踩踏既降低了利用时间，又对草场造成了破坏。

　　在富蕴县牧民进入冬牧场和离开夏牧场都受天气（降雪时间）的影响，而春秋牧场位于两河流域及其之间的戈壁，人和牲畜的饮水受自然因素的影响较小。因此在固化的草场内，当牧民感到草场不足以让牲畜吃饱后，只能提前搬迁至下一个草场。这是他们唯一能够缓解草畜矛盾的办法。所以这也导致了受自然因素影响相对较小的春秋牧场的利用时间最长。县畜牧局监测的资料也显示，春秋牧场的退化最为严重。

（二）草场利用的斑块化

　　草场的固定化针对个体牧户来说，是单位面积内"人-草-畜"的分离以及牲畜移动空间距离的缩小。草场的斑块化则是从整个游牧区域针对所有牧户来说，这种类似农区的"一户一地"划分模式，把全县草场无形中分割为一张"蜘蛛网"，使人畜的大范围移动受到限制，尤其对采食范围大和移动速度快的大牲畜限制更大。

---

① 〔荷〕何·皮特：《谁是中国土地的拥有者？——制度变迁、产权和社会冲突》，林韵然译，社会科学文献出版社，2008，第229页。

草场的斑块化给牧民转场带来了新的问题。因为牧户间的草场有了界线，牧民再不能像过去那样畅通无阻地移动。当转场牧民驱赶着牲畜经过其他牧户的草场时，要加派人手以防牲畜因误入其他人的草场而被打伤。对其他牧户来说，在转场的头半个月内，都会专门派出一个人守护草场。转场中，有时因为天气或其他原因不能按时到达自己的草场，也不可能停留在其他牧户的草场里，只能赶夜路。因此这既给牧民转场增添了新的麻烦，又为草场纠纷创造了条件。

当初划分草场时已考虑到实际情况，所以草场并没有严格按照"一家一地"的分割模式，而是以几户牧民为一组共用一处草场。但即使这样，随着人口增加，尤其是新家庭的不断建立，按照哈萨克族习俗要给新家庭分毡房和牲畜，有些草场较大的牧户又给新家庭分割出一小部分，使草场在局部范围的进一步斑块化，牲畜移动的空间进一步受阻。崔延虎认为当时政府设计草畜双承包制存在的缺陷之一是，对牧户草场设计了"生不加，死不减"的原则，没有考虑到牧区社会家庭财产（牲畜与草场）分割的问题。①

20世纪90年代中后期，新疆开始加大实施牧民定居政策，这又促使草场进一步破碎化。富蕴县政府为了鼓励牧民定居，规定凡是定居的牧民都可在河谷定居点分得一些天然或人工草场，所以冬、夏牧场之间的河谷草甸和山间盆地逐渐被开垦为牧民定居点。定居牧民开始在定居点种植苜蓿、青贮玉米及少部分的经济作物。后来，定居牧民又把这些天然或人工草场用栅栏围了起来。河谷或山间盆地中的纵横交错的栅栏使转场通道更加不畅通。国家自2003年以来实施的天然草原退牧还草工程，在春、秋、冬草场上修建的围栏围的面积达400多万亩。这些围栏沿着牧道、公路、河谷纵横交错，成为转场途中新的一道障碍。

因此，如今的草原笼罩在两张网中，既有一张由边界清晰的各个牧户草场构建的无形的网，还有一张纵横交错、绵延万里有形的网（围栏）。这两张无形与有形的网使完整的草原在已经斑块化的基础上进一步支离破碎。游牧的移动性大大降低，这成为以后引起草原退化的因素之一。

（三）抗灾能力减弱与草场纠纷频发

对游牧民来说，自然灾害和草场纠纷一直贯穿着整个游牧历史。传统社会中，游牧民凭借一套本土知识和游牧社会组织来应对自然灾害与草场纠纷。而

---

① 崔延虎：《困境下的深层制度原因与制度改革：新疆草原牧区社会经济与环境问题的个案分析》，中国草原牧区的环境变化与社会经济问题研讨会，北京，2008年10月。

草场所属性质及利用方式的改变，使原有的应对机制失去作用。面对多变的自然环境，草场利用的固定化与斑块化分散了游牧民抵抗自然灾害的能力，清晰的草场界线必然使牧户间的纠纷事件增多。

1. 抵抗自然灾害能力的减弱

牧民并不担心牲畜得病，而最担心的是各种自然灾害，即在面临自然灾害时的那种无助与无援。草畜双承包后，阿吾勒和生产队的作用日益消退，因此在面临自然灾害时缺乏一个有力的救助及抗灾基层组织。

富蕴的自然气候与地形地貌特点决定了自然灾害是这里的常态。当地自然灾害主要有白灾（暴风雪和冰雨）、黑灾（旱灾）、风灾等，以及由此衍生出的其他灾害。牧民把因降雪而引起的灾害称为白灾，其表现形式有两种：一种是因积雪过深，掩埋了牧草；另一种是由于昼夜温差所致，白天气温上升积雪融化，晚上气温骤降而结冰，致使牲畜无法采食。白灾实际上都是因为牲畜吃不到草，饥饿而死。牧民很害怕白灾，老人们说过去经常有些富裕的阿吾勒就是因为一场暴风雪，一夜之间变成了穷人。

相对于白灾，牧民更害怕黑灾。黑灾是牧民在初春和冬季因无降雪或降雪极少而形成的一种灾害。因为在准噶尔盆地荒漠草原只有冬季和初春有积雪的情况下才能利用。在那里没有地表径流，人畜都依靠积雪解决供水问题。黑灾给牧业生产带来的危害更大。因为黑灾之后常常会伴随虫鼠灾害。蝗虫吃光了牧草，没有茂密的草丛，草原上的鼠洞又会增加。牧民骑马不小心踩进鼠洞会把马蹄子折断。虫鼠灾害还造成来年草原产草量的下降，所以哈萨克谚语说："白灾之害只一季，黑灾之害得两年。"

我结合档案资料与老人口述后发现，富蕴自清宣统元年（1909年）至今，有10个年份是白灾，15个年份是黑灾，10个年份发生过暴雨。从这些自然灾害发生的年份来看，雪灾、旱灾及其衍生的低温寒潮、蝗虫鼠害等几乎交替发生。面对这些自然灾害，传统哈萨克族社会以阿吾勒、氏族部落为基础来共同抗衡，其常用的方法就是"借地（草场）避灾"。过去都是采用这种"借地避灾"的方法，如清朝时沙俄、20世纪50年代蒙古人民共和国都曾借新疆阿勒泰地区的牧场越冬渡灾。① 即便那时抵抗自然灾害的力量有限，但至少不是以单家独户去面对各种自然灾害。

公社时期，除了继承传统的"借地避灾"（包括跨区调配）的习俗外，还

---

① 杨廷瑞：《游牧论》，油印资料，1991，第31页。

依靠人工储备饲草料的方式来减少损失。如果发生白灾，负责牧业的干部让牧民放牧时带着麦子或玉米，掰开那些瘦弱牲畜的嘴巴一个一个喂饲料。遇到黑灾时，政府为解决人的吃水问题，会安排双翼飞机给牧民运送冰块，或从乌伦古河砸碎冰块，用车给牧民运送。草场承包后，各牧户的草场都被固定了，村、乡、县的行政边界也非常清晰，要想再跨越行政边界去进行"借地避灾"已十分困难。因此，在草原上流行了很久，对规避自然灾害有益的"接地避灾"的传统方法逐渐失去了作用。

2009年初春，我跟随牧民转场，沿途看到草场上的积雪分布极不平衡。夏季也是一样，同一区域甚至几千米内的降水量都不一样。因此这种固定化的草场利用方式，很容易造成多变气候下牧草与牲畜无法做到及时调配。草场承包后，也再也没有出现飞机为牧民运送冰块的行动。2006年冬季，富蕴一直到11月中旬还迟迟没有降雪。牧民在乌伦古河两岸焦急地等待着，直到12月初才下了一点雪。雪很薄，但牧民不得不向各自的冬牧场搬迁。因为牲畜在乌伦古河两岸已经吃不到草了，有些羊的嘴巴因频繁啃食草根都已磨破。这点积雪勉强够牲畜饮用。人的饮水，只好依靠摩托车去乌伦古河取水，往返一次的距离有时达上百千米。

1984年后，尤其是在冬季，每隔几年或连着几年就会发生雪灾。牧民的牲畜冻死、冻伤及饿死时有发生，甚至发生过冻死牧民的事件。自2006年连续3年的干旱，也突显出这种固定化、斑块化的草场利用方式的弊端。由于牧民只能在有限的草场范围内放牧，饥饿的牲畜不得不采食有毒牧草，仅2008年夏季，吐尔洪乡因采食毒草而死亡的牲畜达37头。到了秋季，很多牧民不得不把用于生产的母畜也大量出售，作为单个牧民也只能通过这种最无奈的方式来应对自然灾害。

草场的固定化与斑块化使牧民在面临自然灾害时，既缺乏邻近区域或大范围草场调配的灵活性，又增加了单个牧户的投入成本，造成生产效率的下降。草场承包后，分散的劳动力及役畜很难再进行弹性调配，这也是草场私有后的必然结果。

2. 草场纠纷频发

固定化、斑块化的草场利用方式带来的另一个严重问题就是草场纠纷不断增多。新中国成立前，草场由氏族部落所公有，即使氏族内外有草场纠纷，一般由头人出面依据草原习惯法判定，纠纷会很快得到解决。公社时期，草场的公有性质决定了在面临自然灾害时，政府可以做到机动灵活的调整。所以公社时期县域内不存在草场纠纷。当时只与邻近的昌吉州发生过草场纠纷，但很快通过协商解决了。

草场承包后，牧户间、各级行政单位（村、乡、县）以及农业用地等都有了非常明晰的界线，引发草场纠纷的因素骤然增多。在各季节草场内，牧户之间发生草场纠纷的概率增多。转场过程中，不但会与途径草场的牧户发生纠纷，还会因误入沿途农民的耕地而与其发生矛盾。一位老翻译告诉我，近十几年来他给牧民翻译过很多有关草场纠纷的状子。

对于牧户间的草场纠纷，牧民首先采用邀请本氏族里比较有威望的老人来裁决的方式。一般通过内部协调给受损一方赔偿牲畜的形式解决。转场时，因误入定居点牧民或农区农民的耕地时，要以损害的庄稼多少而定，以牲畜或现金赔偿。对于草场侵占问题，如果调节不成功，也有对簿公堂的。我朋友的叔叔就碰到一次草场纠纷。他叔叔家在海子口有一处草场，是块沼泽地。以前那块草场是别的牧民在打草。后来，他家牲畜多了，草场不够用。他们想自己打那里的草。但那个牧户和乡长关系好，通过乡长批的条子，又办理了一个草原证（等于同一处草场有两个草原证）。后来，只好去打官司，最后他家赢了。

实际上，不到万不得已，牧民是不会诉诸法律的。对牧民来说，打一场官司要耗费大量的时间、人力及财力，而且牧民的放牧点都远离政府部门，往返一次要花很长时间。近年来，草场纠纷仍然很多，主要是草场纠纷的内容又增添了很多新的因素，如公共牧道及牧场草场被开矿、建厂以及旅游开发所占用，传统习惯放牧路线被强行改道等。面对这些新的侵占草场的行为，一般还是采取正常程序一级一级向上反映问题。所以近年来草原监理所成为畜牧局最繁忙的科室。每次去草原监理所都能碰到前去反映草场纠纷的牧民。

第四节　游牧生态观与环境行为的变化

在游牧知识体系中，游牧生态观与环境行为的变化最为缓慢。游牧生态观是哈萨克人对自然生态环境的哲学态度，这种哲学态度已深深渗透到哈萨克人的宗教仪式、日常生活以及生产劳动等方面，因此不可能在短期内发生快速变化。

哈萨克族社会，自 20 世纪 50 年代后在政治、经济、文化等方面都经历了一系列的变化。这些促使哈萨克族社会发生变化的因素也逐渐影响到游牧民的生态观，即他们对周围自然环境态度发生了变化。态度的改变意味着人的行为倾向的改变①，所以游牧生态观的变化势必会引起环境行为的变化。在实践中，环境行为的变化比较容易被发现，因此我主要通过游牧民的具体环境行为来捕捉游牧生态观的变化。

一　内外环境的变化

哈萨克族社会内外部环境的剧烈变化对原有的游牧生态观也产生了一定的影响。其内部环境的变化主要表现为基层游牧社会组织削弱后，造成以血缘为纽带的游牧民集体价值观的弱化或丧失，而牧民定居政策更是破坏了作为游牧标志的"移动性"特点。游牧民对自然环境的哲学态度正是在移动中形成的，停止移动意味着依赖移动而产生的各种世界观或价值观也会发生变化。

实质上，外部环境或外来因素是促使哈萨克族社会内部环境发生变化的主要原因。在诸多引起哈萨克族社会发生变化的外部因素中，首先是市场经济的影响最大。草原上，由于市场经济的引入，游牧民所赖以生存的自然资源（草场、水资源、牲畜、野生动物等）都被赋予了"资本"的概念。因为在传统社会中牲畜主要是以满足基本生存为目的，而在市场经济下是为了赚取更多的货币收入。作为游牧民唯一收入来源的牲畜，它所赖以生存的基础是草场。在市场经济下草场也被作为一种土地资源也被赋予了"资本"价值，占领更多更好的草场也就成为牧民的诉求。土地或草原利用制度的变化必定会对哈萨克族社会产生影响。

市场经济进入牧区社会后，畜产品的市场价格与牧民的日常生产生活紧密联系在一起。20世纪90年代中期以来，畜产品价格与市场接轨的速度及变化的波动性更加快速。在此背景下，市场经济依靠货币功能和牧民的消费需求把牧区社会与外部世界更加紧密地联系在一起。

其次是货币体系。哈萨克族社会在历史上的很长一段时间与外界都保持着一种"物物交换"和"礼物互赠"的经济交往模式。20世纪50年代之前，南来北往的商旅驼队用盐、茶叶、布匹直接换取牧民的牲畜。公社化初期，牧民每年秋季仍然要赶着牲畜去乌鲁木齐或玛纳斯等地交换粮食、盐、布匹等日常生活用品。后来有了供销社和食品公司，货币才开始慢慢使用。随着市场经济的发展，加上牲畜归户，牧民手头可支配的现金逐渐增多。货币的大量使用，

---

① 黄鼎成、王毅、康晓光：《人与自然关系导论》，湖北科学技术出版社，1997，第188页。

也说明哈萨克族社会与外界交往的日益频繁和密切。但当地牧区社会内部仍然存在频繁的"物物交换"与"礼物互赠"的经济交往模式。牧区社会与外界主要以货币为媒介进行价值交换，在内部仍然保留"物物交换"与"礼物互赠"的经济交往方式，这表明牧区社会内外部社会环境变化的非同步性。

在货币交换体系的刺激下，牧民的消费能力空前高涨，甚至消费支出超出了收入的增长幅度。1988年新疆农牧区社会经济调查综合报告中的数据显示，牧户消费支出增长68.5%，比收入增长55.6%的幅度高出12.9个百分点。① 到了20世纪90年代中后期，牲畜的市场价格与牧民的收入及生活水平的改善被牢牢地捆绑在一起。这种日益流行的消费文化对哈萨克牧民原有的宗教观念具有极强的破坏性，其中也包括宗教中的自然生态观。

交通也是引起哈萨克族社会发生变化的一个外部因素。富蕴交通业一直比较滞后，直到1993年底才有一条连接省会乌鲁木齐的216国道。此前与外界唯一的客运路线要经过北屯—克拉玛依—奎屯—石河子—乌鲁木齐，全长1000千米，单程为3天。1998年，富蕴又修建了5条县乡道路。② 到2005年，各行政村之间才修建了简易的乡村公路，但仍旧有很多牧民定居点没有通客运班车。从乡政府到各牧民定居点的主要交通工具是马、摩托车及皮卡车。随着交通的便利，加之富蕴各种矿产、生物、旅游等资源非常丰富，外来人口也越来越多。

在以上社会内外部环境诸多因素的共同作用下，哈萨克牧民对周围自然生态环境的态度与环境行为逐渐开始发生变化。

二 游牧生态观的变化③

生态观的变化是一个缓慢的过程，往往只能通过人们对其所居住环境的态度与行为的变化中获得。游牧生态观的变化只能从牧民对牲畜及水草的态度和行为的细微变化中获得。

（一）游牧民对待自然环境态度的变化

随着牲畜和草场的私有化、市场化，牧民与牲畜、草场的关系直接或间接

---

① 新疆维吾尔自治区委员会农村工作部编《新疆农牧区改革发展典型调查》，新疆人民出版社，1990，第33页。
② 富蕴县政协文史资料编辑委员会编《富蕴县政协文史资料第二辑》，内部资料，2008，第114页。
③ 陈祥军：《本土知识遭遇发展：哈萨克游牧生态观与环境行为的变迁——新疆阿勒泰哈萨克社会的人类学考察》，《中南民族大学学报》2015年第6期，第43~47页。

地发生了变化。金钱在连接牧民与牲畜的关系中起着越来越重要的作用。草场从氏族共有或公社所有转变为牧民私有，即草场被划分为无数块由个人所属的草场。为此，哈萨克牧民对原有动植物所赋予人的生命与情感的态度开始发生变化。因为周围自然环境中动植物在哈萨克牧民心中及生活中的地位起了变化。

在哈萨克族社会中，牲畜一直被牧民当作最亲近的成员。牲畜不仅为他们提供衣食住行的大部分所需，而且还具有感应自然变化的敏锐性，并以异常行为提醒牧民未来的天气情况。放牧经验丰富的老人对此了如指掌，并以此预知天气情况。因此，牲畜在游牧民的心中处于重要的地位，而且二者形成了一种相互依存的关系。

如今的牧民，尤其是中青年牧民与牲畜的关系已发生了变化，至少他们没有像老人那样去仔细耐心地观察牲畜的细微变化。因为他们认为如今已不需要依靠观察牲畜的异常行为来预测天气了，天气预报已完全取代了这项经验实践知识。所以他们也不再通过观察周围牧草的生长变化情况来预测天气。他们关注的重点已经转移到如何利用牧草资源和增加牲畜数量来提高经济收入。可见游牧民与牲畜及草原的关系逐渐转变为单一的经济关系。

牧民对待周围动植物态度的变化，还表现在牲畜数量及畜种结构与草场承载力的失衡。过去有经验的老人可根据草场情况估算出载畜量，而现在牧民（尤以年轻牧民）对牧草和牲畜的知识远远落后于过去。因为原来牧人与牲畜及水草的情感已经被简单而直接的经济关系所主导，"人-草-畜"的整体性关系发生断裂。因此近20多年来一些牧民只顾追求牲畜数量的不断增长，往往忽视单位面积内草场的承载能力。此外，不同畜种的结构比例也不再依据草场类型、天气情况、牲畜选育等条件，而是被市场需求所左右。例如，20世纪90年代末，市场上山羊绒的价格很高，一些牧民完全没有考虑草场承载力，开始大量增加山羊数量，这也成为后来造成草场退化的因素之一。恰老人[1]认为：

> 原来和现在的自然生态环境不一样。原来是所有的生物自己养活自己。现在自然界和人都发生变化了，牲畜和人多了，草和树木少了。河谷里的树都被人砍掉了，人们没有以前那么珍惜水草了。所以树少了，树根

---

[1] 恰老人，男，1933年出生，吐尔洪乡阔斯阿热勒村，2009年3月24日，在老人家里。

无法抓住土壤，造成水土流失，生态环境恶化了……

老人已发现，现在牧民对待自然环境的态度发生了变化，因为一部分牧民已不在乎传统的宗教或民间禁忌，开始肆意砍伐树木。传统哈萨克族社会有很多宗教和民间禁忌，牧民一般是不会随便砍伐树木，尤其是河谷里的树木，他们知道这些树木对保持河谷水土起着重要作用，所以哈萨克人总结为："牲畜点缀着草原，树木点缀着河流。"

吐尔洪乡阔斯阿热勒村居哈乃①老人说："现在，牧民等于给银行在放羊。春天贷款，秋天还款。"老人的话揭示出，原有的"人-草-畜"的亲密关系已经被"人-钱（银行）-畜"所代替，从而割裂了草畜动态平衡关系。但在实践中，如果牧民春天没有贷款，人畜的生存都面临困境。因此牧民心中产生只要有了钱，便可以买到饲草料和粮食，可以解决生存困境的观念。这种过于突出牲畜的金钱地位的观念，对游牧生态观也起到了消解作用。

田野中我深深感受到，老人们对周围自然生态环境的态度并没有发生多大变化，而中青年人的态度变化较大，尤其是那些上了高中而又没有考上大学的年轻人。他们既不愿意放牧，又对游牧知识掌握得较少。萨马里②讲：

> 现在的年轻人都不一样了，有些人想做生意发财、有些人想过城市生活，还有些人想定居，就是不想放牧了。以前的孩子，如果有10个孩子都会赡养父母的，现在不行了。我们想的问题，他们不想了，因为他们没有受过苦。而且年轻人现在喝酒多，然后打架闹事，这使我们的社会风气日下，如果继续这样下去我们不会有什么好的发展。

所以，在富蕴有些老人又不得不重新拿起马鞭开始追随畜群放牧。特别是近年来，草原生态环境不断退化，牲畜数量在不断减少，生活水平也在下降。越来越多的老人意识到只有游牧才是哈萨克人最安全、最有保障的生计方式。他们身体力行地想唤起年轻人对游牧的回归。

（二）宗教禁忌威慑力的减弱

传统哈萨克族社会萨满教里的自然崇拜对保护草原生态环境起着重要的作

---

① 居哈乃，男，1930年出生，吐尔洪乡阔斯阿热勒村牧民，2006年7月11日，在老人家里。
② 萨马里，男，1932年出生，吐尔洪乡乔山拜村，2009年3月21日，在老人家里。

用。伴随自然崇拜的精神信仰，哈萨克游牧民在日常生活中也形成了很多保护草原环境的禁忌，如不能随意拔草、折断树枝、砍伐树木等。然而，随着游牧民生计方式的变化（从游牧到定居），原有的宗教禁忌对游牧民的影响力也在不断减弱。

富蕴自新中国成立后经历了两次大规模的定居过程。最早是在20世纪60年代，定居牧民都是那些氏族首领及大小牧主们。第二次大规模定居从20世纪80年代后期开始启动，直到90年代中期才真正开始实施。先前定居牧民现在大部分都以农业为主，兼营牧业。后定居的牧民并没有放弃游牧，只是有了一个相对固定的居所。

我走遍了富蕴境内90%的牧民定居点。从居住格局上看，那些早期定居并已彻底成为农民的哈萨克人与后来定居仍然从事游牧的哈萨克人，其居所周围的环境还是有很大区别。第一个区别是各户之间的距离，最早定居牧户之间的距离非常紧密，这主要是与当时的政治背景有关。后一批定居牧户之间的距离就比较远一些。第二个区别，也是最关键的区别是早定居的那些牧民都有一个相对封闭的院落，有用树枝制成的栅栏、有用石块或土块垒起的墙。他们的人工草场也都用栅栏围了起来，周围的树木很稀少，几乎都变成了农田。一些本地种的柳树已经难觅踪影。定居较晚的一些牧民定居点。很多牧户只有一座孤立的房屋和一个没有围墙的院落。在后来定居的阔斯阿热勒村的周围，还能看见几片本地种的柳树林和杨树林，有些柳树直径可达1.5米左右。

为什么会出现这种景象？因为相对于定居的哈萨克农民来说，传统的萨满教和民间禁忌对牧民的影响较大，即宗教禁忌仍然对环境保护发挥着作用。当我把牧区哈萨克老人讲的有关桦树的故事告诉定居的农民时，他们会说那都是迷信，现在谁还会相信因砍伐桦树而遭报应的事。而后来定居的牧民，虽然有了相对固定的房子，但四季游牧仍然是他们主要的生计模式。他们与牲畜及水草的关系没有发生本质性变化，即产生原有宗教（萨满教）禁忌的"人-草-畜"关系仍然存在着。

定居恰恰割裂了游牧民与牲畜、水草之间的亲密关系。实践中定居牧民违反宗教禁忌的行为不断发生，其带来的直接后果是草原环境发生了变化。最明显的例子是乌伦古河河谷内新、老定居点的河谷林。20世纪80年代末期这里还非常茂密。新中国成立前这里曾经林木繁茂，牛钻进去牧民都看不到。那时老人是不让人们随便砍树木的。后来随着定居牧民人口的增加，烧茶做饭、修建棚圈、栅栏都需要林木，一些牧民为了生存不得不违背宗教禁忌或习惯法而去砍伐树木。崔延虎在阿勒泰罕德尕特乡调查后也认为：

> 定居后的牧民的自然观和生态环境行为的变化也是明显的，最明显的一个例子是由于定居后家庭燃料需求的大幅度增长和修建棚圈的需要，他们进山砍伐树木的次数比起定居前大大增加了，砍伐的树木数量也增加了。罕德尕特乡林管站的工作人员告诉我们，比起游牧的牧民来，定居牧民违反《森林法》的人数数量高得多，他们每年处理的乱砍滥伐案子中，本地绝大多数涉案人是农民，其中定居牧民的人数有逐年上升的趋势。①

牧民定居点生态环境的变化，也说明牧民对周围自然环境的态度的变化，这与对保护环境起着重要作用的萨满教观念的弱化有密切关系。过去，当牧民砍伐了树木、破坏了草场、伤害了野生动物等行为发生后，都有一种负罪感，并相信得罪了这些神灵会给自己带来灾难。但现在牧区年轻的小伙子已经不太相信老人们的这些教诲，所以现在破坏草场、水草的行为时有发生。

通过定居牧民定居时间的长短及其行为的异同，我们可以明显发现定居牧民对待自然态度已经或正在发生变化，这种变化既有主动适应，也有被动接受。

三 游牧环境行为的变化②

环境行为的变化与生态观的变化几乎是同步的。有时游牧民是为了生计所迫，不得不做出有违于生态观的行为。一旦条件改善会立即纠正原来不当的行为。有时是在国家强大外力的作用下，环境行为会快速发生变化。现代生产工具的广泛运用，也在改变原有的环境行为，同时反过来又影响着游牧生态观。

（一）外力影响下的环境行为变化

狩猎业一直是哈萨克牧民的一个传统副业，是对游牧业的一种补充。狩猎往往是贫困牧户为了生计而做出的一种不间断的临时性行为。他们依靠猎物从富裕的牧户那里换取粮食或牲畜。但狩猎毕竟是一项副业，在游牧民的经济生

---

① 崔延虎：《困境下的深层制度原因与制度改革：新疆草原牧区社会经济与环境问题的个案分析》，中国草原牧区的环境变化与社会经济问题研讨会，北京，2008年10月。
② 参见陈祥军《生计变迁下的环境与文化：以乌伦古河富蕴段牧民定居为例》，《开放时代》2009年第11期，第142~153页。

活中所占的比重非常有限。一旦贫困牧户有了足够的牲畜，便会停止或减少打猎的次数。与此同时，哈萨克牧民有一套规约打猎的习惯法，如对猎物的种类、年龄、雌雄、打猎的季节等条件限制，其背后的生态观是为了保持自然资源的永续利用。

哈萨克狩猎行为方式的变化开始于20世纪50年代的打狼运动。狼在哈萨克族社会一直被认为是一种神圣的动物。狼不仅可以保佑人的灵魂，而且还可以消除牲畜的疫病，所以哈萨克谚语说："没有狼就没有健康的羊。"传统哈萨克族社会，牧民狩猎的对象大致有三类：（1）猎取狐狸、水獭、豹等可获得珍贵兽皮；（2）猎取大头羊、黄羊、黄鸭、野鸡等可增加肉食；（3）猎取羚羊、鹿等可获取贵重药材。[1] 可见，狩猎业主要还是牧民对基本生计的一种补充。在狩猎对象中，狼和熊是不能轻易猎杀的。按照习俗，狼皮和熊皮挂在毡房里是主人地位的一种象征，一般牧民家庭很少挂狼皮和熊皮。直到今天这种习俗仍然存在。在我访谈的上百户牧民毡房里，大部分牧民家里一般只是挂着猫头鹰、狐狸、小松鼠等兽皮。

新中国成立初期，在保护集体财产和除害的宣传口号下，牧区从上到下都掀起了打狼运动。1953年，在《关于新疆牧区工作的基本总结与今后的方针任务》中提到，要"积极帮助牧民解决猎枪及其打狼工具的需要，定出打狼奖励办法，抓紧打狼时机，开展打狼工作，使打狼保畜成为牧区群众性的运动"[2]。富蕴史志办也记载："20世纪60年代初，冬牧场的狼和夏牧场的熊对牲畜伤害特别严重。为了保护集体的牲畜，牧民想尽了防范办法。针对这一严重情况，上级部门决定给每一个牧业队配一支枪并组织工作队深入牧区，对付狼和熊的危害"[3]。地方政府在宣传上视打狼为一种英雄行为，如下面这段有关打狼的描写：

他们三五人分成一帮，每人手持一根长长的木棍，乘马追击恶狼，狼跑上山，他们追上山，狼窜下沟，他们赶下沟，常常一口气追五六十里路，一直把狼追到筋疲力尽时，便扑上去一棍子打死。还有打狼的战果："加克牙从1952年7月响应人民政府的号召开始，带头组织一个打狼小

---

[1] 贾合甫·米尔扎汗主编《哈萨克族文化大观》，新疆人民出版社，2001，第331页。
[2] 新疆维吾尔自治区委员会政策研究室等编《新疆牧区社会》，农村读物出版社，1988，第24页。
[3] 富蕴县政协文史资料编辑委员会编《富蕴县政协文史资料第二辑》，内部资料，2008，第96页。

组,仅仅在两个多月的时间内,就打死了18只狼、1只豹子和4只狐狸。……因此在全县劳模会议上,他被评为一等畜牧打狼模范,并获选为出席省首届劳模会议的畜牧劳动模范代表。"①

在这种强大外力的作用下,狼在牧民中原有的神圣性被危害性所代替,这自然会影响到牧民对狼以及其他野生动物的态度的变化。从行为方式上,牧民从过去的被动防御转为主动出击。此外,外来人员对野生动物采取的行为也对当地牧民有一定的影响。马老人讲,本来哈萨克人一般不吃狼、黄羊、野兔等野生动物,他们最喜欢吃的还是羊肉、牛肉、马肉,除非在没有畜肉的情况下,才会去打猎。20世纪60年代中期,老人亲眼看到农业生产8队汉族人打猎的场景:

> 他们什么都吃,如兔子。他们用绳子做一个套子,晚上放在林子里。第二天早晨过去,拿着扁担。这头挂了15个,那头挂了20个。他们还打河谷里的野猪,只为了要野猪的牙齿……②

20世纪50年代开始的打狼行动对牧民的影响比较有限。"文革"后,随着各项法律的制定与完善,牧区生产生活逐渐恢复正常。1982年,阿勒泰地区建立了卡拉麦里山有蹄类野生动物自然保护区。该保护区的大部分区域都处于富蕴哈萨克牧民的冬牧场。保护区成立后,牧民的猎枪都被收缴了。牧民的狩猎业基本宣告结束。

牧民虽然停止了打猎行为,但外来偷猎者的猖獗行为对其产生了很大影响。尤其从20世纪90年代中期开始,在市场经济刺激下,草原上的外来"入侵者"越来越多。由于富蕴面积辽阔,人口相对稀少,且受保护区工作人员数量、交通和通信等设备所限,很难实施全方位的监管。我从保护区了解到,现在盗猎的普通老百姓很少,真正盗猎的人是那些拿着高级猎枪、开着豪华越野车的某些机关单位或公司的老总(见个案7-3)。

2005年12月的一个中午,保护区接到牧民打来举报电话,说听到枪

---

① 新疆维吾尔自治区委员会政策研究室等编《新疆牧区社会》,农村读物出版社,1988,第172页。
② 马老人,男,1953年出生,阿訇,恰库尔图村人,2006年9月24日,在他家里访谈。

声，有人在偷猎，司机刘彦东扔下手中的饭碗，和同事开车直奔现场。和以往经历的场面一样，刘彦东开的皮卡巡逻车对前面的越野盗猎车望车兴叹，只好努力尾随其后。当皮卡巡逻车跟到公路上时，刘彦东发现前面出现一辆大货车，一直压着巡逻车，使巡逻车无法超车追击盗猎车。后来，保护区决定请公路交警协助查扣货车，并顺藤摸瓜抓到盗猎分子。原来是一位林业派出所工作人员陪同几个外地老板寻刺激，看到自己始终摆脱不了追击，他们就搬来"救兵"，让一辆大货车拦住巡逻车。最后，这个盗猎分子被林业派出所开除。"去年发现的四起盗猎，都属于这样的类型。"站长马新平后来告诉记者。

个案7-3：成功、李冰松，《南方周末》2006年9月7日。①

牧民每年南来北往见证了很多外来者的非法行为。尤其是在火烧山、五彩湾以及保护区内放牧的牧民经常会遇到外来的偷猎者。这个区域处在准噶尔盆地南缘，与昌吉回族自治州接壤。216国道贯通后也为偷猎者提供了方便。牧民经常会看见有人开着摘掉车牌的越野车。如果是晚上这些越野车会打开车灯开始追杀野生动物。有些偷猎者在梭梭林里埋伏了好多夹子，猎杀野生动物。吐尔洪乡喀拉吉拉朱老人②说：

> 我们哈萨克牧民什么武器也没有，相反我们还起着保护野生动物的作用。保护站成立之前，哈萨克牧民只是偶尔猎杀少量的鹅喉羚，吃他们的肉，用皮子作马鞍子。自保护站成立后，经他们的宣传，牧民就停止打猎了。

除了受到外来偷猎者行为的影响外，牧民的环境行为还受到外来人口的影响。近十年来在牧民定居比较集中的地方，陆续有一两家来自其他省份的汉族人开的商店。有些商店除了销售日常商品外，还兼收野味。在乌伦古河中游的一个牧民定居点，有户汉族人开的商店。店主的收购价格是：野鸽子每只5毛钱，野兔每只1元钱，毛腿沙鸡每只5元钱。店主告诉前来买东西的哈萨克族学生，让他们去抓这些野味，收购后卖给饭馆或酒店老板。还有饭馆老板开着

---

① 成功、李冰松：《巡行长拉表里》，《南方周末》2006年9月7日，http://news.sina.com.cn/0/2006-09-07/14479962407s.shtml。

② 朱老人，男，1941年出生，吐尔洪乡喀拉吉拉村，2006年11月21日。

车去乌伦古河用炸药捕鱼。一位住在河谷附近的哈萨克族老太太伤心地说："他们怎么那么狠心？我亲眼看到他们把捞回来的鱼，大鱼拿走了，很多小鱼就扔在路边。"

虽然这些行为有悖于哈萨克族传统的生态观与环境行为，但有时在经济利益的刺激下，难免会使一些人的行为发生变化。尤其是当游牧不足以维持生计时，再加上市场的需求，有些牧民去做一些违背传统生态观的行为就成为必然。

（二）获取资源行为方式的变化

草场是牧民主要的生存资源。所以我主要以牧民对自然资源获取方式的变化来洞察环境行为的细微变化。新中国成立前，牧民并不储备干草。那时草场充足，人口也较少。氏族首领的冬营地远离沙漠，就在河谷地带。其他季节他们会把河谷中留作冬营地的区域严格保护起来。因此他们很少打草，即使要打草也要等到9月底牧草种子成熟落地后才开始割草。这个传统一直延续到公社时期。

公社化后，随着牲畜数量的增加，为了减少牲畜因缺草而造成的损失，生产队会在秋季组织牧工返回河谷地带打草。打草时间也还是延续传统习惯。草场承包后，河谷地带的人工草场及部分天然草场也分块划给了牧民。随着定居牧户人口的增加，河谷内越来越多的天然草场被逐渐划分。草场私有后，原有的草原习惯法对牧民行为的约束已非常有限。由于草场使用权归牧民所有，他们可以自由地支配，不再遵循传统习惯，所以割草的时间逐渐发生了变化。有的牧民直接将天然草场开垦为人工草场，种植苜蓿或青贮玉米。老人们认为，按照哈萨克族的习俗是不能乱挖草地的。草地是有灵魂的，如果人们乱挖草地，惹怒了草地，人会遭报应的。但现在老人一讲这些因果报应的话就会招来质疑。

传统习惯法对牧民行为的约束力已大大减弱，一个割草细节上的变化也证明了这一点。2006年8月，我与牧民一起割草时，一位老人感叹道："现在的牧民割草什么都不讲究了。我们过去割草时碰到小树苗一般会绕过去，不会把树苗与草一起割掉。"言外之意，现在牧民的割草行为违背了游牧社会的传统生态观念。

现代生产工具的大量使用，也使牧民对待牧草资源的行为发生了变化。富蕴自2000年以来，牧民家庭中摩托车和小型皮卡车的数量逐渐增加。这些现代运输工具被大量使用在转场、放牧过程中，因此在春秋牧场上可以发现很多被摩托车或皮卡车碾压的纵横交错痕迹。哈萨克老人认为这要是在过去是绝对不会发生的。因为过去转场时，按照习惯法牧民都只会走一条道路，目的是保护草场，不像现在草场上到处都是路。

  游牧生态观与环境行为的变化实际上受很多因素的影响，如生计方式的改变、现代生产工具的使用、食品消费结构的变化、家庭经济收入与农畜产品市场价格的不均衡等因素。不管怎样，游牧业仍然受限于草场状况、气候变化以及管理制度等因素，单位面积内所承载的牲畜数量也有限，因此牧民经济收入受自然条件的限制较大。为了提高收入，除了以草场为媒介饲养牲畜外，几乎没有其他可以从事的行业。受矿业、森林、耕地、旅游等产业开发的影响，牧民也开始把眼光转向了种植业、森林、矿产资源等，通过开垦耕地种植经济作物，从森林中直接获取燃料，或是挖宝石等，来解决生计问题或增加经济收入。

  由此可见，牧民获取资源方式出现了多元化的趋势，其环境行为方式在这种趋势中也必然会发生变化。所以牧区传统习惯法具有保护环境的习俗和大家共同认可的行为规则，在以上诸多内外因素的影响下逐渐地被人们消解，游牧生态观的变化成为一种必然趋势。

小　结

  在游牧知识体系中，其传承机制是最先开始发生变化的。而引起传承机制发生变化直至瓦解的因素并非来自其本身，而是在外力强大作用下的结果。在游牧知识的传承机制中，作为其传承载体的游牧社会组织的变化，致使传承的链条出现了断裂。尤其是传承机制的核心单元——基层游牧社会组织阿吾勒的弱化，更使其维持游牧社会生态稳定、规范部落成员行为以及社会控制能力的下降。新的地方权力机构（行政机构）逐渐取代了由过去氏族部落首领、阿吾勒长、老人组成的权力中心。

  草畜双承包之前，或者说是公社时期，地方行政机构对牧业生产的管理仍然是以草原环境、游牧生产特点、地方性游牧知识为基础，是在继承传统游牧知识的基础上的一种管理模式。尤其在牲畜繁殖、兽医防治、畜群编组及品种改良等方面，更是体现了现代科学技术与本土游牧知识的有机结合，并在牧业生产中取得了很好的效果。这也是对传统游牧知识和管理模式的发展。

自草畜双承包后，牲畜与草场的归户彻底改变了传统的放牧形式与草场利用方式。草原上历史以来一直都是采取分类分群放牧的形式，这已经成为传统游牧制度的一部分，也是游牧知识积累的结果。而草场承包后，这种类似农区"一户一地"的划分模式造成了牲畜时空移动性的大大降低，还导致牧民抵御自然灾害的能力和原有草场的弹性调整机制的减弱，这也成为如今引起草场退化的一个因素。由此，牧业生产进入一个被当地牧民形容为"自由、无序混乱"的局面。

在游牧知识体系中，游牧生态观与环境行为的变化最为缓慢。因为它们已经渗透入哈萨克牧民的宗教习俗、日常生活以及生产劳动等方面，不可能在短期内发生快速变化。但游牧生态观与环境行为都是游牧知识体系整体中的一部分。整体中的其他元素发生了变化，必然会对游牧生态观与环境行为产生影响。最明显的表现就是游牧民对待自然环境的态度以及获取资源的行为方式发生了变化，其带来的结果是牧区社会破坏草场和伤害野生动物的事件增多了。

因此，从游牧知识变化过程的时空背景中可以发现，在强大外力（国家力量）的作用下，与游牧生计、生态环境息息相关的游牧基层社会组织，其原有的诸多权力、功能、作用被逐一消解。这意味着传承机制出现了断裂，而新建立的生产组织（行政机构）及其背后的知识体系或文化与原有的游牧生态环境是背离的。所以这种脱离了当地草原环境、游牧生产及游牧知识等实践基础的管理理念成为如今引起草原生态和人文生态失衡的一个重要因素。

第八章

游牧知识、现代化与草原生态

草原是产生游牧文化和知识的源泉,所以本书自始至终把游牧知识体系置于草原生态系统之中。草原生态系统和游牧知识体系都是组成游牧社会生态这个整体中的一个必要元素,而且各元素之间存在紧密的互动关系。所以,整体中的任何一个元素发生变化都有可能引起其他元素的连锁反应。

传统游牧社会中,游牧民在草原上放牧畜群,并在此基础上形成了一套与草原生态相互适应的本土知识(游牧知识)与文化体系(游牧文化)。游牧民运用这套游牧知识协调着自身、牲畜与草原的动态稳定关系,目的是长久永续地利用草原。如今,在国家主导下的现代化及发展实践进程中,游牧知识体系被削弱乃至瓦解,在现实中的直接表现就是草原生态环境的变化。

草原生态环境的变化往往滞后于具体游牧知识的变化速度。因为草原生态环境的变化首先要遵循生态演替的规律。从生态学上来讲,草原生态系统是由很多个生态功能单位——"群落"(community)所组成,如在阿尔泰山有森林群落、高寒草甸群落、山地草甸群落、山地草原群落等不同的生态功能单位。不同群落的演替有其自身规律,每一个演替系列阶段所经历的时间有长有短,短则一两年,长则几十年到几百年不等。在人类行为的干预或破坏下,群落演替所经历的时间会大大缩短。在生态环境极其脆弱的干旱半干旱草原,群落演替速度缩短的后果是草原生态环境退化。因此,草原生态环境只有以时间的位移为序列才能够被观察、发现、测算到具体的变化内容。

伴随游牧知识体系的瓦解,本章力图通过草原生态的变化过程,即由局部变化到全面恶化,来揭示引起这个变化过程背后的深层次原因。

第一节 现代化进程中草原生态的失衡

20世纪50年代末之前,富蕴县的哈萨克牧民、牲畜以及外来人口数量都很少，也几乎没有任何现代工矿企业。当时地广人稀，县域内的生态环境仍旧保持着原生态的面貌。我选取春秋过渡牧场（乌伦古河流域）作为草原生态环境变化的一个参照物。因为乌伦古河是富蕴草原生态环境变化的风向标，也是阻挡草原沙漠化的一道绿色屏障。乌伦古河河谷地带过去一直是部分牧民的冬营地，也是后来进行农业开发最早的地方。因此，我以乌伦古河作为窥视整个富蕴草原生态环境变化过程的一面镜子。

当地草原生态的变化始于20世纪50年代末的人民公社化运动。从20世纪80年代中期至今，草原生态环境的退化日益严峻。在此背景下，游牧知识也在国家推行的现代草原管理制度中日益弱化，甚至被排除在现代畜牧管理制度之外。在政府只追求GDP增长的背景下，游牧社会本身已经失去了遏制草原生态环境退化速度的力量。

一 变化初期的草原环境

1959年初，富蕴全县总人口为51220人，其中哈萨克族27332人，汉族14018人。牲畜年末存栏数达39万多头/只，农作物播种面积达8.15万亩。[①]而1953年汉族人口才只有1105人，占总人口的6.2%。1959年增加的汉族人口主要来自驻县单位，如阿山矿管处、兵团农十师和农四师的采矿大队、兵团182煤矿及大桥国有林场等，还有来自疆外的汉族自流人员。驻县单位职工及干部大都居住在城镇，自流人员一般被安排在各公社的农业生产队。当时的哈萨克族人口几乎全部是牧民，只有极少部分人从事农业。他们的生产工具也极其简陋，主要有小镰刀、扇镰、铁锹、洋犁（来自前苏联）、改造犁、土犁、砍头镘等。没有任何机械机器，主要依靠马拉牛耕，开垦的面积很有限。

新中国成立初期富蕴地广人稀，农业开垦才刚刚开始，整个县域内的草原生态环境都非常好。我通过新中国成立初期居住在乌伦古河流域的两位老人的讲述，来再现当时流域内的生态环境面貌。这两位老人分别居住在乌伦古河流域富蕴段的上游和中游。

（一）秦老人：望不到边际的草原

秦老人曾经生活在乌伦古河流域富蕴段的上游。老人生于1938年，1964年从四川自流入疆后来到萨尔托海。当时那里有8个刚刚建立的农业生产队和

---

① 数据来源：富蕴县统计局，2009年。汉族人口包括了可可托海矿区、兵团农十师云母矿及其他矿区人口。

2个牧业队,其中有2个汉族队,1个回族队。队员几乎都是自流入疆人员。如果按照当时新疆的政策是要遣送回原籍的,但富蕴由于此前连年战乱,劳动力急缺,因此政府把这些自流人员临时组编成农业生产队。老人所在的生产队全部是哈萨克人,为了生存,他学会了哈萨克语。后来他通过自学获得了中学教师的资格,并去喀拉布勒根乡中学任教。退休后,老人搬到了县城居住。我曾多次去到老人家里去拜访他。

当他向我讲述乌伦古河过去的自然环境面貌时,表现得非常激动,直摇头,还没有讲眼睛似乎已经湿润了。他的讲述就像在作诗一样,也许乌伦古河当初的情景已深深地刻在他的脑海中。他闭上眼睛,沉思了一会开始讲:

> 萨尔托海是我的第二故乡。我刚到萨尔托海时,那儿的山翠绿,水清澈。一条乌伦古河横穿中心,神奇的风景是我生平从未见过的。乌伦古河南北两岸的戈壁上是望不到边际的草原。草的高度有1米多,像风平浪静的大海一样。(突然睁开眼睛盯着我)那时河谷两岸的景色和现在可以说是天壤之别。河谷中的树木葱葱郁郁,遮天蔽日。有杨树、柳树、白桧纹树、沙枣树、红柳、毛柳、垂杨柳,还有白桦树。很多地方都是树木密得人都进不去。河边的树林里有很多蘑菇,大朵小朵的一堆堆,一簇簇。有的还长在大杨树上。
>
> 河谷里有上百种鸟。百灵鸟在柳树上做窝,它的窝做得很精致,还有乌鸦、喜鹊不计其数。非常有趣的是鸽子,它们白天成群结队在天上飞,晚上栖息在河谷边的山上。河谷两边的山不高,它们的鸟窝都在山上,光鸽子粪就有好几吨。呱呱鸡成片地飞,铺天盖地;野鸭子成群结队,河两岸水坑里(湿地)野鸭子密密麻麻。有些污泥坑(湿地)面积可达1万平方米,里面有很多水鸟,就我知道名字的有黄莺、杜鹃、猫头鹰、红嘴鸦、斑鸠、画眉、戴胜、家燕、山楂鸟(尾巴比喜鹊的要长三倍,样子像孔雀)等。还有一种小鸟,身体比喜鹊大三倍,背上全是绿色,肚子是黄色,嘴巴是红色,它的叫声让人沉醉。还有布谷鸟、鹞子(专门用翅膀打鸽子的鸟)、斑鸠、白鹭、成群结队的海燕等。人走进树林里,海燕在头顶上成群结队的盘旋。还有夜莺,它的声音很好听。至于乌鸦和麻雀之类的鸟就不分季节随处可见了。
>
> 说到乌伦古河的鱼,就一个字——多。我们在河边洗脚,鱼儿游过来舔我们脚,舔得痒酥酥的。夏天在劳动之余,我最大的乐趣就是钓鱼。那

时钓鱼很简单,到河边削一支长长的柳树枝,用别针弯成鱼钩拴在毛线上,线头又绑在柳枝头上,不必用浮子,挖一只蚯蚓,掐一截穿在鱼钩上往河里一扔,很快就可以抓到一条 5 公斤左右的鱼。① 有时,鱼太大了,拉不动,只有下到水里把它砍成一半才能拿上来。

河谷里有很多河狸,它们一方面吃鱼,一方面啃树。它们喜欢啃白桦纹树。冬天,白雪皑皑,覆盖大地。河谷两岸满地都是野兔的脚印。有的鸟已销声匿迹,有的鸟还在树林里歌唱……

老人一口气给我讲了 1 个多小时。时而赞美,时而扼腕叹息,还生怕我不相信,不断地提起其他一些老人的名字,好让我事后可以找他们去验证。他说在与哈萨克牧民生活的那几年,他学到了很多游牧社会的知识,如学会了熟皮子、捻毛线、擀毡、编地毯、织毛衣,还学会了手工制作哈萨克族的传统乐器——冬不拉。他认为,对乌伦古河流域生态环境造成致命破坏的原因是农业的进入。另外,最令他想不通的是,为什么非要把经济发展和政治觉悟联系在一起。好像不这样就是思想落后,政治觉悟低。其实,这是国家权威或权力进入游牧社会所必需的,这与削弱传统游牧社会权威是同步的。

(二) 马老人:林子密的狗都钻不过去

马老人基本不会说汉语。我找了当地叶尔扎提老师帮我翻译。叶尔扎提与马老人有亲戚关系,同属于一个氏族。马老人出生于 1953 年。父亲在新中国成立前是一位宗教人士,在 1963 年被作为"地、富、反、坏"份子接受改造。因此 1963 年,他们一家被公社下放到乌伦古河恰库尔图(地名)接受劳动改造。当时一起来的大概有 20 多户,大都是牧主或宗教人士及其子女。他们到恰库尔图后成立了一个农业生产队,隶属高潮公社的 11 队。

乌伦古河流域的牧民,不管是在上游还是在下游,都用同一句俗语来形容过去乌伦古河流域的生态面貌。马老人也是以"林子密得连狗都钻不过去(哈萨克语直译)"这句俗语作为开场白,给我讲述乌伦古河在新中国成立初期的生态面貌:

那时乌伦古河两岸的森林特别茂盛,草也特别茂盛。像现在那些一片

---

① 2008 年夏季,我在乌伦古河恰库尔图河段,还用专业的鱼钩,花了近两个小时才钓到一条很小的白条,可以把它直接装进矿泉水瓶子里。

一片不长草的沙子地,以前都是绿油油的草地。因为河谷内树木及各种灌木非常茂密,刚来时我们都住在河谷南北两岸的戈壁上。戈壁上生长着茂密的梭梭柴,出门就可以捡到柴火。小时候,要到河谷里的森林里砍柴。我们都不敢进到森林里面,就在旁边捡一些干柴火,捡完赶快就跑。因为树林太茂密了,里面太黑了。

乌伦古河里的鱼特别多。在河里钓鱼最基本的方法是用一根木棍,把缝衣服的针夹在木棍中间,然后在针上穿一个蚯蚓。直接把木棍在放到水里就可以钓到一个特别大的鱼。这是他们最普遍、最基本的钓鱼法。因为那个时候根本没有鱼钩。小时候,给小麦浇地的时候,先把水引到地里,等浇完后把水口在堵上。当水渗到地里后,地里全都是鱼,大部分鱼至少都有20厘米长。

河谷里的野生动物特别多。除了鸟还有狼,尤其是狼,我们刚到恰库尔图时没有房子,住的是地窝子。这是一种非常简陋的房子,就是在地下挖一个坑,房顶上放几根木头,再用干草遮住,最后盖上土,这就是我们的房子。我们每天下午从山上把牛羊赶回来就圈在地窝子旁边。晚上,狼经常会跑到圈里把牛犊吃掉。总之,那时候野生动物非常多。

后来,马老人继承了父亲的职业,也成了一名阿訇。他的教民主要是居住于乌伦古河恰库尔图镇附近的农牧民。从1963年来到恰库尔图,整整46年他一直没有离开过这里,见证了近半个世纪里乌伦古河流域生态环境的变化过程。沿着乌伦古河河谷定居点,我访谈了很多老人,他们对新中国成立初期河谷生态环境的描述几乎一致。阔斯阿热勒村孜亚老人(1924年出生)也讲到,新中国成立初期河谷两岸草木茂盛,牲畜钻进河谷林后根本找不到。河里鱼的种类和数量都很多,河水也非常大,经常会漫过河床。

老人们的讲述再现了20世纪50~60年代乌伦古河流域的生态环境场景:河谷内没有牧民定居点及常住人口,还没有进行大规模的农业及水土开发,牧民牲畜数量也很少。老人们对乌伦古河流域新中国成立初期生态环境面貌的见证,可以作为以后生态变化的一个参照基础。

二 草原环境的局部变化

富蕴县草原环境的局部变化期,以20世纪50年代末的公社化运动为起点,以20世纪80年代中期的草畜双承包为终点。在这20多年的时间内,导致春秋过渡牧场（乌伦古河流域）局部环境发生变化的主要因素是农业开发。新开垦的农田全部集中在河谷地带。由于受当时水利设施和农业生产工具的限制，开垦农田的速度、面积及地理位置也有限，而且所开垦的农田主要集中在土质肥沃、引水较方便的河谷盆地中，所以河谷盆地中对草原沙漠化起保护作用的河谷林、沼泽、湿地等生态系统开始受损。由此，乌伦古河局部环境的变化以河谷盆地为中心逐步扩大。

（一）新中国成立初期农田的开垦方式

从1958年到1964年，原来的氏族部落头目、牧主及其家人陆续被送到乌伦古河河谷接受农业劳动改造。随后是一些自流入疆人员陆续来到富蕴，这种情况一直持续到20世纪80年代初。早期自流人员少部分被遣送回原籍，但大部分都被安排到农业生产队。1968年，还从南京来了300多个知青，他们在政府的领导下开始在河谷内筑坝、引水、大力开荒造田。

我在杜热乡见到了一位台吉（相当于千户长）的后代。他告诉我，1958年他们刚到乌伦古河时，根本不会种地，甚至在此之前连铁锹都没有摸过。当时河谷都是密林、沼泽、湿地，根本没有可以直接耕种的田地，只能先进行基础设施建设。一部分人用斧头和锯子先把树木砍倒，再用铁锹把树根一个个挖出来；一部分人去修干渠、大坝。他们先后修建了喀拉布勒根南、北干渠，杜热南、北干渠，还有杜热大坝等。没有现代化机械设备，这些农业生产劳动只能依靠人力和畜力。在修建干渠和大坝时用骆驼、马、牛来拖运石头，如果畜力不够人们就用担架搬运。

河谷林木砍伐之后，他们开始用马和牛耕地。一般用三四匹马或两头牛拉一个犁铧耕地。直到1962年，公社里才有了数量不多的拖拉机。有些生产队到1968年才分到拖拉机。对于那些马和牛拉不动的地方就用拖拉机。自从有了拖拉机，有些特别粗壮的树，就用拖拉机拉倒或直接连根拔起。现在乌伦古河河谷的耕地在过去大部分都是茂密的河谷林。

1968年，在乌伦古河中游的喀拉布勒根，由南京来的汉族知青建立了3个农业生产队。他们干劲十足，把喀拉布勒根最宽的河谷林都开垦成了农田，连树根都拔了。乌伦古河中上游的马老人也说道：

> 1968年在距现在恰库尔图镇5千米的地方。来了一些汉族人。他们在合兹奇力克（意为"一片红叶树林"）建立了一个农业生产队。不

久后，他们就把那片红叶树林全部砍了，开始垦种农作物。那片树林非常茂盛，到了秋天树叶都变成了红色，景色特别漂亮。后来，这些人离开那里。他们走之后，那片红叶林也消失了，但那个美丽的名字还存在着。

除了砍伐林地开垦农田外，河谷中还有很多比较平整的沼泽湿地。开垦沼泽湿地的办法是先把里面的水排干，然后用镰刀把水草割了，再用牛或马拉着犁铧把草皮翻出来让其晾晒。经过反复好几次的晾晒才能种植作物。乌伦古河开垦的耕地主要种植麦子、豌豆及少部分经济作物。

对乌伦古河农业的开发，一直持续到20世纪80年代初。经过20多年的农业开发，乌伦古河流域的局部生态环境已发生了巨大的变化。大量开垦的农田致使一些乌伦古河生态系统开始发生逆向演替，部分河谷林逐渐退化成草地，进而退化为沙地。

（二）农田扩张与河谷林退化

富蕴县在1982~1983年进行了农业资源调查与农业区划工作。这项工作的主要目的是进一步纠正"文革"以来"极左"路线的影响，化解农牧日益尖锐的矛盾，为即将调整的产业结构提供规划的依据。当时调查组的资料显示，乌伦古河河谷林牧农区总共有18个农牧业生产队。1982年普查时，乌伦古河河谷林牧区总面积为111.37万亩，河谷耕地为5.21万亩。当年播种面积为4.93万亩，其中粮食播种面积3.53万亩。据1980年的数据，乌伦古河富蕴段开垦的耕地面积达12万亩之多，而到1982年普查时仅种植了4万多亩。[①]这主要是因为农业长期单一种植，土地肥力下降，再加上管理不善，大水漫灌，发生次生盐渍化，无法继续耕种。为了弥补粮食不足，只能毁林毁草，扩大耕地面积。乌伦古河流域的林草面积逐年缩减。

从近20多年来全县农作物播种面积的变化中，也可反衬出当地草场面积的缩减过程（见图8-1）。

由图8-1可见，1959~1967年，农作物播种面积快速上升，尤其是从1959年至1962年，3年时间增长10万亩之多，到1967年农作物播种面积达到近20多年来的历史最高值。从1968年至1984年，农作物播种面积一直徘徊

[①] 富蕴县农业区划办公室编《富蕴县农业区划》，内部材料，1988，第113页。

图 8-1　农作物播种面积变化（1949~1984 年）①

在 16 万~20 万亩之间。此阶段前期在"文革""极左"路线的影响下，取消了"以牧为主"的方针，但不断变化的牧区政策减缓了农田开垦的速度，因此农作物播种面积一直保持在 16 万~20 万亩之间。

经过 20 多年的开垦，由于缺乏防护，表土受风蚀和沙埋，部分耕地被撂荒后逐渐退化为沙地。截至 1982 年，乌伦古河弃耕的土地达 2.5 万多亩，此外，全县因盐渍撂荒的耕地面积达 34945 亩，占耕地面积的 11.83%。② 实际上，河谷中到底有多少开垦的耕地被撂荒，已无法统计出确切的数据。从图 8-1 中还可看出，1967~1982 年间耕地总量并没有大的变化，这说明早先开垦的耕地撂荒后，又开垦出新的耕地，从而进入一种恶性循环之中。

随着乌伦古河农作物耕地面积的增加，河谷的局部生态环境开始发生变化。这可以从河谷次生林的退化面积和速度得到印证。新中国成立前乌伦古河流域共有次生林 5.97 万余亩，主要是银白杨、苦杨、黑杨、杂交杨、白柳等阔叶林木，以及多种灌木柳类，如野山楂、沙枣、沙拐枣、铃铛刺等。1983 年普查时，河谷林面积从新中国成立初期的 5.97 万余亩，减少到 1983 年的 2.57 万亩，减少了 58%③，即有 3.4 万余亩的河谷次生林被开垦为耕地。

（三）定居人口对河谷的影响

农业的快速发展意味着定居人口的增加，因为从耕地、播种到收获，经历春、夏、秋三个季节，要想种好庄稼就必须固定下来。在乌伦古河先后垦荒的人员主要有部落头人、牧主、知青及自流人员等，他们是最早的定居人口。那

---

① 数据来源：富蕴县农业局提供，2009 年。
② 富蕴县农业区划办公室编《富蕴县农业区划》，内部材料，1988，第 112 页。
③ 同上书，第 59 页。

么近 20 多年来定居人口到底增加了多少，我们由汉族人口的增加可以发现定居人口的增长趋势（见图 8-2）。

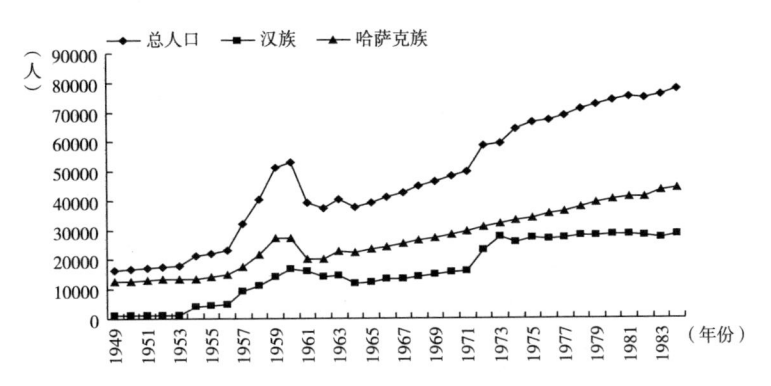

图 8-2　富蕴县哈萨克族、汉族及总人口变化（1949~1984 年）
数据来源：富蕴县统计局，2009 年。

由图 8-2 可看出，从 20 世纪 50 年代末汉族人口开始快速增长。从 1949 年的 1032 人增至 1959 年的 14018 人，增长了 13.6 倍。这 20 多年间，来富蕴的汉族人口主要有自流人员、知青、下放干部、政府工作人员、驻县单位（林场、矿厂）职工等。他们中除部分政府工作人员及驻县单位职工外，大部分是定居在河谷或山间盆地从事农业的农民。因此，汉族人口可基本视为从事农业的定居人口。当时定居人口主要依靠烧柴取暖做饭，所以他们也是造成河谷林及沿山一带灌木退化的主要因素之一。此阶段，哈萨克人还是以从事游牧为主，国家还未开始大力推行定居政策。

我发现无论是县政府的退休老干部还是农牧民都认为，20 世纪 80 年代中期之前的人为砍伐林木是草原生态发生变化的重要原因。孙玉书[①]于 1955 年随入疆部队来富蕴工作。他讲道：

> 公社时期开始砍伐树木，主要是取暖和做饭，其次是用木头建造房子。一般在初冬，人们用马拉着爬犁子去沿山一带砍伐树木。有的人就骑一匹马，带一把斧头，再带一个皮绳子，把砍到的树木上的枝杈砍掉，然后在树的一端掏一个洞，再把绳子穿进去。人骑上马后，只用一根绳子就可以把一棵大树拉走了。他们除了砍伐离居住地最近的河谷林外，更喜欢

---

① 孙玉书，男，1931 年出生，富蕴县退休干部，在县老年大学访谈，2008 年 9 月 3 日。

用梭梭柴。定居的汉族人从哈萨克牧民那里知道，梭梭柴是最好的燃料。政府部门、企业职工及驻县工矿单位对柴火的需求，使打柴卖柴成为当地一部分贫困农牧民的一项副业。1958年的大炼钢铁也使大片的河谷林及沿山一带的灌木林遭受了灭顶之灾。

乌伦古河流域是农业开垦最早和开垦面积最多的地方，自然也是定居人口最多的区域。马老人1963年来到乌伦古河的恰库尔图村。他说：

> 刚来时两岸的戈壁上到处都是梭梭柴。那时没有煤，也没有煤矿，好像脑海中也没有煤的概念。因为从记事起一年四季每天都用柴火和牛粪来烧茶做饭。那时他一直都认为梭梭柴是用之不尽的天然资源。
>
> 刚来时（20世纪60年代初），自己家住的地窝子周围就是梭梭柴，走几分钟就可以砍到很多梭梭柴；过了几年就开始用马拉着爬犁子去稍远一点的地方砍梭梭柴；再过几年，生产队里有了拖拉机后，就开始用它去砍梭梭柴；最后去砍梭梭柴的路途太远了，用拖拉机已经不划算了。当时没有卡车，只有55型或28型的拖拉机，要开4、5个小时才能到砍梭梭柴的地方。一般头天晚上出发，第二天早晨天刚亮开始砍柴。砍完柴后，返回来时就到了第三天早晨。

梭梭柴是当地牧民最喜欢用的燃料，至今仍然在使用。因为梭梭材质坚而脆，燃烧火力极强且少烟，号称"沙煤"。它也是定居的农牧民搭盖牲畜棚圈的好材料，而杨树砍下来后要花很长时间才能晒干，且燃烧力不强。① 因此梭梭柴成为牧民及定居人口每天做饭和冬季取暖的主要燃料。

这种情况一直持续到1983年，直到卡拉麦里山有蹄类野生动物自然保护区成立后才逐渐停止。所以定居人口的增加导致当地各种灌木林、河谷林及荒漠梭梭林遭到大量砍伐。1982年，富蕴农业资源调查组经过一年多的实地调研后做出以下总结：

> 乱砍乱挖烧柴的现象比较严重。过去人口少，主要从事游牧生产，很少固定居住一地。所以烧柴主要从山区森林解决，价格便宜，基本上不存

---

① 陈祥军：《传统游牧与乌伦古河可持续发展——以恰库尔图河段阔斯阿热勒村为例》，《新疆大学学报》（哲学人文社会科学版）2007年第4期，第83页。

在乱砍乱挖烧柴现象。随着农牧业生产的发展，农牧业人口日趋增加，全靠燃柴取暖，开始大量砍树挖柴，沿山一带的绣线菊和河谷的灌木林首当其冲，然后砍挖梭梭柴、琵琶柴和犹若藜等灌木。因此在1980年的调查中，从喀拉通克到乌伦古河南北几十千米的灌木被成片成片地挖光。草场植被遭到破坏后引起草场退化。局部区域退化严重，遇到刮风天气飞沙走石，尘土飞扬。①

可见，草原生态环境的变化首先是从春秋牧场（农业开垦区域和定居人口居住的河谷地带）开始，然后向四周扩散。扩散的范围大小随农业开垦的速度和定居人口的增加而定。这一阶段，农业开垦和定居人口大量砍伐柴薪的行为对春秋过渡牧场造成的破坏最大。定居人口相对游牧民来说，有更多的时间待在家里，加之富蕴冬季漫长，炉火要一直保持燃烧状态，因此定居人口燃烧的木柴要比游牧民多得多。游牧民一年四季都在移动，不会长时间居住一地，加之大量使用牛粪和羊粪，相对定居人口常年居住一地，游牧民对草场的破坏要远远小于定居人口。

游牧民一旦定居下来，游牧移动性的消失意味着生计方式的改变。新的生计方式肯定会对原有的生态系统产生作用。随着河谷定居人口的增加和时间的推移，对柴薪的需求使得他们不得不砍伐河谷两岸的梭梭林。梭梭林起着防风固沙和维系河谷生态系统稳定的作用。大量砍伐使梭梭林逐渐远离河谷，加速河谷漫滩草地的沙漠化。可见，前期农业开发对草原环境的影响是从局部区域（乌伦古河）开始的，其变化过程以河谷和定居点为中心向周围扩散，所以首先遭到破坏的是河谷林和定居点的环境，接着向冬牧场延伸。

与此同时，游牧知识体系也经历了一个变化的过程。新中国成立初期，国家在取消哈萨克氏族部落首领世袭头衔的同时，把管理游牧的权力也收归政府部门，但地方政府在牧区仍然以阿吾勒为基础沿袭着原有的管理模式。之后，那些掌握着哈萨克族社会权力、知识和习惯法的上层人物在一系列政治运动中，影响力进一步遭到削弱。整个社会组织结构发生了根本性的变化，原来游牧社会等级关系发生了转换，以血缘为纽带的社会组织也遭到了破坏。游牧知识及其传承机制也都先后发生了变化，这势必会对与其密切相关的草原生态产生一定影响。

---

① 富蕴县农业区划办公室编《富蕴县农业区划》，内部材料，1988，第111页。

三 草原生态的全面恶化

自 20 世纪 80 年代中期至今,尤其在国家权力支持下的现代草原管理制度(草畜双承包)完全替代传统游牧管理之后,当地草原生态环境面临着更多的压力与威胁。因为以草原承包为标志的现代草原管理制度,恰恰忽视了游牧管理知识机动灵活的特点,忽视了当地自然气候多样性、多变性的特点,以及游牧生产中的互助性特点,因此经过 20 多年的实践后,草原生态失衡的因素往往都与草畜双承包有直接关联。

在这一阶段,草原生态面临的压力除了农业扩张和牧民定居外,又增添了新的问题:一是地方政府的发展重心由过去以牧为主渐渐转变为以发展矿业为主;二是旅游开发对额尔齐斯河上游部分草场和牧民转场牧道的生态环境以及搬迁带来一定影响。此外,由于现代技术设备的大力运用,新开垦的农田开始从河谷向两岸的荒漠草场延伸。

作为富蕴草原生态风向标的乌伦古河也同样面临着上述问题。因为乌伦古河也是连接牧民四季牧场之间的重要环节之一。牧民在其他牧场环境受损后,只能向下一个牧场转移。由于乌伦古河流域不受降雪因素的影响,所以这里成为牧民唯一可以缓解放牧压力的地方。

(一) 定居牧户增加与河谷林持续减少

1986 年,新疆北疆牧区经济会议之后开始在牧区大规模实施定居工程。当时为了鼓励牧民定居,在起步阶段 (1986~1994 年) 制定了 "十有"① 的具体标准,但实际上受牧民自身意愿和地方政府财力有限等因素所限,定居工程进展缓慢。牧民刚刚分到牲畜和草场,都攒足了劲准备发展畜牧业,所以定居发展圈养牲畜的模式,牧民从心理上也接受不了。

政府为了鼓励牧民定居,规定凡是定居牧民都可在乌伦古河谷获得一些天然草场,以便开垦后可以种植苜蓿或青贮玉米。但定居初期,很少有牧民去开垦那些天然草场,因为既没有农具也缺乏技术。之后,政府又在牧民定居点相继建立了学校。此前,牧区学校随牧民和牲畜一起移动,有 "马背上的学校" 之称。学校建立后,牧民为了让孩子上学逐渐在乌伦古河定居点开始修建房屋,并留下老人来照顾孩子。但牧民定居的速度仍然非常缓慢,到 20 世纪 90

---

① "十有" 主要指:水源、道路、住房、牲畜、棚圈、耕地、草场、学校、医院、文化与技术推广站。

年代初期，定居牧民才逐渐增多。因为经过10年发展，牧民牲畜数量普遍增加，加上草场有限、农业开垦、矿业开发等因素影响，放牧范围逐渐缩小，所以牧民想定居是因为定居后至少能够分到一些天然草场，以弥补饲草料的不足。

我在乌伦古河恰库尔图河段访谈了20户定居的牧民，其中有5户是在1984~1989年间定居的，有12户是在1990~1998年间定居的，还有3户全年住在毡房里，没有固定的居住地。至今为止，很少有牧户是全年全家居住在定居点。定居点居住时间较长的是老人和上学的孩子。但在夏季老人也随畜群一起去夏牧场。很多老人都认为他们一直住在定居点，身体会感觉浑身不适，而且还吃不到肉。

1995年，富蕴牧民总户数3400户，牧民总人口21410人，其中定居牧户1270户，占牧民总户数的37.4%，定居人口7620人，占牧民总人口的35.6%。[①] 同年在富蕴县农牧业研讨会上，畜牧局局长却认为："多年来统计的数字不实。现在报的牧民定居数字为696户，但实际上没有1户是完全定居的。"[②] 为什么会出现两组完全不同的数据，这主要是因为北疆各畜牧大县每年都要有上级下达的定居任务。由于牧民本身不积极，加上定居点自然环境特点以及县政府财力有限，根本无法落实定居标准，所以会出现实际定居户与上报数据不一致的结果。国家、基层政府及牧民对"定居"的理解存在偏差，也是造成数据不一致的原因。到2007年底，富蕴牧民总户数4485户，牧民总人数23038人，定居牧户只有966户4830人，未定居牧户3519户18208人[③]，未定居人数占牧民总人数的79.03%。不管怎样，牧民定居的户数在逐年增加。那为什么定居会加速乌伦古河生态环境的恶化呢？

因为，所有定居牧户都可以分到耕地和天然草场，还有一定的实物（砖或木头）或现金补贴用于建造房子和修盖棚圈。定居较早的牧户占据的位置也较好，一般在距离河谷较近且平坦的地方。由于河谷适合定居的地方很有限，较晚定居的牧户只能居住在河谷两岸的戈壁上。在恰库尔图河段，定居较晚牧户们的房子距离河谷有1000~1500米。

牧民定居人口的增加，对乌伦古河流域的生态环境又造成了新一轮的破

---

① 崔恒心主编《新疆牧民定居与饲草料地建设方案研究》，新疆人民出版社，2000，第54页。
② 中共富蕴县委办公室编《富蕴农牧业研讨会资料汇编》，内部资料，1995。
③ 资料来源：新疆阿勒泰地区游牧民定居可行性报告，阿勒泰地区两河源保护区提供，2008年。

坏。首先定居要建造房子和搭建牲畜棚圈，这需要大量的木头，还必然要占用草场。每户牧民一般至少盖三类房屋：全家人睡觉的房屋、冬天储存冻肉的房子（见图8-3）、牲畜的棚圈。因此，为建造房子和牲畜棚圈，既占用了大量草场，又砍伐了大量的河谷林及灌木。

图8-3 定居后砖木结构的"毡房"

其次，定居牧民取暖和生火做饭的燃料，主要取自河谷林及两岸的荒漠灌丛。虽然从20世纪80年代后期，城市和农区居民的燃料基本以煤为主，但牧民有以天然植被为燃料的生活习惯，所以全年大部分时间仍然以天然植被和畜粪为主。定居后，牧民逐渐在冬季以烧煤取暖为主。但2000年以来，煤价不断上涨，从最初的一车（解放牌货车）煤1000元上涨到2006年的一车煤1800~2000元。2009年，煤炭价格持续走高，部分买不起煤的牧民又去砍伐河谷林和戈壁深处的梭梭柴。

随着牧民在乌伦古河流域定居，形成以定居点为中心的新的退化点，又造成新的生态环境问题——河谷林及河谷灌木进一步减少。新的退化点与原有的农业开发区域逐步连成一线，致使乌伦古河流域生态环境面临严峻的退化趋势。

（二）人工草场增加与天然草场减少

定居工程起步阶段，地方政府给牧民划分了两块草场：一块是引水灌溉较容易的灌木林或天然草场；一块是基本无法开垦的天然草场。在政府鼓励下，定居牧民纷纷把前者开垦后种植苜蓿或玉米。刚开始定居人口较少，牧民的苜蓿地可以浇到足够的水。苜蓿每年收割两次，这样牧民基本不需要再购买饲草。但随着牲畜数量的增加，牧民发现只依靠有限的苜蓿地和天然打草场已明显不足。天然打草场一年只能割一次草，所以定居牧民又纷纷开始开垦天然草场种植苜蓿。

2006年冬季，我从乌伦古河上游的萨尔托海一直到下游的杜热乡，共调查了6个乡17个牧业村的牧民定居点。截至2006年底，这17个牧业村的牧民定居点共开垦14000多亩苜蓿地，还有约2000亩的玉米地，① 以及至少15000亩人工草场。可见，牧民定居后又有16000多亩的河谷林、灌木或天然草场被开垦为人工草场。人工草场面积的增加说明乌伦古河流域生态环境进一步恶化。

人工草场面积的扩大意味着灌溉面积和用水量也会增加。用水量的增加带来了两个新的问题：一是农牧民之间因用水而发生矛盾；二是上游大量用水致使下游断流。早期定居人口少，定居牧民与农民之间不存在争水的矛盾。由于乌伦古河的基础水利设施还是在公社化时期修建的，原有的干渠仅仅能维持农业生产队耕地的供水。现在定居人口增多了，开垦的苜蓿地也多了，且定居点大都与农业生产队相邻或穿插其中，争水的矛盾逐渐凸显。

定居牧民因无法利用农业生产队的基础水利设施，只好自己买柴油机、水泵及水管直接从乌伦古河抽水浇地。夏季农牧业用水高峰期，乌伦古河的水位变化也非常明显。2006年7月，我在乌伦古河恰库尔图河段游泳时，水位可漫过头顶。到了8月初，在同一个地方水位刚到我腰部，沿着乌伦古河几乎整整一个月，你每天都能听到河谷里传来的发动机（正在抽水）的轰鸣声。为了多获得一些牧草，牧民只能多浇几次水。一般采取大水漫灌方式，加之本就缺乏农业知识，于是造成水资源的大量浪费和土壤盐渍化不断加剧。

乌伦古河生态环境的变化不仅表现为天然草场面积的减少，而且还表现为产草量的不断下降。恰库尔图村的巴台老人讲，近几年比较好的天然草场2亩

---

① 2006年冬季，在为写作硕士学位论文田野调查期间，我参加了由美国国家动物园和德国科隆动物园的资助项目"哈萨克牧民在卡拉麦里保护区野马恢复工程中的角色"。调查从2006年10月底一直持续到12月初，我们调查了乌伦古河6个乡（喀拉通克乡、吐尔洪乡、库尔特乡、铁买克乡、喀拉布勒根乡、杜热乡）17个牧业村。这17个牧业村的耕地面积都是由各牧业村村主任直接提供。各村村主任也都认为自从20世纪80年代末，越来越多的牧民定居后，乌伦古河又有大量的河谷林和灌木被砍伐，大量的天然草场被改为人工草场。

才可以打一马车草，不好的天然草场大概 5 亩才能打一马车草。20 世纪 80 年代时，1 亩地就可以打一马车草，产草量下降了 50%。阔斯阿热勒村的拉因拜老人家有 20 亩天然草场。20 世纪 90 年代之前，这块草场可以打 30 马车的草。2008 年夏季，他只打了 10 马车草，产草量下降了 33%。这两户牧民相同面积的天然草场与过去相比，产草量都下降了，其原因除了天气干旱的因素外，还有由于农牧业的开垦致使涵养水土、调节河谷生态平衡的河谷林消失的原因。

（三）转场途径河谷停留时间的延长

定居点的建立还促使转场牧民途径乌伦古河时，停留的时间变长。此前，牧民常年都住在流动的毡房里，只有在冬营地修建有简单的石头或土木结构的房子，或者是地窝子。定居点建立后，牧民大都自建了土木结构的房子。近几年，在政府资助下定居牧民又修建了砖木结构的房子。

定居点建立后，牧民举行婚礼的地点和时间也逐渐发生了变化。过去牧民一般在夏牧场（7 月初到 8 月中旬）举行大型聚集性活动（婚礼、割礼等）。夏季是牧民最聚集的时刻，也是水草丰茂、牲畜肉肥鲜嫩的最佳时期。定居点建立后，牧民家庭出现两地分居的现象。夏牧场不再是牧民人口最聚集的地方了。1984 年草畜双承包后，牧民一般在秋季牧场上举行传统的大型活动。随着越来越多的牧民在定居点建立了永久性居住建筑，这些活动逐渐开始南移至乌伦古河定居点举行，可见定居对牧民原有的传统文化也产生了很大影响。

定居点的建立还打破了原有的游牧移动规律。现在婚礼移至定居点，因为定居牧民的居住格局相对集中，但这些传统大型活动一定要在降雪之前举行完毕，因为牧民一旦进入冬牧场，严冬和积雪也促使牧民蜗居在毡房里，即失去了举行大型活动的条件。如今，从每年的 9 月中下旬到 10 月底，牧民会在这一个月内集中举行各种大型传统活动。2008 年秋季时，我曾经在乌伦古河定居点 1 天内参加了 4 户牧民的婚礼。

当牧民从夏牧场搬迁至秋季牧场时，一是想早点与定居点的家人团聚，二是还要参加或筹备婚礼。有些牧民会驱赶着牲畜提前到达乌伦古河河谷附近，这样他们既可以每天回到定居点与家人团聚，也可以随时参加定居点举行的婚礼。距离稍远的牧民也可以每隔几天回来一次。部分牧民还把大牲畜提前赶到河谷。所以大牲畜在河谷停留的时间较长，前后约一个月的时间。整个冬季，牛群和一些老弱病残的羊都会留在河谷定居点。所以转场牧民及牲畜在河谷停留的时间比过去长了很多。过去牧民在河谷停留的时间很短，最长不会超过一周。

牧民转场规律被打破，即人畜在河谷停留的时间延长了，那么这对乌伦古河生态环境到底造成了什么影响呢？

这种影响主要是大牲畜（马、牛、驼）对河谷次生林，尤其是对新生河谷林幼苗造成了很大破坏。大牲畜每年持续的啃食使河谷次生林无法完成自我更新。在大牲畜中，马是啃树皮的高手。河谷里大量的沙枣树、柳树的树皮被马啃得精光。牛最喜欢吃河谷中柳树的枝条。骆驼由于体格高大，那些好不容易长高的小树也不能幸免，连主干都被它咬断了。因此，大牲畜的长时间停留使河谷次生林无法快速恢复。

表 8-1 富蕴吐尔洪乡牧民大牲畜年末存栏数变化

单位：只

年份	马	牛	驼	总计
1990 年	5575	5594	3207	14376
2000 年	4227	10430	2139	16796
2002 年	5076	7684	3661	16421
2005 年	3934	6959	2637	13530
2006 年	3886	9233	3106	16225
2008 年	3847	6267	2444	12558

数据来源：富蕴县吐尔洪乡统计所，2008 年。

表 8-1 是富蕴吐尔洪乡 5 个牧业村大牲畜年末的存栏数。吐尔洪乡 5 个牧业村的定居点首尾距离 70 多千米。在这个范围内，每年都有十几万头大牲畜啃食一个月左右的时间。夏季，河谷内的农民和定居牧民还喂养了少量奶牛，所以现在乌伦古河全年都有牲畜。恰库尔图镇一位汉族商人讲，20 世纪 80 年代末他刚来这里时还有很多茂密的河谷林，就在 20 年的时间里，房屋、农田、苜蓿地已经代替了那些茂密的河谷林。因此，定居点的建立使大牲畜在河谷停留的时间延长，从而造成河谷次生林失去了自我更新的机会。

（四）"超载"的乌伦古河频繁断流

我走访了乌伦古河富蕴段 17 个牧业村的定居点，从各个村主任那里获得了比较准确的耕地面积数据，同时又从县农业局那里了解到近年来新开垦的土地面积的数据。到 2009 年，农牧业在乌伦古河所有开垦的土地总共有 11 万亩多，约占整个乌伦古河河谷林牧区总面积（111.37万亩）的10%。如果再加上沙化和盐渍化弃耕的土地、盖房建棚圈所占土地、被砍伐河谷林的面积，以及被牲畜啃食毁坏的河谷林等，至今到底在乌伦古河开垦了多少土地已无法统计，但我们可以从乌伦古河频繁的断流中找到答案。

乌伦古河流域是阿勒泰地区东部三县（青河、富蕴、福海）农业开发和牧民定居的首选地，因此流域内的上、中、下游在农、林、牧各行业中的用水量都非常大。整个乌伦古河流域到20世纪80年代中期已开垦土地是 16×10^3 公顷，到1998年已猛增到 41.33×10^3 公顷，2002年耕地面积达到 117.49×10^3 公顷。① 耕地面积和用水量的增加也使河谷内水库、大坝、干渠林立。到1996年在乌伦古河流域共建成中、小水库10座，总库容1.2825亿立方米，配套机井179眼，修建干渠、支渠1053.91千米，其中已防渗128.4千米，占12.18%，建成水电站2座。② 流域沿岸还有农民自己修筑的大小坝口。现在乌伦古河上有多少坝口，截流了多少水，水利部门也不清楚。

乌伦古河下游的福海县，1962年断流过一次，河水无法流到乌伦古湖。富蕴段最早断流的一次是1974年，断流是因为上游修建大坝截水造成的。1984年，乌伦古河断流至富蕴段下游的喀拉布勒根乡。当时居住在那里的定居牧民只能去一些深水渠里挑水。从2006年开始，乌伦古河富蕴段每年都开始断流，而且时间一年比一年长。富蕴水利站站长讲，2008年河水断流至恰库尔图，这在富蕴历史上是从来没有过的。

处于乌伦古河下游福海县境内的断流时间就更长了。因此从2005年开始，福海县政府又把定居牧民从干涸的乌伦古河河谷中迁出。2006年，有280户定居牧民从乌伦古河河谷撤离到平原（戈壁）上定居。③ 如果对农业扩张的速度不加以遏制，对整个流域水资源不加以统一管理和调配，还一味加大牧民定居工程，乌伦古河流域的生态环境还将持续恶化。下游福海县的今天（定居牧民撤离河谷）有可能会成为富蕴县定居牧民的明天。对于乌伦古河流域生态环境的恶化趋势，我从当地林业部门的资料中也得到了印证：

---

① 康相武等：《新疆阿勒泰地区的生态环境问题及解决对策》，《地理科学进展》2004年第4期，第25页。
② 数据来源：由富蕴水利站提供，2006年。以1990年的数据为起点，因为自1990年以后，牧民才开始在定居点建立永久性居住建筑。
③ 《牧民撤离河谷 保护乌伦古河生态环境》，新疆电视台网站，2006年9月1日，http://news3.xinhuanet.com/forum/2006-09/12/content_5076398.htm。

富蕴中部为河谷林及农区人工林，面积较小，但其生态防护作用十分重要。该区域为全县农牧业生产和居民居住的集聚区。河谷林主要分布在乌伦古河。由于长期无序截流、毁林开垦、打草放牧、乱砍滥伐，使曾经茂密的河谷林遭到严重破坏，造成林地越来越少、草地越来越多；有林地越来越少、疏林地越来越多；乔木林越来越少、灌木林越来越多；土地次生盐渍化和沙化日益严重，生物群落呈现逆向演替趋势，河谷林情势堪忧。

当前的"两河"（额尔齐斯河与乌伦古河）生态环境状况很不乐观。20世纪五六十年代河谷林茂密葱郁，密林处人、畜难以进入。到了80年代，河谷林萎缩严重。2005年前，河谷林的有林地面积仍在继续减少……①

因此，目前定居人口、牲畜数量、耕地面积的增加已使乌伦古河严重"超载"。从空间距离上，乌伦古河的退化区域从下游向中上游延伸；从生态系统演替来看，大部分河谷林已退化为草场，且正在向沙地退化。原来具有调节水量、涵养水源、减缓地表水流速等作用的植被减少，致使乌伦古河水土流失严重，河床越来越宽，河岸越来越高。所以从整个流域来讲，乌伦古河生态环境处于全面恶化的趋势之中。

乌伦古河的整个流域，给我的感觉是越往下游河谷生境越荒凉。很难见到牧民描述的曾经"喜鹊满天飞"的景象。我在萨尔托海与温度哈拉之间的牧民定居点调查时，大约100千米的距离内只碰见过一次喜鹊，而依靠河谷林为食的河狸一次也没有见到。喜鹊和河狸是乌伦古河生态环境晴雨表的象征。它们也是一个地区生态环境优劣的标志，其数量的减少或消失意味着这个区域生态环境已经面临严重危机。

富蕴草原生态环境面临的严峻时期是传统游牧知识和传承机制变化最为剧烈的时期，也是国家强力推行现代化的时期。尤其是草畜双承包制的确立，对传统游牧管理知识的冲击最大。它以一系列专业机构和现代科学技术在游牧生产中树立了自身的绝对权威，却抛弃了公社时期以来在传统游牧知识基础上积累的许多宝贵经验，致使维系人草畜动态平衡关系的游牧知识失去了作用。

---

① 资料来源：富蕴县林业局提供，2009年。

第二节　生态失衡源于牲畜超载和气候变化吗？

本节通过探究牲畜、自然因素对草原生态的影响，来揭示游牧知识体系在维持草原生态系统平衡中的重要作用。因为目前国内外研究游牧社会的很多学者认为，牲畜超载和自然气候因素是草原生态发生变化的主要原因。那么富蕴哈萨克牧民的牲畜数量是否真的构成了对草原的"超载"？自然因素是否是引起当地草原生态发生变化的重要原因？因此，我首先以放牧草场面积的缩小来说明牲畜超载只是草原生态发生变化的表象因素；其次，通过一系列的气象、植被、河流等监测数据，来说明自然因素对草原生态的影响程度到底有多大。

一　牧民牲畜超载的相对性

"我国西北牧区家畜已达到饱和点"这一类似于牲畜"超载"的论调，最早由美国草原学家蒋森（R. C. Johnson）在新中国成立初期所首创，并为我国广大畜牧业工作者所深信不疑且广为传播。从20世纪80年代开始，自从科学和学者介入草场管理后，"超载"之说一直伴随着牧区畜牧业的经营。[①]

实际上，在哈萨克游牧民的观念中几乎没有超载这个概念。牧民以移动来避免草畜矛盾，他们对草情了如指掌，机动灵活地调整对草场的利用方式。如今，对草场最了解的牧民却要靠来自国家草原管理部门研究和制定的草场承载力来增加或减少牲畜头数，这本身就是一个非常值得令人深思的问题。超载概念来源于实验室，是能够不断重复可以验证的科学概念，但它往往忽视了自然的多变性、不可预知性特点以及牧民的地方经验知识。

首先，我以理论上退化较为严重的冬牧场为例（春秋牧场退化最为严重，但其实际放牧的牲畜数量难以统计）。秋季，牧民会出售大批牲畜以换取现金，主要用以教育、医疗、燃料及食物等开支。初冬，牧民要宰一些牲畜，把畜肉挂在小毡房内以备冬天食用。过冬的牲畜都会被驱赶至冬牧场。如果牲畜能够顺利过冬，春季时牧民的牲畜数量又逐渐恢复。因此，春秋牧场上的牲畜数量是最不稳定的。

富蕴冬牧场面积为5016.6万亩，可利用面积3401.7万亩，理论载畜量

---

① 李文军、张倩：《解读草原困境——对干旱半干旱草原利用和管理若干问题的认识》，经济科学出版社，2009，第40页。

124.14万只标准羊单位。① 自1949年至2008年，只有2005年的年末牲畜存栏数为126.17万只标准羊单位，多出2.03万只标准羊单位，即在近60年的时间内只有一年的牲畜数量超过了理论载畜量。如果按照地方畜牧部门计算的理论载畜量标准，既然牧民饲养的牲畜数量没有超过这个标准，草场又怎么会出现超载？实际上，这主要与草场面积的缩小有直接关系，而草场面积缩小又与农业开垦及各种开发有关。

其次，我以近50年（1950~2008年）的牲畜数量和农作物播种面积的变化为依据（见图8-4），来分析牲畜数量、草场面积与草原生态的关系。

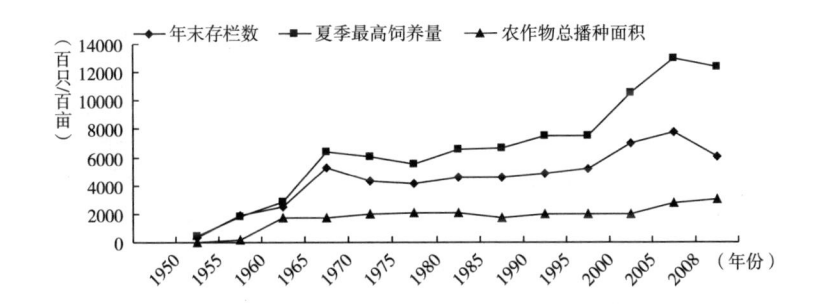

图8-4 富蕴冬、夏牧场饲养量与农作物总播种面积（1950~2008年）
注：本数据由富蕴畜牧局和农业局提供。年末存栏数即为冬牧场牲畜数量。夏季最高饲养量为每年6月末在夏牧场的统计数据，也是一年中牲畜数量最多的时期。

图8-4中，农作物总播种面积同牲畜数量都呈递增趋势，这意味着农作物播种面积越大，放牧草场的面积就越小，草原生态面临的压力也就越大。到2009年底，农作物播种面积为30.56万亩，其中还不包含近5、6年之内新开垦的约20万②亩春秋草场。如果再加上被撂荒、弃耕、沙化、水土流失的耕地，很难估计出到底有多少草场被毁坏。可见，农业开垦是引起牲畜超载的因素之一。从图8-4中可以看出，牲畜数量自20世纪90年代中后期开始激增。由于市场的发展，各类生产工具、生活用品及畜产品的价格都与市场直接接轨，单个牧户用于生产生活的开支增加了。草畜双承包后，过去转场时由公社统一调配的大牲畜，现在都分散在个体牧户手中。为了转场方便，牧民只有重新购置大牲畜。20世纪90年代后期，快速上涨的教育和医疗费用也迫使牧民

---

① 数据来源：富蕴县畜牧局提供，2008年。按照当地畜牧部门的计算，1峰骆驼合8只羊标准单位，1头牛合5只羊标准单位，1匹马合6只羊标准单位。
② 我在访谈农业局和水利局干部的基础上，又结合实地调查所获得的粗略数据。

不得不增加牲畜数量。

喀拉布勒根乡有户牧民，儿子在新疆一所大学读书，女儿读高中。家里多养牲畜的目的是供两个孩子上学。2008年秋季，为了赶在儿子开学前把学费准备好，家里不得不在牲畜价格很低的时候卖了50多只羊。对于牧民来讲，牲畜是他们唯一的收入来源。在图8-4中，年末存栏数与夏季最高饲养量的曲线之间距离的增大，也说明家庭支出的增大，卖出去的牲畜数量也在加大。因此，市场因素也是引起牲畜超载的原因之一。

除市场因素外，农区牲畜数量的快速增加被大多数人所忽视。由图8-4中可看出，20世纪90年代中后期，牲畜数量增长的加快与农区牲畜的增加也有一定关系。自从牲畜价格放开后，牧民收入普遍高于农民。如2000年，库尔特乡牧民人均年收入为4096元，而农区人均年收入是1256元。① 经过近半个世纪的持续耕种，农区很多耕地肥力下降。脆弱的干旱区气候以及水利设施相对滞后，使农业的收入极不稳定。现在牧民雇农民放牧的现象非常普遍，每年的工资就是当年所产羊羔的40%~50%。农民以这种方式逐渐积累了一定数量的牲畜。2008年，全县年末牲畜存栏数中有大约33%的牲畜是来自农区②。这也说明农民仅依靠农业无法养活自己。

来听听牧民对牲畜超载的看法。2008~2009年间，我访谈了20位被牧民认为是有知识、有威望的老人。我问他们："您认为草原退化的因素有哪些？"这20位老人都是哈萨克人，有牧民、兽医、牧区教师、退休基层干部等。他们的年龄在53~89岁之间。我对他们的观点进行了总结，主要有以下5种观点。

第一，有90%（18人）的人认为是垦荒（包括定居后的垦荒行为）、开矿、乱采滥挖、修路（在牧场内修路）以及森林砍伐等行为（见个案8-1）造成草原退化。

第二，有35%（7人）的人认为是因为人口和牲畜数量的增加造成了草原的退化。其中人口增加包括汉族人口及外来人口数量。如2008年，来自疆内外登记在册的外来流动人口达10561人③（实际数量还要多），占全县人口的11.43%。

---

① Don Bedunah and Richard Harris, "Observation on Changes in Kazak Pastoral Use in Township in Western China: A Loss of Traditions," *Nomadic Peoples*, Vol. 9, 2005, p. 124.
② 数据来源：富蕴县畜牧局提供，2009年。
③ 数据来源：富蕴县流动人口办公室提供，2009年。

第三，有25%（5人）的人，认为是自然因素造成草原退化，并认为只要雨水好草场会很快恢复。

第四，有15%（3人）的人直接提到草原退化是因为超载和过度放牧所致，他们都是政府部门的干部。

第五，有10%（2人）的人认为，草原退化与管理不善有直接关系。

其中有位退休干部萨力尔（化名）认为草场退化有以下6个原因：

第一，对草场的过度开发。沿山一带、吐尔洪盆地、库尔特乡、二牧场等地开发了很多耕地，种植的都是旱地麦子。公社化时期，产量很好，每亩可达100~150公斤。开地使很多山沟、山谷里大面积的林地、草地遭到了破坏。

第二，富蕴挖金子的人很多。从前些年直到现在，在森林和山沟里都有，对草场的破坏很大。

第三，20世纪90年代以来，沿山一带的天气变化较大。大暴雨很多，水土流失严重。暴雨过后，留下了大坑和深沟。

第四，原始森林的破坏。沿山一带，从20世纪50年代开始一直到20世纪80年代，由于富蕴没有煤炭，这里人们生活用的燃料都是山里的植被。他们把梭梭、图条等灌木当主要的柴火。过去伐木头，直接把木头放到额尔齐斯河中漂流下去。直到20世纪80年代末才停止，很多树木被砍伐了。

第六，后山（阿尔泰山）的夏牧场，修路、挖矿，使得很多植被遭到破坏。还有，偷挖草药的人对草场植被的破坏也很严重。

个案8-1：萨力尔，1956年出生，退休县级干部，哈拉哈斯部落，2008年11月4日。

可见，所谓牲畜"超载"只是一种相对性的超载。前提是垦荒、开矿、森林砍伐，以及后来旅游开发等不当的人类行为活动致使草场面积日益缩小，再加上管理不善等因素，造成了牲畜数量对草场的相对超载。

二 小气候变化印证人文因素的失衡

自然因素（主要是气候变化）也被很多学者们认为是引起草原生态变化的主要原因之一。然而，中国科学院寒区与旱区工程研究所的研究结果表明：

近500年来我国北方干旱半干旱区的降水变化趋势基本一致，干旱期平均每个世纪发生一次，每个旱期大约持续50年。21世纪的前半叶中国北方应该进入一个干旱期，但考虑到温室气体浓度持续增加造成的全球变暖，水循环强度将会加强，未来降水很可能继续增加。根据这一研究结果，杜国祯认为，20世纪后半期中国草地退化并非因天气干旱所致，尽管可能局部草地地区因雨水缺少而引起产草量的下降，但从全国范围看，气候对草地退化作用较小。[①]

可见，干旱半干旱区的气候变化遵循着自身原有自然规律，因此那种把草原生态问题简单归咎于气候因素的说法有为人类自身的行为推卸责任之嫌。

在草原上，太阳辐射、温度、水分是保证畜牧业生产的三个基本要素。但对于干旱半干旱区来说，水分是牧草生长发育的限制因子，温度升高对牧草生长的作用并不明显。[②] 水分的充足与否主要取决于降水量，即降水量是牧草生长发育、植被产草量、草场类型、地表径流量以及游牧生产的关键生态因子，也是检验干旱与否的一个标准。尤其是在人类活动日益频繁的干旱区，降水量的丰富与否尤为关键。为此国内一些学者，也包括一些牧民都认为是近年来持续的干旱造成了草原的退化。

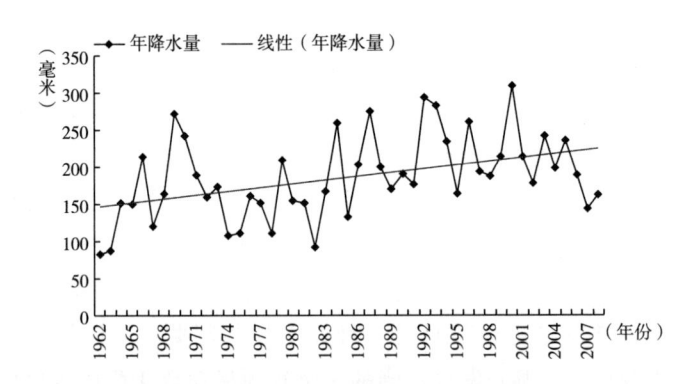

图 8-5 富蕴多年降水量变化（1962~2008年）

资料来源：图8-5和图8-6的数据均由富蕴县气象局提供，2009年。

---

① 于长青等主编《中国草原与牧区发展》，中国水利水电出版社，2009，第9页。
② 秦大河等主编《中国气候与环境演变（下卷）》，科学出版社，2005，第63页。

由图 8-5 可以看出，自 1962 以来富蕴历年降水量总体呈递增趋势，尤其是自 20 世纪 80 年代中期开始，年降水量十分丰富。从 1984 年到 2008 年，在 24 个年份里只有 2 个年份的年降水量低于 150 毫米，从 1962 年至 1983 年的 21 个年份里，有 7 个年份的年降水量低于 150 毫米。因此，自 1962 年以来的 46 个年份内，丰富的降水量使那种认为"干旱天气是引起草原退化"的观点难以立足。但也有学者认为，虽然年降水量呈递增趋势，但季节内降水量的变化对草原生态也有很大影响。

从草场类型来看，春、冬季的降水（雪）量的多寡至关重要。春季，牧草正处于返青期和青草期。降水量多且适时，牧草的返青期和青草期就较早，反之，就较晚。① 冬牧场，人畜的饮水都主要依靠积雪。如果降雪量较少，牧民及牲畜因缺乏饮用水而只能缩短在冬牧场的停留时间，这样会造成春秋牧场的过度放牧。对于准噶尔盆地来说，充足的降雪既是来年牧草返青的保证，也可以缓解初春的干旱。

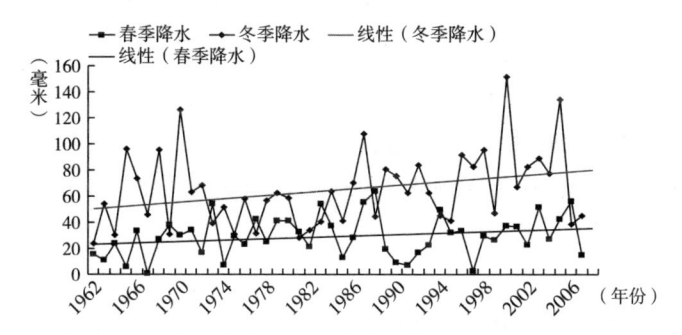

图 8-6　富蕴历年春、冬季降水量变化（1962~2007 年）

由图 8-6 可看出，富蕴历年冬季的降雪量呈递增趋势，而春季降水量也呈缓慢递增趋势。两个对牧草生长起重要作用的春、冬季节，其降水量并没有减少，这说明影响牧草生长的关键气候因子——降水量，并没有呈现递减趋势，所以把草原生态退化简单归咎于气候干旱因素的观点缺乏有力依据。

按常理，河流的年径流量应该与年降水量的变化成正比。图 8-7 中，乌伦古河上游二台水文监测站的监测数据显示，自 1957 年以来乌伦古河的年径流量呈递减趋势。20 世纪 60 年代初~80 年代初，乌伦古河年径流量持续走低，这其中很重要的一个原因是公社时期的大面积垦荒造成的。自 20 世纪 60 年代

---

① 中国牧区畜牧气候区划科研协作组编著《中国牧区气候》，气象出版社，1988，第 40 页。

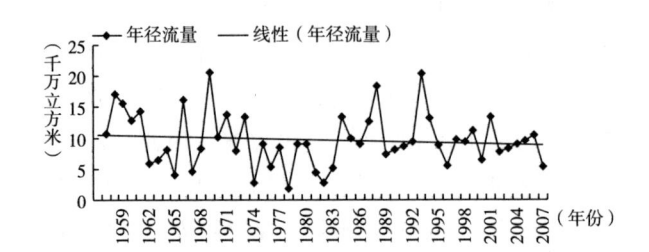

图 8-7　乌伦古河二台站多年径流量变化（1957~2007 年）
数据来源：由阿勒泰地区国有林业局提供，2009 年 6 月。

初以来，富蕴政府在乌伦古河进行农业垦荒运动。整个乌伦古河流域都经历着相同的遭遇。随耕地面积增加而不断增加的农业用水是造成乌伦古河年径流量减少的主要原因。

自 20 世纪 80 年代中期后，富蕴年降水量非常丰富，那为什么乌伦古河的年径流量仍然在减少，这是因为耕地面积在不断增加，农业用水量自然要增加。因此，由图 8-5 和图 8-6 中可以看出草原退化不能简单归结为自然因素，而图 8-7 却恰恰反映出人类活动（毁草垦荒）对河流年径流量的影响。

牧民讲，近年来山洪暴发的次数比过去频繁多了。后来，我从县档案局及牧民那里了解到，近 20 年（1988~2008 年）间爆发了十几次山洪，① 其中比较大的山洪有 8 次：

> 1988 年 7 月 13 日，富蕴喀拉通克乡水库上游急降暴雨形成山洪，冲泻而下，造成水库溢水顶垮大坝，直接经济损失达 524 万元。
>
> 1991 年 6 月 15 日，富蕴吐尔洪乡夏牧场金格勒沟突降暴雨，冲走牧民毡房 2 顶及全部家产，冲走羊 350 只，骆驼 13 峰，马 3 匹；冲毁牧草场 300 亩，一名妇女被淹死，雷电击死羊 200 余只。
>
> 1992 年 6 月 4 日 11 时，富蕴县城范围突降暴雨，在 30 分钟内降水量达 40.6 毫米，洪水自北而南冲入县城。
>
> 1992 年 7 月 3 日~7 日，夏牧场气温急剧下降，后期转雪，伴有大风。据统计冻死小畜 191 只，骆驼 27 峰，马 5 匹，刮倒牧民毡房 8 顶。

---

① 2010 年 4 月中旬，调查点的一位村主任打电话告知我，春季的山洪把乌伦古河定居点很多牧民的房子、牲畜棚圈都冲毁了。村主任叔叔家的房子在洪水过后变成了"海南岛"。定居点附近的很多山谷大水过后都是深深的沟壑。

1992年7月20日全县又普遍遭到暴雨袭击。据统计，全县有2682亩小麦被洪水冲淹，556亩苜蓿、600亩自然打草场、20亩林带被洪水冲毁，8.2千米的干渠被泥沙填满或损坏，254只绵羊被淹死。

1996夏季，富蕴部分地区连降暴雨。在库尔图、铁买克、吐尔洪等地引发了山洪，共冲毁渠道15500米，冲走水泥20吨，冲毁麦田310亩，5户牧民的房屋成为危房，温都哈拉粮站仓库进水，60吨玉米受损。

2005年8月5日，富蕴境内普降暴雨，并爆发山洪。居住在河谷地带一些牧民房屋、羊圈和草地都被冲走了。受灾范围还包括农业生产队的一些土木结构的房子。吐尔洪乡牧业5队有20户人家的房子或羊圈或饲草被洪水冲走。农业3队有15户人家受灾。

2008年夏季，由于突降大雨，加上草原退化严重，在很短时间内形成洪水。吐尔洪乡乌伦古河牧民定居点有十几户牧民的牲畜和棚圈都被洪水冲走。

频繁发生山洪的原因主要是近半个世纪的垦荒、砍伐森林、乱挖乱采、矿业及旅游开发等活动，已经严重破坏了局部地区小气候的大气循环规律。过去，这些植被（包括森林、灌木、草甸等）在洪水期起着储藏水资源的作用，在枯水期起着调节水资源的作用。因为植被的根深深扎进土壤，在下雨时吸收水分，这是一种海绵效应。如果没有植被，雨季时就容易爆发山洪，旱季时就会干旱少雨。如今植被破坏严重，在洪水期，降水基本都流失了没有储存。

自20世纪50年代以来的森林砍伐还带来了另一个结果就是原有森林地带的蒸发量和湿度减少了。难怪居住在中山牧场的赛尔格拜老人（1923年出生）说："年轻时，只要天上有云就会下雨。现在云很多，而且在天空中停留了很长时间，就是不下雨。"因为仅有云层是不够的，还必须具备一定的湿度才容易形成降水。否则，风很快会把云层刮走。在阿勒泰地区林业局工作多年的阿某讲，与中国阿尔泰山处于同一山系的哈萨克斯坦、俄罗斯、蒙古国地区，每年都有大量降雨，唯独中国境内的降雨量相对较少。即使有来自北冰洋的湿气也很难在中国境内的阿尔泰地区形成降雨。这些事例说明现在降水量的区域发生了变化，这也是为什么历年降水量以及冬、春季降水量呈现递增趋势，但并没有改变草原生态退化的趋势。

从草原生态变化趋势以及近年来频繁的自然灾害（暴雨、泥石流）中，我们可以发现在开荒造田、乱采乱挖、森林砍伐、矿业开发、牧区政策、管理制度等人文因素的影响下，当地小气候遭到严重破坏，从而导致草原生态的失衡。

本节通过分析牲畜与自然因素对草原生态变化的影响，来反衬游牧知识在维持游牧的草原生态系统平衡中的重要地位。如今在国家现代化进程中，原有的社会约束机制、游牧知识及其传承机制等本土知识都发生了变化，尤其在阻止破坏草原生态行为的方面失去了原有的调节或社会控制力量，这也是草原生态失衡的重要因素。

第三节　脱离草原和牧区社会的发展逻辑

长期以来，游牧知识以牲畜为媒介与草原生态保持着一种互动关系。哈萨克族社会以游牧知识体系为其文化核心和生存手段，并依靠一套与之相适应的社会运行机制（文化、制度、社会组织、习惯法、宗教等）维系着人、草、畜的和谐关系。如今游牧知识体系及其传承机制已经变化甚至瓦解，但这种变化又非源自本身，而是源于现代国家权力建构的结果。在实践中表现为现代草原管理知识指导下的牧区发展理念，而它的形成又经历了从套用农区（成功的）经验模式到建立牧业现代化的过程。

套用农区的经营模式在当地的实践主要以农业开发、牧民定居及草畜双承包等措施为主，目的是要改变落后的游牧业。牧业现代化主要是在科学知识的支持下，力图使牧民摆脱贫困奔向小康。但无论是农区经营模式还是牧业现代化，它们都代表了一种"专家知识"。在实践中，"专家知识"在与"本土知识"的意识形态斗争中确立了自身权威，而国家专业技术机构的设立也保证了这种知识权力的集中性和权威性。① 在富蕴哈萨克族牧区社会，这种"专家知识"是在对传统游牧知识削弱乃至瓦解的基础上建立起来的。

一　简单移植农区经营模式

垦荒开地是农区经营模式在牧区最为常见和持续时间最久的一种方式。富蕴农业开发的历史以1984年为界大致经历了两个阶段。前期是在"以粮为纲"和"牧民不吃黑心粮"的口号下，掀起了农业垦荒运动；后期是在"改变粗放式的游牧业"和"保护草原生态"的口号下，除继续进行农业开发外，又

---

① 荀丽丽：《"失序"的自然：一个草原社区的生态、权力与道德》，博士学位论文，中央民族大学，2009，第119页。

大力推进游牧民定居工程。其中,草畜双承包是农区成功经验模式移植入牧区,并指导牧区发展的典型例子。

(一) 垦荒与定居:变牧民为农民

在牧区简单套用或移植农区经营模式,主要是受农业先进于游牧业的单线进化论思想的影响。其弊端是设计者忽视了游牧民的文化知识体系及其与草原生态的关系。这种思想可以从新中国成立以来的政府文件、报告及研究论文等文献中找到印证:

> 1953年7月,新疆牧区工作会议:"第一,不少的领导机关和干部,在布置工作和下达指示时,多从新疆一般的情况而又主要是农业区的情况出发,而很少从牧区的特殊情况出发……。第三,在领导上仍然较为普遍存在重农轻牧的思想……"。①
> 1972年10月,新疆农牧业生产意见会议:"……要像搞农田基本建设一样,搞草原建设,像建设大寨田一样,建设基本草场。"②
> 20世纪80年代初,虽然在牧区取消了"文革"时提出的"以粮为纲,全面发展"的错误口号,但游牧业仍然被作为一种落后的生产方式在加速改变。当时很多人忌讳或羞于使用"游牧业""游牧区"等词汇,认为这些词都是"陈旧词儿",逐渐使用"草原畜牧业""原始驱赶放牧业"等来代替。③

可见,自20世纪50年代以来很多政府官员普遍持有"重农轻牧"和"牧业落后论"的观念。当时有些人已经意识到这一点,所以在牧业生产会议上一再批判这种错误观念。可是农业先进于游牧业的进化论观念已深深植根于很多人的头脑之中,在"文革"中曾达到高潮。到今天,这种观念并没有因为"文革"的结束而消失。在其后的30年里,它与现代化发展观念融合在一起延续至今。

1. 农业垦荒

富蕴在1953年之前基本没有真正意义上的农业。此前有些阿吾勒内生活

---

① 新疆少数民族经济研究会等编《牧区政策文献汇编》,内部资料,1985,第23~24页。
② 同上书,第210页。
③ 新疆畜牧业经济研究会编《新疆畜牧业经济调查与论述(1983-1984)上辑》,内部资料,1985,第67页。

较贫困的牧户会兼种一点耕地。春季时，他们驱赶着畜群到达吐尔洪盆地，短暂停留几日，撒完种子后又继续游牧到阿尔泰山夏牧场；秋季回来时收获庄稼。牧民既不除草也不浇水，一切听天由命。所以 1949 年时耕地面积只有 1200 亩（图 8-8）。农业垦荒开始于 1953 年，此后开垦的面积逐年增加，到 2008 年已达 30.56 万亩（图 8-8）。比 1949 年增加了约 255 倍，其中还不包括那些撂荒、沙化、非法垦荒的土地。

到 20 世纪 60 年代末 70 年代初，全国牧区都出现了局部地区草原生态环境受破坏的现象，为此 1975 年《全国牧区畜牧业工作座谈会纪要》中明确提出：要坚决执行"禁止开荒，保护牧场"的政策，凡是因开荒引起沙化的一律退耕还牧，补种牧草。[①] 现实中，农业进步论的观念已根深蒂固，在短期内不可能有所改变。从图 8-8 可看出，1975 年后农作物播种面积略有回落，但很快又继续上升。

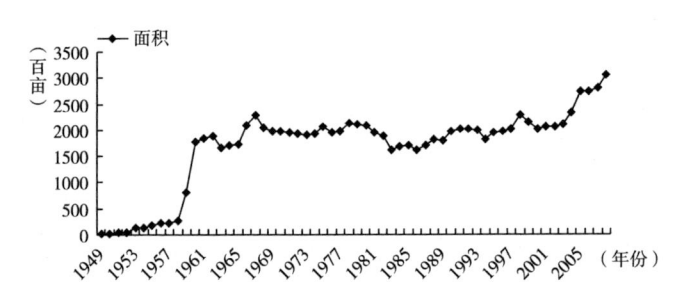

图 8-8　富蕴历年农作物播种面积变化（1949~2008 年）
数据来源：富蕴县农业局提供，2009 年。

1984 年，新疆畜牧厅在《新疆维吾尔自治区草原管理暂行条例》中也指出"滥垦是我区草原被破坏的主要原因之一"[②]。但富蕴垦草种田的脚步并没有停止，反而在加速前进。耕地面积从 1984 年的 16.86 万亩增加到 2008 年的 30.56 万亩（见图 8-8），24 年间增加了 13.7 万亩。尤其是 2003 年，当地以垦荒种地的形式进行招商引资，又有大片春秋牧场被开垦为耕地。虽然上级政府三令五申严禁破坏牧场的滥垦行为，但农业先进论的惯性思维仍然影响着地方的决策者。牧民对这种大面积的垦荒行为极为不满。热马赞[③]讲：

---

① 新疆少数民族经济研究会等编《牧区政策文献汇编》，内部资料，1985，第 210 页。
② 同上书，第 311 页。
③ 热马赞：男，1948 年出生，退休兽医，2008 年 8 月 27 日，在他家里。

我们的祖先不是不懂农业，是因为这里（阿尔泰地区）的自然环境不允许。过去，马圈、牛圈、羊圈都根本不用修建，到处都是茂密的草，牲畜可以在茂密的芦苇地里挡风避雨，牲畜在高大茂密的灌木里或草丛里过冬。那时候，不是我们不懂盖房子，而是为了不破坏草原环境。那时哈萨克人的木匠技术很高，也不随便砍树做家具。这都是为了发展牧业，保护草场，这样我们才能够长久地发展牧业。

老人的话表明，哈萨克牧民对为自己提供衣食住行的草原环境非常了解。他们知道这块土地最适合游牧，也只有游牧才能维持人草畜的永续发展。即使新中国成立前有极少数从事农业的哈萨克牧民，但农业只是一项副业。

2. 牧民定居

垦荒只是破坏了牧场，而定居则彻底改变了游牧民的生计和身份。牧民定居的过程首先是与在牧区发展农业密切联系。要牧民从事农业，就必须停止逐水草式的移动。因为从耕地、播种到收获，要想种好庄稼就必须定居，所以要发展农业就要放弃游牧。农业要求牧民必须停止移动，常年停留在一个地方。

20世纪30年代初，国民党盛世才统治时期就开始尝试在新疆实施由政府倡导、动员、规划、资助的牧民转农户政策，建立定居点。当时政府把那些牲畜很少或无牲畜的贫困牧民转为常年定居从事农业的农民。牧主、部落头目及牲畜较多的牧户一般冬季集中在定居的村庄或镇里过冬、照顾孩子上学、兼办公事等，牲畜由牧工们在山区冬牧场放牧。春夏秋三季他们又汇合一起过着游牧生活。但自始至终常年定居下来的是那些非农不足以为生的牧民。只要稍有能力就会购买牲畜或依附富有的牧户，继续从事游牧。①

新中国成立初期，新疆开始对游牧民的定居模式进行探索与尝试，曾经在伊犁、阿勒泰和塔城等游牧区域进行尝试，几乎全部以失败而告终。1952年，新疆伊犁尼勒克县单纯从牧业改革和便利行政管理出发，曾把一两百户牧民聚集在一处，出现了"童相斗，狗互咬，毡房如市"的热闹场景。一两万头牲畜拥挤在一起，吃草有了困难。② 这是促使游牧民定居的第一次尝试。1953年，《民族事务委员会第三次（扩大）会议关于内蒙古自治区及绥远、青海、新疆等地若干牧业区畜牧业生产的基本总结》中提出：在条件具备的地方提倡

---

① 陈祥军编《杨廷瑞"游牧论"文集》，社会科学文献出版社，2015，第50~51页。
② 新疆维吾尔自治区委员会政策研究室等编《新疆牧区社会》，农村读物出版社，1988，第230页。

定居游牧，并认为：

> 定居与游牧各有好处和缺点。定居对"人旺"好，但因天然牧场、草场产量有一定限度，对牲畜发展不利。游牧能使牲畜经常吃到好草，对牲畜繁殖有好处，但全家老少一年四季随着牲畜搬家，对"人旺"说来极为不利。而定居游牧，在目前的生产条件下，则可以兼有两者的优点和克服两者的缺点。因此在条件具备的地方提倡定居游牧，一部分人出去游牧，一部分人在定居地方建设家园，设卫生所、种植牧草、种菜、兴办学校等，并在自愿条件下，逐步将牧民组织起来，进行互助合作，这将可以更好地达到改变牧业区人民的生活面貌和达到人畜两旺的目的。①

但该会议中提出的人畜两旺的定居游牧，在新疆未能行通。关键是单家独户不足以完成原来由集体分工合作才能完成的游牧过程，也无法解决集中定居与分散游牧的矛盾，而且又造成一个完整游牧家庭的分离。所以富蕴自20世纪50年代中期提出牧民定居工程，直到1982年，全县定居的牧民不足20户。这说明一个民族的生计方式不可能在短期内发生变化，同时也表明主观上牧民并没有接受定居政策。

新疆大规模牧民定居工程开始于1986年的新疆维吾尔自治区北疆牧区经济会议，当时制定起步阶段（1986~1994年）要达到定居、半定居牧户7万多户。② 实际上，由于大部分定居标准难以落实，所以牧民对定居政策比较消极。1996~2008年，新疆政府召开的三次畜牧工作会议上，把牧民定居解释为是改变传统畜牧业，迈向现代化畜牧业的一个标志。2008年7月，第三次新疆畜牧业工作会议提出：

> 全力推进牧民定居建设。按照定得下、稳得住、能致富的要求，遵循"定居先定畜、定畜先定草、定草先定地、定地先定水"的原则，坚持"三通、四有、五配套"的标准。采取异地搬迁和农区、城镇、城郊插花安置等形式，把牧民定居工作与社会主义新农村建设、推进农村城镇化和建设现代农业有机结合起来"。③

---

① 新疆少数民族经济研究会等编《牧区政策文献汇编》，内部资料，1985，第7页。
② 赵英宗主编《建言献策录——现代畜牧业与新疆发展专辑》，内部资料，2008。
③ 资料来源：新疆畜牧厅资料室提供，2008年。

政府对游牧民定居投入力度越来越大，政策实施标准也越来越具体化。但实践中定居的各项标准没有及时到位，对于牧民来说，游牧仍然是最有保障和最安全的生计模式。当地真正意义上的定居牧户很少，即使定居也是半定居方式，只有极少部分牧民常年居住在定居点。

为什么会出现这种一头热的现象？通过垦荒与定居工程的实施，我们可以发现支持这些决策背后的观念是农业先进论。尤其自20世纪80年代末以来，更是在科学知识话语的支持下，牧民定居的步伐不断加快。

对地方政府来说，实施这些措施的最终目的是要改变传统的、落后的、没有效率的、靠天养畜的生计性游牧业。对牧民来说，他们所认为的定居，是建立一个为游牧提供支持和帮助的后勤供应基地，而不是停止移动像农民一样的定居生活。传统哈萨克族社会，只有无牲畜的贫困牧民，在不得已的情况下才会定居从事农业。因此新中国成立后最先定居的也是这些贫困牧户。另外，传统哈萨克族社会还认为只有那些没有本事、没有能力的人才去种地。①

自政府实施牧民定居工程以来，牧民对定居的态度从观望、尝试、迷茫、被动接受到抗争，以至形成自己的看法。我整理了2006~2009年间访谈的160户牧民的信息，从中发现几乎所有牧民都认为完全定居是不可能的，夏季人和牲畜一定要去高山牧场。实质上，牧民认为的定居只是冬季不必去寒冷的冬牧场。定居点对人来说，有暖和的房子；对牲畜来说有暖圈、充足的饲草料以及用来种草的耕地。只要冬季人和牲畜都能够安全度过，牧民的生活就会越来越好。关键是他们发现已定居牧民的生活并不理想（见个案8-2），而且对定居后的生活充满恐慌和迷茫（见个案8-3）。

> 今年峡口，那里定居的牧民，种的苜蓿地。没有足够的水，苜蓿都旱死了。定居真能过上幸福的生活吗？政府天天说要定居，又没有那么多的地，开垦出来的土地又没有水。新农村建设，只是把墙刷干净。很多房子都是土房子，维修一下就变成标准的防震房子。
>
> 个案8-2：胡某，64岁，喀拉布勒根乡牧民，2006年11月26日。

> 我认为，现在并没有完全定居。夏天在外蒙边界放牧，冬天又在火烧山附近放牧。这不能算是真正的定居。还听说政府要在2010年让牧民实

---

① 陈祥军：《知识与生态：本土知识价值的再认识术——以哈萨克游牧知识为例》，《开放时代》2012年第7期，第127~138页。

现完全定居。但是，那么多的人定居以后去干什么，这么多人定居后该怎么办？我们也不知道，我们将来干什么？目前，我们还比较满意现在的游牧（半定居）生活，家里有20亩地，都种的是苜蓿。

个案8-3：巴某，31岁，初中，吐尔洪乡牧民，2006年11月18日。

经过几十年牧民定居政策的实施，牧民最终发现只要圈里（家里）有牲畜，生活就有保障。牧民还发现农民如果只依靠农业，有些年份甚至连温饱都解决不了。定居很多年的农民并没有从农业中富裕起来。农民仍然要依靠畜牧业生活才会过得好一些。所以不管政府怎样细化定居标准，牧民的抗争方式就是坚持不放弃游牧，甚至近年来农区的哈萨克人也在集体草场内，或租用草场从事冬、夏两季的放牧方式。

那些定居失败的例子更使牧民感到"定居意味着安全感的消失"。在喀拉布勒根乡的一个定居点，有一年政府为了提高定居牧民的收入，就让牧民种植经济作物——哈密瓜。种植哈密瓜的费用，政府和牧民各分摊一半费用。哈密瓜成熟后，没有市场销路。那年牧民损失严重，生活很辛苦。有的牧民甚至冬天没有粮食吃、没有煤烧。后来有一半定居的牧民又去放牧了。因此，在定居点你会发现有的牧民即使搬进政府投资修建的新房，但他们仍然喜爱住在圆形的毡房（见图8-3）里追随畜群而移动生活。

定居与农业始终是紧密联系在一起的。在政府看来定居就是为了转变落户的生产方式，由游牧到农业，变牧民为农民，这就是一种进步；在牧民来看，定居只是居住环境的改善，在目前很多措施不能到位及定居成功个案很少的前提下，游牧仍然是不能放弃的生计方式。

在地方干部的观念中，定居就意味着要从事农业。地方干部往往只注重硬件（房屋、棚圈等）的达标，很少关注牧民定居以后的生计问题。同时，牧民定居后，由于生计方式的快速转变，他们要在心理、文化、知识、技能等方面去面对完全陌生的一套知识体系。国家并没有帮助游牧民建立这两种知识体系之间的转换，也没有建立一套过渡的适应机制。

垦荒与定居实质是一个过程，最终目的是让更多的游牧民定居，同时也意味着牧草面积和游牧空间的缩小，进而影响游牧民长距离大范围的移动方式。由于生计变迁而转变为农民或定居牧民的人，在过去几十年时间里已改变了定居点（乌伦古河）原有的生态环境，并造成定居点生态环境的恶化。当地草原环境特点形成了哈萨克人的游牧生计方式，随季节移动正是游牧民长期适应自然的结果。因为任何一个民族的生计方式都是经过自然环境和社会环境长久磨合的结果。富蕴哈萨克游牧民生计方式的变化必然会影响到游牧民与草原生态原有的互动关系。

（二）草畜双承包制：农区经验模式的移植[①]

历史上中国农区基本是土地私有的单干或个体经营模式，而在游牧历史上，草场从来都属于以血缘为纽带的氏族部落所共有，从来没分割（破碎化）给个体牧户。所以牧区的草畜双承包制主要来源于农区的家庭联产承包责任制。在农区，分田到户的背后逻辑是：凡是集体的都是没有效率的，必须以家庭为单位进行生产才能调动农民的积极性，并认为农业集体化的低效率是由政策和制度造成的。在后来的研究者看来这只是一个理论假设，而且至今没有被验证。但是，这个先期提出的假说却被当作理所当然的信念，成为一个学界共识。[②]

家庭联产承包责任制在农区初步取得成功后，立刻开始在牧区推行，并被称为畜牧业生产责任制（即草畜双承包制）。它在思想和实践中基本是套用农区模式，这一点从当时指导牧区工作的主导政策中也可得到证实。1984年9月，王恩茂在新疆工作座谈会上讲道："我们要像总结农业生产责任制的经验，推广和完善农业生产责任制时一样，好好总结畜牧业生产责任制的经验，好好推广和完善畜牧业生产责任制。"[③]

牧区草畜双承包基本是移植或套用农区经验。在此前提下，国家假设在牧区也要首先解决两个"大锅饭"问题，即人吃牲畜的"大锅饭"问题和牲畜吃草场的"大锅饭"问题。按农区经验，承包牲畜必然可以刺激牧民发展牲畜的积极性，也可以激励牧民保护建设草场。为了提高牧民收益，采取"缴够国家的，留足集体的，剩下都是自己的"的政策。但实践中这种设想只是在增加牲畜数量上得到了实现，而保护、建设、改良草场的愿望却没有实现，且单靠牧民的力量也无法实现。

其实，这种设想是把农区与牧区看作是具有相似自然生态条件的前提下才实施的草畜双承包。在农区，农田自然生态条件在空间分布上具有同质性或相似性特点，而牧区放牧草场的水草资源在空间分布上却存在着巨大的异质性。

[①] 陈祥军：《草原产权变动在哈萨克牧区社会的反应与影响——以新疆阿勒泰富蕴县为例》，《新疆大学学报》2014年第1期，第62~67页。

[②] 老田：《"三农"研究中的视野屏蔽与问题意识局限》，《开放时代》2004年第4期，第10页。

[③] 新疆少数民族经济研究会等编《牧区政策文献汇编》，内部资料，1985，第283页。

草场承包恰恰忽视了水草资源时空分布的异质性特点。原来一个整体的放牧草场被分割成无数个小块承包到户。30多年后，我们发现它没有实现预期提高牧民收入和保护草场的目标。更为严重的是这种草场承包反而加快了草原退化的速度，同时在面临自然灾害时也缺乏弹性的调配机制。

2010年1月，我多次电话访谈了喀拉布勒根乡的波拉提。他说，今年的雪非常大，小牲畜（羊）根本吃不到草。他们家的冬牧场由于离定居点较近，所以在政府把牧道打通后，他们立刻把羊群赶回了定居点，又花了1000元雇了一辆车拉回冬牧场里的生活用品。对于很多冬牧场较远的牧户来说，在牧道打通之前只能进行自救。牧道打通后，牧民又面临一个大问题：积雪太厚，羊群根本无法前行，要想把羊群赶回定居点，只有依靠卡车。然而运费太高，每只羊要收50元，绝大部分牧户无法支付，他们主要依靠以血缘为纽带的阿吾勒进行互助自救。厚厚的积雪覆盖了牧草，此时饲草料对牧民来说是最急需的。县政府陆续从外地调运来了一些饲料，运来后，牧民却发现牲畜不愿意吃。后来，反而是在本地常年贩卖牲畜的羊贩子帮了牧民，因为他们熟知牧民最急需的饲料。

面对严重自然灾害（雪灾或旱灾），草场承包无法做到像过去那样采取大范围的跨县或地区的移动避灾。集体化时期采取的大范围移动实质是一种主动避灾，而草畜双承包后迫使地方政府转变为被动防灾。这种移植农区分田地的草场承包，在牧区经历30年的实践后，到底对牧区社会产生了什么影响？我以崔延虎在阿勒泰地区布尔津县牧民的草场分割个案来进行说明：

> 1984年，阿勒泰地区布尔津县窝依莫阔乡的牧民居马德尔7口人获得了四季草场12100亩的使用权。通过作价归户的牲畜240多只（头/峰/匹），其中羊210只。当时他有5个孩子，4个男孩，1个女孩，最大的男孩18岁，最小的9岁。1986年，大儿子成家，一年后他给大儿子"分毡房"，帮助他建立了自己的家：一顶毡房、80只（头/峰/匹）牲畜。在商议草场问题时，老人作主给儿子分了3500亩四季草场。在草原上，结婚以后继续待在父亲的房子里是要遭到嘲笑的。到了1993年的第二次承包责任制，他的草场使用权延长到50年。其后8年内，另外两个儿子分别成家。按照哈萨克族习惯，他帮助两个儿子同样建立了自己的家，给他们分了3500亩左右的四季草场。如今姑娘也出嫁了，他和妻子、幼子居住在一起，依靠剩下的约4000亩四季草场过日子。

1984年政策设计的时候没有考虑到哈萨克族社会有"分毡房"的文化风俗。到 2000 年，三个家庭的牲畜数量达到了 800 只（头/匹/峰），草场环境发生了变化：四季草场每亩平均产草量由 1986 年的 280 公斤下降到了 100 公斤左右；草的盖度、高度都明显降低；牲畜的食草范围由原来的同一草场每四天轮换一次变为每天在同样草场轮换三次；春秋草场退化加快。到 2008 年，三分之一的草场出现荒漠化趋势。①

从这个案例中，崔延虎认为 1984 年的草场承包，国家政策的设计，坚持的是"生不加死不减"的原则，完全没考虑到哈萨克族社会家庭"分帐"的文化传统。儿子成家后的"分帐"使原有草场面积进一步破碎化，从而导致各类牲畜混群放牧和移动范围的又一次缩小。这种状况到了第三代，每户牧民的草场面积已无法再进行分割。这种套用农区成功经验的草畜双承包没有考虑到：草场分得越小，生态退化就越快。农区在自然条件同质的情况下，分家分田地具有可操作性，而在牧区简单套用农区模式，不但造成生态退化，还会加剧牧区的贫富差距。我发现，那些女儿较多的牧户，草场放牧压力相对较小。因为女儿出嫁后，人口减少了，原有的草场不必再进行分割，所以女儿多的牧户，其家庭生活、收入都相对较好。

因此，移植于农区经验的草场承包制度必然缺失原有游牧社会文化生态的维系机制，从而引发草场破碎化之后的生态问题。草场承包后，随着使用权的确定，在其后的实践中又渗透了越来越多现代化的管理理念。在理论上用一套科学话语来解释现代管理知识的先进性。

二 脱离游牧常识的牧业现代化

（一）畜群转场的机械化

早在 1963 年的全国牧区工作会议上就提出实施牧业生产机械化的措施，但此后一直停留在口号阶段。原因有三：一是，牧业生产机械化并没有一个具体的实施标准，它只是一个宏观指导性建议；二是，受自然环境条件所限；三是，受前期重农轻牧以及后期的重工轻牧的发展理念影响。直到 2008 年，在新疆第三次畜牧工作会议上又提出要提高畜牧业机械化水平的措施。

---

① 崔延虎：《困境下的深层制度原因与制度改革：新疆草原牧区社会经济与环境问题的个案分析》，中国草原牧区的环境变化与社会经济问题研讨会，北京，2008 年 10 月。

2009年春季，我在富蕴各乡做调查时就听到有人在谈论牲畜机械化转场的问题。吐尔洪乡基层干部达吾提告诉我，富蕴从2009年开始被新疆确定为机械化转场的试点县。我问他："不会是要用大卡车拉着牲畜转场吧？"他说根据上级下发的文件内容，以他的理解应该是这样。我把这个信息告诉了一些牧民，并想知道他们对牲畜机械化转场的看法。大部分牧民都觉得滑稽可笑，认为这项措施不切实际。后来，我在阿勒泰农机网、中国农业机械化信息网等官方网站上，获得了富蕴牲畜机械化转场项目的详细内容。下面摘录两则有关富蕴牲畜机械化转场项目启动仪式的新闻：

> （2009年）4月17日富蕴农机局在克孜力希力克乡……召开畜牧业机械化转场项目实施动员会议。……机械化转场路线为春季牲畜接羔点至夏牧场约200千米，实施机械化转场示范牧户20户，转场牲畜10000头（只），试点项目各项工作准备就绪，5月初牲畜产羔完毕正式启动。该项目实施成功后，将彻底解决我县牧民长年在各季草场之间辗转数百千米，沿袭自古以来"帐篷锅床骆驼背，牛走羊奔尘土飞"的原始的游牧转场方式，以及春季转场中幼畜、产后虚弱母畜的死亡和秋季转场过程中牲畜严重掉膘的现状。①

> （2009年5月9日）在新疆富蕴克孜力希力克乡的牲畜接羔点，四辆挂着横幅的双层大卡车满载着650余只羊整齐排列着，等待着牲畜机械化转场仪式的启动。自治区某领导讲话指出：牲畜机械化转场工作是为深入贯彻……关于大力发展现代畜牧业，加快传统畜牧业向现代畜牧业的转变……，由自治区农机局、地区农机局及县主管领导揭去了头辆卡车的红绸，四辆双层大卡车带着牧民的希望徐徐驶向转场的道路。
>
> 富蕴作为百万头（只）牲畜的牧业大县，每年牧民在各季草场之间转场，需要辗转数百千米。现阶段牧民依旧沿袭自古以来"帐篷锅床骆驼背，牛走羊奔尘土飞"的转场方式，原始的游牧转场方式。……为改变这一状况，……按照传统畜牧业向现代畜牧业发展的思路，随着富蕴克孜力希力克乡阔协萨依村600余只羊装上汽车运往中山草场，标志着富蕴牲畜

---

① 富蕴农机局：《富蕴实施畜牧业机械化转场项目试点工作就绪》，阿勒泰农机网，http：//altnj.cn/altnj_gzdt/fy/2009/4/094201156161080.html。

机械化转场试点工作正式启动。①

上面两则新闻,其共同点首先是在"传统畜牧业向现代畜牧业发展"的"科学"话语支持下,为解决游牧民"转场的辛苦",只有彻底改变"原始的游牧转场方式"。实际上,实施"机械化转场"是基于两个前提:"游牧民的转场何其辛苦"和"原始的游牧业必须改变"。可见,该项目从设计到实施过程,尤其缺乏对当地草原环境、牲畜的移动性以及草场季节性特点等地方性知识的了解,还表明设计者缺乏深入的实地调研,更没有了解草原主体牧民的看法。

当我跟随牧民转场,并与他们一起谈论机械化转场时,牧民都感觉有点不可思议。在他们看来这是一个常识性错误。当牧民最初听到"机械化"转场的消息时,开始感觉有点滑稽,后来大部分人认为应该用汽车、拖拉机等帮助牧民运送毡房等日常生活用品,至少不是运送牲畜。近年来有部分牧民也会雇佣皮卡车搬运毡房,他们根本没有想到要把牲畜装进汽车里转场。之前也有牧民用汽车装载着牲畜转场,却造成了牲畜的死亡和严重掉膘。波拉提告诉我,之前有人用皮卡车装载牲畜转场,一路上左右摇晃、上下颠簸,等到达目的地后,就有羊因挤压碰撞而导致死伤。而且,这些羊下车后晕乎乎的,也不好好吃草,经过一星期左右才缓过来,膘情下降得也很厉害。

2010年2月10日,我又电话访谈了波拉提。他告诉我没有牧民愿意把牲畜装到汽车里转场,即使免费也很少有人愿意使用。因为牧民从羊贩子那里也了解到,每年他们都是开着双层大卡车,把牲畜从富蕴运往乌鲁木齐等地,每次回去后都要死伤一些牲畜,而且还严重掉膘,他们还要用饲草料喂养一段时间。

机械化转场除了造成牲畜的死亡和掉膘外,最关键的是它会加剧草原生态环境的恶化。因为它打破了游牧转场的规律,把一个完整的游牧过程割裂为一个个"线段"。草场承包已经造成了放牧草场的破碎化,机械化转场又使转场牧道"线段化"。牲畜的放牧空间和移动空间进一步缩小。由于缩短了在牧道上的放牧时间,必然会增加在其他季节草场上停留的时间,又对其他草场形成了压力。

机械化转场设计者的初衷是让牧民和牲畜都不辛苦,但结果不但没有让牧

---

① 朱新辉:《新疆富蕴举办牲畜机械化转场项目启动仪式》,中国农业机械化信息网,http://www.amic.agri.gov.cn/DesktopModules/Infos11/Infos/ThisInfo.aspx? ItemID = 72845&c = 18, 2009 - 5 - 12。

民和牲畜都满意,又制造出一个引起草原退化的新因素。这主要是设计者借助了"科学和技术的合法性"①,却忽略了项目本身是否适合于当地的自然生态、社会文化、生计方式等地方性特点。

(二) 畜牧管理的现代化

1. 由游牧业向养畜业的转变

草场承包是现代草原管理制度的核心部分。它虽然是完全移植农区的经验模式,但还有牧业现代化改革的身份。其在牧区推广后,随之又建立了人工饲草料基地。新疆自20世纪90年代中期开始大力推行人工饲草料基地的建设。富蕴的人工饲草料基地是在河谷林、山间盆地的基础上开垦出来的。这不但破坏了原生植被,还要花费大量的资金进行管理。

内蒙古早在1985年后便开始采取饲草料基地开发,造成大片草原的生态退化。后来,政府又开始推行小型草库伦(围栏)建设,但后来几乎全失败了。②吉田顺一通过对内蒙古牧业现代化的调查后,也认为这种草场承包和建立人工饲草料基地的做法,从本质上来说接近于欧美、日本、澳大利亚、新西兰的养畜业(animal industry)方式。养畜业是以土地私有和定居为前提,而游牧业是以草场公有和移动为前提。所以他还认为:"如果照搬引进与其(游牧)相对的养畜业的饲养方法,草原的永续稳定恐怕将会受到损害,草原被破坏的危险将会进一步加大。"③

那我们的草场承包和人工饲草料基地与西方的养畜业为什么会如此相似?研究中国草原制度的何·皮特认为,中国的草原管理制度本身就是在借鉴西方国家(养畜业)草原管理经验基础上产生的。④

正是这种养畜业的管理草场的观念,把草原看成是一个静态的,且能稳定提供产量的科学耕地,完全忽视气候多变和自然灾害多发的干旱半干旱区特点。只从经济效益角度考虑,以为只要满足牲畜的饲草料就能获得更多更稳定的收益,殊不知这些措施打破了原有的游牧知识对人、草、畜的调节规律。新

---

① 〔美〕詹姆斯·C.斯科特:《国家的视角:那些试图改善人类状况的项目是如何失败的》,王晓毅译,社会科学文献出版社,2004,第5页。
② 达林太:《对内蒙古草原畜牧业过牧理论和制度的反思》,第23届国际保护生物学大会,北京,2009年。
③ 吉田顺一:《游牧及其改革》,《内蒙古师范大学学报》2004年第6期,第38页。
④ 〔荷〕何·皮特:《谁是中国土地的拥有者?——制度变迁、产权和社会冲突》,林韵然译,社会科学文献出版社,2008。

疆 2008 年的第三次畜牧业工作会议上继续提出要"加快建设高标准的饲草料生产基地"。① 可见，新疆仍然采取的是养畜业的草场管理方法，虽然这在内蒙古已被证明是失败的经验。

基层退休老干部张方美说，自 20 世纪 90 年代中期至今，从自治区到富蕴负责畜牧业的领导干部先后考察过澳大利亚、加拿大、新西兰等国家的养殖业，同时也带回来很多西方养殖业经验，并以项目形式在新疆开展。可见，我们总是把西方发达国家的养殖业经验奉为经典，殊不知，我们正在抛弃已经有着几千年历史的游牧知识，开始向西方学习只存在了一两百年的养畜管理方法。

2. 牧民对疫病防治和畜种改良的抵制

牧民对于公社化时期的疫病防治工作基本没什么异议，但对于现在的防疫工作却心存不满。他们告诉我，本来一个健康的牲畜，打完疫苗后就不好好吃草，甚至还有死亡情况发生。我在几个牧业村了解到，每年都有因打完疫苗之后死亡的牲畜。有牧民认为，频繁地打针（各类疫苗）② 对牲畜的健康构成威胁。马太比老人③讲：

> 以前牲畜不打任何预防针。我觉得牲畜打预防针相当于给蔬菜喷洒农药。而羊为什么会拉肚子，是因为生完小羊羔后，天气很冷，所以才容易拉肚子。应该把羊群赶到有太阳的地方，在羊圈里铺上干燥的羊粪。羊拉肚子不会传染给其他的羊。我年轻时，把牛、羊照顾得非常好。因为给羊经常打针，现在的羊肉都没有以前的好吃，羊肉汤都没有以前好喝。

老人的意思是，不要一味地给牲畜打各种疫苗，牲畜生病了只要做到对症下药、悉心照料就好。为此，我又找到几位兽医，他们讲目前确实存在有些牲畜打完疫苗后掉膘或死亡的情况。他们根据多年的经验分析，认为这主要是现在药品（疫苗）质量存在问题，因此近年来才出现了牲畜打完针之后死亡案例增多的现象。

在畜种改良方面，阿勒泰大尾羊的培育曾经是当地最成功的畜种改良项

---

① 《自治区党委、自治区人民政府关于加快现代畜牧业发展的意见》，2008 年 7 月 30 日。由新疆畜牧厅提供。

② 我在想，近年来频繁发生的疫苗事件，是否也波及动物疫苗。2016 年 3 月又发生了山东疫苗事件。

③ 马太比，男，1916 年出生，哈拉哈斯部落，哈希翁村，2009 年 3 月 14 日，老人家里。

目，然而在草畜双承包后就徘徊不前。因为牲畜归户后，项目失去了畜种培育的条件。当初该项目之所以能成功，关键是它是以当地原有的土种羊为基础，保留了其抗寒、耐热、耐粗以及善走山路和长途远牧的特点。当时畜种改良始终把对自然环境的适应放在第一位，即把本地自然环境特点与传统游牧知识作为基础。而后来的畜种改良过于注重个体重量及产奶量（即经济效益）的多少，而忽视改良畜种的生理特征是否适应当地自然环境的特点。

进入21世纪，对牛的改良成为富蕴畜种改良工作重点。虽然改良牛的工作推行了多年，但牧民对此并不积极。整个县里本地牛和改良牛的数量基本各占一半。在牧区，本地土种牛的数量还是占绝对优势，高产的优质奶牛则主要集中在农区。喀拉布勒根乡的兽医告诉我，牧民不愿意饲养改良牛的原因是：现在饲养改良牛的要求比较高，如要特别好的牛圈、充足的草料，好的生存自然环境，而且改良牛的抗病能力差，容易得传染病。改良牛还缺乏地方性知识。

2008年夏季，富蕴因误食毒草而死亡的牛中，大部分是从外地引进的改良牛。牧民认为本地牲畜有识别毒草的能力。一般毒草都有苦味或刺激性的气味，长期游牧于一个地方的本地牲畜一般都不会采食毒草。前些年政府出钱让牧民养了一种改良牛，几年后活下来的改良牛没剩下几个。牧民普遍认为，当地自然环境不适应饲养这种改良牛。多年参加畜种改良工作的张辉[①]回忆道：

> 我最遗憾的就是没有搞成功牲畜的经济杂交。澳大利亚的羊都是杂交出来的，必须搞经济杂交。过去，从英国、德国等引进过种羊，但推展不下去。牧民的观念不改变，哈萨克族的领导观念都不改变，何况一般的牧民。这里发展肉牛最合适，但要种植青株玉米。

当地干部或技术人员一般都把牧民不积极配合畜种改良工作，归结为思想观念落后。通过调查和阅读官方文件，我认为，近年来县政府大力推行改良牲畜的逻辑假设是，改良牲畜可以提高牲畜质量以减少牲畜数量，从而缓解草原退化进程。

牲畜改良在内蒙古也早已实施过，情况又怎样呢？北京大学李文军小组在内蒙古赤峰市克什腾旗的调查显示，改良羊比本地土种羊的食草量要大，耐

---

① 张辉，男，1939年出生，2008年10月30日，在乌鲁木齐他的家里。

旱、耐寒性差。羊羔生下来没有毛，要立刻拿到房子里，且羊羔要吃配合饲料才能增重。改良羊需要投入更多的资金和劳力。可见，改良并不能提高畜牧业的生产效率，原因在于"改良思路有违于干旱、半干旱地区生态系统特点，需要通过系统外的高投入方能获得高效益"。① 因此，这种以考虑经济效益为前提的畜种改良，往往忽视游牧区域的自然生态系统，最终非但不能提高经济效益，反而又造成了新的草原生态问题。

3. 行政化管理与季节游牧节奏的错位

牧区行政化管理的目的是要把牧业生产和牧民生活都纳入现代化管理的时间序列和规则之中。我以两个典型个案来揭示行政化管理与游牧社会生态节奏的冲突。

个案 1：游牧时间与现代时间的错位

2008年秋季，我在吐尔洪乡听到大家都在议论一件牧民与派出所警员冲突的事件。后来我又陆续访谈了几个牧民，了解到冲突事件的起因。

在牧区，给孩子落户口不是一件容易的事。孩子出生好几年后登记落户是很正常的一件事。有些孩子甚至到了上学年龄才办理好户口。为什么会出现这种情况？

按政府规定，牧民孩子出生后应该到各乡政府所辖的派出所去落户。富蕴的6个乡政府所在地大都分布在春秋牧场。乡派出所户籍科工作人员是以全疆政府部门统一的时间办公，而游牧的季节移动性规律决定了牧民转场经过乡派出所的时间，与其办公时间重合的可能性很小。因此牧民转场经过乡派出所时经常会出现几种情况：可能工作人员还没上班，也可能外出办公，或已下班。牧民随季节驱赶畜群移动，每年只有两次经过乡派出所的机会。当然现在很多牧民有了摩托车，相比过去方便很多。但对于那些劳动力比较短缺的牧民，他们根本抽不出人手再回来一趟。

2008年的秋季，一户牧民转场经过某乡派出所去给孩子落户口。他的孩子已经6岁，之前来过很多次派出所，因为以上的种种原因都没办成。这次乡派出所里有警员，但还是办不了。有两种说法，有人说是因为管户籍的警员不在，也有人说是牧民少带了什么证件（这些说法已不重要）。那位牧民听到这次又办不成时，非常生气。之后与警员发生争吵，以致最后发生了肢体冲突。

---

① 李文军、张倩：《解读草原困境——对干旱半干旱草原利用和管理若干问题的认识》，经济科学出版社，2009，第268页。

这个事件的背后是因为，我们的现代时间节奏与当地游牧社会的生态时间是相互错位的。游牧民的时间概念是与游牧生产、自然变化规律及社会生活紧密联系，因此其时间节奏与自然、生态及社会已经连接成了一个整体。当地牧民的时间概念与普理查德笔下努尔人的时间概念极为相似。努尔人的生态时间与结构时间是以牛及其生存自然环境为中心，而他们的生态时间与结构时间是以牲畜及水草的季节变化为中心。所以这种动态的游牧时间是无法与现代的固定化时间相重合的。

此外，在牧业生产的管理中，有时过于强调建立在效率基础上的时间性，往往会脱离实际。遵守自然气候时令是游牧业生产和农业生产相似的地方。游牧业相对于农业除了要依赖自然时令以外，还要遵循牧草和牲畜的生长繁育规律。农作物可以通过人工创造适宜环境（如温室大棚）突破自然气候所限，而常年移动于草原上的牲畜已经与当地自然环境形成了稳定的繁殖与生长周期。

个案 2：谁来保护牧民的羊圈？

2009 年 12 月 31 日晚，田野点的哈萨克族朋友阿汗给我打来电话，他家冬牧场羊圈里的羊粪被别人偷走了。在牧区，羊圈相当于牧民的固定财产，在牧业生产中起着重要作用。

牧民羊圈和农区羊圈是两个完全不同的概念。农区羊圈就是一个有栅栏或围墙的"圈"，重在指一个行动受到限制的空间概念。牧民羊圈是由积淀多年的羊粪层层铺垫而成，具有保暖作用。冬天，这些羊粪就相当于羊群的暖床。牧民羊圈即含有时间历史概念，又具有财产所属概念。过去氏族部落间发生矛盾，一方会采取烧毁另一方羊圈的方式进行报复。所以羊圈被毁坏被认为是氏族内的一件大事，这意味着要花费很多物力、人力、财力才能修复。

2009 年 12 月中旬，阿汗家到达冬牧场后发现羊圈里的羊粪被人挖走了。以前几乎没有听说过羊粪被人偷走的事情，最多也只发生过春季偷挖大芸的人把牧民的羊圈烧毁的事件。阿汗家立刻到派出所报了案，也通过村支书向乡政府反映了此事。羊粪被偷之后，令他们最担忧的是寒冷的冬天里羊群如何才能安全过冬，尤其是 2009 年底至 2010 年初遭遇了大雪和降温，更是雪上加霜。他们虽报了案，但远在 200 千米之外的乡派出所也是鞭长莫及。

我想可能这个案件侦破的难度也很大。因为阿汗家也不知道羊粪是什么时候被人偷走的，只是到了冬牧场后才发现。在荒无人烟的荒漠草原也无法找到目击证人，但也有可能是派出所工作人员不知道羊粪在游牧生产中的重要地位。如果这两种可能都没有，即使派出所按照正常的程序在几个月后破了案，还是没有人能够立刻解决牧民羊圈的问题。最后，阿汗家的羊圈还是在阿吾勒内亲戚的帮助下修复的。直到 2010 年 2 月初，阿汗家羊粪被偷的事件一直没有人去调查。

目前，这种行政化管理重在安排宏观任务与措施，每年按一定的程序开几次会议，布置好全年任务，如安排转场时间、打疫苗的时间、洗药浴的时间等。自草畜双承包后，固定化和程序化的行政管理制度并不适应复杂、多变、动态的游牧生产过程，即个体的游牧民在面临自然灾害、人为灾害及突发事件时，行政化管理的程序往往是滞后的。

这两个个案说明，所谓牧业管理的现代化，实质上与传统游牧知识、生产及自然生态是脱节的。正如斯科特所言："大型官僚制度所必然带来的简单抽象无法充分地表示出自然或社会过程的复杂性。他们所使用的范畴过于简单、静态和公式化，因此无法公正地代表他们所要描述的世界。"① 所以现代草原管理制度尤其缺乏灵活的弹性管理机制，势必会对游牧生产和草原生态造成影响。

（三）畜牧经济的市场化

在畜牧经济进入市场体系的初级阶段，畜产品的收益大大提高了牧民的生活水平，同时也在改变牧民对自然资源的态度和获取资源的方式（见第七章）。市场运行机制对牧区的影响要远远大于农区。在中国农村，市场经济体系是引起"三农"问题的因素之一。所以老田认为："三农"问题实际上是中国在西方式现代化道路上陷于困境的集中表现，农民的不利地位，恰恰是中国引进西方式竞争性社会分配规则所隐含的排斥机制注定的⋯⋯。"② 市场体系背后的竞争性原则，除了造成牧民处于更加不利的位置外，还破坏了原有的"人－草－畜"关系。新的"人－草－畜"关系建立在市场经济的基础上，具体表现为货币关系。

在牧区社会卷入市场经济体系之前，牧民的畜产品以及生活用品都由供销社和食品公司来负责，此后供销社和食品公司基本垮台，原来的功能被个体承

---

① 〔美〕詹姆斯·C. 斯科特：《国家的视角：那些试图改善人类状况的项目是如何失败的》，王晓毅译，社会科学文献出版社，2004，第 357 页。
② 老田：《"三农"研究中的视野屏蔽与问题意识局限》，《开放时代》2004 年第 4 期，第 6 页。

包商等私营商贩所取代。牧民的牲畜交易基本被维吾尔族商人（部分回族）所控制，而山羊绒、羊皮、羊毛等被回族商贩所控制。近年来，内地来疆汉人也越来越多地参与进来。由于牧民对市场行情不清楚，畜产品的收购价格基本被这些商贩所控制（见个案8-4）。例如，2006年，虽然市场羊肉的价格很高，但当地活畜的收购价格却很低。因为当年活畜价格被来自南疆的维吾尔族商人所控制，所以牧民的牲畜头数增加了，收入反而没增加。

  开矿和旅游开发使物价提高了，而羊贩子又把羊毛、羊肉的价格压得很低。每年4月20号到5月20号期间刮羊绒；6月份开始剪羊毛。羊毛、羊绒在夏牧场剪下来后就立刻卖了。一般都卖给那些小商贩们。我们也没有办法，我们急需用钱啊！没有办法啊，才卖给小商贩的。我们中有人想为牧民办事，可是没有本钱。牛羊从夏牧场下来后，又要还贷款，所以牧民急着要把羊毛、羊绒卖了。羊毛一般是每公斤3~3.7元，羊绒一般是每公斤200元左右。

  个案8-4：巴哈提，43岁，萨尔巴斯部落，阔斯阿热勒村，2006年8月16日。

  供销社和食品公司消失之后，对生产生活用品的供应实际比过去要差。由过去政府统购统销一下子全部由牧民自己承担，这给牧民增添了很多困难。牧区很多个体小商贩成为牧民主要的供应商。个体经营者从经济角度考虑，倾向于利厚、畅销、易运的货物，而没有从牧民生产生活的角度来提供那些利薄、零碎、实用、难运的物品。而且商店大都集中在人口相对集中的农区和定居点。现在虽然商店多了，但牧民常常还是只有到县城才能买到自己需要的物品。

  牧民与信用社建立的密切关系是市场经济体系在牧区运行的另一种具体表现。牧民初春贷款、秋末还款已经成为一种惯例。初春时，牧草还没有生长起来，母畜正在产羔，牲畜普遍比较瘦弱，牧民急需购买饲料以减少损失。畜产品价格高时，牧民一般能及时还款。畜产品价格较低时，牧民的还款率也较低。如果有些牧民碰到家里有人得了大病、孩子上大学、生产经营不善、自然灾害等情况，当年基本没有还款能力。

  2006年7月，我在恰库尔图信用分社门口看到19张表格，上面写着"恰库尔图信用分社不良贷款黑名单"（见图8-9）。黑名单发布日期是2006年6

月 30 日。名单中有 130 户牧民没有及时还款，未还余额最多是 18500 元，最少的只有 300 元。有户牧民的贷款到期日期是 2003 年 12 月 30 日，即还款期限已经过去了两年半。该信用社主任讲，2003 年以来不能按期偿还贷款的牧民逐年在增加。有些牧民三年前的贷款还没还清，为此信用社只好限定最高贷款额。每户牧民每年最多贷 5000 元。此外，信用社又按"组"贷款，即牧民可根据自由组合，每 3 人一组一起来贷款。如果这个组中，有任何一户牧民第二年没有还款，信用社也不会再给其他两户牧民贷款。

图 8-9　恰库尔图信用分社不良贷款黑名单

2008 年，喀拉布勒根乡信用社为了能收回贷款，以村为单位，凡是这个村里只要有一户牧民没有还款，第二年信用社不会给村子里其他任何一户牧民贷款。之前信用社为了追回贷款，有时直接到牧民家里去拉羊或收取户口簿做抵押。由于现在牧民既没有阿吾勒时期的互助机制，又缺乏公社时期的依靠对象，确实已离不开信用社的贷款。难怪牧民也认为，现在感觉自己成了银行的雇工，忙碌了一年就是为了给银行还款。因此，货币交换体系已经成为现在牧区主要的经济交往模式。

在市场体系下，凡是进入这一体系中的所有元素都被赋予了资本的概念。原有"人-草-畜"之间的生存性关系逐渐被竞争性关系所取代，具体变化是牲畜由过去只是为满足生存为目的，变为现在是以获取更多利润为目的，牧民间像过去那样的互助关系在减少，以货币来支付劳动的雇佣关系在逐渐增多。而草原被资本化的过程主要通过牲畜的数量来体现。牧民为增加收入，只能增加牲畜数量，而要维持牲畜数量的平稳增长，只能借助银行贷款。由此，牧民、银行、牲畜的关系变得日益紧密，并取代原有的"人-草-畜"关系，造成人与自然的分离。

现实中，人们往往忽视市场经济体系对草原生态的影响。如今草原已经成为一种自然资本（natural capital），来自游牧社会之外的力量也开始以各种理由开发草原。草原虽然是一种可再生资源，但持续的开采如果超过自然再生的速度就会把潜在的可再生资源变成不可再生的资源，① 由此所引发的草原生态退化则不可避免。

小　结

本章把草原生态及游牧知识体系的变化置于国家现代化进程的背景下，旨在突出草原生态与游牧知识体系的密切互动关系。因为草原是产生游牧知识的基础，所以草原生态的变化必然与游牧知识的变化有直接关联。本书把草原生态的变化放在最后，主要是因为生态环境的演替（变化）是不以人的意志为转移的，它有其自身的演替规律，且往往滞后于游牧知识的变化速度。

从草原生态变化的过程可以发现，游牧知识及其传承机制逐渐发生变化的公社化时期，也是草原生态的局部变化期，而草原生态环境的严峻时期也是游牧知识和传承机制变化最为剧烈的时期。尤其是草畜双承包制的实施，对传统游牧管理知识的冲击最大，甚至使本土知识体系发生了根本性变化。因为以草畜双承包制为代表的现代草原管理制度，在国家现代化的强有力推动下，以一系列专业机构和现代科学技术在游牧生产中树立了自身的绝对权威，抛弃了公社化时期以来在传统游牧知识基础上积累的许多宝贵经验。作为游牧主体的游牧民，尤其是原来掌握着游牧知识和丰富管理经验的老人们也失去了参与的权力。各种违背游牧生产和破坏草原生态的行为失去了制约的力量。可见，富蕴草原生态环境问题日益严峻与原有哈萨克族传统游牧知识体系的瓦解存在着密切的关联。

在游牧知识体系遭到瓦解的同时，现代草原管理制度最终借助国家力量，以科学知识为媒介在哈萨克族牧区社会确立起来。在实践中，现代草原管理制

---

① S. El Serafy, "The Environment as Capital of Income from Depletable Natural Resources," in Y. J. Ahmad, S. El, Serafy and E. Lutz (ed.), *Environmental Accounting for Sustainable Development*, World Bank, Washington, DC, 1989, p. 10.

度的建立经历了从套用农区（成功的）经验模式到建立牧业现代化的过程，但同时它却忽视了对维持当地生态平衡起着重要作用的本土文化知识体系。

本章还初步讨论了在市场经济背景下，这种追求开发牧草资源的经济发展理念，引起了原有牧区社会生态系统中"人－草－畜"关系的分离，同时其在开发过程中忽视了当地自然环境特点及其与本土知识的互动关系，而且牧区社会的自然生态和本土知识体系非但没有接受这种发展理念的能力，反而失去了制衡或约束破坏草原生态行为的力量。

第九章

结　论

2009年底至2010年初，阿勒泰地区的哈萨克牧民经历了一场60年不遇的大雪。实际上，对哈萨克牧民来说，他们并不畏惧大雪，因为他们认为没有雪比雪灾更可怕，哈萨克谚语说"白灾之害只一季，黑灾之害得两年"。草原上，哈萨克牧民经历着各种多变的自然环境，对此他们有自己的一套调节和适应机制，而这套机制就是协调游牧民与草原环境关系的游牧文化知识体系。

历史上，人与自然的关系始终贯穿着人类社会，而人类在与各种自然环境的相处中产生了不同文化，又依靠一套知识体系作为在各种自然环境下生存的技能。这种文化知识分布于不同地域的民族，在长期的生产生活中逐渐形成了一套适应各自环境的知识体系。工业革命以来，人类社会步入以科学技术为主导力量的现代化发展过程，在其推动下到20世纪下半叶时世界上许多地区都出现了经济的快速增长，但与之相伴的社会、经济及生态问题也紧随全球化抵达世界的每一个角落。例如，2008年下半年，发源于美国的金融危机竟然波及我的田野点，当时国际铁矿石价格急剧下跌，富蕴很多民营矿厂陆续停产，大批外地矿工纷纷返乡。可见，中国边疆地区的经济也已卷入全球经济体系之中，在经济增长发展理念的影响下，也同样经历着西方工业化以来所遭遇过的且还在延续的生态环境问题。

在此国内外大环境下，中国牧区的社会生态也面临着一系列问题。由于各种各样的开发，游牧空间日益缩小，游牧的根基——移动性也日益受阻，草原的沙漠化还在继续蔓延，尤其当草原成为一种可开发的资源时，生态问题与争夺资源的冲突将无法避免。

书已接近尾声，我的思绪也已深深陷入阿勒泰地区哈萨克族的游牧世界。从离开田野到论文写作再到修改成书，我的视线和关注点始终没有离开过他们。从2011年到2015年，几乎每年的假期我都要去一趟阿勒泰地区，随着西部大开发及"丝绸之路"经济带的实施，各种资本进入草原，土地开发、工矿开发、旅游开发及各类自然资源开发如火如荼，传统游牧生计急速转型。在这个过程中，从游牧到定居，牧民没有自己熟悉的技术知识，进而产生焦虑，尤其是心理上缺乏安全感，原有的文化心理与定居后的社会发生冲突。年轻人更容易接受这些现代的生活方式。但如果他们仍然不适应这个生计转型后的社会，更容易出问题，如身份问题，是牧民还是农民，身份的不明确自然产生归属感困惑。他们又将面临重建精神家园的过程。

一　维持牧民社会与草原生态平衡的游牧知识

阿尔泰山以其独特的地理位置和绝好的水草资源，长期以来一直是哈萨克人及其先民游牧的故乡。如今游牧依旧是当地哈萨克牧民最有效的生计方式。千百年来牧民积累的游牧知识在牧业生产生活中仍然发挥着重要作用。这些游牧知识是哈萨克游牧民在与草原生态和放牧牲畜的互动中形成的一套平衡三者关系的调节机制。

在实践中，游牧民首先建立了一套游牧"生态-环境"知识，即获取和利用资源方式及环境行为的社会规范。它植根于游牧民对草原上一切生物（尤其是动植物）的认识的基础上，如哈萨克游牧民精细的牲畜分类知识、以牲畜异常行为和植物生长变化等预测天气的物候知识。这些知识是游牧知识体系中最核心的部分，其内容是由游牧民在放牧畜群、利用草原及组织管理游牧的实践基础上总结出来的。这些实践知识也是通过仔细观察、不断试错、代代相传而积累起来的，其目的是维持游牧民与草原生态的永续发展。它们的累积过程也是游牧知识不断产生和发展的过程。

游牧民为了维持生计、永续利用草原及传承游牧文化知识，在自然资源不稳定的草原上又建立了社会组织，所以游牧社会组织是游牧知识体系的重要组成部分。游牧知识的传承以社会组织为传承基础和载体，以其在生产中的功能和作用为传承机制，这也是游牧知识体系独特的传承方式。游牧社会组织集游牧知识和权力于一身，以此管理生产、传承知识和规约游牧社会。

在游牧社会组织结构中，基层组织阿吾勒是连接牲畜和草场的一个必需环节，也是传承游牧知识的核心单元。阿吾勒就是草原上哈萨克牧民"流动的家"。所以离开了阿吾勒，游牧知识体系将失去最核心的传承机制。历史上，不管上层社会结构以及社会政治经济如何变迁，以血缘关系为纽带的阿吾勒，至今仍然延续并维持着四季游牧的生活方式。游牧知识主要是依靠阿吾勒为载体，在与草原和牲畜的互动中逐渐形成和发展。阿吾勒在某种意义上就是一个游牧社会的缩影，其涵盖了游牧社会中经济、法律、伦理、社会关系、生存技术等所有的环节。游牧知识正是通过阿吾勒进行传承与创造，维系游牧社会发展至今。

因此，草原生态、游牧知识及其传承机制，三个关键元素组成了一个整体的游牧知识生态体系，而本书重在强调游牧知识在这个体系中的作用。在这个体系中，三个关键元素之间的关系是相互依托、相互关联，共同维持一个整体的各项功能和稳定性。在这个知识生态体系中，草原生态是产生游牧知识的基础，而游牧知识是哈萨克游牧民适应草原生态以及永久生存下去的保障，并保护着与他们生存息息相关的草原生态。所以游牧知识体系对于维持游牧民及其文化传统与草原生态系统的平衡起着非常重要的作用。

二 游牧知识与草原生态的相互关系

阿勒泰地区富蕴县的哈萨克族牧区社会自20世纪50年代后，在政治、经济、社会、文化、宗教等方面经历了一系列重大变化。通过梳理游牧知识与草原生态的变化过程，我发现游牧知识体系逐渐发生变化的公社化时期，也是草原局部环境的变化期。

首先发生变化的是游牧社会组织。20世纪50年代初，以血缘为基础的游牧社会组织被作为落后的和残存的宗法氏族部落组织，从形式上逐渐被取消。游牧社会原有的社会结构也随之宣告解体。引起这些变化的因素并非来自游牧社会本身，而是在强大的国家权力（包括各种政治经济政策，如草畜双承包制、市场经济等）作用下产生的结果。由于游牧社会组织是游牧知识体系的承载者，其原有地位、功能及权力的削弱，标志着传承游牧知识的链条出现了断裂现象。尤其是游牧知识体系传承机制的核心单元——基层游牧社会组织的弱化，更是造成维持游牧社会生态稳定、规范氏族部落成员行为以及社会控制能力的下降。游牧知识体系失去了原有的社会依托，而逐渐变得势弱，势必会对与其密切相关的草原生态产生影响。

当地的草原生态问题日益严峻时，也恰恰是传统游牧知识体系瓦解的时期。在此过程中，草畜双承包对传统游牧知识的冲击最大，甚至使游牧知识体系发生了根本变化，而且还以一系列专业机构和现代科学技术知识在游牧生产中树立了自身的绝对权威，却抛弃了公社化时期在传统游牧知识基础上积累的实践经验，因为它彻底改变了传统放牧形式与草场利用方式。历史上一直都是采取分类分群放牧的形式，这已经成为传统游牧制度的一部分，也是游牧知识积累的结果。草场承包后，这种类似农区的"一户一地"划分模式造成了牲畜时空移动性的大大降低，还造成牧民抵御自然灾害和原有草场弹性调整机制的减弱，也成为今天引起草原退化的因素之一。可见，适应于农区的草畜双承包被移植入牧区，这实质上也是一种文化移植。

因此，从游牧知识体系的变化过程可以发现，在国家权力及制度性因素影响下，游牧知识传承机制出现了断裂现象，而新的生产组织（行政机构）不仅没有传承游牧知识的功能，而且其背后的文化知识与原有的游牧生态环境也是不相适应的。国家的制度性因素主要通过现代草原管理模式（牧业现代化），最终借助科学知识的力量在牧区社会确立权威，但它却忽视了对维持当地生态平衡起着重要作用的传统游牧知识。所以这种脱离了当地草原环境、游牧知识等本土生态知识的管理理念，成为引起草原生态环境发生变化的一个重要因素。

三　以游牧知识为基础的发展

目前，有关哈萨克族游牧的研究以人类学长期田野为基础的研究个案还比较少，尤其对其游牧知识进行系统研究的个案还比较少。通过对游牧知识体系的系统性研究后发现，其对于维持牧民社会与草原生态系统的平衡起着重要的作用。所以本书的核心内容是哈萨克游牧民的一套游牧知识，但实际上我所探讨的只是这个知识体系中的冰山一角。但不管游牧知识体系有多少内容，有多复杂，究其实质，它反映的是一种生存机制，即协调游牧民与草原环境之间的动态关系。为什么是一种动态关系？是因为草原上一直存在着"时而激化或失衡，时而缓和或平衡"的"人-草-畜"矛盾，而游牧知识则起着动态调节这种矛盾的作用。

如今，这个调节哈萨克族游牧社会"人-草-畜"矛盾的游牧知识和游牧民生存的草原环境都已经发生了变化。在这个变化过程中，对二者影响最大的是唯经济增长的发展理念，因为它忽视了牧区社会的自然生态特点、游牧知识、文化传统等本土实践知识。这种经济发展模式的全国化力量在哪里都是一样的，但不同区域环境、不同民族的承载或接受能力存在差别。牧区社会的草原生态环境和文化知识非但没有接受这种发展理念的能力，反而失去了制衡或约束破坏草原生态行为的力量。

实践中，这套发展理念主要依靠科学主义的知识体系来支撑，通过国家制度、国家权力以及意识形态来管理游牧社会。然而这种普适性的科学知识并不能完全替代所有本土或地方性知识。因为科学主义所建构的知识在实践中的适用范围是有限的，所以建立在科学基础上的知识难免会与具体的实践（自然环境、地方文化、本土知识等）相脱节。尤其在自然生态环境脆弱的地方，当科学知识在强大权力支持下，且又忽视本土知识的情况下，可能会引起当地社会生态系统的失衡。

究其原因，是我们对待自然的态度发生了变化，即我们的文化价值观由人与自然和谐转变为人与自然对立。这种人与自然对立的观点实质上体现的是西方以利己个人主义为中心的文化价值观和追求经济无限增长的目的。在此观念影响下，环境问题也层出不穷，并成为社会经济发展中的一把双刃剑。对此，凯威瑞认为："环境问题能否得到解决，取决于经济发展背后的观念。"① 所以只有重建人与自然和谐以及人与自然不可分割的整体观才是解决环境问题的前提。

中国目前的经济发展主要也是接受了西方经济无限增长的发展理念，并被试用到国家的任何一个地区，却忽视了不同民族或土壤的接受和承载能力以及原有社会的本土知识。如果在经济发展过程中，缺乏制约经济发展中脱轨行为的机制，则会出现原有社会生态的失衡。如今，这种发展理念已经引起了自然的反抗，近年来源自北方草原的沙尘暴及极端气候频发就是最为典型的例证。

从哈萨克族游牧知识和草原生态变化过程中，我深深感受到快速的经济发展对哈萨克族牧区社会与生态的纵深影响。在经济发展过程中，维系游牧社会根基的移动放牧方式、延续游牧知识的社会组织等传统因素都在不断被消解。但不管游牧社会本身怎样发生变化，哈萨克牧民生存的草原生态环境特点决定了移动放牧还将继续长存。牧民深深感到，游牧仍然是最有保障和最安全的生计模式。牧民们并没有固守传统，他们也随着内外环境的变化在原有基础上不断调整和适应。老人们也希望下一代的年轻人能够学习各种科学技术知识，以后能够从事多样化的工作，同时也反对改变或抛弃传统的游牧文化知识。

综上所述，我认为目前在经济快速发展的背景下，哈萨克族游牧社会出现的草原生态问题，实际上是因为在发展过程中忽视了传统游牧知识与草原生态系统的互动关系。因为一个地方的发展首先要尊重当地人的一套知识生态体系和其固有的文化传统，否则会出现原有社会的失序及生态的失衡。任何发展，即使是现代科学技术支持下的发展，都要结合传统的游牧知识，否则既不利于

---

① Farid A. Khavari, *Environomics: The economics of Environmentally Safe Prosperity*, Westport, CT: Praeger Publishers, 1993, p. 4.

当地游牧民的生存与发展，而且还有可能给他们带来麻烦和伤害。在生态环境极其脆弱的地区的发展，我们必须以当地民族的传统（本土）知识为基础，这些传统里有他们几千年累积下来的赖以生存的经验、知识和技术，只有对其加以发掘和继承，并结合现代科学技术，才会有利于当地环境与文化传统的可持续发展。我的研究并不固守在传统游牧文化知识氛围中，而是寻求传统游牧知识体系或本土知识体系与现代科学知识的最佳结合点，能否找到这个结合点，也是我今后将要继续研究的一个问题。

参考文献

一　中文论著

（一）著作

北京大学社会人类学研究所编《东亚社会研究》，北京大学出版社，1993。

北京农业大学主编《草地学》，中国农业出版社，1982。

财新传媒编辑部编《"一带一路"引领中国》，中国文史出版社，2015。

蔡家艺：《清代新疆社会经济史纲》，人民出版社，2006。

陈祥军：《回归荒野：野马的生态人类学研究》，知识产权出版社，2014。

陈祥军编《杨廷瑞"游牧论"文集》，社会科学文献出版社，2015。

陈育宁主编《动物行为学》，宁夏人民教育出版社，2007。

崔恒心主编《新疆牧民定居与饲草料地建设方案研究》，新疆人民出版社，2000。

崔延虎：《亚洲北部草原地区牧业人口自然观与环境态度调查与分析》，《文化人类学辑刊》，新疆人民出版社，1995。

迪木拉提·奥迈尔：《阿尔泰语系诸民族萨满教研究》，新疆人民出版社，1995。

鄂云龙主编《草原文明与生态和谐：生态文化高层论坛文集》，民族出版社，2007。

费孝通、鹤见和子等：《农村振兴与小城镇问题：中日学者共同研究》，江苏人民出版社，1991。

费孝通：《费孝通民族研究文集新编（上卷）》，中央民族大学出版社，2006。

费孝通：《费孝通民族研究文集新编（下卷）》，中央民族大学出版社，2006。

《哈萨克族简史》编写组编写《哈萨克族简史》，新疆人民出版社，1987。

哈尔曼·阿克提：《游牧之歌》，王为一整理，作家出版社，1957。

何星亮：《新疆民族传统社会与文化》，商务印书馆，2003。

贺忠德主编《新疆少数民族古籍论文选编》，新疆人民出版社，2005。

黄鼎成、王毅、康晓光：《人与自然关系导论》，湖北科学技术出版社，1997。

黄淑娉、龚佩华：《文化人类学理论方法研究》，广东高等教育出版社，2004。

贾合甫·米尔扎汗：《哈萨克族》，纳比坚·穆哈穆德罕、何星亮译，民族出版社，1989。

贾合甫·米尔扎汗等：《哈萨克族》，新疆美术摄影出版社，1996。

贾合甫·米尔扎汗主编《哈萨克族文化大观》，新疆人民出版社，2001。

蒋志刚主编《动物行为原理与物种保护方法》，科学出版社，2004。

李道增：《环境行为学概论》，清华大学出版社，1999。

李文军、张倩：《解读草原困境——对干旱半干旱草原利用和管理若干问题的认识》，经济科学出版社，2009。

梁钊韬主编《文化人类学》，中山大学出版社，1991。

林耀华主编《民族学通论》（第2版），中央民族大学出版社，1997。

卢明辉：《清代蒙古史》，天津古籍出版社，1990。

麻国庆：《走进他者的世界》，学苑出版社，2001。

帕提曼编著《哈萨克族民俗文化：暨哈萨克族研究资料索引（1879-2005）》，民族出版社，2008。

潘光旦：《潘光旦文集》（第五卷），北京大学出版社，1993。

潘乃谷、周星主编《多民族地区：资源贫困与发展》，天津人民出版社，1995。

潘天舒：《发展人类学概论》，华东理工大学出版社，2009。

秦大河等主编《中国气候与环境演变（下卷）》，科学出版社，2005。

尚玉昌：《生态学概论》，北京大学出版社，2003。

石长魁：《草业论述》，新疆人民出版社，1998。

苏北海：《哈萨克族文化史》，新疆人民出版社，1989。

苏北海：《新疆岩画》，新疆美术摄影出版社，1994。

王明珂：《游牧者的抉择：面对汉帝国的北亚游牧部族》，广西师范大学出版社，2008。

王铭铭主编《中国人类学评论（第9辑）》，世界图书出版公司，2009。

王晓毅：《环境压力下的草原社区：内蒙古六个嘎查村的调查》，社会科学文献出版社，2009。

王晓毅主编《游牧社会的转型与现代性（山地卷）》，中国社会科学出版社，2015。

王作之：《新疆古代畜牧业经济史》，新疆人民出版社，1998。

乌日陶克套胡：《蒙古族游牧经济及其变迁》，中央民族大学出版社，2006。

吴晗、费孝通：《皇权与绅权》，天津人民出版社，1988。

吴文藻：《人类学社会学研究文集》，民族出版社，1990。

吴泽霖总纂《人类学词典》，上海辞书出版社，1991。

项英杰等：《中亚：马背上的文化》，浙江人民出版社，1993。

肖显静：《环境与社会：人文视野中的环境问题》，高等教育出版社，2006。

新疆地理学会编《新疆地理》，新疆人民出版社，1993。

新疆维吾尔自治区丛刊编辑组编《哈萨克族社会历史调查》，新疆人民出版社，1986。

邢莉、易华：《草原文化》，辽宁教育出版社，1998。

许宝强、汪晖选编《发展的幻象》，中央编译出版社，2001。

杨廷瑞：《哈萨克游牧区的"阿乌尔"》，新疆人民出版社，1959。

尹绍亭：《人与森林——生态人类视野中的刀耕火种》，云南教育出版社，2000。

尹绍亭：《一个充满争议的文化生态体系》，云南人民出版社，1991。

于长青等主编《中国草原与牧区发展》，中国水利水电出版社，2009。

余谋昌：《生态文化论》，河北教育出版社，2001。

余太山主编《西域通史（第1版）》，中州古籍出版社，1996。

张志尧主编《草原丝绸之路与中亚文明》，新疆美术摄影出版社，1994。

郑丕留主编《中国家畜生态》，中国农业出版社，1992。

中国科学院新疆综合考察队主编《新疆畜牧业》，科学出版社，1964。

中国牧区畜牧气候区划科研协作组编著《中国牧区气候》，气象出版社，1988。

中国社会科学院环境与发展研究中心编《中国环境与发展评论（第三

卷）》，中国社会科学出版社，2007。

钟兴麒编《西域地名考录》，国家图书馆出版社，2008。

庄孔韶主编《人类学概论》，中国人民大学出版社，2006。

（二）论文

阿拉腾：《半农半牧的蒙古人：阿拉日嘎嘎查的故事》，博士后研究报告，北京大学，2003。

奥勒·亨里·克马加：《萨阿米语中对驯鹿、雪和冰的不同表述》，项龙译，《国际社会科学杂志》（中文版）2007年第1期。

曹红琴：《汉哈马文化之比较》，《新疆师范大学学报》2005年第2期。

陈金良：《放归普氏野马的食物、水源、空间利用及生存对策的研究》，博士学位论文，北京林业大学，2008。

陈金良等：《普氏野马的婚配制度及雄性杀婴行为》，《大自然》2005年第6期。

陈祥军：《本土知识遭遇发展：哈萨克游牧生态观与环境行为的变迁——新疆阿勒泰哈萨克社会的人类学考察》，《中南民族大学学报》2015年第6期。

陈祥军：《草原产权变动在哈萨克牧区社会的反应与影响——以新疆阿勒泰富蕴县为例》，《新疆大学学报》2014年第1期。

陈祥军：《传统游牧与乌伦古河可持续发展——以恰库尔图河段阔斯阿热勒村为例》，《新疆大学学报》（哲学人文社会科学版）2007年第4期。

陈祥军：《从生态人类学视角研究本土知识：以新疆哈萨克族气象预测知识为例》，《新疆大学学报》2012年第1期。

陈祥军：《生计变迁下的环境与文化：以乌伦古河富蕴段牧民定居为例》，《开放时代》2009年第11期。

陈祥军：《移动的游牧社会组织功能及实践意义——以哈萨克族阿吾勒为例》，《内蒙古社会科学》2010年第3期。

陈祥军：《游牧民的生态观与环境行为研究——以新疆阿勒泰哈萨克为例》，《原生态民族文化学刊》2012年第2期。

陈祥军：《知识与生态：本土知识价值的再认识术——以哈萨克游牧知识为例》，《开放时代》2012年第7期。

陈晓云：《哈萨克语与马有关的词汇研究》，《满语研究》1996年第2期。

崔延虎、陈祥军：《阿尔泰山区游牧牧道——现代化挤压下的游牧文化空间》，载周永明主编《中国人类学第一辑》，商务印书馆，2015。

崔延虎、海鹰：《生态人类学与新疆文化再认识》，《新疆师范大学学报》1996年第1期。

崔延虎：《困境下的深层制度原因与制度改革：新疆草原牧区社会经济与环境问题的个案分析》，中国草原牧区的环境变化与社会经济问题研讨会，北京，2008年10月。

崔延虎：《绿洲生态人类学：学科地方性的尝试与生态环境史的关联》，生态人类学的理论与实践学术研讨圆桌会议，北京，2009年6月。

崔延虎："人口、资源、生计系统与草原环境变迁：阿勒泰市罕德尕特蒙古民族乡调查"，国家哲学社会科学基金项目结题报告，1998BMZ006，2000。

达林太：《草原荒漠化的理论与制度反思》，《神州交流》2005年第4期。

董光荣等：《晚更新世以来我国陆生生态系统的沙漠化过程及其成因》，载刘东生主编《黄土、第四纪地质、全球变化》（第2集兼1988~1989年报），科学出版社，1990。

〔法〕弗洛伦斯·品顿：《传统知识与巴西亚马孙流域生物多样性地区》，黄觉译，《国际社会科学杂志》（中文版）2004年第4期。

房若愚：《哈萨克族节气的牧业特点及比较研究》，《新疆师范大学学报》2006年第4期。

哈德斯：《哈萨克克烈部落及其王汗吐哈热勒》，《新疆大学学报》1997年第4期。

何星亮："哈萨克族氏族部落资料集：阿巴克克烈部落"，国家社会科学基金项目，1998BMZ016，2004。

吉田顺一：《游牧及其改革》，《内蒙古师范大学学报》2004年第6期。

吉谢列夫：《南西伯利亚古代史（下册）》，新疆社会科学院民族研究所，1985。

卡哈尔曼·穆汗：《哈萨克历史文化中马的形象》，《西域研究》1998年第2期。

康相武等：《新疆阿勒泰地区的生态环境问题及解决对策》，《地理科学进展》2004年第4期。

老田："三农"研究中的视野屏蔽与问题意识局限》，《开放时代》2004年第4期。

李亦园：《生态环境、文化理念与人类永续发展》，《广西民族学院学报》

2007年第4期。

刘源：《文化生存与生态保护：以长江源头唐乡为例》，《广西民族学院学报》2007年第4期。

鲁金科：《论中国与阿尔泰部落的古代关系》，潘孟陶译，《考古学报》1957年第2期。

罗意：《消逝的草原：一个哈萨克族村落的发展与生态环境的关系》，博士学位论文，厦门大学，2014。

麻国庆：《草原生态与蒙古族的民间环境知识》，《内蒙古社会科学》2001年第1期。

麻国庆：《从价值观看土默特蒙族的文化变迁》，硕士学位论文，中山大学，1989。

麻国庆：《环境研究的社会文化观》，《社会学研究》1993年第5期。

麻国庆：《进步与发展的当代表述：内蒙古阿拉善的草原生态与社会发展》，《开放时代》2012年第6期。

齐那尔·阿不都沙力克：《哈萨克族食肉文化及其象征意义》，硕士学位论文，新疆师范大学，2011。

王大方：《论草原丝绸之路》，《前沿》2005年第9期。

王建革：《游牧圈与游牧社会——以满铁资料为主的研究》，《中国经济史研究》2000年第3期。

荀丽丽：《"失序"的自然：一个草原社区的生态、权力与道德》，博士学位论文，中央民族大学，2009。

朱震达：《中国土地荒漠化的概念、成因与防治》，《第四纪研究》1989年第2期。

二 译著

〔美〕A.F.弗雷译：《家畜行为学》，上海科学技术文献出版社，1985。

〔法〕克洛德·列维-斯特劳斯：《结构人类学》，张祖建译，中国人民大学出版社，2006。

〔法〕米歇尔·福柯：《知识考古学（第2版）》，谢强、马月译，三联书店，2003。

〔韩〕全京秀：《环境人类亲和》，崔海洋译，贵州人民出版社，2007。

〔荷〕何·皮特：《谁是中国土地的拥有者？——制度变迁、产权和社会冲突》，林韵然译，社会科学文献出版社，2008。

〔美〕埃文斯·普理查德：《努尔人》，褚建芳等译，华夏出版社，2002。

〔美〕爱德华·希尔斯：《论传统》，傅铿、吕乐译，上海人民出版社，2009。

〔美〕杜罗西·比玲斯、〔俄〕维亚特切斯拉夫·鲁德内夫主编《土著知识与可持续发展》，知识产权出版社，2011。

〔美〕哈罗德·F. 黑迪：《草原管理》，章景瑞译，中国农业出版社，1982。

〔美〕克利福德·吉尔兹：《地方性知识：阐释人类学论文集》，王海龙、张家瑄译，中央编译出版社，2000。

〔美〕雷切尔·卡逊：《寂静的春天》，吕瑞兰等译，吉林人民出版社，1997。

〔美〕玛格丽特·维萨：《饮食行为学：文明举止的起源、发展与含义》，刘晓媛译，电子工业出版社，2015。

〔美〕马歇尔·萨林斯：《石器时代经济学》，张经纬等译，三联书店，2009。

〔美〕麦克尔·赫兹菲尔德：《什么是人类学常识：社会文化领域中的人类学理论实践》，刘珩等译，华夏出版社，2005。

〔美〕威廉·A. 哈维兰：《文化人类学（第十版）》，瞿铁鹏译，上海社会科学院出版社，2006。

〔美〕詹姆斯·C. 斯科特：《国家的视角：那些试图改善人类状况的项目是如何失败的》，王晓毅译，社会科学文献出版社，2004。

〔日〕江上波夫：《骑马民族》，张承志译，光明日报出版社，1988。

〔日〕松原正毅：《游牧世界》，赛音朝格图译，民族出版社，2002。

〔日〕佐口透：《18~19世纪新疆社会史研究（上）》，凌颂纯译，新疆人民出版社，1983。

〔日〕秋道致弥等：《生态人类学》，范广融、尹邵亭译，云南大学出版社，2006。

〔苏〕符拉基米尔佐夫：《蒙古制度史》，刘荣焌译，中国社会科学出版社，1980。

〔英〕道森：《出使蒙古记》，吕浦译，周良霄校，中国社会科学出版社，1983。

〔英〕杰西·洛佩兹、约翰·斯科特：《社会结构》，允春喜译，吉林人民出版社，2007。

〔英〕凯蒂·加德纳、大卫·刘易斯：《人类学、发展与后现代挑战》，张有春译，中国人民大学出版社，2008。

2008年世界草地与草原大会翻译小组译《草原牧区管理：核心概念注释》，科学出版社，2008。

〔伊朗〕恰赫里亚尔·阿德尔·哈比卜主编《中亚文明史（第5卷）》，兰琪译，中国对外翻译出版公司，2006。

三 地方典籍与文献

阿勒泰地区地方志编纂委员会编《阿勒泰地区志》，新疆人民出版社，2004。

富蕴县地名委员会编《富蕴县地名图志》，内部资料，1991。

富蕴县农业区划办公室编《富蕴县农业区划》，内部材料，1988。

富蕴县史志办公室编《中国共产党富蕴县简史》，新疆人民出版社，2007。

新疆少数民族经济研究会等编《牧区政策文献汇编》，内部资料，1985。

中国科学院民族研究所图书资料室编《新疆大事记》，油印本，1964。

新疆维吾尔自治区气象局科研室编《新疆维吾尔自治区气候历史史料》，内部资料，1981。

新疆维吾尔自治区委员会农村工作部编《新疆农牧区改革发展典型调查》，新疆人民出版社，1990。

新疆维吾尔自治区委员会政策研究室等编《新疆牧区社会》，农村读物出版社，1988。

新疆畜牧业经济研究会编《新疆畜牧业经济调查与论述（1983-1984）上辑》，新疆新华印刷厂，1985。

杨廷瑞：《游牧论》，油印资料，1991。

富蕴县政协文史资料编辑委员会编《富蕴县政协文史资料第二辑》，内部资料，2008。

赵英宗主编《建言献策录——现代畜牧业与新疆发展专辑》，内部资料，2008。

中共富蕴县委办公室编《富蕴农牧业研讨会资料汇编》，内部资料，1995。

中共富蕴县史志办公室编《中国共产党富蕴县简史》，新疆人民出版社, 2007。

中共富蕴县委办公室编《富蕴县农牧业研讨会资料汇编》, 内部资料, 1995。

四、英文论著

Alfred E. Hudson, *Kazak Social Structure*, London: Oxford University Press, 1938.

Amos Rapoport, "Nomadism as a Man-Environment System," *Environment and Behavior*, 10 (2), 1978.

Anatoly M. Khazanov, *Nomads and the Outside World*, Cambridge: Cambridge University Press, 1984.

Astrid Cerny, In Search of Greener Pastures: Sustainable Development for Kazak Pastoralists in Xinjiang, China, Dissertation, University of Washington, 2008.

C. Humphrey & D. Sneath (ed.), *Culture and Environment in Inner Asia: The Pastoral Economy and The Environment*, Cambridge: The White Horse Press, 1996.

Caroline Humphrey and David Sneath, *The End of Nomadism?*, Durham: Duke University Press, 1999.

Ced Hesse, *Modern and Mobile: The Future of Livestock Production in Africa's Drylands*, IIED, 2010.

Don Bedunah and Richard Harris, "Observation on Changes in Kazak Pastoral Use in Township in Western China: A Loss of Traditions," *Nomadic Peoples*, Vol. 9, 2005.

S. El Serafy, "The Environment as Capital of Income from Depletable Natural Resources," In YJ. Ahmad, S. El. Serafy and E. Lutz (ed.), *Environmental Accounting for Sustainable Development*, World Bank, Washington, DC, 1989.

Emillo F. Moran, *Human Adaptability: An Introduction to Ecological Anthropology* (second edition), Boulder, Colorado: Westview Press, 2000.

Enrique Salmón, "Kincentric Ecology: Indigenous Perceptions of the Human-Nature Relationship", *Cological Applications*, 10 (5), 2000.

A. Escobar, "Anthropology and the Development Encounter: The Making and

Marketing of Development Anthropology," *American Ethnologist*, Vol. 18, No. 4, 1991.

A. Escobar, "Power and Visibility: Development and the Intervention and Management of the Third World", *Cultural Anthropology*, Vol. 3, No. 4, 1988.

Farid A. Khavari, *Environomics: The Economics of Environmentally Safe Prosperity*, Westport, CT: Praeger Publishers, 1993.

Fredrik Barth, *Nomads of South Persia: The Basseri Tribe of the Khamsh Confederacy*, Prospect Heights, Illinois: Waveland Press, 1961.

Hermann Kreutzmann, (ed.), *Pastoral practices in High Asia*, Dordrecht: Springer, 2012.

Hermann Kreutzmann and Teiji Watanabe, (ed), *Mapping Transition in the Pamirs: Changing Human-Environmental Landscapes*, Cham: Springer, 2016.

Kagan Arik, Shamanism, Culture and the Xinjiang Kazak: A Narrative of Inentity, Dissertation, University of Washington, 1999.

Lawrence Krader, *Social Organization of the Mongol-Turkic Pastoral Nomads*, Indiana University Publications, 1963.

P. C. Lee , "Social Structure and Evolution," in P. J. B. Slater, *Halliday and Evolution*, Cambridge: Cambridge University Press, 1994.

M. Bolligl and A. Schulte, "Environmental Change and Pastoral Perceptions: Degradation and Indigenous Knowledge in Two African Pastoral Communities," *Human Ecology*, 27 (3), 1999.

M. Lauer and Shankar Aswani, "Integrating Indigenous Ecological Knowledge and Multi-spectral Image Classification for Marine Habitat Mapping in Oceania," *Ocean & Coastal Management*, 51, 2008.

Marc Edelman and Angelique Haugerud (eds.), *The Anthropology of Development and Globalization: from Classical Political Economy to Contemporary Neoliberalism*, Oxford: Blackwell Publishing, 2005.

Marshall Sahlins, *Stone Age Economics*, New York: Aldine Publishing Company, 1972.

R. Merkle, "Nomadism: A Socio-ecological Mode of Culture," in Jianlin H. et al. , *Yak Production in Central Asian Highlands*, Proceedings of the Third International Congress on Yak Held in Lhasa, P. R. China, 4-9 Sep. 2000. ILRI,

Nairobi, Kenya, 2002.

Robert M. Netting, *Cultural Ecology*, Illinois: Waveland Press, Inc., 1988.

F. Scholz, *Nomadism: Theory and Change of a Socio-ecological Mode of Culture*, Stuttgart, Germany: Franz Steiner Verlag, 1995.

Tony Banks, "State, Community and Common Property in Xinjiang: Synergy or Strife?", *Development Policy Riview*, Vol. 17, No. 3, 1999.

M. L. Zukosky, Grassland Policy and Politics in China's Altai Mountains, Dissertation, Temple University, 2006.

附录一

主要报道人信息

序号	姓名	性别	年龄	所属部落	时间	所属乡（镇）或职业
1	Jierhen	男	48	哈拉哈斯	2008年多次访谈	富蕴县干部
2	Remazan	男	60	建太凯	多次访谈	富蕴县退休兽医
3	Wang	男	76	哈拉哈斯	多次访谈	喀乡（原台吉的儿子）
4	Batai	男	58	哈拉哈斯	多次访谈	恰库尔图村退休村支书
5	Yerbulat	男	39	哈拉哈斯	多次访谈	县草原监理所领导
6	郑某	男	71	汉族	多次访谈	曾担任兽医、乡、县干部
7	Duishbiek	男	61	挈鲁什	多次访谈	吐乡-乔山拜村
8	Matabai	男	93	哈拉哈斯	多次访谈	吐乡-哈希翁村
9	Qongan	男	60	哈拉哈斯	多次访谈	吐乡-乌亚拜村
10	Ahan	男	31	萨尔巴斯	多次访谈	吐乡-阔斯阿热勒村村主任
11	Serlan	男	44	建太凯	多次访谈	吐乡-克孜勒塔斯村支书
12	Bahai	男	72	哈拉哈斯	2008-8-19	喀乡-吉别特村
13	Tulashbayi	男	66	哈拉哈斯	2008-8-19	喀乡-吉别特村
14	Kakem	男	84	挈鲁什	2008-8-20	喀乡-吉别特村
15	Hasin	男	74	哈拉哈斯	2008-8-20	喀乡-吉别特村
16	Aerman	男	68	哈拉哈斯	2008-8-21	喀乡-巴拉尔茨村
17	Serken	男	43	哈拉哈斯	2008-8-21	喀乡-吉别特村小学老师
18	Tahai	男	63	哈拉哈斯	2008-8-21	喀乡-吉别特村
19	Jerhen	男	37	哈拉哈斯	2008-8-21	喀乡-吉别特村（铁匠后代）
20	Bhet	男	76	哈拉哈斯	2008-8-22	杜热乡（大牧主的后代）
21	Hahaerman	男	68	哈拉哈斯	2008-8-22	杜热乡（台吉的儿子）
22	Habulhan	男	70	依铁勒	2008-8-24	杜热乡

续表

序号	姓名	性别	年龄	所属部落	时间	所属乡（镇）或职业
23	BaGuli	女	60	哈拉哈斯	2008-8-25	喀乡（退休老师）
24	Muhamat	男	70	哈拉哈斯	2008-8-26	富蕴县退休干部
25	Biederbik	男	68	哈拉哈斯	2008-8-26	富蕴县诗人作家
26	Salima	女	82	哈拉哈斯	2008-8-27	富蕴县
27	Hazaizi	男	84	哈拉哈斯	2008-8-28	富蕴县大毛拉
28	Halat	男	38	哈拉哈斯	2008-8-25	喀拉布勒根乡
29	孙某	男	77	汉族	2008-9-3	富蕴县退休干部1950年进疆
30	Tuoliegan	男	86	哈拉哈斯	2008-10-1	恰库尔图村
31	Ahong	男	83	哈拉哈斯	2008-10-3	吐尔洪乡兽医站
32	Kamao	男	54	哈拉哈斯	2008-10-4	原吐尔洪乡乡长
33	Bahatguli	女	41	萨尔巴斯	2008-10-20	喀拉通克乡老师
34	宋某	男	69	汉族	2008-10-30	县科技局退休干部
35	Simayi	男	52	哈拉哈斯	2008-11-4	前县委副书记
36	Gemin	男	45	萨尔巴斯	2009-3-9	吐乡K村支书
37	Ashu	男	72	哈拉哈斯	2009-3-14	吐乡-乌亚拜村
38	Bahar	男	48	莫勒合	2009-3-14	吐乡-乌亚拜村支书
39	Madieti	男	51	挈鲁什	2009-3-16	恰库尔图村
40	Nulus	男	70	哈拉哈斯	2009-3-17	吐乡-阿喀仁村
41	Wotar	男	24	萨尔巴斯	2009-3-18	吐乡-乌亚拜村
42	Kungayi	男	77	萨尔巴斯	2009-3-18	吐乡-乌亚拜村
43	Mahadly	男	54	挈依莫因	2009-3-18	阿克哈仁村（赤脚医生）
44	Ran	男	56	哈拉哈斯	2009-3-19	吐乡前牧办工作人员
45	Duishan	男	51	萨尔巴斯	2009-3-20	吐乡-阔斯阿热勒
46	Rayinbai	男	65	挈鲁什	2009-3-20	吐乡-阔斯阿热勒
47	Wumush	男	40	萨尔巴斯	2009-3-20	吐乡-阔斯阿热勒
48	Dawuly	男	31	挈鲁什	2009-3-22	吐乡-政府干事
49	Haiser	男	78	挈鲁什	2009-3-23	吐乡-退休干部
50	Abahai	男	75	哈拉哈斯	2009-3-24	吐乡退休干部
51	Hailert	男	68	鞋匠后代	2009-3-24	吐乡前水管所所长

续表

序号	姓名	性别	年龄	所属部落	时间	所属乡（镇）或职业
52	Yerzat	男	30	萨尔巴斯	2009年多次访谈	吐乡-喀拉吉拉村老师
53	Yerk	男	45	哈拉哈斯	2009-3-13	吐乡-阔斯阿热勒村
54	Manat	男	23	哈拉哈斯	2009-3-29	喀乡-吉别特村
55	Kanat	男	50	哈拉哈斯	2009-3-30	喀乡-吉别特村
56	杨某	男	60	汉族	2009-4-1	县退休干部
57	许某	男	43	汉族	2009-4-2	县农业局干部
58	Qiabula	男	45	哈拉哈斯	2009-4-2	兽医站站长
59	杨某	男	39	汉族	2009-4-3	县水管站站长
60	Jialiphan	男	89	莫勒合	2009-5-1	喀拉通克乡-萨尔托海
61	Wutai	男	78	哈拉哈斯	2009-5-3	杜热乡退休干部
62	watihan	男	46	萨尔巴斯	2009-5-4	县史志办
63	Jiamat	男	62	萨尔巴斯	2009-5-6	吐乡-阔斯阿热勒村
64	Ziya	男	85	萨尔巴斯	2009年多次访谈	吐乡-阔斯阿热勒村
65	Nusuf	男	99	蔑尔克提	2009-5-7	吐乡-喀拉吉拉村
66	Qilif	男	82	哈拉哈斯	2009-5-8	县畜牧局退休干部
67	Dahestan	男	60	莫勒合	2009-5-11	县人大副主任
68	Guli	女		哈拉哈斯	2009-5-11	县图书馆工作人员
69	Heisa	男	81	依铁勒	2009-5-12	退休政法委书记、县长
70	Qialifhan	男	66	乃曼	2009-5-12	县退休教师
71	秦某	男	71	汉族	2009-5-12	喀乡退休教师
72	Jiaguli	女	105	哈萨克族	2009-5-15	铁买克乡
73	Sergebai	男	85	蒙古族	2009-5-16	铁买克乡
74	Tuohan	男	61	乃曼	2009年多次访谈	县政府退休翻译
75	Aert	男		哈萨克族	2009年多次访谈	阿勒泰地区领导
76	Dayue	男		蒙古族	2009-6-16	阿勒泰草原站
77	Hailat	男		哈萨克族	2009-6-15	阿勒泰哈药研究所
78	Wuken	男		哈萨克族	2009-6-15	阿勒泰卫生学校校长
79	曹某	男		汉族	2009-7-9	阿勒泰地区林业工程师
80	Dawu	男	32	挈鲁什	2009-12-19	吐乡政府工作人员

续表

序号	姓名	性别	年龄	所属部落	时间	所属乡（镇）或职业
81	Ahan	男	30	萨尔巴斯	2009-12-30	吐乡五村村主任
82	塔某	哈	75	哈拉哈斯	2011-1-26	喀乡-吉别特村
83	Ysenbik	哈	26	哈拉哈斯	2011-1-26	喀乡-吉别特村
84	退休哈医	哈	70	哈拉哈斯	2011-1-28	喀乡-吉别特村
85	Bolat	哈	28	哈拉哈斯	2011年多次访谈	喀乡-吉别特村
86	Hulaly	哈	24	哈拉哈斯	2015年多次访谈	吐乡-阔斯阿热勒

注：访谈时间从2006年到2015年，大部分访谈是在2008年8月至2009年7月。2006年的主要报道人只有部分人在此表内，除特别注明外，大部分是牧民。喀乡指喀拉布勒根乡，吐乡指吐尔洪乡。

附录二

哈萨克社会反映"人、草、畜"关系的谚语

阿吾勒的根基在于齐心,共同生存是根本。
阿吾勒的忧虑就是男子汉的忧虑。
阿吾勒的牲畜就是男子汉的牲畜。
阿吾勒富了,大家都富了。
不知道自己七代祖先名字的人是孤儿。
草场是牲畜的母亲,牲畜是草场的子孙。
给你的子孙留一千张羊皮,不如留一棵活的树根。
牲畜点缀着草原,树林点缀着河流。
阿尔泰的夏牧场是奶,冬窝子是油。
阿尔泰的洼处有鱼,高处有野羊。

不要拔青草,否则你死后上天堂时,老天会把你的头发一根根拔掉。
不要砍伐单独生长的树,不然你会过一生的单身生活。
不要伤害河狸,否则你就家破人亡。
不要伤害猫头鹰,否则你就会失去吉日。
不要伤害鹿,否则你就受到老天的惩罚。
保护草场要像保护自己的眼睛一样。
如果你拆掉了一个鸟窝,就如同你把自己的毡房也拆掉了。
砍伐一棵柳树,就等于杀死一条生命。

没有狼就没有健康的羊。
夏季多积储青草,冬季放牧好羊群。

估量草场而养牲畜，看河流而植树造林。
不怕狂风暴雨，就怕棚圈不牢靠。
一群绵羊容易管，一只绵羊不易放。
一群羊得一个人放，一只羊也得一个人放。
把牛往坡上赶，以后的日子难堪。
白牛经得住热，黑牛经得住冻。
牛爱喝水，驼爱吃盐。
五月牧草能食，牲畜无忧。
冬季羊赶雪，春秋雪赶羊。
"春季人赶雪搬，秋季雪撵人迁"或"初春人赶雪迁，秋末雪撵人搬"。
冬季羊赶雪，春秋雪赶羊。
迁徙时要灭火，离开时要打扫干净。
马群风吹敌赶都顺。
夏天牧羊好，春季产羔多。
母牛种不好，生下的牛犊活不了。
再笨的马也比最聪明的牛强。
马是畜中皇，驼是畜中王。
白灾之害只一季，黑灾之害得两年。
"没有3月就不会有好天气"或"3月不到人不欢"。
草场纠纷就和寡妇门前的是非一样多。
男人宰牲畜，而女人不能宰牲畜。
失去丈夫也不离开氏族。
"寡妇不外嫁"或"寡妇不出部落"。
下雨是大地的幸福，出英雄是人民的幸福。

绕口令（意译）：
我的名字叫麻雀，身上只有一块肉，如果你把我杀死，爸爸会被人抓走，妈妈会被我咒死，你将会变成孤儿。
生前不要浪费麦子、馕（馒头），否则死后让你骑着骆驼，把麦子一粒一粒捡起来。
生前不要说谎话，否则死后在你走向天堂的路上，让你过一座窄桥。那座桥是用马鬃做成的，如果你走不过去，就会掉到地狱里。

后 记

书稿终于收笔，本书是在我的博士学位论文基础上修改而成的。

十年前，我从大西北的乌鲁木齐出发，火车一路向东，驶出星星峡、穿越河西走廊进入关中平原，经古都西安驶入华北平原，在郑州中转后一路向南经两湖最终到达广州。这一路全程4000多千米，耗时近70个小时。经过两天的笔试及面试，又在焦灼中等待了一个月之后获知自己取得了攻读博士研究生的资格。我能有机会在中山大学攻读人类学博士，首先特别感谢我的导师麻国庆教授愿意接纳我这个来自西北的笨学生。可能导师发现了我对人类学的那份痴情。对人类学的浓厚兴趣源于我在新疆各地的旅游探险经历。1999～2004年，每年寒暑假我都游历于南北疆各地。旅途中，我了解到不同民族及不同地域的风土人情，接触到形形色色的人，也遭遇了很多困惑的事情。这些经历使我对生活、社会、工作有了新的认识，促使自己不断去思考，从而认识到自我，也找到了新的目标。在这个过程中，我了解到人类学、民族学，从而找到了自己的兴趣点，找到自己为之追求的目标。在中山大学读博的三年间，麻老师在学习、读书、研究及做人等方面都给予我及时的点拨和指导。论文从选题、构思到田野调查以及最后的反复修改直至成文都凝聚着麻老师的心血。2010年7月，我来到中南民族大学执教，麻老师严谨的治学态度、执着的学术追求和谦逊的品格不断鞭策我继续潜心学习，努力做学问。麻老师敦促我拓宽思路，从理论上对论文进行提升。本书的完成和出版也得益于麻老师一直以来的教诲和鼓励。在这里谨向我的导师麻国庆教授致以最诚挚的感谢！中山大学马丁堂大腕云集，研究领域广博，研究内容前沿，学术氛围自由。感谢三年中在课堂内外给予我帮助和指导的周大鸣、王建新、刘昭瑞、邓启耀、张应强、吴国富、刘文锁、朱爱东、刘志扬、张振江、谭同学、朱铁权等老师。感谢他们对我的帮助与关心。

另外，我还要感谢新疆师范大学的崔延虎教授。崔教授是我本科时的老师，也是我的硕士生导师。多年来，崔老师在学业、科研、生活及工作上都给予我很多帮助,尤其是在田野调查、论文写作、书稿修改过程中给我提出了很多中肯的建议。此外,新疆师范大学地理科学与旅游学院海鹰教授、新疆考古所吕恩国研究员、新疆社科院历史所贾丛江研究员、新疆畜牧厅艾赛提主任、新疆大学周轩教授、新疆农业大学古丽博士、新疆畜牧科学院李学森研究员、阿勒泰地区国有林两河源保护中心阿尔泰主任等研究人员及地方学者,给我提供了很多研究性资料。富蕴县档案局、统计局、畜牧局、气象局、林业局、农业局、环保局、文体局、发改委、扶贫办、水利站以及各乡政府等单位及相关人员,为我收集各种历史文献及数据资料提供了便利。2008年奥运会前后,如果没有以上单位及个人的帮助,我的调查难以顺利进行,在此一并呈上我衷心的感谢。

感谢博士论文答辩委员许宪隆老师、鞠实儿老师、马建钊老师、邓启耀老师、刘文锁老师给予的建议和鼓励。

感谢中山大学华南农村研究中心的吴重庆老师多年来给予我的关心和帮助。

感谢白爱莲博士及于长青教授给我提供了很多学习交流的机会。

感谢坦普尔大学人类学系麦克博士、新疆自由文化人董小明以及挚友李华在田野期间及论文写作过程中提供的帮助和建议。

感谢读博期间与我一起学习的同窗李锦、李铭建、熊迅、马宁、秦洁、查干姗登、冯智明、岳小国、罗忧、张晶晶、姬广绪、邹伟全、冯远、周云水、刘秀丽。毕业后,我们依旧常常交流、互相帮助,祝愿我们的同窗友谊长存。

感谢师兄范涛、张峻、高朋,感谢师弟张亮、黄志辉、卢成仁、朱伟、何海狮、李焯峰、张少春、凯萨尔和师妹汪丹、谷宇等。

感谢田野点给予我帮助的郑树美、叶尔波拉提、胡赛因、许有立、托汗、萨米尔、叶尔扎提、达吾力、阿汗、特列克、秦云安、春干、巴牙合买提、巴哈提汗等。感谢曾先后给我担任翻译的波拉提、海拉提及萨亚哈提及其家人。

我由衷地感谢至今为止还游牧在阿尔泰山和准噶尔盆地之间的富蕴哈萨克牧民。感谢他们耐心地倾听我的各种问题,感谢他们的奶茶、抓饭、手抓肉、包尔萨克、纳仁……这些记忆将会永远留在我心中!

本书的出版,还要感谢中南民族大学民族学与社会学院田敏院长给予我的大力支持。感谢社会科学文献出版社的黄金平编辑为本书如期出版所付出的努力。

感谢所有因"人类学""草原""游牧"而结缘的同人！衷心希望草原越来越美！

最后，感谢父母、兄长和姐姐们多年来对我的支持、理解和鼓励，他们永远都是我前进的动力和精神支柱。

相信本书还有不足之处，也请各位同人及前辈不吝批评指正。

陈祥军

2017 年 5 月 4 日写于中南民族大学南湖苑

图书在版编目（CIP）数据

阿尔泰山游牧者：生态环境与本土知识/陈祥军著 . -- 北京：社会科学文献出版社，2017.9（2023.11 重印）
（民族与社会丛书）
ISBN 978-7-5201-1013-6

Ⅰ.①阿… Ⅱ.①陈… Ⅲ.①哈萨克族-民族志-中国 Ⅳ.①K283.6

中国版本图书馆 CIP 数据核字（2017）第 149224 号

·民族与社会丛书·

阿尔泰山游牧者：生态环境与本土知识

著　　者／陈祥军

出 版 人／冀祥德
项目统筹／王　绯
责任编辑／黄金平
责任印制／王京美

出　　版／社会科学文献出版社·政法传媒分社（010）59367126
　　　　　　地址：北京市北三环中路甲 29 号院华龙大厦　邮编：100029
　　　　　　网址：www.ssap.com.cn

发　　行／社会科学文献出版社（010）59367028

印　　装／三河市尚艺印装有限公司

规　　格／开 本：787mm×1092mm　1/16
　　　　　　印 张：21.25　字 数：380 千字

版　　次／2017 年 9 月第 1 版　2023 年 11 月第 2 次印刷

书　　号／ISBN 978-7-5201-1013-6

定　　价／88.00 元

读者服务电话：4008918866

版权所有 翻印必究